网络
营销实务

主编 龚丽 王娟 王航鹰

WANGLUO
YINGXIAO
SHIWU

中南大学出版社
www.csupress.com.cn
·长沙·

图书在版编目(CIP)数据

网络营销实务 / 龚丽,王娟,王航鹰主编. —长
沙:中南大学出版社,2020.9
ISBN 978 - 7 - 5487 - 4072 - 8

Ⅰ.①网… Ⅱ.①龚… ②王… ③王… Ⅲ.①网络营
销—高等学校—教材 Ⅳ.①F713.365.2

中国版本图书馆 CIP 数据核字(2020)第 127710 号

网络营销实务
WANGLUO YINGXIAO SHIWU

龚 丽 王 娟 王航鹰 主编

□责任编辑	彭达升		
□责任印制	易红卫		
□出版发行	中南大学出版社		
	社址:长沙市麓山南路	邮编:410083	
	发行科电话:0731 - 88876770	传真:0731 - 88710482	
□印　装	北京俊林印刷有限公司		

□开　本	787 mm×1092 mm 1/16	□印张 21.5	□字数 520 千字
□版　次	2020 年 9 月第 1 版	□2020 年 9 月第 1 次印刷	
□书　号	ISBN 978 - 7 - 5487 - 4072 - 8		
□定　价	49.00 元		

《网络营销实务》编写委员会

前　言

随着计算机网络和现代通信技术的快速发展，互联网凭借巨大的资源优势和低成本优势，正在深刻而广泛地改变着人们的工作、生活和娱乐习惯，互联网的商业应用价值与日俱增。通过互联网，企业与顾客之间可以实现全天候信息交流，并可在网站系统中向客户展示产品和服务。同时，互联网突破了时间和空间的限制，使得上网企业能够在任何时间、近年来，全球电子商务突飞猛进，中国电子商务更是一枝独秀，在促进社会经济发展、加速产业结构转型、激活经济发展潜力、增加国民收入等方面作出了巨大的贡献。伴随着电子商务的快速发展，与电子商务相伴相生的网络营销，无论在理论、工具与方法上，均已产生巨大变化。网络营销理论在原有理论基础上，结合新的网络营销实践而不断完善与发展；网络营销工具从原来的依托于传统互联网平台，现已拓展到移动互联网平台，全渠道营销势在必行；网络营销方法也从以企业网站为基础开展营销，现已拓展到移动端来开展网络营销，全网营销已深入人心。随着网络营销方式的不断创新，"与时俱进、及时更新"是网络营销教材适应这一趋势的必然要求。本书内容上与时俱进，着力反映网络营销的新理论、新工具与新方法，以期为读者提供一个具有全景性、时代性、应用性的网络营销学体系。

本书遵循"产教结合、工学结合、任务导向"的教育理念，以培养一线岗位所需的高技能服务型人才为目标，以强化学生能力的培养为指导思想，以培养中小企业所需的人才为主线，以体现高等职业教育的应用性、技术性与实用性为特色，激发学生自主学习、勇于实践的兴趣和能力。本书结合网络营销的最新发展动态，理论和案例并重，层次清晰、通俗易懂地展开网络营销基本知识和原理的介绍，同时引入相关最新的实际案例，突出实用性和操作性。各章设有案例导入，正文穿插大量实际案例；每章后有本章小结、本章学习与思考；根据网络营销岗位要求和实践发展，课后还设置了实践技能操作练习，培养学生的实践动手能力，增强学生零距离上岗就业的竞争力。本书既有基本知识的学习和案例的引导，又有让学生发挥主观能动性的实际操作练习；既强调了实用性和可行性，又兼顾了先进性和前瞻性。

本书分为基础篇、策略篇和方法篇3个部分，共12章，较为详细地介绍了涉及网络营销各个方面的知识。基础篇包括第一、二、三章，主要讲述了对网络营销的认识、网络市场选择与定位、网络信息收集与整理；策略篇包括第四、五、六、七章，主要讲述了企业在从事网络营销时产品、定价、渠道、促销策略的制定；方法篇包括第八、九、十、十一、十二章，主要讲述了当前互联网上从事网络营销的主要途径和方法，包括搜索引擎营销、网络广告、软文营销、博客和微博营销、微信营销、视频营销。通过本书的学习，学生能对网络营销有一个全面的理解，为后续学习打下基础。本书不仅适用于普通高等院校市场营销和电子商务专业的学生学习，也适合经济管理类其他专业的学生认识、了解和应用网络营销。

在本书出版之际，特别感谢网络营销的所有同行！本书在编写过程中学习、借鉴和参考了国内外大量相关文献资料和研究成果，为表示对其作者的尊重和敬意，我们对所引用的数据及资料，通过注释和参考文献的方式尽可能详尽地加以标注。但是，其中难免有遗漏或难以查明原始出处的情况。在此，谨向这些作者表示诚挚的感谢！

网络营销发展迅猛，新的技术、手段不断出现，限于编者的学识水平，书中难免存在疏漏和不当之处，我们将虚心听取专家和读者的意见及建议，以利于在修订时进一步提高和完善。

编　者

目 录

1 基础篇

2 策略篇

3 方法篇

1

基 础 篇

第一章

网络营销概述

案例导入

人造的狂欢节——天猫"双十一"

"11月11日"，最早是少数单身网民之间相互调侃的日子，平淡无奇的一天，因为互联网，也因为天猫，有了别样色彩。这个2009年之前还很少有人关注的"节日"，现如今已成了许多年轻人的重要"节日"。10年时间，我们见证了一个"人造"狂欢节的诞生。

从"光棍节"到"购物节"

还记得2009年大家一提起"双十一"，最开始想到的应该是"光棍节"，而到了今天，一提到"双十一"，你可能最先想到的是"剁手""买买买""912亿"，想到满满的购物车、被一抢而空的商品。可以说，天猫已经成功将"双十一"从"光棍节"打造成一个全民疯狂购物的日子。每年的"双十一"似乎已经超越了春节，成了最多中国人熬夜的日子。从2009年的5 000多万元，到2019年的2 684亿元。中国的"双十一"，远远超过了美国的"黑色星期五"，成为全球零售行业单日销售量最大的一天。

从"网络节日"到"娱乐盛宴"

从2015年开始，"双十一"的一大变化是电视娱乐媒体的加入。天猫和湖南卫视举办了"天猫双十一狂欢夜"晚会，由冯小刚执导，参与明星堪比春晚，马云也亲自上阵。作为老对手，京东也跟灿星合作，打造"京喜夜"大型竞歌晚会，节目在CCTV 3播出，用户一边在电视上看节目，一边用微信"摇一摇"的方式抽取奖品。全新的跨屏互动方式、晚会环节奖品设置加上明星效应，使得这样的"双十一"晚会受到前所未有的关注。电视媒体结合电子商务，这是一个崭新的形式。这次尝试对于阿里来说十分重要。经过多年的发展，阿里巴巴拥有的城市用户数量已接近饱和，而农村地区正是他们希望着重拓展的业务增长点。农村地区的消费者虽然也可以通过智能手机上网，但是电视节目仍然是这些地区主要的休闲娱乐方式。

越来越多的"人造"狂欢节

除了"双十一"，电商们还创造了许多的"人造节日"。在中国传统农历年春节之前，阿里巴巴举办了"淘宝年货节"。"年货节"时消费者不仅可在淘宝上买到各种有特色的年货，还能寻觅到最为传统的民俗文化以及春节特色服务。除此之外，京东打造的"618年中促""正妆蝴蝶节""超强奶爸节"等，苏宁易购的"818全民发烧节"，无论什么"节日"，起什么名目噱头，定在什么日子，消费者在各种狂欢"节日"里疯狂"剁手"才是他们最想看到的。

资料来源：https：//www.jianshu.com/p/7ab7d0f25329

1.1 对网络营销的认识

1.1.1 网络营销的含义

在商业社会里，商人们总会想方设法把自己的产品在市场上销售出去，以满足顾客不断增长的需求，并且获取利润，这样就产生了市场营销。与传统的单纯追求利润最大化的经营目标相区别，营销观念强调在满足消费者的需求和利益，乃至整个社会的需求和利益的基础上实现企业的利润最大化。为了达到这个目的，企业必须不断地改进产品、服务和企业形象，提高产品价值，不断地降低生产与销售的成本，节约消费者耗费在购买商品上的时间和精力。因此，营销过程是一个涉及企业产、供、销、科研开发、设计等一切部门所有员工的系统工程。

所谓市场营销，就是创造使用户满意的商品和服务，并把它从企业传送到用户手中的一切经营活动的过程。市场营销既是一种社会过程，也是一种管理过程，其核心是达成交换，现代市场营销强调的是企业如何满足顾客的需要。市场营销学则是一门以商品供求关系为研究对象，揭示市场营销活动及其规律性的经济学科，它以消费者及其需要为中心，并围绕这一中心展开对各项市场活动的研究。

传统市场营销学作为一门学科，于20世纪初诞生于美国，它经历了以生产为导向的营销观念、以产品为导向的营销观念、以销售为导向的营销观念、以市场为导向的营销观念和以社会利益为导向的营销观念5个阶段。传统市场营销学主要包括产品（Product）、定价（Price）、渠道（Place）、促销（Promotion）四方面的内容，简称4P。针对目标市场的特点，为实现企业的营销目标，对各种营销活动和内容的综合应用形成包括产品策略、价格策略、分销策略和促销策略在内的4种市场营销策略，简称为4Ps。

到了今天，网络时代已经来临，在互联网上有商家、消费者，有产品也有服务，形成了一个名副其实的虚拟市场。既然有了虚拟的网络市场，自然也就有了网络营销。由于网络营销发展的历史不长，所以网络营销这个重要的实践活动，在国内外有许多种提法，光名词的表述就有如 Cyber Marketing、Internet Marketing、Network Marketing、E-Marketing 等等。不同的单词词组往往有着不同的含义，Cyber Marketing 主要是指网络营销是在虚拟的计算机空间（Cyber，即计算机虚拟空间）进行；Internet Marketing 重点是指在互联网上开展的营销活动；Network Marketing 是在网络上开展的营销活动，这里所指的网络不仅仅是互联网，还可以是一些其他类型的网络，如增值网络 VAN。本书采用 E-Marketing 来表示网络营销，在这里 E-表示电子化、信息化、网络化，我们觉得这种表示方式，既简洁又直观明了，而且与电子商务（E-Business，E-Commerce）、电子虚拟市场（E-Market）等进行对应。

关于网络营销（E-Marketing）的含义，我们认为：网络营销是营销主体以现代信息和计算机网络技术为手段，为了组织自身及利益相关者的利益，通过与顾客的互动，而创造、传播、传递客户价值，管理客户关系的一系列过程。简单地讲，网络营销就是指利用现代电子技术进行的营销活动。

网络营销贯穿于企业经营的整个过程，从信息收集、信息发布、贸易磋商到交易完成，自始至终都存在着。为了更好地理解网络营销的全貌，在理解网络营销的概念的同时应注意把握以下几个问题。

1. 网络营销是手段而不是目的

网络营销具有明确的目的和手段，但网络营销本身不是目的，网络营销是营造网上经营环境的过程，也就是综合利用各种网络营销方法、工具、条件并协调其间的相互关系，从而更加有效地实现企业营销目的的手段。

2. 网络营销是企业整体营销战略的一个组成部分

在互联网时代，网络营销将成为企业营销战略中必不可少的内容，只不过所扮演的角色不同而已。但不论其占主导地位还是占从属地位，网络营销活动都不可能脱离一般营销环境而独立存在。网络营销与网下营销是一个相辅相成、互相促进的营销体系。因此，一个完整的网络营销方案，除了在网上做推广之外，还很有必要利用传统营销方法进行网下推广。

3. 网络营销不等于网上销售

网络营销是为实现产品销售目的而进行的一项基本活动，网络营销的目的并不仅仅是为了促进网上销售。很多情况下，网络营销活动不一定能实现网上直接销售的目的，但是可能提升企业品牌价值、加强与客户之间的沟通、增加客户忠诚度、拓展对外信息发布的渠道、改善客户服务等。

4. 网络营销不等于电子商务

网络营销和电子商务是一对紧密相关而又具有明显区别的概念。电子商务是指系统地利用电子工具，高效率、低成本地从事以商品交换为中心的各种活动的全过程。可以将电子商务简单地理解为电子交易，电子商务强调的是交易行为和方式。

企业在开展网络营销时，利用 EDI（电子数据交换平台）、互联网实现交易前的信息沟通、交易中的网上支付和交易后的售后服务。显然，网络营销是企业电子商务活动中最基本的、最重要的互联网上的商业活动。无论是传统企业还是互联网企业，都需要网络营销，网络营销是企业整体营销战略的一个组成部分；网络营销本身并不是一个完整的商业交易过程，而只是促进商业交易的一种手段。因此，网络营销是电子商务的基础，开展电子商务离不开网络营销，但网络营销并不等于电子商务。

1.1.2 网络营销的产生与发展

20 世纪 90 年代初，飞速发展的国际互联网（Internet）促使网络技术应用的指数级增长，全球范围内掀起应用互联网热，世界各大企业纷纷上网提供信息服务、拓展业务范围，以积极改组企业内部结构和发展新的管理营销方法。可以说网络营销就是由科学技术发展、消费者价值观变革、商业竞争等综合因素促成并发展起来的。

1. 网络营销的技术基础——互联网的发展

计算机与互联网的产生是人类信息储存和传播上的一个伟大创举，被称为第五次信息革命。随着网络技术的不断发展，互联网逐渐深入人们工作和生活的各个层面，引起整个社会的变化。很多企业已经先后引进网络为己用，从企业的内部管理模式，到合作伙伴的信息沟通，再到新的营销理念的产生。一种新的营销方式——网络营销，开始走进人们的视野，并逐渐成为企业提升市场竞争力的重要手段之一。以互联网技术为基础的网络营销，是社会经济和网络技术发展的必然结果。

2. 网络营销的观念基础——消费观念的转变

随着电子商务的日渐普及，人们的消费观念也在逐渐改变，网络消费的一些特征也开始逐渐被人们尤其是年轻群体所接受。而网络消费者一般具有如下特征：

（1）注重自我

网络市场极大地刺激了消费者对个性和自我的追求，与众不同已成为一部分消费者的首要选择。

（2）利用网络获取信息，进行比较分析

互联网为人们提供了方便的信息获取途径，使得消费者在网络购物时，可以方便地获得大量信息进行比较分析，最终作出有利于自己的购买决定。

（3）喜好新鲜事物，求知欲强

网络购物产生的历史不长，但发展十分迅速。对于喜欢不断尝试新事物的群体来说，这种方式充满了新鲜感。不断增长的求知欲促使他们成为稳定的网络消费者，并从中获得不少乐趣。

（4）好胜但缺乏耐心

现代生活节奏较快，很多人忙于工作，而不得不缩减休闲娱乐时间，快捷、方便的网络消费模式成为这部分人的首选。在节约了时间成本与体力成本乃至价格成本的同时还可以作出充分的选择，满足自己的购物需求，获得切实利益。对于惜时如金的现代人来说，网络消费成为必然的选择。

3. 网络营销的现实基础——激烈的市场竞争

随着市场竞争的日益白热化，为了在竞争中占有优势，各家企业都使出了浑身解数，以便吸引客户；然而，传统的营销方法大多已经很难使企业在竞争中出奇制胜。市场竞争已不再是表层的营销手段的竞争，而是逐渐演化为更深层次上的经营组织形式的竞争。经营者迫切需要用更深层次的方法和理念来武装自己，以尽可能地降低商品在从生产到销售的整个供应链上所占用的成本和费用比例，缩短运作周期。网络营销的产生，给企业的经营者带来了新的理念与创业天地。企业开展网络营销，可以节约昂贵的店面租金，减少库存商品资金占用，使经营规模不受时间空间限制，方便采集和反馈客户信息等。所有这些都可以从根本上增强企业的竞争优势。

1.2　网络营销的特点及优势

1.2.1　网络营销的特点

互联网将遍布全球的各种组织、企业和个人跨时空地联结在一起，使之相互间的信息交流变得"唾手可得"。互联网所创造的营销环境使得营销活动的范围和方式变得更加宽广和灵活，使得网络营销借助网络平台表现出如下特点。

1. 跨时空

营销的最终目的是占有市场份额，由于互联网能超越时间约束和空间限制进行信息交换，因此使得脱离时空限制达成交易成为可能，企业能有更多时间和更大空间，24小时随时随地提供全球性营销服务，及时了解和把握网上虚拟市场的消费者特征和消费者行为模式的变化，为企业在网上虚拟市场进行营销活动提供可靠的数据分析和营销依据。

2. 多媒体

互联网可以传输声音、文字、图像、视频等多种媒体信息，使得为达成交易进行的信息交换可以多种形式存在和交换，可以充分发挥人们的创造性和能动性，设计出个性化的营销手段和方式。

3. 交互式

互联网可以展示商品目录、连接资料库进行有关商品信息的查询，可以与顾客互动双向沟通，可以收集市场情报，可以进行产品测试与消费者满意度调查等。它是产品设计、商品信息提供以及服务的最佳工具。

4. 拟人化

互联网上的促销是一对一的、理性的、以消费者为主导的、非强迫性的、循序渐进的低成本与人性化的促销，避免了推销员强制推销的干扰，并通过信息提供进行交互式交谈，与消费者建立长期良好的关系。

5. 成长性

互联网使用者数量快速成长并遍及全球，使用者多数年轻，属于中产阶级，有较高的教育水平，购买力很强，具有很强的市场影响力，因此是一个极具开发潜力的市场渠道。

6. 整合性

互联网作为全程的营销渠道，从商品信息收集至收款、售后服务一气呵成。同时，企业可以借助互联网将不同的营销活动进行统一规划设计和协调实施，以统一的传播方式向消费者传达信息，避免不同传播渠道中的不一致而产生消极影响。

7. 超前性

传统书本，从计划，到拟稿，到编辑，到发表，到受众，历时至少几个月，但是互联网信息更新最快几秒钟就能到达每个用户。互联网还是一种功能强大的营销工具，它同时兼具渠道、促销、电子交易、与顾客互动服务以及市场信息分析与提供的多种功能，其所具备的一对一营销能力正是企业营销的未来趋势。

8. 高效性

网络平台可以存储大量的信息，待消费者查询，可传送的信息数量与精确度远超过其他媒体，并能适应市场需求及时更新产品或调整价格，因此能及时有效地了解并满足顾客的需求。

9. 经济性

网络营销的经济性主要表现在：①可以降低经营成本，节约销售费用。由于网络营销可以实现买家和卖家之间的最短路径连接和最快速度成交，因此将极大地降低销售成本。②可以节省运输费用。网络营销可以进行产品的远程调度和远程运输，可以进行空车配货的近程最佳调度。③可以降低产品购进价格。无论是网上买卖、网上采购或是网上拍卖，都具有比传统营销价格低廉的优势，还可以进行同质比价和集体议价，这必将降低进货成本，节约资金。④可以加快产品流转速度。网络营销可以减少产品在库期，可以减少在途运输时间，提高转运效率，减少资金占压，而且通过电子交易，资金还可以快速到账，这对加速资金周转是大有好处的。

1.2.2 网络营销的功能

在理解了网络营销"是什么"的基础上，更要知道网络营销能"做什么"。网络营销的功能是通过各种网络营销方法来实现的，同一个功能可能需要多种网络营销方法的共同作用，而同一种网络营销方法也可能适用于多个网络营销功能。因此，无论是从企业还是个人的角度归纳，网络营销均具有以下几方面功能。

1. 信息收集、发布功能

信息的收集功能是网络营销进击能力的一种反映。在网络营销中，会利用多种收集方法，主动地、积极地获取有用的信息和商机；主动地进行价格比较，主动地了解对手的竞争态势。信息收集功能已成为营销主体能动性的一种表现。信息发布功能是网络营销的一种基本功能，无论哪种营销方式，都要将一定的信息传递给目标顾客群。在网上发布信息以后，可以能动地进行跟踪，获得回复，可以进行回复后的再次交流和沟通，这种信息发布的效果是很明显的。企业可以通过各种互联网工具传递企业产品服务信息或营销信息，一般可通过企业自建官网或第三方网站进行。

2. 网络市场调研功能

在网络市场竞争环境下，主动了解市场商情、准确把握市场信息和研究趋势、分析顾客心理、掌握竞争对手动态是确定网络营销战略的基础和前提，是具有重要商业价值的功能。

3. 销售渠道开拓功能

网络营销中，可通过现代新技术手段，展示宣传企业的新产品，可以开拓产品销售流通渠道，可以线上引流实现线下消费，也可以线下引流来实现线上消费，可以开拓新的网络市场和消费市场，完成网络营销的市场开拓使命。

4. 网络销售促进功能

网上销售是企业开展网下销售的延伸，具备网上交易功能的企业网站就是一个网上交易场所。除自建网站开展网上销售业务外，还可与专业电子商务平台合作进行网上销售。各种有针对性的网上促销手段都具有促进销售的效果，特别是网上销售与网下销售相结合，可共同实现促进销售的功能。

5. 网站产品推广功能

通过多种网络营销推广方法提高网站访问量和产品浏览量、获取更多更优质的流量是网络营销取得成功的前提条件之一。网络营销能有效地提高网站知名度，使网站成为企业宣传的窗口。免费网站推广途径包括：通过 SEO（搜索引擎优化）优化网站内容或构架以提升网站在搜索引擎中的排名，在论坛、微博、博客、微信、QQ 空间等平台发布网站信息，在其他热门平台发布网站外部链接等。企业可以通过网站推广以及在各种网站平台上推广企业的产品和服务，来实现网络营销的目标。

6. 网络顾客服务功能

互联网提供了电子邮件、FAQ（常见问题解答）、邮件列表、BBS（网络论坛）、聊天室、博客等各种即时信息服务，使企业可以更方便地与顾客沟通，提高服务水平。这种服务及服务之后的跟踪延伸，不仅可以提高顾客的满意度，还可以节约大量的顾客服务成本，同时提高服务质量。

7. 顾客关系管理功能

网络营销客户关系管理，源于以顾客为中心的管理思维，是一种旨在改善企业与顾客之间关系的新型管理模式。顾客通过顾客关系管理（CRM），可以为企业建立和稳定顾客关系，使企业能更高效地为顾客提供满意、周到的服务，以提高顾客的满意度、忠诚度。

8. 网络品牌价值提升功能

企业可以通过互联网塑造企业的品牌。一方面，线下品牌向互联网品牌延伸，如国美在线、苏宁易购。另一方面，线上品牌通过互联网进一步提升品牌的知名度，如京东、阿里巴巴等。美国广告专家莱利·莱特预言："未来的营销是品牌的战争。"实践证明，拥有市场比拥有工厂更重要，拥有品牌比拥有市场更重要。拥有市场的唯一办法，就是拥有占市场主导地位的品牌。而拥有品牌的唯一办法，就是在传统品牌的基础上拓展延伸网络品牌，在没有品牌的情况下可以设计策划网络品牌（如三只松鼠），进而塑造品牌形象，提升品牌的核心竞争力，打造品牌资产。这也是网络营销所特有的其他营销不可替代的品牌效果和作用。

1.2.3　网络营销的优势

网络营销针对新兴的网上虚拟市场，及时了解和把握网上虚拟市场的消费者特征和消费者行为模式的变化，为企业在网上虚拟市场进行营销活动提供可靠的数据分析和营销依据。企业可以利用传统渠道和媒体所不具备的独特的优势，在网上开展营销活动，实现企业目标。

1. 与国际市场的距离缩短

互联网覆盖全球市场，通过它企业可以方便快捷地进入任何一国市场，推销自己的产品和服务，网络营销为企业架起了一座通向国际市场的桥梁。由于网络的开放互联性质，通信实现了信息全球化，网络可以到达其他推销和销售渠道无法到达的地方。通过互联网，企业可以发现世界各个角落的潜在顾客，企业的潜在用户也可以轻松廉价地了解企业的资料并达成交易。因此，网络营销为企业提供了选择范围最大的全球化市场。

2. 减本增益

通过互联网进行商品的买卖，企业的业务是在一种"虚拟市场"的网络环境下进行的，可节省营销与渠道成本，使企业具有低成本的竞争优势。网络营销加强了企业与供应商之间的信息交流，减少了采购费用；建立了企业与消费者之间的直接联系，减少了交易环节及销售费用；完成了企业内部信息的共享和交流实时化，实现了统一管理，减少了管理费用；网络营销使企业和消费者即时沟通供需信息，使无库存生产和无库存销售成为可能，从而降低库存费用。

3. 高效便捷的信息沟通

网络就是信息高速公路，企业可以借助网络多方面收集顾客的需求信息，尤其是个性化的信息，并迅速地作出反应，同样也可以通过网络平台把产品或服务传递给消费者，做产品推广，这些信息传递不仅数量大、迅速和快捷，而且几乎不受时间和地点的限制。以网络为媒体的信息内容十分丰富，网络虚拟市场的信息往往是多媒体性质的，有图片、动画、文字和声音等，不仅有产品和价格信息，还有相关知识文化信息。

4. 消费者的选择空间大

在互联网上，消费者可以根据自己的需求特点在全球范围内不受地域和时间限制，快速寻找满意的产品，并进行充分比较，以节省交易时间与交易成本。此外，互联网还可以帮助企业实现与消费者的一对一沟通，便于企业针对消费者的个性化需求，提供具有特色的个性化服务。

5. 竞争更公平

网络为企业提供了一个真正平等、自由的市场体系，使其具有面临消费者的机会和获取世界各地信息的机会，竞争在网上变得透明而清晰，信誉成了网上竞争新的焦点。来自消费者的信任，绝不会因为是商业巨子还是无名小卒而有所偏差。任何企业都不受自身规模的绝对限制，都能平等地获取世界各地的信息，平等地发展自己。利用互联网，中小企业只需花极小的成本，就可以迅速建立起自己的全球信息网和贸易网，将产品信息迅速传递到以前只有财力雄厚的大公司才能接触到的市场中去。因此，网络营销成为刚刚起步且面临强大竞争对手的中小企业的一个强有力的竞争武器。

但与传统营销相比，网络营销也存在一些不足的地方，比如，对于信奉眼见为实的消费者，网络的虚拟性让他们在购物时对商品存在很大的不确定性；网上购物面对的是冷冰冰、没有感情的机器，消费者没有实地购物的乐趣，缺乏一定的吸引力；加上硬件环境低下，人员水平参差不齐，以及信息管理与分析能力的缺乏，使消费者对于网络购物安全环境没有足够的信心；价格的透明极易引发价格战，使行业的利润率降低甚至导致两败俱伤；对于灵活性产品，比如批量折扣的，在网上不便于讨价还价，可能会贻误商机；网上信息只能等待顾客上门索取，不能主动出击，实现的只是点对点的传播，不具有强制收视效果，主动权掌握在消费者的手中，使得商家处于被动地位。

作为一种全新的营销和沟通的方式，网络营销还有待于完善和发展，相信随着网络技术的发展和 Internet 的普及，网络必将成为继传统市场的第二大市场。

1.3　网络营销与传统营销

1.3.1　网络营销对传统营销的冲击

网络营销作为一种全新的营销理念，具有很强的实践性，它的发展速度是前所未有的。随着我国市场经济发展的国际化、规模化，国内市场必将更加开放，更易受到国际市场的冲击，而网络营销的跨时空性无疑是一枚"重型炮弹"，必将对传统营销产生巨大冲击。

1. 对传统营销策略的影响

（1）对传统产品品牌策略的冲击

首先，网络营销对传统的标准化产品产生了冲击。企业通过互联网可以迅速获得关于产品概念和广告效果测试的反馈信息，也可以测试顾客的认同水平，从而能更加容易地对消费者行为方式和偏好进行跟踪，从而对不同的消费者提供不同的商品。怎样更有效地满足各种个性化的需求，是每个上网企业面临的一大挑战。

其次，网络营销要求进行品牌的全球化管理。网络营销对上网企业的一个主要挑战，就是如何对全球品牌和共同的名称或标志识别进行管理。是实行统一形象的品牌策略还是实行有本地特点的区域品牌策略，如何加强区域管理，是上网企业面临的现实问题。

（2）对定价策略的影响

相对于目前的各种媒体来说，互联网先进的网络浏览和服务功能会使变化不定且存在差异的价格水平趋于一致。这对于执行差别化定价策略的公司来说是一个严重的问题。

（3）对传统营销渠道的冲击

通过互联网，生产商可与最终用户直接联系，中间商的重要性因此有所降低。这造成两种后果：一是由跨国公司所建立的传统的国际分销网络对小竞争者造成的进入障碍将明显降低；二是对于目前直接通过互联网进行产品销售的生产商来说，其售后服务工作是由各分销商承担的，但随着他们代理销售利润的消失，分销商将很有可能不再承担这些工作。

（4）对传统广告障碍的消除

首先，相对于传统媒体来说，由于网络空间具有无限扩展性，因此在网络上做广告不受空间篇幅的局限，可以尽可能地将必要的信息一一罗列。

其次，迅速提高的广告效率也为网上企业创造了便利条件。

2. 对传统营销方式的冲击

随着网络技术迅速向宽带化、智能化、个人化方向发展，用户可以在更广阔的领域内实现声、图、像、文一体化的多维信息共享和人机互动功能。它将导致大众市场的终结，并逐步体现市场的个性化，最终应以每一个用户的需求来组织生产和销售。

另外，网络营销的企业竞争是一种以顾客为焦点的竞争形态，如何与散布在全球各地的顾客群保持紧密的联系并能掌握顾客的特性，再经由教育顾客与企业形象的塑造，建立顾客对于虚拟企业与网络营销的信任感，是网络营销成功的关键。

3. 对营销战略的影响

首先，对营销竞争战略的影响。一方面，互联网具有的平等、自由等特性，使得网络营销将降低跨国公司所拥有的规模经济的竞争优势，从而使中小企业更易于在全球范围内参与竞争。另一方面，由于人人都能掌握竞争对手的产品信息与营销行为，因此胜负的关键在于如何适时获取、分析、运用这些自网络上获得的信息，来研究并采用极具优势的竞争策略。同时，合作联盟将是网络时代的主要竞争形态。如何运用网络来组成合作联盟，并以联盟所形成的资源规模创造竞争优势，将是未来企业经营的重要手段。

其次，对企业跨国经营战略的影响。任何渴望利用互联网的企业，都必须为其经营选择一种恰当的商业模式，并要明确这种新型媒体所传播的信息和进行的交易将会对其现存模式产生什么样的影响。

4. 对营销组织的影响

互联网（Internet）相继带动企业内部网（Intranet）的蓬勃发展，使得企业内外部沟通与经营管理均需依赖网络作为主要的渠道与信息源。

1.3.2 网络营销与传统营销的整合

网络营销作为新的营销理念和策略，凭借互联网特性对传统经营方式产生了巨大的冲击，但这并不等于说网络营销将完全取代传统营销，网络营销与传统营销将出现一个整合的过程。

首先，互联网作为新兴的虚拟市场，它覆盖的群体只是整个市场中的某一部分群体，许多的群体由于各种原因还不能或者不愿意使用互联网，如老人和落后国家、地区的人群，而传统的营销策略和手段则可以覆盖这部分群体。

其次，虽然互联网作为一种有效的渠道有着自己的特点和优势，但对于许多消费者来说，由于个人生活方式的原因不愿意接受或者使用新的沟通方式和营销渠道，如许多消费者不愿意在网上购物，而习惯在商场上一边购物一边休闲。

再次，互联网作为一种有效的沟通方式，可以方便企业与用户之间直接进行双向沟通，但消费者有着自己个人的偏好和习惯，愿意选择传统方式进行沟通，如报纸有网上电子版本后，并没有冲击原来的纸张印刷出版业务，相反起到了相互促进的作用。

最后，互联网只是一种工具，营销面对的是有灵性的人，因此传统的一些以人为主的营销策略所具有的独特的人情味是网络营销没有办法替代的。

随着技术的发展，互联网将逐步克服上述不足，但在很长一段时间内网络营销与传统营销将是相互影响和相互促进的局面，最后终将实现融洽的内在统一。在将来没有必要再谈论网络营销了，因为营销的基础之一就是网络。

网络营销与传统营销是相互促进和补充的，企业在进行营销时应根据企业的经营目标和细分市场，整合网络营销和传统营销策略，以最低成本达到最佳的营销目标。网络营销与传统营销的整合，就是利用整合营销策略实现以消费者为中心的传播统一、双向沟通，以实现企业的营销目标。

【案例 1-1】

星巴克，中信"9 分享兑"

在不少消费者眼中，星巴克成了咖啡中的"高富帅"，甚至在记者眼里，星巴克的"暴利"比房地产的"暴利"还要值得被批判。

报道以北京星巴克为例：咖啡豆（1.6 元）＋牛奶（2 元）＋一次性用品（1 元）＝4.6 元，也就是说，每杯 354 毫升的星巴克拿铁饮料的物料成本不足 5 元，但售价却高达27 元。相比之下，同样的一杯咖啡，伦敦售价是 24.25 元人民币，芝加哥售价是 19.98 元人民币，孟买的售价则只有 14.60 元人民币。

尽管时不时被抛到风口浪尖，但星巴克始终都以一种安静而淡定的姿态出现在公众的视线中。在这种淡定姿态的背后，星巴克有着与各大"土豪"的稳固合作，中信的"9 分享兑"就是一个很好的例子。用 9 个积分就能免费喝一杯星巴克咖啡，这无疑让星巴克在面对"暴利"的指控时底气十足。这个活动虽然线上并不算出名，但其线下参与人数高达数百万人次，累计兑换权益超过 300 万个。

中信很早就开始积累顾客，在与高端商户合作方面不断发力，在稳住老顾客的同时也吸引了不少新顾客，并且在一定程度上让合作双方都沉淀了活动品牌，让星巴克在风口浪尖也能以一个优雅的姿态出现。

资料来源：http://bbs.paidai.com/topic/258603

1.4　网络营销的发展状况

1.4.1　网络营销的现状

互联网于 1969 年在美国诞生，诞生初期主要应用于学术研究和军事领域，自 20 世纪 90 年代进入商用以来取得了迅猛发展，至今已延伸、覆盖到了世界五大洲的 240 多个国家和地区。互联网信息传输凭借其独有的速度快、成本低、范围广的优势，已渗透到当代社会经济生活的各个领域，为人们日常工作、学习和生活提供了极大的便利，对全球信息化和经济社会的繁荣发展起到了积极的推动作用。随着互联网的普及以及技术的进步，各种不同形式的网络应用不断涌现，互联网应用的领域不断拓宽。互联网的应用由早期的信息浏览、电子邮件发展到网络娱乐、信息获取、交流沟通、商务交易、政务服务等多元化应用。

截至 2019 年 6 月底，我国互联网用户已高达 8.54 亿人，普及率达 61.2%；手机网民规模达 8.47 亿人，网民通过手机接入互联网的比例高达 99.1%。网络覆盖范围逐步扩大，入网门槛进一步降低。截至 2018 年第三季度末，全国行政村通光纤比例达到 96%，贫困村通宽带比例超过 94%，已提前实现"宽带网络覆盖 90% 以上贫困村"的发展目标，更多居民用网需求得到保障；互联网"提速降费"工作取得实质性进展，更多居民用得起互联网。移动互联网跨省"漫游"成为历史，运营商移动流量平均单价降幅均超过 55%，居民信息交流效率得到提升。

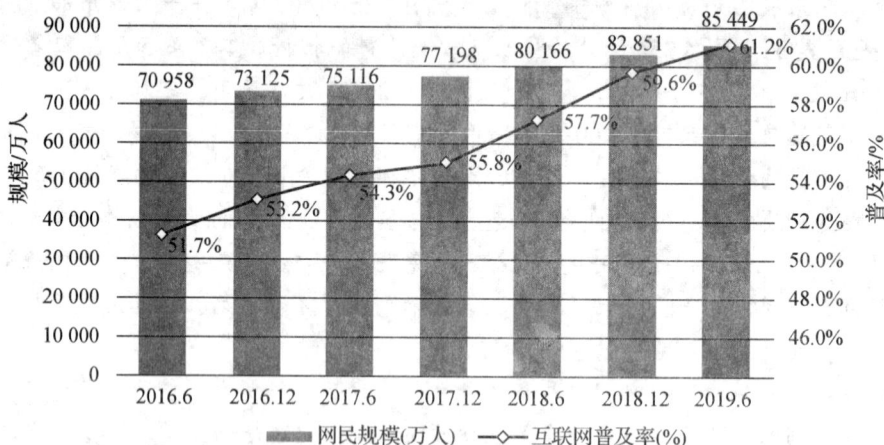

图 1-1　网民规模和互联网普及率

截至 2019 年 6 月，我国网络购物用户规模达 6.39 亿人，较 2018 年增长了 2 871 万人，占网民整体比例达 74.8%。电子商务领域首部法律《中华人民共和国电子商务法》正式出台，对促进行业持续健康发展具有重大意义。网民用户规模的增长带动了网络消费领域用户群体的增长；随着居民人均收入的提升，网民的人均互联网消费能力逐步提升，在网络购物、本地生活、旅游、网络娱乐等领域人均消费增长显著。在经历多年高速发展后，网络消费市场逐步进入提质升级的发展阶段，供需两端"双升级"正成为行业增长新一轮驱动力。

在需求端，2019年网络消费继续保持升级态势，消费升级为行业增长提供了强劲动力，也进一步推动市场成熟发展。例如，个性化需求促进了定制化供给，低线城市用户需求的释放加速推动电商渠道下沉，品质化需求和理性消费进一步推动品质电商的快速发展。在供给端，围绕资源、技术和模式的升级进一步加快。例如，各大电商门店加速落地，与传统零售商联盟化趋势加强，线上线下资源进一步整合；人工智能、大数据、区块链等技术在物流、营销、质量追溯等领域应用日趋深入；电商流量加速分化，拼购模式、小程序电商、内容电商等新模式交易规模呈指数级增长；社交电商、品质电商等新模式不断丰富消费场景，带动零售业转型升级，加速了资源流动和协同分工，有效提升了供应链效率；而随着移动智能终端和移动网络的不断普及，中国互联网逐渐进入全面移动时代，移动互联网为用户创造了各式各样的应用场景，通过丰富消费场景进一步激发消费潜力。

2019年，我国电子商务产业发展水平进一步提高，应用领域逐渐深化，配套支撑不断完善，电子商务总体发展水平走在世界前列。从产业规模来看，电子商务交易额快速增长，网络零售额连续六年稳居世界第一。2013年至2018年间，我国电子商务交易额从10.4万亿元增长到28.4万亿元，年均复合增长率为17.8%。

2015—2016年数据显示，中国企业开展营销推广活动的比例越来越高，其中互联网作为企业营销活动最重要的渠道，其使用比例也呈现逐年增长的趋势。2016年利用互联网开展营销推广活动的企业比例高达38.7%，同比增加近5个百分点，互联网已成为企业营销不可或缺的渠道。在中国，越来越多的公司通过互联网拓展业务和传播品牌，2018年我国网络广告整体市场规模达3 717亿元，同比增长25.7%，保持稳定发展态势。伴随着报纸、杂志、广播、电视等传统媒体和站牌、灯箱等传统户外广告的下滑，网络广告在整体广告市场中占比将不断提升。

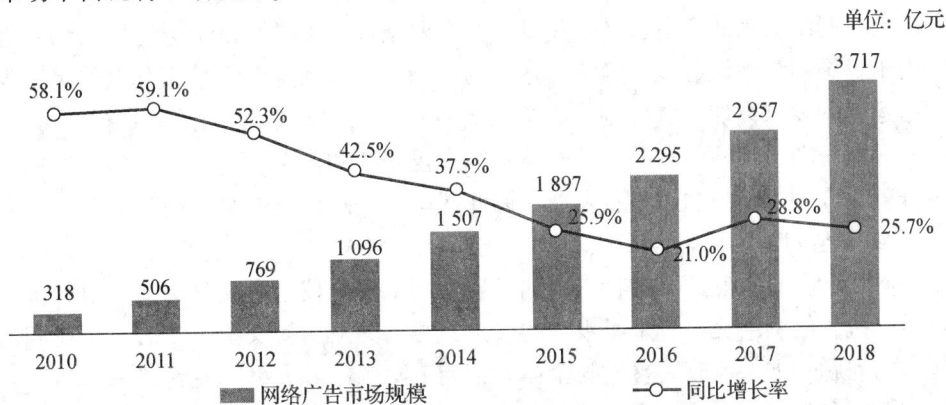

单位：亿元

图 1-2　网络广告市场规模和增长率

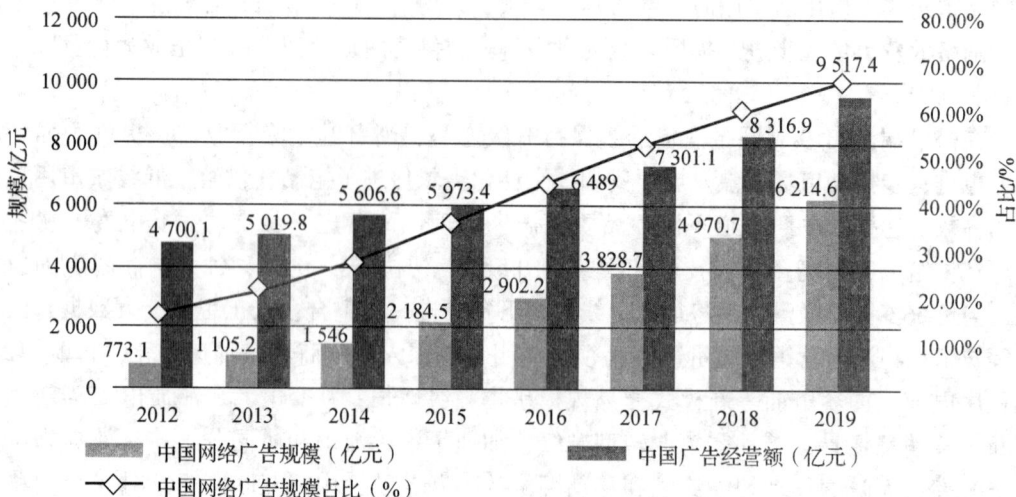

图 1-3　2012—2020 年中国网络广告规模及其在整体广告中的占比

1.4.2　我国网络营销发展过程中存在的问题

近年来，以发达国家为先导的全球网络营销高速增长，其带来的商机巨大而深远。各国政府纷纷制定网络营销规划，大力发展自己国家的网络营销建设。我国在网络营销建设方面也做了大量的工作，进行了积极有益的探索，促进了网络营销的发展。但是我国网络营销还存在着诸多亟待解决的问题，如网络基础设施建设滞后、消费者网络营销观念淡薄、物流配送体系不健全、网络安全问题突出等。充分认识并积极解决这些问题，才能更好地推动我国网络营销的迅猛发展。

1. 网络基础设施建设仍然不足

我国的通信业虽然经历连续 10 余年的大力发展，尤其是通信网的建设，为我国国民经济信息化奠定了网络基础，但是，这与流通网络化的未来发展要求比起来，还是远远不能满足要求。网络营销的开展，网络建设是其必要条件。互联网是全球通用的信息基础设施，但由于我国网络建设起步较晚，已建成的网络无论从数量上还是质量上都难以满足现实中网络运营的要求；加之我国地广人多，各地区经济、科技发展、文化素质均有差异，网络基础设施分布不均衡，有的地方网络资源大量闲置和浪费，导致网络利用率低，致使在某种程度上限制了网络的进一步发展，因此我国网络建设整体水平仍有待提高。

2. 网络安全问题

由于网络本身具有开放性的特点，加上现有网络安全技术存在漏洞，使很多不法分子有了可乘之机，给网络交易带来了极大的安全威胁。网上交易安全吗？这是企业和消费者同样担心的问题。如果没有妥善的安全体系，网上营销的发展终究会受到限制。

目前企业和消费者对网上交易最担心的安全问题之一就是支付的安全，这主要是因为目前缺乏满足网络营销所要求的交易费用支付和结算手段，银行的电子化水平不高，安全性差，银行之间相对封闭，尚未能承担支付网络电子交易费用的角色。虽然现有线下银行都开展了网上银行业务，但距离全面的网络营销应用，特别是企业与企业之间安全资金结算的要求尚有很长一段路要走。因此，建立一个安全的交易环境是网络营销亟待解决的问题。

3. 营销方式缺乏多样性，网络利用率偏低

很多企业进行网络营销只是为了跟上时代的潮流，而没有真正认识到网络营销的实质和重要性。企业的网络营销只是简单的企业介绍，单调的产品图片展示而已，几乎没有企业文化、企业经营理念、企业产品的整体推广和宣传策略，更没有让消费者看到企业未来的愿景。可以说，很多网络营销的优势和巨大潜能，比如网络调研和分销、网络新产品开发、网络服务等营销活动，没有被发掘出来，白白错过了很多市场机会。

4. 社会化信用体系不健全

从人类社会诞生之日起，资源稀缺就制约着经济的无限发展。对具体的国家、企业、个人来说，也是如此。要解决两者之间的矛盾，就必须引入借贷行为；而借贷关系的规范与管理，则要求整个社会信用体系的建立、完善。市场经济作为一种经济运行模式，因其有效配置资源以及自由、平等、竞争等原则而被现代社会广泛接受。但是商业欺诈、假冒伪劣等行为会损害这些原则，并降低社会效率。根治这些行为的法律法规（如合同法、反不正当竞争法等），就成为维护市场正常运行的制度保障。随着信息技术蓬勃发展以及互联网的日益普及，整个社会步入网络时代。人们的生活、工作等越来越紧密地与互联网联在一起。而当我们身处网络之中的时候，却会发现这样一个问题：互联网的虚拟性增强了商业欺诈的可能性。对买卖双方来说，所拥有的商品信息在交易过程中是不同的，也就是通常所说的信息不对称。互联网的虚拟化，无疑使信息的不对称性增强了，交易的风险性增加了。

传统交易模式下，消费者可以看到实物，用自己的经验和知识去辨别真伪。但对那些在线购物的消费者来说，仅凭网上商品介绍和几幅图片来判断真假，可谓难上加难。另外，现实中降低不对称性的方法在网上都很难用得上。像试用、试穿根本无法实现，而网上的质保、保修承诺更像是空头支票。对贩卖假冒伪劣商品的商家来说，有了互联网作掩护，商业欺诈变得更容易。

实际上，互联网从一开始就对社会信用体系提出了更高的要求。互联网自身的技术特点增强了交易信息的不对称性，并造成物流与资金流的分割以及非同步发生。于是，电子交易过程的顺利完成，就有赖于社会信用体系，以及用来惩治违约行为的法律法规（如合同法、知识产权法等）。

我国市场经济体系还不健全、不规范，假冒伪劣商品屡禁不止，坑蒙拐骗时有发生，市场行为缺乏必要的自律和严厉的社会监督，使得企业和消费者不敢贸然涉足。因此，要发展网络营销，必须加速培育市场，创造较为成熟和规范的社会信用环境。信用体系建设滞后的状况若得不到改善，新兴的网络营销很可能会被扼杀在摇篮之中。只有建立起完善的信用体系，人人都讲信用，利用信息不对称性进行的商业欺诈以及物流、资金流的非同步性诱发的违约行为就会减少；而相应的法律法规的健全，会惩治违约行为，保护消费者的利益。这样，中国的网络营销才能真正迎来阳光灿烂的明天。

5. 物流配送体系有待提高

物流基础设施及技术水平落后,供应商以及客户之间没有形成供应链,配送效率低下,所以网络营销要在中国继续发展必须解决这个问题。物流基础设施主要包括公路、铁路、港口、机场,以及网络通信基础设施等。过去我国长期实行计划经济体制,几乎所有企业都建立了仓库,车队负责包装、运输等业务,造成企业库存过大,占压大量资金;自备仓储和自备运输利用率低,成本过高;销售配送体系不健全,产品实体分配效率不能满足售后和服务要求。由于物流管理跟不上,造成使用效率低下。在市场经济体制下,企业只有集中精力发展其核心业务,对传统的物流管理模式进行改革,提高物流管理的社会化程度,变粗放管理为集约经营,才能在激烈的竞争中存活下来,真正满足市场的需要。

1.4.3 网络营销发展的趋势

网络上所有情况都处于不断的变化之中,由于变化速度极快,即使在很短的时间内发生的变化数量可能也是惊人的。在这种情况下,我们没有办法准确地预测未来,只能对其未来发展做一个趋势性的展望。正如雷·海蒙德在其著作《数字化商业——如何在网上生存和发展》里所述的:"它(网络)的发展速度比我看到的任何技术改变都要快。我生活在网上——我每天都有很多小时在网上——但我还是跟不上网络的发展"。建立在网络之上的网络营销发展主要表现在如下几个方面。

1. 营销融合化

企业营销要强化互联网思维,推动传统媒体和新兴媒体融合发展。不仅在媒体行业,在互联网尤其是移动互联网技术冲击下的各行各业,都在这股势不可当的新浪潮中看到了机遇和挑战。传统商业和营销模式随着技术的革新,正踩着跨界和融合的步伐向移动端迈进。

营销融合化包括两个方面的含义:一方面是 PC 网络营销与移动网络营销的融合,另一方面是企业官方网络营销资源与第三方平台资源的融合。

移动互联网的来临带来很多关于移动网络营销或移动电子商务的思考,甚至有人会认为移动网络营销与 PC 网络营销将产生替代关系,或者移动商务将成为主流。两者并非替代关系,也不存在哪个更重要的问题,而是趋于逐渐融合,移动互联网与非移动互联网已没有严格的界限,主要取决于用户的习惯和环境条件等。

早期的网络营销以企业官网为核心,借助于各种互联网工具开展网络推广活动。随着企业官方网络资源的多元化,企业官网推广已经远远无法满足企业网络营销的需要,第三方网络平台已成为网络营销的重要资源,这一规律可归纳为"内部信息源和外部信息源并重的原则"。即基于第三方网络平台资源的网络营销重要性越来越突出,而这种趋势随着BATS(百度、阿里、腾讯、新浪)垄断地位的日趋稳固,企业网络营销对平台的依赖性也日益增强。

2. 营销感情化

营销环境既可给企业带来威胁,也可以带来机遇。营销环境制约着企业的生存和发展,企业应重视良好营销环境的利用和营造。传统的营销方式专注于企业和消费者之间的商品交换关系，企业营销往往跟消费者获得使用价值和企业获得利润联系在一起，使消费者总是难以完全满意。

随着情感消费时代的到来，消费行为从理性走向感性，消费者在购物时更注重环境、气氛、美感，追求品位，要求舒适，寻求享受。情感营销不仅重视企业和消费者之间的买卖关系的建立，更强调相互之间的情感交流，因而致力于营造一个温馨、和谐、充满情感的营销环境，这对企业树立良好的形象、建立良好的人际关系、实现长远目标是非常重要的。

3. 营销娱乐化

娱乐是人类与生俱来的天性，现在的物质生活水平已经达到相当高的水平，人的娱乐天性就被极大地释放出来了，如果忽视消费需求的娱乐化趋势，将很难在市场上立足。在娱乐经济时代，商家成功的关键在于能否成功地结合娱乐。企业作为营销的主体，树立"全员娱乐营销理念"非常重要。麦当劳公司直接声称"我们不是餐饮业，我们是娱乐业"，因为它不仅是一个愉悦的就餐场所，更是一处娱乐休闲的场所，消费者特别是未成年的消费者甚至把麦当劳直接当成了自己的"乐园"。同时，娱乐营销的参与性更体现在参与受众的广泛性上。参与人数越多，企业就有更大的希望从中获得潜在的客户群，营销的效果也就更好。

娱乐营销正在为企业创造多元化的价值：可以在短时间内提升企业知名度，打造美誉度；可以快速推广新产品，宣传新概念；能提升企业竞争力，加强对客户的吸引力；能让客户更加容易满意，更加忠诚；可以让员工更加热爱工作，提升员工满意度；可以为企业创造利润，战胜竞争对手。

4. 营销社会化

基于 Web 2.0 的互联网应用产生了众多的社会化媒体，国内典型的案例有 QQ、新浪微博、天涯论坛以及人人网、开心网等，而移动设备与移动客户端的发展，强化了微博等社会化媒体所具有的简单、随时随地、传播迅速等特点。智能手机的发展，正在迅速地改变人们的生活方式，其中一个典型趋势就是人们碎片化时间的利用与智能手机的结合促进了社会化媒体的蓬勃发展。顺应这一趋势，已有超过 3 万个企业品牌在新浪上开设了官方微博。用户众多、信息传播量巨大，社会化媒体的社会影响力进一步增强。

社会化媒体的本质在于其用户生成媒体和用户生成内容，即社会化媒体是由参与其中的用户自发主动地进行内容创造并与其他参与者进行分享传播而存在的。用户参与、用户创造、用户分享是社会化营销的内容特征，同时又具有用户作为消费者身份的平等的关系特征。这种利用社会化网络、在线社区、博客、百科或者其他互联网协作平台和媒体来进行营销、销售、公共关系处理和客户服务维护及开拓的营销方式就是社会化营销。一般社会化营销工具包括论坛、微博、博客、SNS（社交网络服务）社区、图片和视频分享等。为什么星巴克在自己的社区网站可以收集到 11 万个来自拥护者的点子？为什么只是在推特（Twitter，美国一家社交网络及微博客服务的网站）上的互动，就可以给戴尔带来1 500 万美元的营销额？为什么一个视频就可以让一个普通人在一夜之间成为网络红人？这是因为社会化营销具有人人参与的营销力量。

5. 营销移动化

2015 年，移动社交通信平台在拥有庞大用户数量的同时也在寻求合理的流量变现手段，移动社交营销则是其中一个重要方向。微信开放朋友圈广告平台，利用熟人社交精准地投放广告使企业受益，并且审核流程简单化，让广大中小企业受益；陌陌则全力向移动社交营销平台转型，利用其位置社交和兴趣社交的特点，有效抓住用户群体的痛点以提升营销效果，并且在全年财报上移动社交营销已成为其稳定的盈利模式。

手机等移动终端已成为现代人最亲密的伙伴，任何时间、任何地点不离左右，移动营销可充分利用碎片化时间，与消费者零距离沟通，潜移默化地深化品牌印象。LBS（基于位置的服务）位置定位、手机身份识别、增强现实、重力感应、陀螺仪等新技术的出现，拥有以前很多营销不能实现的技术特征，真正做到随时、随地、贴身的交流和对话，突破性的体验将吸引消费者的高度关注，让移动营销价值有了新延伸。精准、互动、整合、衡量、贴身、关注将是判断移动营销精彩与否的一把标尺，也是企业玩转移动营销的法则，在移动互联网突飞猛进的发展初期，努力构建起一个移动营销的价值衡量标准对行业而言将尤为重要。

中国移动网民已达到 7.88 亿人，移动设备数量更是再创新高，移动社交营销将逐渐成为重要的营销方式之一。随着消费升级及需求变化，投放精准化及内容原生化将会是移动营销发展的方向。移动社交通信平台的位置、兴趣等多个方面的天然优势与移动营销结合，或将碰撞出非常有趣的创新模式。

6. 营销故事化

这是一个物质丰富、精神贫瘠的时代，人们没有太多理由专注你的产品，但愿意倾听你为他们打造的品牌故事，因为故事里蕴藏着他们的梦想。故事成就品牌价值，也传播着品牌价值。什么利器能降低品牌建设的繁复性与不确定性，直达品牌体系的核心？——故事。故事营销不仅是一种营销手段，而且是品牌建设的核心与灵魂。为什么人们迷恋名牌？因为名牌背后总有动人的故事。

品牌故事堪称最好的软广告，没有品牌故事，品牌很难树立。没有故事的品牌是平庸的品牌，它只能代表一种标识、一种符号、一个名称，因为消费者对你没有遐想，更无从知道你的与众不同。有了好的品牌故事，有了好的传播途径，品牌自然形成。总之，在信息爆炸的今天，故事营销已经成为企业提升与消费者沟通效率的一种有效营销手段。同时，故事营销具有多种表现方式，既有以"功能"诉求为主，又有以"情感"诉求为主，更有以"文化"诉求为主。究竟哪一种最适合企业，需要企业根据实际情况，选出最适合的表现方式。

7. 营销跨界化

市场竞争的日益激烈，产品功效和应用范围的延伸，使得各个行业间的界限正在逐步被打破，新型消费群体正在崛起。他们的消费需求已经扩散到越来越多的领域，对任何一款产品的需求不再仅仅满足功能上基本的需求，而是渴望体现一种生活方式或个人价值或自身的品位。一个企业、一个品牌、一个产品单打独斗的时代早已结束，因为任何一个优秀的品牌，由于特征的单一性，受"外部性"的影响较多，尤其是出现具有替代性的竞争品牌时就更受干扰，企业所付出的成本也将会大幅增加。

跨界代表一种新锐的生活态度与审美方式的融合。跨界合作对于品牌的最大益处是让原本毫不相干的元素，相互渗透相互融合，从而给品牌一种立体感和纵深感。可以建立跨界关系的不同品牌，一定是互补性而非竞争性品牌。这种互补不一定是功能上的互补，也可以是用户体验上的互补。

跨界营销通过行业与行业之间的相互渗透和相互融合，品牌与品牌之间的相互映衬和相互诠释，实现了品牌从平面到立体、由表层进入纵深、从被动接受转为主动认可、由视觉和听觉的实践体验到联想的转变，使企业整体品牌形象和品牌联想更具张力，对合作双方均有裨益，让各自品牌在目标消费群体得到一致的认可，从而改变传统营销模式下品牌单兵作战易受外界竞争品牌影响而削弱品牌穿透力、影响力的弊端，同时也解决了品牌与消费者多方面的融合问题，因此被越来越多的企业所认同，并积极付诸实践。

8. 营销精准化

随着网络技术的发展，人们的生活逐渐全面向互联网和移动互联网转移，然而我们在享受网络带来的便利的同时，极速发展的互联网也给我们带来了信息爆炸的问题。在互联网里，我们面对的、可获取的信息（如商品、资讯等）成指数式增长，如何在这些巨大的信息数据中快速挖掘出对我们有用的信息已成为当前急需解决的问题，所以网络精准营销的概念应运而生——运用个性化技术的手段（如网络站内推荐系统），帮助用户从这些网络过量的信息里面筛选出他所需要的信息，达到精准营销的目的。电子商务网站、媒体资讯类网站、社区都逐渐引进站内个性化推荐这种手段，进行精准营销。

在百度世界人会上，李彦宏将推荐引擎与云计算、搜索引擎并列为未来互联网重要的战略规划以及发展方向。百度新首页将逐步实现个性化、智能化地推荐出用户喜欢的网站和经常使用的 App，达到精准营销服务的目的。《纸牌屋》的出品方兼播放平台奈飞公司（Netflix）在一季度新增 300 多万个流媒体用户，第一季度财报公布后股价狂飙 26%，达到每股 217 美元。这一切都源于《纸牌屋》的诞生是从 3 000 万个付费用户的数据中总结出的收视习惯，并根据对用户喜好的精准分析进行的创作。《纸牌屋》的数据库包含了3 000 万个用户的收视选择、400 万条评论、300 万次主题搜索。从受众洞察、受众定位、受众接触到受众转化，每一步都由精准细致高效经济的数据引导，从而实现大众创造的C2B，即由用户需求决定生产。简单来说，就是投其所好，用户喜欢什么，就生产什么。

在 Web 3.0 时代，互联网上的信息将被高度聚合、受众也被深度细分和聚合，广告主可精准锁定自己的目标受众，他们发布的信息将完全按照受众的需求和关注点进行个性化定制，低效的强制性硬广告将淡出市场；他们还可以了解每个受众的网络行为轨迹，归纳不同的细分群体，通过置入式的网络精准营销来传递信息，基于受众的数据库营销也已成为趋势。

【案例 1-2】

黄太吉煎饼，O2O

如今，对于北京的吃货们来说，没有不知道黄太吉的。谁是黄太吉？它不是一个人名，而是一家面积只有 10 多平方米，却在微博上有 3 万多粉丝，被风投估值 4 000 万元的煎饼店。黄太吉为何如此之火？它的煎饼安全卫生是肯定的，但要说味道有何独到之处却也未必。在大众点评网上就有网友这样写道："实话说，味道一般。"还有网友对其服务作出了评价："店面很小，环境较差，空调不凉。"既然如此，黄太吉为何走红？网友"紫色羽扇豆"一语道破：老板的营销宣传很厉害！

大家之所以接受黄太吉，以及它的营销方式，关键一点是老板本身就是年轻人，了解年轻人的需求，知道年轻人喜欢用什么样的方式沟通，并熟练运用了年轻人流行的社会化媒体进行推广和营销，将传统模式和新的推广形式相结合，摸索出了自己的商业模式，这是它能够迅速在社会化媒体上走红的根本原因。

资料来源：http：//bbs.paidai.com/topic/258603

1.5 网络营销的理论基础

网络营销区别于传统营销的根本原因是网络本身的特性和消费者需求的个性回归，消费者在网络上的购买行为和企业在互联网上的经营行为有自己的特点与规律。在这两者的综合作用下，传统营销理论不能完全胜任对网络营销的指导。这就需要在传统营销理论的基础上创新，从互联网环境下的购买与经营实践角度，对营销理论作新的演绎。通过实践与理论总结，网络营销在某些方面是强化了传统市场营销理论的观念，但在某些方面也改写了工业化大规模生产时代营销理论的一些观点与理论。对网络营销理论发展与实践指导有借鉴意义的营销理论有：

1.5.1 网络整合营销理论

整合营销（integrated marketing），即整合营销传播（integrated marketing communications），指将一个企业的各种传播方式加以综合集成，这些传播方式包括一般的促销、与客户的直接沟通、公关等，对分散的传播信息进行无缝接合，从而使得企业及其产品和服务的总体传播效果达到明确、连续、一致和提升。整合营销主要包括 3 个方面的要素：一是企业传播信息的一致性；二是消费者与企业进行沟通的互动性；三是目标营销，即企业的一切营销活动都应围绕目标市场进行，实现全程营销。

网络互动的特性使顾客真正参与整个营销过程成为可能，从而不仅使顾客参与的主动性增强，而且选择的主动性也得到加强。网络上信息丰富的特征使顾客的选择余地变得很大，在满足个性化消费需求的驱动下，企业必须严格地执行以消费者需求为出发点，以满足消费者需求为归宿的现代营销思想，否则顾客就会选择其他企业的产品。因此，网络营销首先要求把顾客整合到整个营销过程之中，从他们的需求出发开始整个营销过程。不仅如此，在整个营销过程中要不断地与顾客交互，每一个营销决策都要从消费者出发。这样，一方面顾客的个性化需求不断得到愈来愈好的满足，建立起对企业的忠诚意识；另一方面，由于这种满足是针对差异性很强的个性化需求，就使得其他企业的进入壁垒变得很高，也就是说其他企业即使提供相似产品或服务，也不能同样程度地满足该消费者的个性需求。

网络整合营销从理论上实现了从以产品为中心的 4P（产品、价格、分销、促销）到以顾客为中心的 4C（顾客、成本、方便、沟通）的过渡，继而再向 4I 原则（interesting 趣味原则、interests 利益原则、interaction 互动原则、individuality 个性原则）发展。

【延伸阅读1-1】

网络营销的价值体现——4R 和 4V 营销理论

4R 营销理论是由美国整合营销传播理论的鼻祖唐·伊·舒尔茨（Don E. Schultz）在 4C 营销理论的基础上提出的新营销理论。4R 分别指代关联（relevance）、反应（reaction）、关系（relationship）和回报（reward）。4R 理论认为，随着市场的发展，企业需要从更高层次上以更有效的方式在企业与顾客之间建立起有别于传统的新型主动性关系。关联是指将企业与顾客看成是一个命运共同体。企业与顾客之间建立起长期关系是企业经营的核心理念和最重要的内容。反应是指在相互影响的市场中，如何站在顾客的角度及时地倾听顾客的需求，建成高度回应顾客需求的商业模式。关系是指在企业与客户的关系发生了本质性变化的市场环境中，抢占市场的关键已转变为与顾客建立长期而稳固的关系，即与顾客建立长期的友好合作关系，使顾客主动参与到生产过程中，企业与顾客和谐发展。回报是指任何交易与合作关系的巩固和发展，都是经济利益问题。因此，一定的合理回报既是正确处理营销活动中各种矛盾的出发点，也是营销的落脚点。

随着高科技产业的迅速崛起，高科技企业、高技术产品与服务不断涌现，互联网、移动通信工具、发达的交通工具和先进的信息技术使整个世界面貌焕然一新，沟通的渠道多元化使原来那种企业和消费者之间信息不对称的状态得到改善，许多跨国企业开始在全球范围进行资源整合，4V 营销理论应运而生。4V 是指差异化（variation）、功能化（versatility）、附加价值（value）、共鸣（vibration）。4V 营销理论主张企业要实施差异化营销策略，使自己与竞争对手区别开来，树立自己独特的形象，与此同时使消费者相互区别，满足消费者个性化的需求。4V 营销理论要求产品或服务有更大的柔性，能够针对消费者具体需求进行组合。4V 营销理论更加重视产品或服务中的无形要素，通过品牌、文化等满足消费者的情感需求。

资料来源：刘宇涵主编《网络营销实务》，机械工业出版社，2015 年 10 月

1.5.2　直复营销理论

根据美国直复营销协会（ADMA）为直复营销下的定义，直复营销是一种互动的营销系统，在这个系统上可运用一种或多种广告媒介在任意地点产生可衡量的反应或交易。直复营销中的"直"是指不直接通过中间分销渠道而直接通过某种媒体（比如互联网）连接企业和消费者，在网上销售产品时顾客可通过网络直接向企业下订单并付款；"复"是指企业与顾客之间的互动，顾客对企业的营销刺激有一个明确的回复（买或不买），企业

可统计这种明确回复的结果，并由此对以往的营销努力作出评价。

网络作为一种可以双向沟通的渠道和媒体，它可以很方便地为企业与顾客之间架起互动的桥梁，顾客可以直接通过网络订货和付款，企业可以通过网络接收定单、安排生产，直接将产品送给顾客。基于互联网的直复营销将更加吻合直复营销的理念。这表现在以下4个方面：

第一，直复营销作为一种相互作用的体系，特别强调直复营销者与目标顾客之间的双向信息交流，克服传统市场营销中的单向信息交流的弊端。企业与顾客之间直接的一对一的信息交流，使得企业可以根据目标顾客的需求进行营销决策，提高营销决策的效率和效用，最大限度地满足顾客需求。

第二，直复营销活动的关键是为每个目标顾客提供直接向营销人员反馈信息的渠道，企业可以凭借顾客反映找出不足，为下一次直复营销活动做好准备。互联网的方便、快捷使得顾客可以通过互联网直接向企业提出建议和购买需求，也可以直接通过互联网获取售后服务。

第三，直复营销活动中，强调在任何时间、任何地点都可以实现企业与顾客的信息双向交流。由于顾客可以在任何时间、任何地点直接向企业提出要求和反映问题，企业也可以利用互联网低成本地实现跨越空间和突破时间限制与顾客的双向交流。

第四，直复营销活动最重要的特性是直复营销活动的效果是可测定的。互联网作为最直接的简单沟通工具，可以很方便地通过数据库技术和网络控制技术，处理每一个顾客的需求，精确把握顾客的需求变化，因此，通过互联网可以实现精确细分目标市场，提高营销效率和效用的目的。

网络营销由于具有可测试性、可度量性、可评价性和可控制性，因而也是一种有效的直复营销手段，利用网络营销这一特性，可以大大改进营销决策的效率和营销执行的效用。

1.5.3　网络软营销理论

软营销理论是针对工业经济时代的以大规模生产为主要特征的强势营销而提出的新理论，它强调企业进行市场营销活动的同时必须尊重消费者的感受和体验，让消费者能舒服地、主动地接受企业的营销活动。传统营销活动中最能体现强势营销特征的是两种促销手段——传统广告和人员推销。在传统广告中，消费者常常是被迫、被动接受广告信息的"轰炸"，它的目标是通过不断的信息灌输在消费者心中留下深刻的印象，至于消费者是否愿意接受与需要不需要则不考虑；在人员推销中，推销人员根本不考虑被推销对象是否愿意和需要，只是根据推销人员自己的判断强行展开推销活动。

在互联网上，网民追求信息交流的自由、平等、开放和交互，强调的是相互尊重和沟通，注重个人体验和隐私保护。因此，企业采用传统的强势营销手段在互联网上展开营销活动可能适得其反，如美国著名的 AOL 公司曾经对其用户强行发送 E-Mail 广告，结果招致用户的一致反对，许多用户约定同时给 AOL 公司服务器发送 E-Mail 进行报复，结果使得 AOL 的 E-Mail 邮件服务器一度处于瘫痪状态，最后 AOL 公司不得不道歉以平息众怒。

网络软营销恰好是从消费者的体验和需求出发，采取拉式策略吸引消费者关注企业及其产品，从而达到营销效果的。在互联网上开展网络营销活动，特别是促销活动一定要遵循一定的网络虚拟社区形成的规则，有的也称为"网络礼仪（netiquette）"。网络软营销就是强调在遵循网络礼仪规则的基础上，并巧妙运用之，从而达到理想的营销效果。

1.5.4　关系营销理论

关系营销自 1990 年以来逐步受到重视，它主要包括两个基本点：首先认为宏观上市场营销会对范围很广的一系列领域产生影响；在微观上认为企业与顾客的关系是不断变化的，市场营销的核心应从过去只关注简单的一次性的交易关系转变到注重保持长期的关系上来。

关系营销的核心是保留顾客，为顾客提供高度满意的产品和服务，通过加强与顾客的联系，提供有效的顾客服务，保持与顾客的长期关系，并在与顾客保持长期关系的基础上开展进一步的营销活动，实现企业的营销目标。

实施关系营销并不是以损害企业利益为代价的。根据研究，争取一个新顾客的营销费用是老顾客费用的 5 倍，因此加强与顾客关系并提高顾客的忠诚度，是可以为企业带来长远利益的，关系营销提倡的是企业与顾客双赢的营销策略。互联网作为一种有效的双向沟通渠道，为企业与顾客建立长期关系提供了有效的保障。

另外，通过互联网，企业还可以实现与企业相关的其他组织建立关系，实现双赢发展。互联网作为廉价的沟通渠道，它能以低廉成本帮助企业及其供应商、分销商等建立协作伙伴关系。

1.5.5　全球营销理论

互联网无处不在，世界就是一个地球村。全球营销理论试图解决同一方式向全球提供同一产品的成本优势与营销策略按区域差异化的高效益之间的两难境地。其基本思想是要确定出向不同地区提供的产品或者服务必须做哪些调整，并设法将这些必要调整的数量减到最小。企业的全球营销战略包括 4 个主要方面：确定全球营销任务、全球市场细分战略、竞争定位及营销组合战略。

1. 确定全球营销任务

全球营销任务的中心不再是对国别的特定的市场营销活动的个别优化，而是更多地考虑不同国家的商业利益如何隶属于全球性战略目标。既然全球营销对于企业获取其全球性战略目标有着重要的作用，那么企业的全球营销战略应与其总体战略相适应。企业在确定全球营销任务时，应以战略的眼光看待全球市场的选择与进入：注重全球市场规模的整体优化。

2. 进行全球市场细分

在全球市场细分战略方面，有 3 种战略可供选择。第一，全球性市场细分战略。此战略重在找出不同国家的消费者在需求上的共性，如人口统计指标、购买习惯和偏好等，而不重视国界及文化差异性。第二，国别性市场细分战略。此战略强调不同国家之间文化及品味上的差异性，市场细分主要以地理位置和国籍为基准。第三，混合型市场细分战略。大体上是前两种战略的结合型战略，某些国别市场规模很大可是存在个别化，而另一些较小的国别市场则可组合成一个共同的细分市场。例如，营销区域化就是一种重要的混合型市场细分战略。

3. 选择全球竞争定位

除了确定出市场细分战略外，企业还要确定其在每一个市场上的竞争地位。4种主要的竞争定位战略是：市场领导者、市场挑战者、市场追随者和小市场份额占有者。如果企业在所有的外国市场采取同样的竞争定位战略，则称之为全球性竞争定位战略；反之，如果企业在不同市场采取不同的竞争定位，则称之为混合型竞争定位战略。

4. 设计全球营销组合战略

根据企业的全球市场细分战略和竞争定位战略，可以制定出其营销组合战略。在一个或几个外国市场上经营的企业，必须研究对营销组合要进行多大的调整，才能适应当地市场状况。一种极端的情况是，企业使用其全球范围内标准化的营销组合，产品、广告、分销渠道和营销组合的其他因素都标准化，这样，由于不需要进行重大的改动，成本也就可以降至最低限度。另一种极端的情况是，制定特定的营销组合，生产厂根据各个目标市场的特点调整市场份额，从而获得较高的报酬。在上述两种极端情况之间，还存在着许多可供这些企业选择的全球营销组合战略。

从以上全球营销的概念、基本观念和营销策略的主要内容中，不难看出全球营销体现出国际市场营销的重新定位，是国际市场营销的一种新战略。为充分利用与全球营销紧密相关的国际市场机会，企业必须在实施全球营销战略前，结合企业的内部因素与外部环境进行全面的分析，以确保全球营销战略的实现。

📖 本章小结

本章主要介绍了网络营销的概念、特点，网络营销与传统营销的关系，网络营销的发展现状及网络营销的理论基础。

通过本章的学习，主要掌握网络营销相关的基本概念，网络经济对传统市场营销的冲击导致网络营销的产生，给整个市场经济带来的变化，以及网络营销对传统营销理论的延伸运用。

🎯 典型案例

苏宁易购——O2O智慧零售引领者

从1999年开始，苏宁电器就开始了长达10年的电子商务研究，先后对8848、新浪网等网站进行过拜访，并承办新浪网首个电器商城，尝试门户网购嫁接，并于2005年组建B2C部门，开始自己的电子商务尝试。经过了多年互联网转型探索，最终，张近东选择了线上便利与线下体验结合的O2O模式。2013年2月，苏宁电器更名苏宁云商，提出要做

"电商+店商+零售服务商"。由此，苏宁转型的大幕拉开。

8年转型"抗战"，苏宁业务板块从单一电器到八大产业板块协同发展，拉开了"场景互联网零售"的"造极"大幕。苏宁为实现2020年对智慧零售生态圈的战略升级目标，制定出2020年向着交易规模4万亿元、线下两万店和全渠道高于互联网转型期两倍增速的目标并全力冲刺。

近年来，苏宁零售线下业务主要是升级店面业态，包括云店、常规店以及县镇店等互联网化门店的升级，苏宁超市、红孩子母婴店等不同店面业态布局正在加快开店速度；苏宁不仅打造苏宁易购云店、苏宁易购直营店、苏宁超市、苏宁红孩子、苏宁小店等覆盖城市、农村、社区、校园等市场业态，2019年第三季度推出苏宁易购汽车超市、苏宁无人店等新兴业态。苏宁的线上仍深耕于苏宁易购，提升其精细化经营能力。发展电商，离不开的是物流，苏宁宣布将物流升级为集团产业板块独立运作，为集团"极速"发展制定前瞻性的规划，要在人员保障、基地储备、网点支撑、合作伙伴协同等方面提前储备。

苏宁易购是建立在苏宁云商长期以来积累的丰富的零售经验和采购、物流、售后服务等综合性平台上的。苏宁作为中国最优秀的连锁服务品牌之一，占据中国家电网购市场超过20%的份额，成为中国最大的3C家电B2C网站。

竞争优势

a）苏宁实体店优势：苏宁品牌是消费者最值得信赖的品牌之一，与各种媒体有着良好的合作关系，具有丰富的内部和外部资源，以及丰富的市场推广经验。

b）苏宁B2C优势：苏宁品牌信誉度高，在虚拟经济中品牌信誉非常重要。苏宁除与平面媒体合作外，在与网络媒体合作方面也有相当多的资源，20年来积累了丰富的促销经验和专业的人才储备，可利用苏宁现有的2 000余万会员开展精准营销。

供应优势

a）苏宁实体店优势：强大的采购平台——1 000多亿元的年销售规模，对市场有着敏锐洞察力的采购团队，良好的与供应商的合作关系，超强的供应链管理水平和强大的系统支持，使系统可实现自动补货。苏宁具有80余个CDC（用户研究与体验设计中心）和RDC（区域配送中心）、60多个转运点、850多家门店强大的仓储能力，400多家售后网点支持全国的售后服务，零售丰富的配送经验和配送能力，可覆盖全国各地。

b）苏宁B2C优势：苏宁B2C共享苏宁强大的采购平台，在集团范围内整合电器和非电器产品的优势。超强的供应链管理水平可满足苏宁B2C消费者的货源需求。苏宁的CDC、RDC等可支持苏宁B2C全国范围的商品配送，为方便消费者提货，苏宁B2C在全国范围内设有300余家门店作为3C类商品的自提点；为充分发挥苏宁实体店的优势，苏宁B2C所销售商品的售后服务实现了本地化。

运营管理

a）苏宁实体店优势：苏宁具有雄厚的资金实力，可以满足正常的经营运转，已经形成了较成熟的盈利模式和较高的运营效率。信息化建设：苏宁是流通企业中信息化建设最先进的，是集采购、销售、财务、物流、售后等于一体的信息化建设平台。

b）苏宁B2C优势：苏宁具有雄厚的资金实力、可供利用的实体店、长期以来形成的较成熟的盈利模式。信息化建设对 B2C 发展尤为重要，结合苏宁 B2C 的业务模式，苏宁开发出了新一代购物网站"苏宁易购"。

用户体验

a）苏宁实体店优势：商品定位为中高端，商品陈列遵循品类丰富、品牌适度、品相优化的原则，满足消费者需求。3C+旗舰店具备舒适的购物环境和开放式的顾客体验。苏宁有近 20 年的经验积累，不断探索新的销售模式和销售流程，给顾客提供便捷的购物感受。

b）苏宁 B2C 优势：成立网上商城公司独立运营苏宁 B2C 网站，现有运营人员 200 余人。根据多年家电零售经验和网上消费者的特点，采购适合网上销售的新、奇、特商品。苏宁 B2C 利用强大的采购平台，可采购有价格优势的商品，为消费者展示丰富的商品，所想即可得。与行业领先企业合作，页面设计更加人性化、产品分类更加合理化。利用实体店对顾客行为的研究结果，设计合理的 B2C 购物流程。

资料来源：https：//baike.so.com/doc/2773637-2927551.html

学习与思考

1. 什么是网络营销？网络营销有哪些特点？
2. 网络营销的内涵是什么？
3. 网络营销的功能表现在哪些方面？
4. 网络营销对传统营销冲击的表现有哪些？
5. 如何理解网络营销与传统营销的整合？
6. 简述网络营销的发展状况。
7. 简述网络营销的理论。

实践操作训练

1. 在中国互联网络信息中心网站（www.cnnic.net.cn）下载中心下载《中国互联网络发展状况统计报告》第 1 次、第 10 次、第 20 次、第 30 次、第 35 次、第 38 次内容，比较各次报告的数据变化，结合你对互联网的理解分析其发展的趋势。

2. 走进京东和天猫商城，对比分析服装企业在京东和天猫商城是如何开展网络营销的。

第二章

网络市场分析

案例导入

罐头行业的曲折历程

在中国的食品工业中，鲜有哪个细分行业的发展历程曲折如罐头行业的。罐头源于西方，是 200 年前欧洲大航海时代刚需的产物，而在美国逐步研发出工业量化生产技术后，罐头行业得到了蓬勃发展，在世界主要国家形成了庞大的产业，相应的市场规模也得到了迅速扩张。在以美国、日本、西欧诸国为代表的发达国家，罐头在居家生活、旅行、行军等方面皆已具有较高的普及性，同时有口皆碑。

在中国，罐头也曾在中国传统食品工业中扮演过艳惊四座的角色，特别是在 20 世纪八九十年代，罐头食品一度风靡全国，也成了现在很多人心中的成长情结。但是到了现在，罐头行业已不复当年的辉煌，国内消费者对罐头的误解导致其人均消费量远远低于发达国家，市场拓展遭遇瓶颈。而原材料涨价、人工费率提升等生产因素不断助长罐头企业的成本压力，罐头行业分散、集中度低的问题一直没有改观使得全行业面临严峻挑战。其实，中国制造的罐头在发达国家依旧备受欢迎，2018 年出口额达到了 54.25 亿美元，是全国加工农产品中出口量最大的商品。

在这样的形势下，这不由得让人发问：国内罐头行业的发展前景在哪里？怎么开启罐头行业下一个黄金时代？

什么人最爱买罐头呢？答案是忙碌的双职工家庭成员。而这一人群现在已经深度养成网购的习惯。据最新统计，我国网民数量已达到了 8.54 亿人，在成年人群中互联网普及率已过半，特别是伴随着互联网日渐成熟的电子商务在智能手机时代将进一步得到突破性的发展，更让一些传统行业看到线上营销发展的魅力。相比传统行业在过去的线下营销，现在的线上营销依托于快捷的互联网，掌握了当下人们的购物消费理念，因此，线上的营销很容易被客户所接受，而且线上的潜在客户越来越多，对企业自身的发展十分有利。因而，电商市场将是罐头产业接下来最该力挺的市场。目前的罐头行业，谁先玩好电商，谁就有可能会为自己的品牌打一个漂亮的翻身仗。

罐头行业的市场容量是不容置疑的。在上海梅林的规划中，光肉食品类 2016 年的营收就预估在 100 亿元。年轻的城市居住人口生活节奏越来越快，交通成本增加和交通拥堵都使得人们越来越主动放弃外出购物的生活方式；随着新一代的成长，新的生活方式也由他们更进一步影响了其他年龄层，宅在家完成工作、学习、生活，出门交际、休闲、娱乐的生活方式逐渐成为主导。而罐头食品中的半成品将成为大部分人越来越追捧的主要食品。目前，罐头行业在电商的营销力度不大，是市场未完全发力的主要原因。

罐头行业对消费者的沟通目前也处于 1.0 模式，自说自话。这样的沟通模式即便成倍增长也始终不能达到深度沟通和认可；而电商平台恰巧是能够实现沟通 2.0 的最佳途径。互联网的优势在于前台的信息整合，在于用户之间、用户和网站之间大规模交互的可能性。这个交互可以是即时的，也可以是延时的，可以在同一空间，也可以远在异国他乡。这就决定了互联网可以为线下的商业提供一个很好的营销前台。把线下的交易，通过互联网的模式呈现出来，最终爆发出巨大能量。

通过互联网营销 2.0，消费者可以自己体验罐头产品和服务并产生口碑，这是食品安全最有力的说明。80 后尚保存着小时候的罐头情结，以触发情结发起营销战役也将促使大量网友自发话题的产生，当罐头话题成为热门时，罐头的产品便能触发市场爆发的按钮。人们对罐头食品的期待就像对傻瓜相机的期待一样。怎么方便快捷地使用，能达到哪些出乎预料的美好结果，从储存到食用方法、营养搭配组合、售后服务都需要详细贴心的介绍指导。假如消费者可以单从品牌和产品就联想到浪漫的烛光晚餐或温暖的家庭聚会时，罐头半成品的销量将会呈现几何倍数的增长趋势。

在这个互动口碑为王的电商大时代，越来越多的传统行业看到了线上诱人的市场商机，开始入驻互联网，试图带领自身的行业在互联网时代大展宏图。而罐头行业是否能抓住机遇，通过互联网 2.0 营销战略开启下一个黄金时代？一切用时间来证明吧。

问题：

1. 罐头行业当前面临的营销环境有哪些特点？
2. 互联网营销为罐头行业带来的机遇和挑战有哪些？

2.1 网络市场概述

2.1.1 网络市场的概念与特征

由于互联网没有空间地域限制，可以很容易地进行信息发布、与顾客进行互动沟通、进行市场调查、了解顾客需求；可以减少营销环节，节省中间费用；可以通过网络实现远程管理，加强企业内部及外部的信息沟通；可以进行低成本营销，从而增加企业利润，满足社会的需求。因此，互联网时代市场营销应该这样理解和定义：它是一个以信息技术服务为支撑的全球营销活动的动态过程。它不仅仅只通过网络进行商品或劳务买卖活动，它还涉及传统市场的方方面面。从这个角度来看，网络时代的营销是一种虚拟环境中经营者和消费者完全或不完全无接触的交易方式。传统营销是在一种现实情况下的交易。而从营销过程看，传统营销指通过渠道、广告宣传等手段进入市场，从而达到企业目的的交易过程。网络营销则是借助网络、计算机通信和数字交互或媒体来实现企业营销目标的。

互联网已经成为面向大众的普及性网络，其无所不包的数据和信息，为上网者提供了最便利的信息搜集途径。同时，上网者既是信息的消费者，也可能是信息的提供者，从而大大增强了网络的吸引力。层出不穷的信息和高速增长的用户使互联网成为市场营销者日益青睐的新资源，企业上网成为 20 世纪 90 年代以来最为亮丽的一道风景，网上的市场营销活动也从产品宣传及信息服务扩展到市场营销的全过程。

1. 网络市场的演变

经过 20 多年的发展，我国互联网已全面进入 Web 2.0 时代，越来越多的网民参与到网络内容的生产和文化氛围的创造之中，互联网上的网络市场是今天和未来最有潜力的新兴市场。

从网络市场交易的方式和范围看，网络市场经历了 3 个发展阶段。

第一阶段，生产者内部网络市场。

20 世纪 60 年代末，西欧和北美的一些大企业用电子方式进行数据、表格等信息的交换，贸易伙伴之间依靠计算机直接通信传递具有特定内容的商业文件，这就是所谓的 EDI（electronic data interchange，电子数据交换）。70 年代以来，美国认可标准委员会陆续制定了许多有关 EDI 的美国国家标准。80 年代，计算机辅助设计、辅助工程技术和辅助制造系统的广泛应用，使工程师、设计师和技术员得以通过公司内部通信网传送设计图纸、技术说明等文件。1996 年 2 月，我国外经部成立了国际贸易 EDI 中心，即中国国际电子商务中心（CIECC）。借助中国电信公用网，中国国际电子商务中心实现了与联合国全球贸易网等国际商务网络的联结，并在全国 33 个城市开通了节点（连网点）。这种先进、高效的贸易方式很快吸引了国内外众多外贸与进出口企业的加入。

第二阶段，国内的、全球的生产者网络市场和消费者网络市场。

企业利用互联网对国内的或全球的消费者提供商品和服务。其最大特征是消费者的主动性，它从根本上改变了传统的推销方法，即演变为消费者的"个人行销"导向。"在线浏览、离线交易"的交易方式是我国和全球在该阶段主要的网络交易方式，我国政府当时积极地推动这种电子交易方式在我国的发展。1998 年 11 月 12 日，北京成立了电子商务工程领导小组，这标志着基于互联网的电子商务在北京正式实施。

第三阶段，"在线浏览、在线交易"阶段。

这是网络市场发展的最高境界，网络不再仅仅被用来进行信息发布，而是实现在线交易。这一阶段到来的前提条件是产品和服务的流通过程、交易过程、支付过程实现数字化、信息化和电子化，其中最关键的是支付过程的电子化即建立电子货币、电子银行、电子支付系统以及提高该过程的规范性、可靠性和安全性。

2. 网络市场的特点

网络市场具有一些自身的特点，这些特点主要表现在以下几个方面。

（1）全天候的经营

网络市场上的虚拟商店可以每天 24 小时全天候提供服务，一年 365 天持续营业，方便消费者的购买，特别是对平时工作繁忙、无闲暇时间购物的人来说，有更大的吸引力。

（2）无店铺的经营方式

网络市场上的虚拟商店，只是以互联网作为媒体，而不需要店面、装饰、摆放的商品和店面人员等（当然需要一定的网站维护人员以及网站美化人员）。

（3）无界限的经营范围

网络技术的发展使市场的范围突破了区域和国界的限制。网络营销市场面对的是开放和全球化的市场，从过去受地理位置限制的局部市场，一下子拓展到范围广泛的全球性市场。面对提供了无限商机的互联网，企业可以积极加入，开展全球性的营销活动。

（4）无库存的经营形式

网络市场的虚拟商店，可以在接到顾客订单后，再向厂家订货，无须将商品陈列出来供顾客选择（在网页上打出商品目录或照片即可）。随着社会发展，网络市场上消费需求向个性化的趋势发展，一对一的定制服务将更普遍，那就更无须进行商品的存储。

（5）成本低廉的竞争策略

因为普通商店在经营过程中，需要支付店面租金、装饰费用、电费、营业税金及人员的管理费等，而网络市场上的虚拟商店只需支付自设网站及网页制作成本、软硬件费用、网络使用费以及以后的维持费用。这样就大大降低了经营成本，增加了自身的竞争能力。

（6）精简高效的营销环节

网络技术的发展使消费者的个性化需求成为可能，消费者由原来的被动接受转变为主动参与，顾客不必等待企业的帮助，就可以自行查询所需产品的信息，还可以根据自己的需求，自行下订单，参与产品的设计制造和更新换代，使企业的营销环节大为简化。

3. 网络市场的要素

与其他市场一样，网络市场也包括四大要素，分别是：消费主体、购买欲望、购买能力和消费行为。但是由于网络营销市场的自身特点，这些要素也发生了一些新的变化。

（1）消费主体

网络市场的消费主体是指通过互联网购买商品和服务的消费者，以及各类消费组织（例如企业的网上采购、政府机构和事业单位的网上团购等）的总和。网络市场上的消费主体不同于传统的消费群体，它们具有典型的时代特点。

（2）购买欲望

只有产生了购买欲望，才会有可能产生消费行为。从网络消费心理上来分析，如下几种情况更能使网络消费者产生购买欲望：能够满足其个性化的需要，提供一种追求新颖、独特的消费方式；能够满足人们日趋理性的消费行为；能够提供方便快捷的消费服务等。

（3）购买能力

网络市场的购买能力与网络消费者的个人收入、其所在地区的经济发展水平、人均国民收入都有很大关系。随着上网人数和上网企业的增多，随着网上销售商品范围的不断扩大，以及网络消费便利程度的不断增加，网络购买力将会急剧扩大。

（4）消费行为

消费者的网上购物行为是与消费者的网上购买过程紧密联系的。该过程可以分为3个阶段：第一，产生购买的需求及购买欲望；第二，在网上进行查询和信息收集；第三，作出购买决策，实施网上购买。

2.1.2　网络市场环境分析

根据营销环境对企业网络营销活动影响的直接程度，网络营销环境可以分为网络营销宏观环境与网络营销微观环境两部分。网络营销微观环境（图2-1）是指与企业网络营销活动联系较为密切、作用比较直接的各种因素的总称，主要包括企业内部条件和供应商、营销中介、顾客、竞争者、合作者以及公众等与企业开展电子商务、网络营销的上下游组织机构。不同行业企业的微观营销环境是不同的，因此，微观营销环境又称行业环境因素。网络营销宏观环境（图2-2）是指对企业网络营销活动影响较为间接的各种因素的总称，主要包括政治法律、人口、经济、社会文化、科学技术、自然地理等环境因素。

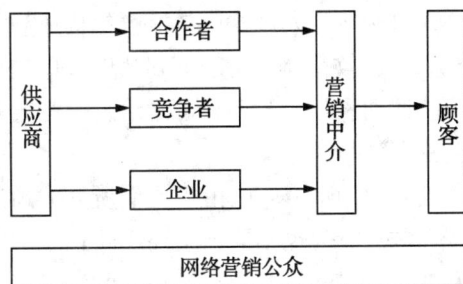

图2-1　网络营销微观环境

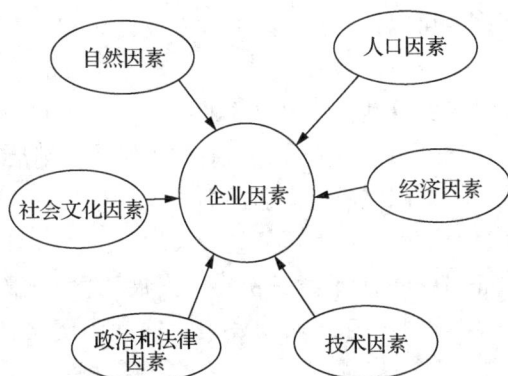

图2-2　网络营销宏观环境

1. 网络市场宏观环境分析

企业营销的宏观环境，通常指一个国家或地区的经济、社会及其发展状况，是企业不可控制的因素，包括人口、经济、政治法律、自然、科学技术和社会文化环境等六大因素。

（1）人口环境

从企业营销的角度看，市场是一个有现实或潜在需求且有货币支付能力的消费者群。市场的构成要素是人口、欲望和购买力。人口的数量、结构、分布及其变化趋势都对企业的网络营销产生一定的影响。因此，企业开展网络营销，一方面可以直接收集一手资料，通过对用户的数量、结构等内容的分析发现营销机会；另一方面也可以收集二手资料了解网络营销的人口环境，从而制定行之有效的营销策略。我国互联网上网计算机数、用户人数、用户分布、信息流量分布等方面情况的统计信息，对国家和企业动态掌握互联网在我国的发展情况及提供决策依据有十分重要的意义。人口环境因素影响和制约着企业的目标市场选择和定位，企业应充分分析人口环境的发展和变化，适时调整营销策略。

①人口数量。一个国家或地区总人口数量基本上可以反映出这一国家或地区消费市场的规模。我国一直被商业企业看作是"兵家"必争之地，其中很重要的一个原因就是我国是人口大国，有巨大的消费潜力。虽然人口规模的大小与市场购买力水平的高低并无必然联系，但一个有着大量人口的发展中国家的市场潜在需求，相比于一个人口数量较少的发达国家的市场潜在需求高得多。

②人口构成。人口构成包括自然构成和社会构成，前者指性别、年龄等，后者则包括收入、职业、教育等。由于不同地区人口构成存在着差异，必然产生不同的消费需求和消费方式。性别和年龄等差异对网络营销产生着重要影响，目前我国中青年女性是网络营销的主要购买力量。

③人口的地理分布。由于人们所处的地理位置、气候条件、文化习俗等不同，因而消费需求和购买行为也不同，主要反映在吃、穿、住、行等方面的差异性。研究人口的地域差别和变化，对网络营销有着重要的意义。

④家庭结构。现代家庭是社会基本的组成单位，也是商品的主要采购单位。随着经济的发展和家庭观念的更新，家庭结构出现了新的变化，客观上有利于网络营销活动的开展。目前我国三口之家居多，可以针对三口之家开发设计具有特色的产品。

（2）经济环境

经济环境是影响企业经营的最基本、最重要的因素。国家的经济发展水平，直接决定着居民的购买力，因此对经济环境进行充分分析有利于网络营销活动的成功开展。

①国民经济发展状况。一个国家或地区居民的购买力与其所处国家或地区的经济状况有着密切的关系。企业通过对国民经济发展所处阶段的研究，可以分析衡量一个国家或地区的经济实力。我国经济正处于一个平稳、快速的发展阶段，国家通过各种政策刺激消费，拉动内需，而且越来越重视第三产业的发展，这就为网络营销创造了良好的经济环境。

②居民个人收入。居民个人收入是一个与顾客消费水平密切相关的经济因素，决定着

顾客的购买能力。企业通过对居民收入的研究分析，可以充分了解目标市场的规模、潜力、购买水平和消费支出的行为模式。在居民个人收入中个人可支配收入与消费关系更为密切，一个居民的个人可支配收入越多，可用于消费的开支就越多。通过对个人可支配收入的调查研究可以为不同收入层次的顾客研发、设计产品，以顾客可以接受的价格为出发点。

③消费者的支出结构。人们习惯把家庭用于食物的支出占家庭收入的比例称为恩格尔系数。恩格尔系数是衡量一个国家或地区、城市、家庭生活水平高低的重要标准。恩格尔系数越大表明越贫穷，因为这说明人们的家庭收入主要用来进行食物支出了。对消费支出的分析，有利于企业了解目标市场的需求特点，把握市场进入机会，确定营销战略。

④消费储蓄和信贷。消费者的储蓄包括银行存款和购买债券，储蓄来源于收入，最终目的还是为了消费。当消费者收入一定时，储蓄量越大，显示购买力越弱，潜在的购买力就越强。消费者不仅可以用其货币收入购买所需商品，而且还可以利用信贷购买商品，即消费信贷。人们利用消费信贷进行消费已经越来越普遍了，随着我国经济的发展和市场经济体制的进一步完善，消费者的信贷规模将不断扩大。

（3）政治法律环境

企业的营销活动是社会生活的组成部分，而社会生活总是要受到政治生活的影响。政治法律环境因素从国内看，主要是指党和国家的方针政策，它规定了国民经济的发展方向和发展速度。国家的方针政策总是随着经济形势的变化而变化，它对网络营销活动有直接影响。网络营销活动中，要寻求国家方针政策给企业带来的市场机会。网络营销活动受到政治体制、经济体制、政府行为等多方面的影响。

网络营销、电子商务的法律环境也一直是人们关注的焦点。一方面，网络营销的各个环节与问题需要相关的法律法规加以规范；另一方面，政策法律的每一个措施也都左右着网络营销和电子商务的发展前程。

（4）自然环境

企业在网络营销中所涉及的自然环境，主要是指影响目标市场顾客需求特征与购买行为的自然资源、地理环境等因素。虽然随着科技进步和社会生产力的提高，自然环境对经济和市场的影响整体上是趋于下降的趋势，但自然环境制约经济和市场的内容、形式则在不断变化。

（5）科学技术环境

科学技术是人类在长期实践活动中积累的经验、知识和技能的总和，网络营销是以互联网为基础的营销模式，全球互联网的高速发展促进了网络营销的繁荣。

科学技术环境对网络营销产生了重要影响。网络营销的科学技术环境是指由于技术因素而引起的对生产力从而对网络市场营销所带来的影响。进入 20 世纪以来，科学技术日新月异，第二次世界大战以后，新科技革命蓬勃兴起，形成了科学—技术—生产体系，科学技术在现代生产中起着领头和主导作用。科学技术的发展对于社会的进步、经济的增长和人类社会生活方式的变革都起着巨大的推动作用。现代科学技术是社会生产力中最活跃的和决定性的因素，它作为重要的网络营销环境因素，不仅直接影响企业内部的生产和经营，而且还与其他环境因素相互依赖、相互作用，尤其与经济环境、文化环境的关系更为密切，同时影响着网络营销活动。

科学技术的进步和发展，必将给社会经济、政治、军事以及社会生活等各个方面带来深刻的变化，这些变化也必将深刻地影响企业的营销活动，给企业造成有利或不利的影响，甚至关系到企业的生存和发展。因此，企业应特别重视科学技术这一重要的环境因素对企业营销活动的影响，以使企业能够抓住机会，避免风险，求得生存和发展。

（6）人文社会环境

社会文化环境就是指由价值观念、生活方式、宗教信仰、职业与教育程度、风俗习惯、社会道德风尚等因素构成的环境。每个人都是在一个特定的社会环境下成长的，各有其不同的基本观念和信仰，网络营销推广必须重视这些因素的影响。

网络营销的宏观环境就是指影响网络营销微观环境的一系列外部要素。企业营销活动成败的关键，就在于企业能否适应不断变化着的市场营销环境。

2. 网络营销市场微观环境分析

（1）企业内部环境分析

什么是企业内部环境？企业内部环境是指企业内部的物质、文化环境的总和，包括企业资源、企业能力、企业文化等因素，也称企业内部条件。

企业内部环境或条件分析的目的在于掌握企业历史和目前的状况，明确企业所具有的优势和劣势。它有助于企业制定有针对性的战略，有效地利用自身资源，发挥企业的优势；同时避免企业的劣势，或采取积极的态度改进企业劣势。

（2）企业内部环境的主要内容

①企业发展战略的重视程度。主要是了解决策层对开展网络营销活动的观念、态度及重视程度。

②所需资源的保障能力。包括人、财、物、资金、信息、技术等。

③企业组织结构。主要是企业各部门的配合程度，如图2-3所示。

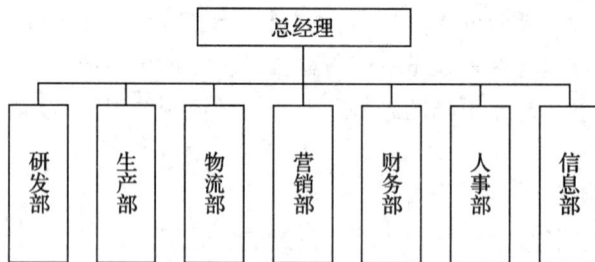

图2-3 企业组织结构

（3）企业内部环境对网络营销的影响

①企业组织结构快速应变能力是网络营销的保障；

②人才是网络营销的必要条件；

③企业内部管理信息化、网络化是网络营销的基础。

(4) 企业内部环境主要要素分析

①供应商。网络营销活动的参与人员分为企业本身和合作方，供应商作为企业的重要合作方，对企业的网络营销活动有哪些影响呢？其影响主要表现在两个方面：

A. 所提供资源的价格和数量直接影响企业产品的价格、销量和利润。

B. 供应短缺，可能影响企业的交货期。供应短缺，从短期看，损失销售额；从长期看，损害企业在顾客中的信誉。

②网络顾客。网络顾客或用户是企业产品销售的市场，是企业直接或最终的营销对象。网络技术的发展极大地消除了企业与顾客之间的时空限制，创造了一个让双方更容易接近和交流信息的机制。顾客可以通过网络得到更多的需求信息，使他们的购买行为更加理性。

进行顾客分析，目的是如何通过因特网发现顾客、吸引顾客、满足顾客需求、留住顾客并与顾客建立稳固的联系。

③网络公众。网络公众是指对网络营销企业实现其营销目标构成实际或潜在影响的任何团体、单位和个人，包括网民、网络金融服务机构、网络媒体、政府、非官方机构等。

④竞争者。网络营销企业应当关注的竞争者包括：知名的本地竞争者、知名的国际竞争者、新的世界范围内或本地的潜在竞争者。

评估竞争者的竞争能力可以使用下述公式：

竞争能力＝（灵敏度×接触能力）/进入市场的时间

灵敏度——企业调整战略方向以及对新的客户需求作出反应的时间。

接触能力——企业联系客户的能力或促销产品的能力以及在新市场中获得商机的能力。

进入市场的时间——产品从构思到获得收益的生命周期时长。

了解竞争力的捷径有：访问竞争者网站和观察其他行业出色的网络企业在做什么。还应当关注竞争企业的新方法、能提供竞争优势的新技术、设计技术或客户服务支撑等。

除此之外，进行竞争者分析还应注意以下几点：

A. 识别竞争对手的策略。

Ⅰ. 品牌竞争者：品牌竞争是指满足相同需求的、规格和型号等相同的同类产品的不同品牌之间在质量、特色、服务、外观等方面所展开的竞争。因此，当其他企业以相似的价格向同一顾客群提供类似产品与服务时，营销者会将其视为竞争者。

Ⅱ. 产品形式竞争者：产品形式竞争者是指较品牌竞争者更深一层次的竞争者，即各个竞争者产品的基本功能相同，但形式、规格和性能或档次不同。如自行车既有普通轻便车，又有性能更优良的山地车，厂家通过在顾客中发掘和培养品牌偏好，来展开市场竞争。

Ⅲ. 一般竞争者：是指能向消费者提供与本企业不同品种的产品，满足消费者同种需要的产品供应者。这是一种平行的竞争关系。

Ⅳ. 愿望竞争者：指的是提供不同产品以满足不同需求的竞争者。比如：出售旅游产品及出售电子产品之间的竞争。

B. 评估竞争者的优势和劣势。

Ⅰ. 实力条件：指经济基础和应用条件。

Ⅱ. 取向特性：着重于某个目标点单线着重发展。

Ⅲ. 适应性：结合当前的市场信息预估及制定发展计划。

Ⅳ. 趋势的成长：发展体系的达成率。

Ⅴ. 应该将企业本身也纳入评估的对象。一旦企业自己被顾客评估很差，位于其他竞争者之后，管理当局应当引起重视。

Ⅵ. 每一评分可显示更详细的资料。很显然，并非每一顾客都认为某竞争者的品质好，这只是一般平均反映而已，因此有必要以百分比来说明。例如有20%认为极佳，40%认为较佳，30%认为一般，而10%认为差。如果能够知道哪些形态的顾客不认为某竞争者的品质好，或许更有意义。

Ⅶ. 顾客也应对竞争者产品的价格、标识设计、品质、制造能力等未列在表上的其他属性，一一加以评估。

C. 网络市场竞争表现出新特点。

Ⅰ. 识别竞争者的难度加大；

Ⅱ. 企业竞争的国际化进程加快；

Ⅲ. 合作发展比单纯竞争更重要。

2.2　网络消费者分析

2.2.1　网络消费者的特征

互联网作为新生事物加上网络使用的技术性，网络消费者一般学历较高，购买力较强，同时随着网络用户和网上购买者的快速增长，互联网已成为遍布商机的巨大市场。在网络消费者中，中国网民男女比例为53.6∶46.4，网民性别及结构趋向均衡；我国网民以10~39岁群体为主，占整体的75.1%；其中20~29岁年龄段的网民占比最高，达29.9%，10~19岁、30~39岁群体占比分别为21.4%、23.8%；网民中具有中等教育程度的群体规模最大，初中、高中/中专/技校学历的网民占比分别为37.4%、29.2%；网民中学生群体的占比最高，为25.2%，其次为自由职业者，比例为22.1%，企业的管理人员和一般职员占比合计达到15.2%，这三类人群的占比相对稳定；网民中月收入在2 001~3 000元、3 001~5 000元的群体占比较高，分别为18.4%和23.4%。随着互联网的不断普及和发展，互联网将越来越平民化，向大众消费靠拢。总的来说，互联网消费者的特点主要表现在以下几个方面。

①大多是年轻、高学历、高素质，并且具有一定的经济实力的消费个体。

②这些网上消费者注重自我，头脑冷静，善于理性消费，讲求效率，个性突出，喜欢用信用卡来规划自己的个人月消费，对商品或服务的要求比较挑剔。

③他们对新鲜事物有着孜孜不倦的追求。这些网络用户爱好广泛，有强烈的求知欲，

经常到网上冲浪，对各类新闻、股票报价、网上娱乐活动都表现出浓厚的兴趣。

④他们的需求期望较高，希望能够在任何时间、任何地点都能以最低的价格得到他们所需要的任何产品或服务。当他们搜索信息时，经常比较注重搜索所花费的时间，如果他们碰到一家网上商店的链接、传输的速度比较慢的话，很可能会马上离开这个站点。

2.2.2 网络消费者行为分析

1. 网络消费者行为的特征

新时期网络环境下的消费者行为在很大程度上决定着网络消费的发展趋势，如果企业想要在网络经济快速发展的时代更好地适应日趋激烈的网络市场竞争环境，就必须具体地分析在网络环境下的消费者行为特征，以便采取适合企业的营销对策。在网络环境下消费者行为的特征主要体现在以下几个方面。

（1）消费者的消费个性化回归

在过去的很长一段历史时间里，许多企业大多把消费者的个性化需求放在首位，在那一时期，个性化消费成为时代的主流。但是近代随着经济的发展，越来越多的企业更加注重成本而忽视对消费者个性的满足。而在网络全球化蔓延的今天，随着互联网的飞速进步，消费市场呈现多元化趋势，消费者能够根据不同的需求做更多个性化的选择，每一个消费者都是单独的个体，都需要表现自己的个性，所以消费者的消费行为必将回归个性化。

（2）消费者的消费行为受价格影响

伴随着消费市场多元化的发展，产品的质量与服务得到提高，相同质量产品的消费者会选择价格低廉的。网上的商品减少了经销商、代理商、实体店铺等运营成本，所以网络购物产品的价格会低一些，网络经济迅速发展起来。

（3）消费者对于消费的主动性变强

现代社会具有不确定性。在社会分工专业化的今天，为了降低购买的风险，消费者会主动通过各种途径了解商品各方面信息进行分析比较来确定是否购买。消费者通过这些可能不够准确充分的分析比较，从心理上获得安慰，在一定程度上降低其购买风险感，增强消费者对产品购买的主动性。

（4）消费者对购物便捷化的要求更高

随着人们生活节奏的不断加快、现代物流技术的快速发展，许多商家在网络上通过微信、微博、淘宝、直播等新媒体技术平台销售产品，使消费者可以更加全面地了解网络市场上产品的信息，明确自身的消费目标并选择出最为合适、便捷的消费方式。所以消费者在进行消费购买商品时，除了要求质量和价格外，对方便快捷和节省时间等方面有了更高的要求。

（5）网络购物成为消费者的常态化购买方式

移动网络和新媒体技术的快速发展，手机一族迅速崛起，手机上网成为许多人了解各种信息的手段，消费者通过网络查找商品信息并购买商品，所以网络购物已经成为越来越多的消费者主要的购物方式。

2. 网络消费者行为的影响因素

（1）个人因素

在性别方面，女性消费者多于男性消费者。女性购物时较感性，易被他人意见和评价左右；而男性购物时较理性，购物自主性强；在年龄方面，青年人作为网络购物的主体，他们思想活跃，喜欢追求个性和时尚，所以在网络购物中时尚或个性化的商品被这些消费者喜欢；在经济与受教育程度方面，经济水平越高决定了网络消费者的受教育程度越高，对互联网知识的了解越多，更容易接受网络购物，网络购物的频率会随之加快。

（2）心理因素

在网络环境下，消费者不仅具有传统的消费心理，还具有网络购物条件下出现的消费心理。首先是网络消费者具有追求新奇的心理。网络购物的主要群体是年轻人，他们喜欢尝试新事物。其次是网络消费者具有个性化的心理。网络购物模式与传统购物模式相比，在网络上购物消费者可以对各种商品进行选择，满足其个性化需求。最后是网络消费者具有要求便宜与便捷的心理，网络购物应满足网络消费者要求方便与便宜的心理诉求，便于其随时把握时代流行趋势。

（3）文化因素

文化会对消费者的行为产生重要影响。社会中的每个成员都有独一无二的文化背景，文化潜移默化地影响着人们的世界观、人生观、价值观。消费者借助网络平台进行交流沟通，人们逐渐认同的网络文化形成了。网络文化存在于虚拟网络空间，对网络消费者的消费行为产生影响。大众的消费结构随着电子商务快速发展变得复杂起来，网络文化出现多样化特征，商品可购买种类复杂多变，商品组合出现多元化的趋势。

（4）社会因素

社会因素是指消费者所处的社会地位、阶层以及其家庭和朋友。社会因素对消费者行为产生不同的影响，其中以成员团体（自身是其成员）和理想团体（自身非其成员，但愿意归属）为主的参考团体对消费者的态度、观念和价值观产生影响。从消费者行为角度对社会群体展开分析，消费者网上购买产品与服务在一定程度上会影响身边的家人朋友，因此相关群体的消费体验就对消费者行为产生了重要的影响。

（5）网络因素

在网络购物飞速发展的今天，消费者一直关注着网络的安全性和可靠性。有许多消费者对网络支付环境还缺乏一定的信任，对网络购物存在着顾虑。通常情况下，消费者会去信誉高的网店购物，他们认为信誉高的店铺质量有保障。但目前网络市场环境中出现一些无良商家炒作"信用"现象，让消费者对网络购物只能保持谨慎态度，这在很大程度上制约了网络购物的发展。

2.2.3　网络消费者购买过程分析

网上消费者的购买过程也就是网上消费者购买行为形成和实现的过程。网上消费者的购买行为不是一种偶然发生的现象，消费者在购买之前、购买之中、购买之后都会有一系列的活动。一般来说，网上消费者的购买过程可以划分为 5 个阶段：唤起需求、收集信息、比较选择、购买决策和购后评价，如图 2-4 所示。

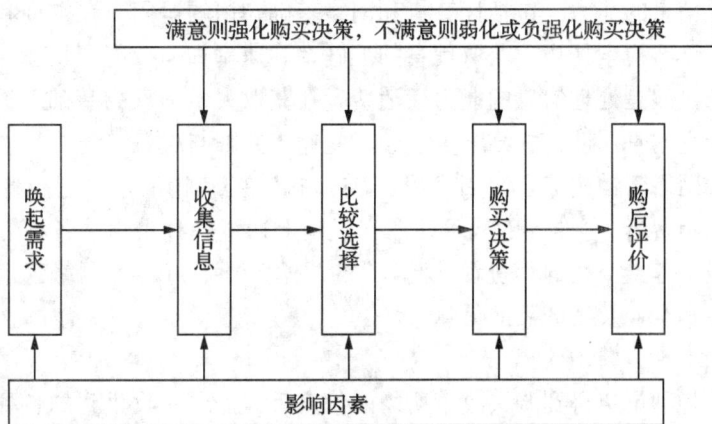

图 2-4 网络消费者购买过程

当然，图中所描述的是网络消费者购买过程中经历的一般步骤。有时消费者可能会越过（比如购买日用品时）或反复颠倒其中的某些阶段（比如购买大件物品或者贵重物品时）。一位购买固定品牌酱油的妇女会越过信息收集和比较选择阶段，直接进入对酱油的购买决策。而当一个网络消费者想通过网络购买大件电器或者名牌服饰时，可能会先看别人的评价，并收集各类信息，进行比较之后，再去收集信息，最终再决定购买。

1. 唤起需求

消费者的需要和欲望是购买行为产生的起点，也是网络营销活动中消费者行为分析的起点。这种需求可能是由消费者内在生理活动引起的，也可能是由外界的某种刺激引发的，或者是由内外两方面因素共同作用的结果。

网络营销活动在此阶段应该不失时机地采取适当的措施，诱发和强化消费者的这种需求。对网络营销而言，文字的表述、图片的设计、声音的配置是网络营销诱发消费者需求的直接动因。从这方面来讲，网络营销对消费者的吸引具有相当高的难度。这要求从事网络营销的企业或中间商注意了解与自己产品有关的现实需求和潜在需求，了解这些需求在不同的时间阶段所表现的强烈程度，了解这些需求主要是由哪些刺激因素诱发的，进而巧妙地设计促销手段去吸引更多的消费者浏览网页，以诱导激发他们的需要和购买欲望。

2. 收集信息

一般来说，消费者需求被唤起后，便会从理性的角度出发，为了实现自己的购物行为更经济，或者说能使自己的购物活动付出较少而得到更多，往往要进行一系列积极寻找和收集信息的活动，以便尽快完成从知晓到确信的心理过程，作出购买决策。

在传统的购买过程中，消费者对于信息的收集大都出于被动接受的状况，如广告轰炸对消费者的购买决策有着较大的影响作用。而消费者网上购买活动中的信息收集则带有较大的主动性。在网络购买过程中，可以通过亲戚朋友、各种企业、公共宣传或活动、互联网等渠道来进行商品信息的收集。

网上消费者的信息搜索能力取决于 4 个方面：一是消费者已经掌握有关产品的知识。

二是对可能的各种信息源的了解程度。对各种信息源有足够的了解与认识，是获取信息的基础。三是获取信息的能力，包括计算机和网络基础知识的运用，在查询和检索信息的过程中是否掌握了一些检索技巧，获取信息的准确率和速率如何，能否快速、准确、全面地获取有用的信息。四是处理信息的能力。消费者在获取大量信息的基础上，能否准确地鉴别、分析、判断它的真伪性，并结合自己的经验作出判断与决策。

在此阶段，网络营销应综合运用"推"与"拉"的营销战术，把企业及其产品的信息有效地传递给消费者。"推"的战术即在互联网上通过各种渠道、各种方式把企业及其产品的信息积极推荐给潜在的消费者。"拉"的战术，即通过各种网络营销战略战术吸引更多的网民关注本企业及其产品的信息。

3. 比较选择

消费者通过各种渠道得到购买决策所需的信息后，需要对收集到的各种信息资料进行比较、分析、研究，了解各种商品的特色和性能，充分考评产品的功能、可靠性、稳定性、式样、价格和售后服务等各方面的因素。对于一般消费品和低值易耗品，易于作出比较选择；但对高档耐用品，消费者一般会慎重选择。

由于网络购物不直接接触实物，消费者对网上商品的评价依赖于企业对商品的感官描述，网上的购买者往往担心网上产品的质量、功效和售后服务，担心企业信用和交易安全性，所以企业在网上宣传中对产品的描述要充分、功效切合实际，切忌过分夸张，更不可欺瞒消费者和网上公众。

4. 购买决策

网络消费者在完成了对商品的比较选择之后，便进入购买决策阶段。与传统的购买方式相比，网络消费者的购买决策特点有：首先，网络购买者理智动机所占比重较大，而感情动机比重较小。其次，网络购买受外界影响较小，大部分的购买决策是消费者自己作出的而不是与家人商量后作出的。最后，网上购物的决策行为较之传统的购买决策要快得多。

网络消费者在作出决策，决定要购买某种商品时，一般应该是已经具备了 3 个条件：第一，对企业有信任感；第二，对支付有安全感；第三，对产品有好感。

5. 购后评价

消费者购买商品后，往往通过使用，体验产品的功效、性能和品牌，比较产品实际效用与预期，对自己的购买行为进行评估、检验和总结反思，思考这种购买行为是否理智、合理，经济价格上是否划算以及服务是否周到等，进而形成对产品、品牌和企业的具体评价与整体印象。

消费者对其购买的产品是否满意，将影响到后续的购买行为。如果对产品满意，则在下一次购买中可能继续采购该产品，并向其他人宣传该产品的优点。但是，如果消费者对产品不满意，则会修正自己的购买行为，通过放弃或退货来减少不和谐感，也可以通过寻求证实产品价值比其价格高即"值得购买"的有关信息来提高和谐感。市场营销人员应该采取措施，利用人脑思维机制中存在的一种在自己的意见、知识和价值观之间建立协调、一致、和谐的驱使力，尽量减少和消除引起购买者购买后的不满意感。

研究和了解消费者的需求及其购买决策过程，是企业市场营销成功的基础。网络营销人员通过了解网络购买者如何经历需求唤起、信息收集、评价选择、购买决策和购后评价的全过程，采取措施增强企业网络营销的有效性，培养忠诚的网络购买者。

2.3 网络目标市场营销战略

网络目标市场营销战略的核心内容是 STP 理论。STP 理论中的 S、T、P 分别是 Segmenting（目标市场细分）、Targeting（目标市场选择）、Positioning（目标市场定位）3 个英文单词的缩写。STP 理论是指企业在一定的市场细分基础上，确定自己的目标市场，最后把产品或服务定位在目标市场中的确定位置上。故网络目标市场营销战略主要包括网络目标市场细分、网络目标市场选择和网络目标市场定位 3 部分内容。

2.3.1 网络目标市场细分

1. 网络市场细分的含义

网络营销市场细分是指企业在调查研究的基础上，依据网络消费者的购买欲望、购买动机与习惯爱好的差异性，把网络营销市场划分成不同类型的消费群体，每个消费群体构成企业的一个细分市场。

网络营销市场可以分成若干个细分市场，每个细分市场都是由需求和愿望大体相同的消费者组成的。在同一细分市场内部，消费者需求大致相同。不同细分市场之间，则存在着明显的差异性。企业可以根据自身的条件，选择适当的细分市场为目标市场，并依此拟定本企业的最佳网络营销方案和策略。

2. 网络市场细分的作用

（1）有利于企业选择目标市场和制定相应的营销策略

通过网络市场细分可以充分把握各类网上消费者的不同需要，并根据各个子市场的潜在购买数量、该领域的竞争状况及本企业实力的综合分析，科学选择自己的目标市场，并投其所好地开展行之有效的网络营销活动。

【案例 2-1】

单身戒网站（www.singelringen.cn）以单身人群为目标顾客。单身戒（Singelringen）品牌源自瑞典，在瑞典语里的含义是"自信的单身族"（proud singles）。每枚单身戒指都在内圈刻有"Designed in Sweden"（瑞典设计）的字样和一个唯一的注册号码。这个注册号码允许拥有者加入覆盖全球的网上单身戒社区，只要登录 Singelringen 官方网站激活你的戒指就可以立即开始与其他 Singelringer 的交流。每只单身戒都拥有独一无二的编号，购买者可以由此知道自己是全球第几号 Singelringer，并与全世界的单身者展开有趣的邂逅。

资料来源：张卫东主编《网络营销理论与实践》，电子工业出版社，2017 年 7 月

（2）有利于企业增强应变能力和竞争力

企业通过网络市场细分，充分发掘市场营销机会，并根据主客观条件选定目标市场。企业通过市场细分选择一个或几个子市场作为目标市场，就有可能更加深入细致地研究需

求的特点，比较容易认识和掌握各细分市场消费者需求的变化，以及对营销措施作出反应，从而相应地调整营销策略，制定最佳的营销策略，在市场竞争的某一领域获取强有力的核心竞争力。

（3）有利于企业发现新的市场机会

在竞争激烈的微利时代，企业可以通过网络市场细分，发现新的经济增长业务，选择新的目标市场，增加盈利机会，缩小企业的战略目标差距。在营销活动中，可以说那些没有满足的需求便是企业的营销机会。通过网络市场细分，企业可以了解各子市场的需求满足状况，从而及时发现那些没有满足的需求或那些没有充分满足的需求，进一步根据自己的资金、技术状况决定是否将其选择为自己的目标市场。

（4）有利于集中使用企业资源，取得最佳营销效果

企业通过网络市场细分，发掘网络市场机会，并根据主客观条件的分析选定网络目标市场。因此，可以将企业资源集中用于最有利的子市场，争取较理想的市场份额，以使有限资源得到较充分的利用，取得最佳营销效果。

3. 网络市场细分方法

根据细分程度的不同，市场细分有 3 种方法，即单一因素细分法、综合因素细分法、系列因素细分法。

（1）单一因素细分法

即选用一个细分标准，对市场进行细分。例如，玩具市场可按不同年龄段的儿童设计适合不同需要的玩具。

（2）综合因素细分法

即运用两个或两个以上的标准对市场进行细分。综合因素细分法的核心是并列多因素分析，所涉及的各项因素都无先后顺序和重要与否的区别。例如，用生活方式、收入水平、年龄 3 个因素可将女性服装市场划分为不同的细分市场，如图 2-5 所示。

（3）系列因素细分法

即运用两个或两个以上的标准来细分市场，但必须依据一定的顺序由粗到细依次细分，下一阶段的细分是在上一阶段选定的子市场中进行的，细分的过程也就是一个比较、选择子市场的过程。例如，某地的皮鞋市场可采用系列因素细分法进行细分。如图 2-6 所示。

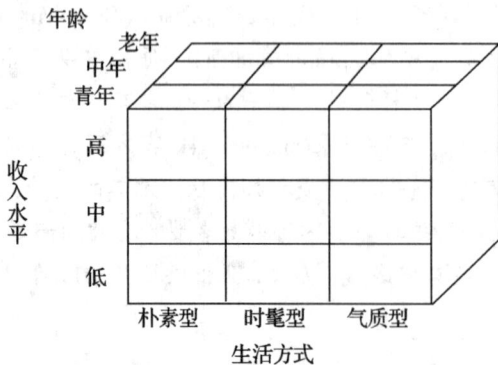

图 2-5　综合因素细分法分析女性服装市场　　　　图 2-6　皮鞋市场系列因素细分法分析

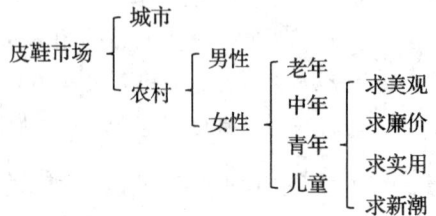

4. 网络市场细分的标准

划分市场的标准成为市场细分变量。常用的网络市场细分变量包括以下几个方面。

（1）人口统计细分变量

年龄、种族、性别、家庭状况、收入、教育、网络连接、浏览器类型等。

（2）地理细分变量

ISP 域名、国家、地区、城市等。

（3）心理细分变量

消费者所属的社会阶层、生活方式、个性特征等。

（4）行为细分变量

在线购物行为、Web 使用习惯、利益诉求、点击率、Web 站点忠诚度、过往购买经历等。

（5）利益细分变量

便利性、经济性、质量、易于使用、速度、信息等。

每一个细分变量都不足以完全定义一个细分，也没有适合各个企业的市场细分组合。为了选择更加适合的网络市场细分指标，需要对企业的营销战略进行分析，结合不同企业的营销战略目标，选择恰当的细分变量组合。对网络消费者市场可以按照一个变量或多个变量进行细分。

【案例 2-2】

ZARA 的市场细分

1975 年设立于西班牙的 ZARA（飒拉）隶属于 Inditex（因迪特克斯）集团，为全球排名第三、西班牙排名第一的服装商，在世界各地 56 个国家中设立超过 2 000 多家的服装连锁店。ZARA 深受全球时尚青年的喜爱，设计师品牌优异，设计价格却更为低廉，简单来说就是让平民拥抱时尚。其市场细分较为细致明确。

（1）按地理因素进行细分：①欧美市场：产品在欧美地区销售；②亚洲市场：产品在发展中国家销售。ZARA 的独立专卖店一般选择商厦的临街底商位置，大面积的建筑外壁面通过设计行程鲜明的品牌形象使巨大的店铺外观形成天然的广告牌。

（2）按消费群体进行细分：①青少年市场；②中年市场。ZARA 目标顾客群定位在 20~35 岁的消费者，这一年龄段的消费者时尚敏感度高，但尚不具备购买顶级品牌服饰的能力。

（3）按产品质量和价格档次进行细分：①高档市场：高档市场又可细分为高高市场、高中市场、高低市场；②中档市场：中档市场又可细分为中高市场、中中市场、中低市场；③低档市场：低档市场又可细分为低高市场、低中市场、低低市场。

（4）按心理因素进行细分：ZARA 以其"多款式、小批量"，满足了大量个性化的需求，培养了一大批忠实的追随者。款式更新快增加了新鲜感，吸引消费者不断重复光顾。

（5）按行为因素进行细分：ZARA 作为时尚服饰业界的一个另类，在传统的顶级服饰品牌和大众服饰品牌中间独辟蹊径开创了快速时尚（Fast Fashion）模式，俨然成为时尚先锋。

ZARA 既是服装品牌，又是服装零售服务品牌。所以，ZARA 的营销策略不仅仅要着眼于产品本身，还应该注重服务。通过对服装市场的不同角度、不同层次和不同区域的细分，ZARA 的管理团队明确地认识到了服装市场的特点，因此也正确地确定了产品和品牌的目标市场。

资料来源：李玉清主编《网络营销实务》，电子工业出版社，2018 年 9 月

5. 网络市场细分原则

（1）可衡量性原则

指网络营销细分市场不仅范围比较明晰，而且能大致判定该市场容量的大小。

（2）实效性原则

指网络营销市场的细分范围能最大限度地为企业带来经济利益，企业在这个细分市场上所获得的销售量和销售额不仅能够有效地覆盖市场开发成本，而且能够给企业带来足够大的营利。

（3）可接近性原则

指企业对所选中的网络营销目标市场，能有效地集中营销能力，开展营销活动。这里有两方面的含义：一方面是指企业能够通过一定的媒体把产品信息可靠地传递到细分市场的消费者中，另一方面是指产品经过一定的渠道能够到达该细分市场。

（4）反应的接近性原则

指在不同的细分市场上，对企业采用不同营销策略所作出反应的接近程度如何。如果网络营销市场细分后，不同的细分市场对各种营销方案的反应程度差不多，则细分市场就失去了意义。例如，如果所有细分市场按同一方式对价格变动作出反应，就无须为每一个细分市场规定不同的价格策略。

（5）稳定性原则

指网络营销细分市场必须在一定时期内保持相对稳定，以便企业制定较长期的网络营销策略。若细分市场变化过快，则企业经营风险也会随之增加。

（6）适度性原则

指网络营销细分市场也并不是越细越好。因为如果细分过细，一是增加细分变数，难以达到稳定性的要求；二是影响规模效益；三是增大费用和成本。这时就应减少细分市场的数目，略去某些细分市场，或者把几个小的细分市场集合在一起。

2.3.2 网络目标市场选择

1. 网络目标市场的概念

所谓目标市场，就是企业所要选择进入的某个市场部分，也就是企业准备提供服务的顾客群。在进行网络营销时，首先要分清众多细分市场之间的差别，并从中选择一个或一个以上的细分市场，然后，为挑选出的每个细分市场开发产品和制定营销方案。

一个好的网络营销目标市场应当具备以下条件：

第一，该网络营销市场有一定的购买力，能取得一定的营业额和利润；

第二，该网络营销市场有尚未满足的需求，有一定的发展潜力；

第三，企业有足够的能力满足该网络营销市场的需求；

第四，企业在该网络营销市场上有一定的竞争优势。

2. 选择网络目标市场的步骤

（1）评估细分市场

目标市场选择的基础是市场细分，在进行网络目标市场选择时，首先需要评估各个细分市场。在评估各个细分市场时，重点应放在细分市场的规模和发展前景、细分市场的吸引力和是否符合企业的资源状况、经营目标3个方面。

①评估细分市场的规模和发展前景，主要应明确各个细分市场的市场容量、预期获得的经济效益和各个细分市场进入的壁垒情况。如果市场规模过小或者趋于萎缩，企业进入后难以获得发展，此时，应谨慎考虑，不宜轻易进入。当然，企业也不宜将规模最大、吸引力最强的市场作为目标市场。众所周知，一个规模和成长性俱佳的网络细分市场未必是获利良好的市场。这是因为每个细分市场都受到各种竞争因素的制约，有网络细分市场内竞争者的挑战，有供应商和网络消费者议价能力的影响，有替代性产品和潜在进入者的威胁。因此，网络营销人员必须评估网络细分市场的规模大小是否适合本企业及其发展潜力。为了减少潜在竞争者的威胁，网站经营者可以采取必要的应对策略。例如，提高市场占有率，借此降低成本，形成规模效应；以先入者的优势创建强势的品牌形象；通过虚拟社区和个性化服务来提高网友对网站的忠诚度。

②评估细分市场的吸引力大小必须考虑行业竞争状况的5种基本力量：同行业竞争者、潜在的新加入的竞争者、替代产品、购买者和供应商。网络细分市场的吸引力大小与这5种力量的强弱成反比，其外界干扰力量越强，则市场吸引力越小。首先，企业应尽量选择那些竞争对手相对少、竞争对手比较弱的市场作为目标市场。如果某个细分市场已经有了众多的、强大的或者竞争意识强烈的竞争者，那么企业进入该细分市场就会十分困难。其次，企业要考虑网络细分市场内的可替代产品，以及网络消费者和供应商的议价还价能力。替代产品越多，网络消费者选择替代产品的机会也越多，企业的网上竞争对手也越多，产品价格和利润下降也越厉害。

③在评估目标市场时，应注意该细分市场是否与企业资源相适应，是否符合企业长远发展目标。只有选择那些有条件进入的、能充分发挥其资源优势的细分市场作为目标市场，企业才能获得竞争优势。

（2）网络目标市场选择策略

在评估不同的网络细分市场之后，网络营销人员往往会发现不止一个网络细分市场可以进入。企业到底该进入哪些网络细分市场，需要根据市场覆盖策略来作出选择。网络目标市场的选择模式通常包括市场集中化、产品专业化、市场专业化、选择专业化、市场全面化等5种类型。

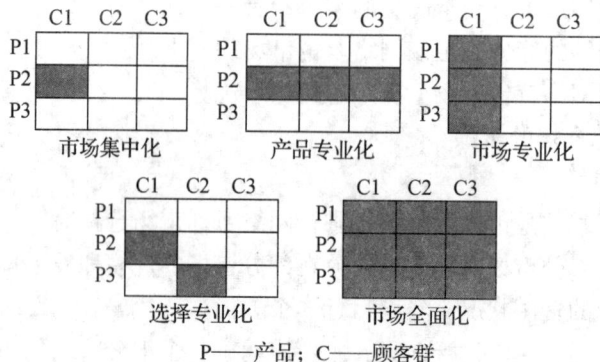

P——产品；C——顾客群

图2-7 网络目标市场选择模式

①市场集中化：一种典型的集中化模式。无论是从产品角度还是市场角度来看，企业的目标市场高度集中在一个市场上，即企业只生产一种产品，供应一个顾客群。许多小企业由于资源有限，往往采用这种模式。而一些新成立的企业，由于初次进入市场，缺乏生产经营经验，也可能把一个细分市场作为继续发展、扩张的起始点。但是，采用这种模式，由于目标市场范围较窄，因而企业的经营风险较高。

②产品专业化：企业集中生产一种产品，并向各类顾客销售这种产品。选择这种模式，企业的市场面扩大，有利于摆脱对个别市场的依赖，降低风险，同时有助于企业生产、销售以及促销的专业化。采用这种模式，企业比较容易在某一产品领域树立起很高的声誉，也有很大的发展余地。但也面临一定的风险，一旦这种产品在需求上出现问题，企业将面临很大的困难。

③市场专业化：企业专门为某个顾客群体提供各种产品与服务。例如，某网络公司为某研究所提供一系列的产品，包括显微镜、示波器、化学烧瓶等。选择这种模式，企业容易赢得特定顾客群的好评。但也存在一定的风险，如果特定的顾客群购买力突然下降，就会产生危机。

④选择专业化：企业选择若干个细分市场，其中每个细分市场在客观上都有吸引力，并且符合企业的目标和资源。但各细分市场之间很少有或者根本没有任何联系。然而每个细分市场都有可能盈利，这种多细分市场选择可以分散企业的风险。但采用这种模式应当谨慎，因为这是一种需要较大规模资源投入的方式。

⑤市场全面化：企业想用各种产品满足各种顾客群体的需求。在传统市场环境下，只有大企业才能采用市场全面化战略。在网络环境下，采用市场全面化战略相对容易一些，但仍需企业有一定的实力。

3. 网络目标市场选择的营销策略

企业通过市场细分，从众多的细分市场中选择出一个或几个具有吸引力、有利于发挥企业优势的细分市场作为自己的目标市场，综合考虑产品特性、竞争状况和自身实力，针对不同的目标市场选择营销策略。网络目标市场营销策略主要有无差异性、差异性和集中性3种。

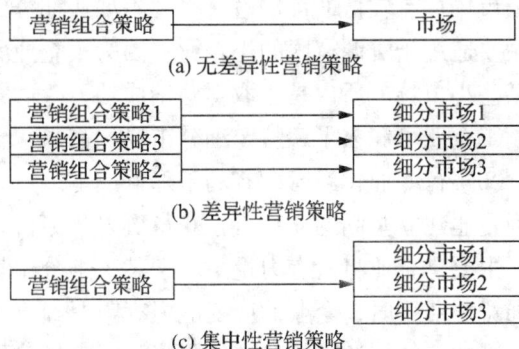

图 2-8　网络目标市场营销策略

（1）无差异性营销（undifferentiated targeting strategy）

企业面对的市场是同质市场，或者企业把整个市场看作是一个无差异的整体，而认为消费者对某种需求基本上是一样的，可以作为一个同质的目标市场加以对待，在这两种情况下，企业采用的就是无差异性营销策略。无差异性营销策略是把整个市场作为一个大目标市场，忽略消费者之间存在的不明显差异，针对消费者的共同需要，制定统一的生产和销售计划，以实现开拓市场、扩大销售的目的。采用这一策略的企业，一般实力都较为强大，采用大规模生产方式，又有广泛而可靠的分销渠道，以及统一的广告宣传等。

其优点主要表现在：①大批量地生产和储运，必然会降低单位产品的成本；②无差异的广告宣传等促销活动可以节省大量成本；③不搞市场细分，也相应减少了市场调研、产品研制等所要耗费的人力、物力和财力。但是这种策略也存在很大的缺点，即它对大多数产品是不适用的，特别是在网络市场中顾客需求趋于个性化的情况下。

（2）差异性营销（differentiated targeting strategy）

差异性营销策略是指企业在网络市场细分的基础上，生产出不同的产品和实行不同的营销组合方案，以满足各个不同细分市场上的消费者需求。这种策略适用于小批量、多品种生产的企业，日用消费品中绝大部分商品均可采用这种策略选择网络目标市场。在消费需求变化迅速、竞争激烈的当代，大多数企业都积极推行这种策略。

其优点主要表现在：①有利于满足不同消费者的需求；②有利于企业开拓网络市场，扩大销售，提高市场占有率和经济效益；③有利于提高市场应变能力。差异性营销在创造较高销售额的同时，也增大了营销成本、生产成本、管理成本和库存成本、产品改良成本及促销成本，使产品价格升高，失去竞争优势。因此，企业在采用此策略时，要权衡利弊，即权衡销售额扩大带来的利益大，还是增加的营销成本大，从而进行科学决策。例如，保洁公司根据顾客需求和自身产品特点，将旗下 300 多种产品细分为 72 个细分市场，并为每一个细分市场开设了独立的网站和实施独立的网络营销策略。

（3）集中性营销（concentrated targeting strategy）

集中性营销策略亦称密集性营销策略，是指企业集中力量于某一个或几个细分市场上，实行专业化生产和经营，以获取较高的市场占有率的一种策略。实施这种策略的企业要考虑的是，与其在整个市场拥有较低的市场占有率，不如在部分细分市场上拥有很高的市场占有率。这种策略主要适用于资源有限的小企业。因为小企业无力顾及整体市场，而大企业又经常容易忽视某些小市场，所以易于取得营销成功。

其优点主要表现在：①企业可深入了解特定细分市场的需求，提供较佳服务，有利于提高企业的地位和信誉；②实行专业化经营，有利于降低成本。只要网络目标市场选择恰当，集中性营销策略常为企业建立坚固的立足点，获得更多的经济效益。但是，集中性营销策略也存在不足之处，主要是企业将所有力量集中于某一细分市场，当市场上消费者需求发生变化或者面临较强竞争对手时，企业的应变能力有限，经营风险很大，企业可能陷入经营困境，甚至倒闭。因此，使用这种策略选择网络目标市场时要特别注意竞争对手的变化，建立完善的顾客服务体系，防止顾客的流失。

2.3.3 网络营销的市场定位

1. 网络目标市场定位的含义

网络目标市场确定以后，企业必须进行市场定位，即选定市场上竞争对手产品所处的位置，经过诸多方面的比较，结合本企业自身条件，为自己的产品创造一定的特色，塑造并树立一定的市场形象，以求目标顾客通过网络平台在心目中形成对自己产品的特殊偏爱。其实质就在于取得目标市场的竞争优势，确定产品在顾客心目中独特、有价值的位置并留下值得购买的印象，以便吸引更多的顾客。如果把网站理解为一个特殊的产品，那么定位实际上就是对产品的定位。所谓产品定位，是指企业在目标市场中选择与竞争对手相区别的一组产品，以获得消费者的认可与偏爱。企业通过定位可使产品区别于竞争对手的产品，从而达到占领市场的目的。

在营销策略中，营销组合策略是非常重要的内容。然而，定位是排在它的前面的。只有当定位的问题解决了之后，企业才能决定营销组合是什么。营销组合的各个方面必须与定位策略相互配合。

2. 网络目标市场定位依据

从某种意义上讲，定位是差异化的继续，是差异化的目标。这种差异可从以下4个方面去寻找、突破。

（1）产品实体差异化

产品差异化的关注重点是产品实际上的、看得见的、可感觉到的差别，这是顾客理解和认同定位诉求的基石，但出发点依然是顾客的心理需要。当我们突出产品实体的某种特色时，这种特色是从顾客的心理出发的，要切入顾客的心中，打动顾客的心。产品差异化的具体变量有：产品特征、性能、结构、耐用性、易修复性、质量、式样及产品设计。其中产品的特征是企业产品差异化极具竞争力的工具。

要注意的是产品差异化不是市场细分。市场细分化的着眼点是要针对不同顾客的需求特点开发出不同的产品；而产品差异化的着眼点则是已经存在的产品，使它的某种特征与竞争者的同类产品有明显的区别。广州保洁公司的洗发剂的定位是比较成功的，"海飞丝"突出其去头屑的功能，"飘柔"强调洗头后头发的飘逸柔顺，而"潘婷"则强调对头发的护理和保养，分别抓住了有头屑的、长发少女、短发女性的心理。

（2）服务差异化

服务差异化是附加产品的差别化。除了对有形产品进行差别化外，企业还可以对服务进行差别化管理。当产品实体难以进行差异化时，竞争成功的关键往往取决于服务的优劣。"小天鹅"洗衣机维修服务的"一、二、三、四、五"使"小天鹅"洗衣机在众多的品牌中脱颖而出，深入消费者心中。

服务是软性的，在这方面做好是不太容易的，好与坏的标准也较难确定，但企业可从送货服务、顾客培训服务、安装服务、咨询服务、修理服务等几个方面寻求与竞争者的差异，而这种差异又是消费者十分关注的。

（3）形象差异化

在市场上，当实体产品以及附加产品都相似时，企业可树立独特的形象，以显示与竞争者产品的不同。如都是纯净水，"娃哈哈"以情动人，一句"我的眼里只有你"，深深打动消费者的心，而"农夫山泉"则强调"有点甜"。这时由于企业或品牌的不同，消费者也会作出不同的反应，因为，品牌可以形成不同的"个性"，以供消费者选择。

消费者之所以对某个品牌感兴趣，是由于每个人都有突显自己个性的心理需要。当某种品牌正好切合自己的个性特点时，顾客通常就会把这种品牌的商品买下来，并向别人显示，以表现其个性。

形象不可能一夜之间在公众心目中形成，也不可能凭借一种媒体就可以塑造。设计鲜明的产品形象，需要摸透消费者的心理，并需要发挥创造力和进行艰苦的工作。

（4）人员差异化

人员差异化对服务性企业尤为重要。企业可以通过雇用、培训出比竞争对手更优秀的员工，来赢得强大的竞争优势。例如，麦当劳的员工都十分有礼貌，IBM 的员工技术水平很高，迪士尼公司的员工态度都非常热情。正是依靠这些具有不同特点的优秀员工，这些公司在顾客的心中留下了深刻的印象。

人员差异化可从以下几个方面进行：员工的能力、言行举止、可信度、可靠性、敏捷性与可交流性等。但要注意的是员工的总体表现是员工个体表现的总和，特别是与顾客直接接触的员工，只要有个别表现不佳，就有可能使全体员工乃至整个公司蒙受恶名。

3. 有效目标市场定位的原则

（1）重要性

该市场定位能向网上购买者让渡较高价值的利益。

（2）明晰性

该市场定位是其他企业所没有的，或者是该企业以一种突出、明晰的方式提供的。

（3）优越性

该市场定位明显优于通过其他途径而获得相同的利益。

（4）可沟通性

该市场定位能够被网络顾客所理解和接受，是买主能看得见的。

（5）不易模仿性

该市场定位至少在短期内是其竞争者难以模仿的，能够保证企业一定时期的竞争优势。

（6）营利性

企业通过该市场定位可获得较高的利润。

4. 网络目标市场定位的营销策略

各个企业经营的产品不同，面对的顾客不同，所处的竞争环境也不同，定位策略也不同。总的来说，常用的网络目标市场定位策略有以下几种。

（1）产品或服务特性定位

构成产品或服务内在特色的许多因素都可以作为网络市场定位的依据。互联网上出现了许多经营实体商品的企业，网络虚拟书店当当网就是一个成功的典范。图书是一种非常适合于网络营销的品种，当当网商品品种齐全、服务周到、价格低廉，准确把握产品或服务特性定位，取得了不错的成绩。在当当网，消费者无论是购物还是查询，都不受时间和地域的限制，让消费者享受到"鼠标轻轻一点，好书尽在眼前"的服务。

（2）技术定位

根据企业网站采用技术的不同，可将其分为宣传型网站和交易型网站。

宣传型网站不具备交易功能，若网站定位于宣传型网站，就主要以介绍企业的经营项目、产品信息、价格信息为主。例如罗蒙公司的网站就很好地宣传了企业形象和产品信息。

交易型网站不仅介绍企业的服务项目、产品信息和价格信息等，同时也提供交易平台。买卖双方可以相互传递信息，实现网上订货。若网站定位于交易网站则要突出交易平台的特色。现在国内已有大量的交易型网站。例如淘宝网就是一个成功的交易型网站。淘宝网现在是亚洲第一大网络零售商，其目标是创造全球首选网络零售商圈。通过结合社区来增加网购人群的黏性，并且采用最新网购模式，让网购人群乐而不返。

（3）利益定位

企业的产品或服务所能提供给消费者的利益是消费者最能切身体验到的。这里的利益包括顾客购买时追求的利益和购买企业产品时能获得的附加利益。网上消费者的不同需求形成了企业网站潜在的目标市场。网上消费者可以在网上反复比较，选择合适的商品，在毫无干涉的情况下最后作出购买决定。所以企业需要充分考虑到消费者希望得到的利益再进行网络市场定位。黑人牙膏根据消费者对牙膏功能的不同需求将牙膏分为几类，清新系列、美白系列、抗敏感系列等，满足了消费者对不同利益的追求。其在网站上针对不同系列的宣传也起到了不错的效果。

（4）用户类别定位

根据消费者的类别定位，可以使企业有多种选择。好的用户分类让企业知道在追求哪些人，满足哪些人，影响哪些人。例如，根据消费者性别不同，可以分为男性消费品市场和女性消费品市场。在男性消费品市场中，必须抓住男性消费者的购买欲望，例如电子产品和汽车等都是男性消费者关注的对象；或者能够吸引男性为女性购买，经营礼品如鲜花的网络商店也可以在男性消费者市场上找到自己的一席之地。现在，新浪、网易等门户网站也都分别开设了女性或男性频道，充分利用用户类别来定位。

（5）竞争对手定位

竞争对手定位是常用的一种定位方法。企业进入目标市场时，往往是竞争对手的产品已在市场露面或已经形成了一定的试产格局。这时，企业就应认真研究在目标市场上竞争对手所处的位置，从而确定本企业的有利位置。为此企业需要关注竞争对手，与竞争对手进行比较，找出自己的优势和劣势，进而决定选择避强定位或迎头定位。

（6）重新定位

重新定位是指对销路不畅的产品进行的二次定位。比如盛大网络游戏公司早期代理韩国游戏，后来重新定位开发自主游戏产品。任何企业如果前一次定位后遇到了较大的市场困难，都可以考虑进行二次定位，也即重新定位。

【案例2-3】

目前，微信似乎正在重现当年QQ在PC端的所向披靡，不但令其他对手倍感压力，甚至连同一公司的移动QQ都受到了威胁。由于二者都在智能手机领域发力，同时也都属于移动IM（即通信），所以微信用户的快速增长，确实令移动QQ感受到了很大的压力。

为了应对微信的挑战，新版移动QQ在功能中添加了微信中已有的LBS（基于位置的服务）以及语音视频聊天等功能。但这样做只能令二者的功能更加同质化，内部竞争更加激烈。

为了避免二者日趋激烈的内部竞争以及功能的同质化，腾讯分别给了二者一个看似明确的市场定位。移动QQ的市场定位是移动IM，即移动互联网的即时通信工具，它满足的是用户同步通信的需求；而微信的定位是社交关系和移动通信的管理平台，它既不同于移动QQ的即时通信也不同于微博的异步通信，而是给用户提供一个较大的弹性空间，让用户从容地按自己的需求来管理社交关系和人际沟通。那么这种定位是否真能解决微信与移动QQ的内部竞争呢？这需要一个市场检验的过程。

资料来源：http://blog.sina.com.cn/s/blog_61fc077901013198.html

📖 **本章小结**

本章主要介绍了网络市场分析的概念，网络市场的细分市场、选择及定位，传统营销与网络营销目标市场定位的差异。通过本章的学习，主要掌握网络市场的微观环境、宏观环境及网络环境，更好地理解网络消费者的需求特征以及整个网络市场目标定位所需要的条件。

⬛ **典型案例**

不方便面馆

对于加班一族、夜猫一族而言，相信方便面是这些人群日常的最佳伴侣，享用起来不仅方便便捷，而且爽滑美味，满足了快速充饥的生理需求。

然而，方便面听得多了，听过不方便面馆吗？这绝对不是开玩笑，不方便面馆真的存在，在广州有一家不方便面馆最近就在网上走红。这家不方便面馆位于广州的 T.I.T 创意园，凭借 24 小时不打烊的经营时间、潮流十足的设计和颠覆传统的店名，备受年轻人欢迎，排长龙也成为这家面馆的一种普遍现象。

定位"不方便"的不方便面馆是如何做到"不方便"的，现在一起来看看。

这家不方便面馆从外观上看，跟一间便利店没什么区别，并且经营时间也是 24 小时。走进这家不方便面馆，就会发现店面的内部设计主要分为用餐区、零售区、饮品区、厨房操作区这几大区域。其中，进门的用餐区打造得很有空间感和设计感，除了摆放桌椅供用餐外，一旁的书架还给大家提供了各类杂志书籍，让你可以享受泡面香味和书香味，同时温暖你的胃和心。

有意思的是，以温度作为产品划分标准，这家店将零售区、饮品区、厨房操作区分别对应 15～25 度、0～4 度、80～100 度的店面地带。值得一提的是，零售区卖的是世界 Top10 的方便面和进口品牌的零食，覆盖各种知名的品牌方便面；饮品区顾名思义就是摆放各式饮料的地方，除了常见的果汁、可乐等之外，还有一些限定饮料；而厨房操作区确实可以称为最不方便的一处地方了，在这里你可以自选食材，让服务员给你现煮，为方便面加料加味，食材多达 20 种，这种玩法给不健康不营养的方便面正名了。据说，这家面馆卖的每碗面价格都超过 28 元，价格不便宜，但每天还是吸引了不少年轻群体前来尝鲜。

在这个面馆的门口，还打造了一个矩形涂鸦视觉墙，满足爱拍照年轻群体的拍照愿望。定位时尚潮流的面馆满足了年轻受众吃喝玩乐需求。近些年来，由于美团外卖、饿了么、百度外卖等外卖 App 深深植根于受众的手机中，随着消费结构升级换代，年轻受众越来越追求品质和高质量的生活方式。外卖的兴起对方便面造成一定程度的冲击，这带来的是方便面产品面临销量下降的危机，方便面行业一度被唱衰，但我们从这家不方便面馆品牌身上，却看到了不一样的创新和变化，原来吃一碗方便面也能这么新潮。

这体现的正是这个面馆品牌确实深刻洞察到了当下年轻人的娱乐方式和爱好，用符合年轻人审美观和价值观的方式展开营销，刷新了受众对方便面不健康、没营养的认知，使这个传统品类瞬间焕发了活力。

这个餐饮店是如何做到迎合年轻人口味的？一方面是从设计风格上讨好年轻人，从餐厅内部到外部设计造型，简约不失美感，整体设计 Ins（照片墙）风十足，营造出一种网红店 style（风格）。众所周知，近些年以来，Ins 风悄悄盛行，这种设计风格并不是像有些人认为的高冷或者冷淡，而是提倡简约的设计，一般以北欧风格为主。这种氛围也得到年轻人的青睐，比如穿衣上追求简单明快的色彩搭配，可以更好体现自身随性随心的生活主张。此外，如我们所看到的喜茶等餐饮品牌，都是 Ins 风设计的典型代表，也是年轻人日常休闲娱乐的聚集地。

另一方面，不方便面馆也洞见了年轻人习惯用自拍来记录点点滴滴的生活方式。因此在店铺外我们也能看到潮流时尚的拍照墙，激发来到现场的年轻人的拍照热情，就算不就餐或者不买东西，也能够用充满趣味的拍照方式进行消费体验。

综合来看，不方便面馆用经营便利店的思维，为年轻人营造了沉浸式的方便面消费体验，一站式解决受众吃喝玩乐的需求，颠覆了外界对方便面单一产品的产品营销认知。不方便面馆内卖方便面产品或者卖服务，都是营销的表面现象，卖"方便面"的生活方式才是营销的本质所在。这种创新的玩法是向追求多元化内容和兴趣的年轻人靠拢，自然极大地提升了年轻人的参与感，增加了自身品牌的曝光度。

方便不随便：一种创新的态度营销从丧文化、佛系、金鱼系等网络流行语的流行可以看到，"有态度"成为新一代年轻人竞相追逐的生活和工作目标。对于品牌方而言，品牌营销也是生活态度的营销，如何用有态度的营销方式俘获年轻人的芳心，也是年轻化营销的一种突破方式。

从这家面馆身上，我们也能看到品牌注重态度营销的一面。如店名"不方便"，与年轻人认知中的"方便"形成巨大的反差，且在大众都在追求"方便""便捷"生活的当下，"不方便"这种新颖的态度和主张瞬间就容易引发好奇心。

不方便面馆所提倡的"不方便"，表达的正是"方便不随便"的态度。其实就是主张吃方便面也不能因为太方便而变得随便，要用不方便的方式——加料等，给自己的用餐增加些味道和营养。在我看来，这映射的正是有时候我们过于追求便捷的生活，让生活本身失去了品质和体验，更应该用"不方便"的态度去改变生活的模样，学会善待自己、享受生活。

学习与思考

1. 什么是网络市场环境？
2. 网络市场微观环境是什么？
3. 网络消费者的特征有哪些？
4. 影响网络消费行为的因素有哪些？

5. 寻找网络目标市场有哪三个步骤？

6. 网络目标市场定位需要具备什么条件？

实践操作训练

1. 产品网络用户消费模式分析

请选择一个你在网络创业时最感兴趣的产品市场，如服装、茶叶、土特产等，通过网络调研对网络用户的消费模式进行分析和判断，将相关结论填入下表。

产品网络用户消费模式分析

调研内容	消费模式特征描述	消费模式结论依据	备注
目标用户网络购物路径			
目标用户特征			
目标用户快照			
调研结论			

2. 产品网络目标市场的选择

请选择一个你在网络创业时最感兴趣的产品市场，如服装、茶叶、土特产等，通过对目标市场、竞争对手、用户消费模式的调研分析后，选择你打算介入的目标市场，并说明选择的理由。将调查和分析的相关结论填入下表。

产品网络目标市场的选择

调研内容	分析结论	理由或依据	备注
选择的目标市场			
目标用户是否在网上			
目标用户是否可以被集中定位			
其他			
调研结论			

第三章

网络市场调研

【知识目标】
- 理解网络市场调研的基本概念
- 掌握网络市场调研的方法
- 掌握商情信息收集与整理
- 掌握商情报告撰写内容

【能力目标】
- 能够利用网络市场调研方法进行市场信息收集
- 能够撰写商情分析报告

案例导入

中国互联网络信息中心（CNNIC）在京发布第44次《中国互联网络发展状况统计报告》。截至2019年6月30日，我国网民规模达8.54亿人，互联网普及率为61.2%。

一是IPv6地址数量全球第一，".CN"域名数量持续增长。

截至2019年6月，我国IPv6地址数量为50 286块/32，较2018年底增长14.3%，已跃居全球第一位。我国IPv6规模部署不断加速，IPv6活跃用户数达1.3亿，基础电信企业已分配IPv6地址用户数12.07亿；域名总数为4 800万个，其中".CN"域名总数为2 185万个，较2018年底增长2.9%，占我国域名总数的45.5%。2019年6月，首届"中国互联网基础资源大会2019"在京召开，大会围绕网络强国战略大局，回顾中国互联网25周年发展历程，聚焦互联网基础资源行业发展，展示前沿创新技术，搭建行业交流平台，推动行业规范有序发展。

二是互联网普及率超过六成，移动互联网使用持续深化。

截至2019年6月，我国网民规模达8.54亿人，较2018年底增长2 598万人，互联网普及率达61.2%，较2018年底提升1.6个百分点；我国手机网民规模达8.47亿人，较2018年底增长2 984万人，网民使用手机上网的比例达99.1%，较2018年底提升0.5个百分点。与五年前相比，移动宽带平均下载速率提升约6倍，手机上网流量资费水平降幅超90%。"提速降费"推动移动互联网流量大幅增长，用户月均使用移动流量达 7.2GB，为全球平均水平的 1.2 倍；移动互联网接入流量消费达 553.9 亿 GB，同比增长 107.3%。

三是下沉市场释放消费动能，跨境电商等领域持续发展。

截至 2019 年 6 月，我国网络购物用户规模达 6.39 亿人，较 2018 年底增长 2 871 万人，占网民整体的 74.8%。网络购物市场保持较快发展，下沉市场、跨境电商、模式创新为网络购物市场提供了新的增长动能：在地域方面，以中小城市及农村地区为代表的下沉市场拓展了网络消费增长空间，电商平台加速渠道下沉；在业态方面，跨境电商零售进口额持续增长，利好政策进一步推动行业发展；在模式方面，直播带货、工厂电商、社区零售等新模式蓬勃发展，成为网络消费增长新亮点。

四是网络视频运营更加专业，娱乐内容生态逐步构建。

截至 2019 年 6 月，我国网络视频用户规模达 7.59 亿人，较 2018 年底增长 3 391 万人，占网民整体的 88.8%。各大视频平台进一步细分内容品类，并对其进行专业化生产和运营，行业的娱乐内容生态逐渐形成；各平台以电视剧、电影、综艺、动漫等核心产品类型为基础，不断向游戏、电竞、音乐等新兴产品类型拓展，以 IP（intellectual property，知识产权）为中心，通过整合平台内外资源实现联动，形成视频内容与音乐、文学、游戏、电商等领域协同的娱乐内容生态。

五是在线教育应用稳中有进，弥补乡村教育短板。

截至 2019 年 6 月，我国在线教育用户规模达 2.32 亿人，较 2018 年底增长 3 122 万人，占网民整体的 27.2%。2019 年《政府工作报告》明确提出发展"互联网+教育"，促进优质资源共享。随着在线教育的发展，部分乡村地区视频会议室、直播录像室、多媒体教室等硬件设施不断完善，名校名师课堂下乡、家长课堂等形式逐渐普及，为乡村教育发展提供了新的解决方案。通过互联网手段弥补乡村教育短板，为偏远地区青少年通过教育改变命运提供了可能，为我国各地区教育均衡发展提供了条件。

六是在线政务普及率近六成，服务水平持续向好。

截至 2019 年 6 月，我国在线政务服务用户规模达 5.09 亿人，占网民整体的 59.6%。在政务公开方面，2019 年上半年，各级政府着力提升政务公开质量，深化重点领域信息公开；在政务新媒体发展方面，我国 297 个地级行政区政府已开通了"两微一端"等新媒体传播渠道，总体覆盖率达 88.9%；在一体化在线政务服务平台建设方面，各级政府加快办事大厅线上线下融合发展，"一网通办""一站对外"等逐步实现；在新技术应用方面，各级政府以数据开放为支撑、新技术应用为手段，服务模式不断创新；在县级融媒体发展方面，各级政府坚持移动化、智能化、服务化的建设原则，积极开展县级融媒体中心建设工作，成效初显。

资料来源：http://www.cac.gov.cn/2019-08/30/c_1124939590.htm

3.1 网络市场调研概述

市场调研是指以科学的方法，系统地、有目的地收集、整理、分析和研究所有与市场有关的信息，从而把握市场现状及发展趋势，有针对性地制定营销策略。过去，营销调研是一项进展缓慢、劳动力密集而且成本较高的任务。随着互联网技术的发展，一种崭新的调研方式——网络市场调研应运而生。因特网的许多特性为实施网络营销的企业进行市场调研提供了便利条件，帮助调研人员降低了超过90%的调研成本，而且将调研时间从以月为单位减少到以天为单位。全球互联网上的海量信息，几万个搜索引擎的免费使用对传统市场调研和营销策略产生了很大的影响，互联网的运用，极大地丰富了市场调研的资料来源，扩展了传统市场调研的方法。网上市场调研有调研效率高、调查费用低、调查数据处理比较方便、不受地域时间限制等优点，因此网上市场调研将从一股新生力量向主流形式发展，并将逐渐取代传统的入户调查和街头随时访问等调查方式，从而成为网络时代企业进行市场调研的主要手段。

3.1.1 网络市场调研的重要性、内容及分类

没有市场调研，就把握不了市场。网络调研利用互联网发掘和了解顾客需要、市场机会、竞争对手、行业潮流、分销渠道以及战略合作伙伴等方面的情况，通过调研可以获得竞争对手的资料，摸清目标市场和营销环境，为经营者细分网络市场、识别上网顾客需求、确定网络营销目标等提供相对准确的决策依据。网络市场调研就是指基于互联网而系统地进行营销信息的收集、整理、分析和研究。

1. 市场调研的重要性

①有利于实现对质量和顾客满意的不懈努力。

②有利于留住现有顾客。

③有利于持续了解变化的市场。准确地获得市场营销信息，企业才能进行正确的决策和计划，才能监督和调控企业的营销活动。所以市场调研有利于管理人员了解持续变化的市场。

2. 网络市场调研的内容

网络市场调研就是通过因特网开展的市场调研活动。与传统的市场调研一样，进行网络市场调研，主要是要探索以下几个方面的问题：进行市场可行性研究，分析不同地区的销售机会和销售潜力，探索影响销售的各种因素，进行竞争对手分析，进行产品和价格研究，分析特定市场的特征，对消费者的行为进行研究，进行市场性质变化的动态研究，对广告及其效果进行监测和效果分析等。具体来讲，通过网络调研，主要掌握如下几个方面的内容。

（1）识别企业站点的访问者

通过在企业营销站点上开展问卷调查，可以了解企业站点访问者的相关个人信息。例如，访问者的性别、年龄、经济收入、文化层次、爱好等个人资料，对企业的经营来说都

是相当重要的信息，只有掌握了这些信息之后，企业才能展开有针对性的营销活动。

（2）对客户满意度进行调查

客户是企业的利润之源，为此企业必须想方设法了解客户对本企业的满意度与忠诚度。而这些相关满意度和忠诚度指标的测量，都可以通过网络进行有效的调查、评估和管理。这对企业的日常运营行为，以及未来长期的策略制定，都具有极其重要的指导意义。

（3）对新产品投放进行测试

企业为了在行业竞争中保持一定的优势，总是不断地推出新产品、新概念或者新的服务方式。但是，这些新的产品或者服务，是否确实给客户提供了方便，满足了客户的需要呢？这些产品或服务是否还有缺陷，以及如何改进？顾客心目中的理想产品是什么？这些都需要通过调查来弄清楚，网络市场调研可以快速地获取这些信息。在新产品的投放过程中，企业在第一时间得到这样的信息反馈，将有助于其制定相应的应变策略。

（4）对网站的价值进行评估

企业的网站在客户甚至于所有网民的心目中有着怎样的形象，是每一个注重效益的企业都必须关注的。网站价值是网络广告主投放广告的依据之一，因此，对网站价值的评估十分必要。通过调查之后，可以根据调查的结论，再及时地对网站结构和内容进行优化，这无疑对促进产品的销售有着现实的意义。

（5）了解竞争对手以及行业状况

竞争对手的定价、促销策略对企业来说有着很强的借鉴性，正所谓"知己知彼，百战不殆"。在网络市场调研中，从客户那里可以非常方便地获取竞争对手的定价、促销策略以及其他的做法。了解了这些，对于企业更好地制定营销策略有着举足轻重的作用。

3. 网络市场调研的分类

根据调研的目的不同，可将网络市场调研分为以下3类。

（1）描述性调研

描述性调研是指对客观事实的不同因素、不同方面现状的调查研究，其主要目的是描述现象，着重于客观事实的静态描述。例如，网络调研某地区人口人均可支配收入和男女比例等，这是常见的一种网络市场调研活动。

（2）验证性调研

验证性调研通常也称为因果性调研，是指为了验证两者因果关系是否成立的网络市场调研活动。例如，网络调研某产品价格提价5%促销，因减少销量而带来的利润损失与因提价带来的利润增长哪一个数值更大。

（3）探索性调研

探索性调研是指在计划实施网络市场调研的初期，为明确调研方向与范围而进行的信息收集和分析的市场调研活动，其主要目的在于界定和提出假设。例如，某企业产品的市场份额和销售量逐年下降，可导致该现象发生的原因是多种多样的。如企业减少了广告支出、消费者的购买习惯发生了改变、产品研发费用不足、市场竞争形势加剧等都有可能导致企业产品年销量和市场份额下滑。企业短期内往往无法得知问题的根本原因，这时就可以利用探索性调查来寻求最可能的原因。企业可利用探索性网络市场调研收集到的信息试探性地提出一些假设，从而为后面全面开展大面积的网络市场调研确定方向和范围。

3.1.2 网络市场调研的特点和原则

1. 网络市场调研的特点

（1）网络信息的及时性和共享性

传统市场调研的信息获取需要经过人工一系列操作，最后形成调查分析结论所需的时间较长。在互联网背景下，网络平台信息的传输速度非常快，网络用户能迅速地根据需求获取有效的信息资料。网络市场调研属于开放性渠道，任何网民都可以参加投票并查看结果，这就保证了信息传递的及时性和有效信息的共享性。

（2）网络调研的便捷性与低费用

从调研程序上看，网络市场调研仅需一台能上网的计算机即可完成所有调研环节，包括电子调查问卷的发放、问卷的自动回收、统计软件对反馈信息的整理与分析。网上调查在信息采集过程中不需要派出调查人员，不受天气和距离的限制，不需要印刷调查问卷，信息采集和录入工作将分布到众多网上用户的终端上完成。网上调查可以无人值守并不间断地接受调查填表，信息检验和信息处理工作均由计算机自动完成。网上调查节省了传统调查中所耗费的大量人力和物力，也提高了数据录入的准确性。

（3）网络调研的交互性和充分性

网络市场调研所体现的最大优势在于能与被调查者进行充分交流。在网上调查时，被调查对象可以及时就与问卷相关的问题提出自己更多的看法和建议，可减少问卷设计不合理而导致的调查结论偏差等问题。同时，被调查者还可以自由地在网上发表自己的看法，也没有时间限制的问题。例如，平常人们遇到的路上拦截调查，他们的调查时间不超过 10 分钟，否则被调查者肯定会不耐烦，因而对访问调查员的要求非常高。

（4）网络调研结果的可靠性和客观性

网络市场调研将访问企业站点的用户作为被调查对象，这类用户一般对该企业或企业产品具有一定的兴趣，因此他们是在完全自愿的前提下参与的网上调查，回答问题相对认真。这种基于顾客和潜在顾客的市场调研结果是客观和真实的，在很大程度上能够反映出消费者的需求心理以及市场未来的走势。另外，网络市场调研可以避免传统调查中经常出现的由于访问员缺乏技巧或诱导性回答等人为错误所导致的调研结论偏差，被调查对象是在完全独立思考的环境下接受调查，不会受到调查员及其他外在因素的误导和干预，能最大限度地保证调查结论的客观性和真实性。

（5）无时空限制

网络市场调研可以在任何地点全天 24 小时进行，这是与传统市场调研的最大不同之处，也为调研工作提供了极大的便利。网络市场调研可以帮助很多跨国公司实现在同一时间不同国家间的目标市场调研，极大地提高了网络市场调研的有效信息获取量和准确度。

（6）可检验性和可控制性

利用因特网进行网上调查收集信息，可以有效地对采集信息的质量实施系统的检验和控制。这是因为，第一，网上调查问卷可以附加全面范围的指标解释，有利于消除因对指标理解不清或调查人员解释口径不一而造成的调查偏差；第二，问卷的复核检验由计算机依据设定的检验条件和控制措施自动实施，可以有效地保证对调查问卷 100% 的复核检验，保证检验与控制的客观公正性；第三，使用对被调查者的身份验证技术（例如，对于同一个 IP 地址的用户一天之内只能填表一次），可以有效地防止信息采集过程中的舞弊行为。

传统市场调研与网络市场调研的比较如表 3-1 所示。

表 3-1 对比传统市场调研和网络市场调研

比较项目	网络市场调查	传统市场调查
时空限制	无	有
调查费用	较低	昂贵
运作速度	很快（可以即刻看到统计结果）	慢，2~6 个月才可得到结论
统计准确性	准确	不太准确（易出现误差）
及时调整性	及时	不及时
针对性	强	一般
调查结果的可信性	相对真实可信	一般
适用性	长期大量样本调查或迅速得出结论的调查	面对面深度访谈
调查范围	样本数量庞大（全国甚至全世界）	受成本限制，调查地区和样本数量有限

虽然利用因特网进行市场调研的优势明显，但调查对象群体会受到限制。截至 2019 年 3 月全球人口总计 76.76 亿人，其中网民的人数为 43.88 亿人，占比 57%。网络人群并没有覆盖全部群体，所以网络调查结果一般只反映网民中对特定问题有兴趣的"舆论积极分子"的意见，所能代表的群体有时可能是有限的。

2. 网络市场调研的原则

利用互联网进行市场调研是一种非常有效的方式，如许多企业在网站上设置的在线调查表，用以收集用户反馈的信息。在线市场调研用于产品调研、消费者行为调查、顾客意见收集、品牌形象调研等方面，是获得调研资料的有效工具。如何提高网络市场调研效果，是开展网络市场调研的关键。

（1）网站的建设要有吸引力

英特尔前总裁格罗夫曾说过："我们正置身于一场争夺眼球的战争。"对于网络营销和网络调研，最重要的是将客户的注意力从其他公司的网站吸引到本公司的网站来。企业在开展网络营销调研时，如何让访问站点的消费者肯花时间接受调查，首要的一点就是，网站本身要具有足够的吸引力。

（2）能吸引高比例的人参与调研

参与者的数量对调研结果的可信度至关重要，调研内容中应体现出"你的意见对我们很重要"，让被调查者感觉到，参与调研就好像是在帮助自己或所关心的人一样，这样往往有助于提高调研回收率。

（3）要公布保证个人信息不泄露的声明

无论哪个国家，对个人信息都有不同程度的自我保护意识，要让用户了解调研的目的并明确个人信息不会被公开或用于其他任何场合。

（4）避免滥用市场调研功能

营销调研信息也向用户透露出企业的某些动向，从而使得市场调研具有一定的营销功能，但应该将市场调研与营销严格区分开来。如果以市场调研为名义收集用户个人信息从而开展所谓的数据库营销或个性化营销，不仅将严重损害企业在消费者（至少在被调查者）中的声誉，同时也将损害合法的市场调查。

（5）尽量降低样本分布不均衡的影响

样本分布不均衡表现在用户的年龄、职业、教育程度、用户地理分布及不同网站的特定用户群等方面，因此，在进行市场调研时要对网站用户结构有一定的了解，尤其是在样本数量不是很大的情况下。

（6）多种网上调研手段相结合

在网站上设置在线调研问卷是最基本的调研方式，但并不局限于这种方式。常用的网上调研手段除了在线调研表之外，还有电子邮件调研、对访问者的随机抽样调研、固定样本调研等。根据调研目的和预算还可以采取多种网上调研手段相结合的方法，从而以最小的投入取得尽可能多的有价值的信息。

3.2 网络市场调研的步骤与方法

3.2.1 网络市场调研的步骤

网络市场调研与传统市场调研一样，需遵循一定的工作流程，这一般包括以下步骤。

1. 明确问题与确定调研目标

明确问题和确定调研目标对使用网上搜索的手段来说尤为重要，进行网络市场调研，首先要明确调查的问题是什么，调研的目标是什么。这包括：

①谁有可能在网上查询此类产品或服务？

②什么样的客户最有可能购买你的产品或服务？

③在这个行业，哪些企业已经上网？他们在干什么？客户对竞争者的印象如何？

④企业在日常运作中，可能要受哪些法律法规的约束？如何规避相应的约束？等等。

具体要调查哪些问题，事先应该考虑清楚，只有有的放矢，才能提高调研的效率。

2. 确定调研对象

网络市场调研的对象，需要按照调研问题及最终确定的调研目标来确定，主要分为企业产品的消费者、企业的竞争者、企业的合作者和行业内的中立者三大类。

（1）企业产品的消费者

这些人员经常通过网上购物的方式来访问本企业站点。因此，需要通过网络跟踪这些消费者，了解他们对产品的意见与建议，以及对服务的看法。

（2）企业的竞争者

通过互联网进入竞争对手的站点，查询面向公众的所有信息，例如年度报告、季度报告、企业决策层个人简历、产品信息、企业简讯以及公开招聘职位等。分析这些信息后，可以判断出竞争企业的优势和劣势，及时对营销策略进行调整。

（3）企业合作者和行业内的中立者

他们可能会提供一些有价值的信息和评估报告。

市场调研过程中，在兼顾这三类对象的同时，要有所侧重。特别是在市场激烈竞争的今天，对竞争者的调研显得格外重要，网络调查为这些信息的获得提供了切实的便利。

3. 制定调查计划

网络市场调研的第三个步骤是制定出最为有效的信息搜索计划。具体来说，要确定资料来源、调查方法、调查手段、抽样方案和联系方法。下面就相关的问题来说明：

（1）资料来源

确定收集的是二手资料还是一手资料（原始资料），或者两者都要。利用搜索引擎、专业资源站点和网络市场调研相关页面，可以方便地收集到各种一手和二手资料。

（2）调查方法

网络市场调研可以使用专题讨论法、问卷调查法和实验法。

（3）调查手段

网络市场调研可以采用在线问卷、交互式电脑辅助电话访谈系统、网络调研软件系统等。

（4）抽样方案

要确定抽样单位、样本规模和抽样程序。抽样单位是确定抽样的目标总体。样本规模的大小涉及调查结果的可靠性，样本数量需要足够多。在抽样程序选择上，为了得到有代表性的样本，原则上应该采用概率抽样方法，这样可以计算出抽样误差的置信度。当采用概率抽样方法的成本过高或时间过长时，也可以用非概率抽样方法来替代。

（5）联系方法

采取网上交流的形式，如 E-Mail 传输问卷、参加网上论坛等。

4. 收集信息

网络通信技术的突飞猛进使得资料收集方法迅速发展。Internet 没有时空和地域的限制，因此网络市场调研可以在全国甚至全球进行。同时，收集信息的方法也很简单，直接在网上递交或下载即可。这与传统市场调研的收集资料方式有很大的区别。

如某公司要了解各国对某一国际品牌的看法，只需在一些著名的全球性广告站点发布广告，把链接指向公司的调查表就行了，而无须像传统的市场调研那样，在各国找不同的代理商分别实施。诸如此类的调查如果利用传统的方式是无法想象的。

在问卷回答中访问者经常会有意无意地漏掉一些信息，这可通过在页面中嵌入脚本或使用 CGI 程序进行实时监控。如果访问者遗漏了问卷上的一些内容，其程序会拒绝递交调查表或者验证后重新发给访问者要求补填。最终，访问者会收到证实问卷已完成的公告。在线问卷的缺点是无法保证问卷上所填信息的真实性。

5. 分析信息

收集信息后要做的是分析信息，这一步非常关键。答案不在信息中，而在调查人员的头脑中。调查人员如何从数据中提炼出与调查目标相关的信息，直接影响到最终的结果。要使用一些数据分析技术，如交叉列表分析技术、概括技术、综合指标分析和动态分析等。目前国际上较为通用的分析软件有 SPSS、SAS 等。网上信息的一大特征是即时呈现，而且很多竞争者还可能从一些知名的商业网站上看到同样的信息，因此分析信息能力相当重要，它能使你在动态的变化中捕捉到商机。

6. 撰写报告

调研报告的撰写是整个调研活动的最后一个阶段。报告不是数据和资料的简单堆砌，调研人员不能把大量的数字和复杂的统计技术扔到管理人员面前，否则就失去了调研的价值。正确的做法是把与市场营销关键决策有关的主要调查结果报告出来，并以调查报告所应具备的正规结构写作。

作为对填表者的一种激励或犒赏，网上调查应尽可能地把调查报告的全部结果反馈给填表者或广大读者。如果限定为填表者，只需分配给填表者一个进入密码。对一些"举手之劳"式的简单调查，可以实施互动的形式公布统计的结果，效果更佳。

利用互联网进行市场调查（即网上市场调查）有两种方式，一种是利用互联网直接进行问卷调查，还可利用新闻组、论坛等方式收集一手资料，如海尔网站的新产品开发的调查就是在网上利用问卷直接进行调查，我们把这种方式称为网上直接调查；另一种方式是利用互联网的媒体功能，从互联网收集二手资料，如通过搜索引擎搜索有关网站，然后访问并收集需要的信息，我们把这种方式称为网上间接调查。

3.2.2 网络市场调研的方法

1. 直接调研法

网上直接市场调查通过互联网收集的原始资料或第一手资料是过去没有的，具有及时性的特点。直接调研的方法主要有 4 种：观察法、专题讨论法、问卷调查法、实验法。网上用得最多的是专题讨论法和在线问卷调查法。

（1）观察法

观察法是调研人员通过观察被调研者的活动而取得一手资料的调研方法。在实际操作中，一般由调研人员采用耳听、眼看的方式或借助各种摄像录音器材，在调研现场直接记录正在发生的行为或状况。最常用的方法有直接观察法、痕迹观察法、行为记录法等。

观察法是一种有效的收集信息方法，与其他方法相比，观察法可以避免让调研对象感觉到正在被调研，被调研者的活动不受外在因素的干扰，从而提高调研结果的可靠性。但现场观察只能看到表面的现象，而不能了解到其内在因素和缘由，并且在使用观察法时，需要反复观察才能得出切实可信的结果。同时也要求调研人员必须具有一定的业务能力，才能看出结果。观察法的优点在于它是一种非介入式的收集信息，直接获取第一手资料的方式，可以避免由于语言交流中的误解、暗示以及人际交往中感情等因素对于信息真实性的干扰，尤其是可以避免在调研对象知道在被调研时可能产生的对于真实性、可信性进行干扰的情况。观察法也有它自己的缺点，如不能深入探讨原因、态度和动机，无法探讨调研对象的历史背景情况，对调研员的要求较高，调研费用也较高。在实际的操作中，不管采用何种观察调研方式，都应制定详细的观察计划和观察清单，进行有目的、有计划的观察。

【案例 3-1】

有这么一位富有的美国老太太，她的业余爱好是赌博。她经常抱着小赌怡情的态度光顾赌场，输点小钱从不放在心上。可是如果有一晚上输得太多，她也有可能会痛定思痛从此戒赌。有一个下午她总是输，当她输的钱接近 900 美元的时候，一个服务员笑容可掬地走了过来。"看来您今天运气不太好啊！不如就玩到这吧，我们的牛排很不错，要不您跟您先生去吃顿晚饭？算我们请客！"

这位老太太可能连手机都不会用，但是她正在经历另一种数字化生存：她本人被数字化了。这家赌场实时地知道每一位顾客的赌博记录，他们根据这位顾客的年龄、收入和住址等个人信息以及赌博习惯，可以计算出该顾客的"疼痛点"：一晚上最多输多少钱下次还能再来玩。赌场一旦发现某位顾客今天输的钱接近疼痛点，免费牛排之类的节目就出场了。

网络观察法可以利用网络工具来对与营销活动有关的网络活动进行观察，记录其活动的痕迹，并加以分析。

①网站流量监测法。这种方法是在网站服务器端安装统计分析软件，对受访者的网络行为进行监测。目前，许多著名的网络公司（如百度、谷歌、雅虎等）都提供了免费的统计代码，网站的主办者将代码置于需要进行流量监测的页面上，即可获得网站流量的基本数据。以谷歌提供的流量统计服务谷歌分析（Google Analytics）为例，通过流量监测可以获得 3 个方面的主要数据：受访者概况、流量来源、访问内容。

②网民行为跟踪法。这种方法是利用网民安装在浏览器或客户端计算机上的第三方统计软件，对网民的网络访问行为进行跟踪记录。为了让网民安装第三方统计插件，第三方统计软件的发布者往往以物质补偿或提供信息服务为代价，以获取网民的网络行为资料。例如，艾瑞咨询集团发布的调研通软件及 Alexa（亚历克萨）公司发布的流量监测插件。安装调研通软件的网民可获得艾瑞咨询集团的金额报酬，软件记录网民每天的网络访问行为。网民行为跟踪法可以对安装插件的网民样本进行有效性检验，通过筛选和加权等方法，推断整体网民的网络行为，具备一定的科学性。

③搜索引擎关键词统计法。这种方法是对百度与谷歌提供的网民搜索关键词的统计分析，如百度指数、谷歌趋势和热榜等。搜索引擎是网民上网的必需工具，网民在搜索引擎中输入的关键词反映了网民的兴趣及焦点所在。搜索关键词数据的统计分析，对于判断和预测网民行为具有重要的参考价值。

调研者也可以通过"挖掘"与产品或企业相关的论坛和聊天室获得定性资料。使用数据挖掘，调研者通过观察个体在无干扰的沟通过程中说些什么来获得资料数据。

【案例3-2】

网上书店会根据你以往买书的记录向你推荐你可能感兴趣的书，这个算法的准确性可以超过任何专家或朋友。世界最大的在线影片租赁服务商Netflix（网飞）超过三分之二的DVD是通过这种关联推荐被租借的。而正因为这个推荐系统，90%的电影每个月至少会被租借一次，实现所谓的"长尾"现象。

最可怕的是商家可以精确估算每一个顾客的价格敏感度，从而实现自古以来所有商店的梦想：给每个人看一个不同的定价。亚马逊就做过，同样一个商品，那些花钱大手大脚的顾客在网站看到的价格比精打细算的顾客看到的高。在顾客的抗议下亚马逊保证永远都不再这么做了，但商家有更好的办法，比如给对价格敏感的顾客寄减价券。

（2）专题讨论法

专题讨论即通过新闻组（Usenet，Newsgroup）、电子公告牌（BBS）或邮件列表（Mailing Lists）、讨论组进行。近年来，流行的博客、微博甚至QQ、微信也成为专题讨论法开展的场所。步骤如下：

第一步，确定要调查的目标市场；

第二步，识别目标市场中要加以调查的讨论组；

第三步，确定可以讨论或准备讨论的具体话题；

第四步，登陆相应的讨论组，通过过滤系统发现有用的信息，或创建新的话题，让大家讨论，从而获得有用的信息。

图3-1　新闻组

图 3-2　邮件列表

　　专题讨论可以通过多种方式实现。企业可以在相应讨论组中发布调研项目，邀请网民参与讨论，这种讨论法属于定向市场调研法，是传统小组讨论法在网络上的应用。有些网站会针对特定的客户召开网络讨论。例如：一些化妆品专营网站会在其网站论坛中发表某一话题的讨论帖，发动就这一话题的专题讨论，并对在讨论中提供信息最多或者在讨论中表现突出的参与者给予一定的奖励。这样既可以通过讨论获得希望调研的信息，又可以提高网站的活跃度。

　　（3）问卷调查法

　　网上问卷调查法是指研究者将其所要研究的事项，制成问卷或表格在网上发布，被调查者通过 Internet 完成问卷的填答并提交的一种形式。问卷法一般有两种途径：一种是放置在网站上；另一种是采用邮件的方式发给被调查者，由被调查者完成后将结果以邮件的方式返回。问卷是研究者用来收集资料的一种技术，它重在对个人意见、态度和兴趣的调查。问卷的目的，主要是在经由填答者填写问卷后，从而得知有关被调查者对某项问题的态度、意见，然后比较、分析大多数人对该项问题的看法，以作为研究者参考。在心理与教育方面，很多问题无法直接测量，只能通过问卷的方式进行间接测量。

　　一份完整的调查问卷一般包括标题、问卷说明、调研内容、结束语四部分。

　　①问卷标题。问卷的标题概括地说明调研主题，使被访者对所要回答的问题有一个大致的了解。确定问卷标题要简明扼要，但又必须点名调研对象或调研主题。如"学生宿舍卫生间热水供应现状的调研"，而不要简单采用"热水问题调研问卷"这样的标题。这样无法使被访者了解明确的主题内容，妨碍接下去回答问题的思路。

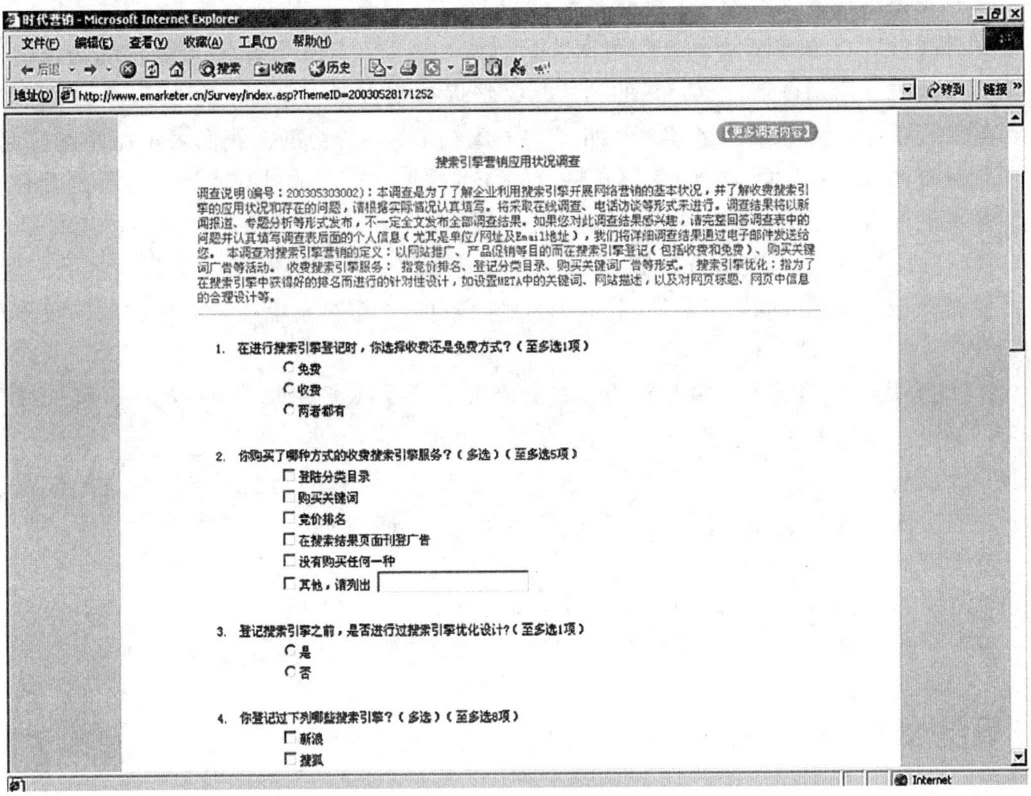

图 3-3　调查问卷

②问卷说明。在问卷的卷首一般有一个简要的说明，主要说明调研意义、内容和选择方式等，以消除被访者的紧张和顾虑。问卷的说明要力求言简意赅，文笔亲切又不太随便。例如：你好！我是×××暑期社会实践团队的采访员，我们正在进行一项关于×××的暑期实践调查，旨在了解×××的基本情况，以分析×××发展的趋势和前景。您的回答无所谓对错，只要能真实反映您的想法就达到我们这次调查的目的了。希望您能够积极参与，我们将对您的回答完全保密。调查会耽误您 5 分钟左右的时间，请您谅解！谢谢您的配合和支持！

③调研内容。调研内容是按照调研设计逐步逐项列出调研的问题和备选答案，是调研问卷的主要部分，这部分内容的好坏直接影响整个调研价值的高低。问题的类型可以分为开放型和封闭型，网络市场调查中有的在线问卷特别是电子邮件问卷多采用封闭型问卷，即在提出问题的同时给出备选的答案。封闭型问卷的优势非常明显，时间省、回收率较高、资料便于统计处理和进行定量分析。

此外还必须注意以下几个方面的问题：一是考虑被调查者的特征及心理特点，设计较满意的问卷，可以使被调查者有兴趣和意愿回答提问；二是问卷不宜过长；三是问题应简洁易懂，定义清楚；四是敏感性的问题应婉转迂回地提出，如用第三人称，而尽量不用第二人称，不要让被调查者产生厌烦甚至反感情绪。

④结束语。结束语一般采用 3 种表达方式：

A. 周密式：对被调查者的合作再次表示感谢，以及关于不要填漏与复核的请求。这种表达方式既显示调查者首尾一贯的礼貌，又督促被调查者（消除）填好未（没）回答的问题和改正有（差）错的答案。例如："对于您所提供的协助，我们表示诚挚的感谢！为了保证资料的完整与翔实，请您再花一分钟，翻看一下自己填过的问卷，看看是否有填错、填漏的地方。谢谢！"

B. 开放式：提出本次调查研究中的一个重要问题，在结尾安排一个开放式的问题，以了解被调查者在标准问题上无法回答的想法。例如："您对制定关于学生学籍的政策有何建议？"

C. 响应式：提出关于本次调研的形式与内容的感受或意见等方面的问题，征询被调查者的意见。问题形式可用封闭式，也可以用开放式。

一个成功的调查问卷应具备两个功能：一是能将所调查的问题明确地传达给被调查者；二是设法取得对方的合作，使被调查者能真实、准确地回复。一般要注意几点。

①遵守问卷设计的原则。

第一，目的性原则。问题和调查主题密切相关。

第二，可接受性原则。问题要容易被被调查者接受，有关个人隐私不应出现在调查问卷中，以免引起被调查者的反感。

第三，简明性原则。询问内容要简明扼要，使被调查者易读、易懂，而且回复内容要简短。

第四，匹配性原则。应让回复的问题便于检查、数据处理、统计和分析。

②注意问卷设计的技巧与经验。

第一，尽量设计成选择题；

第二，按照从易到难的顺序；

第三，考虑网民的耐心，问题不应设得太多；

第四，注意保护被调查者的个人隐私；

第五，对调查说明要清晰，问题描述不要造成歧义；

第六，问题设计要有实际价值；

第七，在线调查表要进行测试和修正；

第八，公布个人信息要注意保护个人隐私；

第九，利用技术手段尽量减少无效问卷；

第十，吸引更多的人参与调查。

③考虑是否公布调研结果并答谢被调查者。

④充分考虑其局限性。

⑤对调查相关数据和结果进行备份。

⑥跟踪调查进展，即时处理无效的调查数据。

【案例3-3】

思科公司的在线网络调研

思科公司是全球领先的互联网解决方案供应商。今天，网络作为一个平台成为商业、教育、政府和家庭通信不可或缺的一部分，思科的互联网技术正是这些网络的基础。

思科校园招聘Offer Party调查问卷

亲爱的同学，

非常感谢你积极参加思科校园招聘Offer Party！同时感谢你选择思科。祝愿你在思科的大家庭里，有好的发展！

为了更好地改善我们以后的工作，诚挚邀请你完成以下这份调查问卷。

你是否第一次参加Offer Party这样类似的活动？ * (必填, 单选)

○ 是

○ 否

根据你对次Offer Party的感觉，对以下项目进行反馈评分（1分代表"非常不满意"，5分代表"非常满意"） * (必填, 单选)

	1分	2分	3分	4分	5分
Offer Party邀请通知的有效性	○	○	○	○	○
Offer Party场地布置	○	○	○	○	○
进门礼品包	○	○	○	○	○
Offer Party的内容安排	○	○	○	○	○
现场工作人员服务	○	○	○	○	○

对于以下Offer Party的环节安排，你的评价是？ （1分代表"非常不满意"，5分代表"非常满意"） * (必填, 单选)

	1分	2分	3分	4分	5分
进场签到，领取Offer Party礼品包	○	○	○	○	○
One Target, One Team - 破冰游戏环节	○	○	○	○	○
Connect the Unconnected - 梦想过山车Team Building环节	○	○	○	○	○
Welcome to Cisco - 欢迎晚宴	○	○	○	○	○
Fun @ Cisco - "谁是卧底"&"你画我猜"游戏环节	○	○	○	○	○
Rock in Cisco - 乐队表演	○	○	○	○	○

思科公司是美国最成功的公司之一。1984 年由斯坦福大学的一对教授夫妇创办，1986 年生产第一台路由器，让不同类型的网络可以可靠地互相连接，掀起了一场通信革命。思科公司每年投入 40 多亿美元进行技术研发。

2015 年 9 月，在习近平主席访美期间，浪潮与思科在第八届中美互联网论坛上签署战略合作框架协议。根据协议，双方将共同首期投资 1 亿美元在中国成立合资公司，共同研发网络技术与产品，打造世界一流的信息技术和方案，为信息基础设施、云中心、智慧城市及大数据等领域提供先进的技术、产品、方案和服务。思科公司居 2016 年度世界 500 强排名第 183 位，比上一年提高近 70 位。

通过思科中国网站可以看到思科公司对网络调研的重视程度。思科公司非常注重用户体验，邀请网站的访问者参与问卷的调查。

资料来源：http：//blog. sina. com. cn

（4）实验法

实验法是研究各因素之间因果关系的一种有效手段，它通过对实验对象和环境以及实验过程的有效控制，来分辨各因素之间的相互影响以及影响程度，从而为企业管理者的决策提供参考意见。它的缺点是只适用于对当前情况的分析，不适用于进行趋势分析和预测，且费用较高。实验法通常用于进行改变产品包装等企业视觉设计要素以及行为识别要素的效果调研。网上实验法可在网站流量相同的时间周期内，通过要素的不同组合，获得实验结果。

2. 网上间接调研方法

网上直接市场调查有较强的针对性和适用性特点，一般只适合于针对特定问题进行专项调查，企业的决策只依靠这种调查方法所获得的信息是远远不够的。互联网作为一种有效的含量丰富的信息载体，蕴涵着大量有价值的商业信息。据统计，目前全球有 8 亿个 Web 网页，每个 Web 网页涵盖信息包罗万象、无所不有。这些信息经过加工和分析都可为企业所用。这些已经存在的信息被称为二手资料，对二手资料的收集、整理、分析过程我们称为网上间接市场调查。

（1）网络间接信息的来源

间接信息的来源包括企业内部信息源和企业外部信息源两个方面。与市场有关的企业内部信息源，主要是企业自己收集、整理的市场信息，以及企业产品在市场销售的各种记录、档案材料和历史资料，如客户名称表、购货销货记录、推销员报告、顾客和中间商的通信记录、信件等。企业外部的信息源包括的范围极广，主要是国内外有关的公共机构。

①本国政府机构网站。政府有关部门、国际贸易研究机构以及设在各国的办事机构，通常较全面地收集有世界或所在国家的市场信息资料。本国的对外贸易公司、外贸咨询公司等，也可以提供较为详细、系统、专门化的国际市场信息资料。

②外国政府网站。世界各国政府都有相应的部门收集国际市场资料，很多发达国家专设贸易资料服务机构，向发展中国家的出口企业提供部分或全部的市场营销信息资料。此外，每个国家的统计机关，都定期发布各种系统的统计数字，一些国家的海关甚至可以提供比公布的数字更为详尽的市场贸易和营销方面的资料。

③图书馆。公共图书馆和大学图书馆，可以提供市场背景资料的文件和研究报告。最有价值的信息，往往来自附属于对外贸易部门的图书馆，这种图书馆能提供各种贸易统计数字，有关市场的产品、价格情况，以及国际市场分销渠道和中间商的市场信息。

④国际组织。与国际市场信息有关的国际组织有联合国（United Nations）、国际贸易

中心（International Trade Center）、国际货币基金组织（International Monetary Fund）、世界银行（World Bank）、世界贸易组织（World Trade Organization）等。

此外，一些国际性和地区性组织提供的信息资料，对了解特定地区或国际经济集团的经济贸易、市场发展、国际市场营销环境也是非常有用的。

⑤银行。许多国际性大银行都发行期刊，而且通常是一经索取就可以免费得到。这些期刊上一般有全国性的经济调查、商品评论，以及上面提及的有关资料。这些资料有利于把握市场和各细分市场的营销环境。

⑥商情调研机构。这些机构除了委托人完成研究和咨询工作之外，还定期发表市场报告和专题研究论文。

⑦相关企业。参与市场经营的各类企业是市场信息的重要来源之一。市场信息人员只要写信给这些企业的外联部门索取商品目录、产品资料、价目表、经销商、代理商、批发商和经纪人一览表、年度报告等，就可以得到有关竞争对手的大量资料，了解竞争的全貌和竞争环境。

通过互联网访问相关企业或者组织机构的网站，企业可以很容易地获取市场中的许多信息和资料。因此，在网络信息时代，信息的获取不再是难事，困难的是如何在繁多的信息海洋中找出企业需要的有用的信息。

（2）网络间接调研方法

因特网有着海量的资料，但要找到自己需要的信息，却并不容易。因特网上查找资料主要通过3种方法：利用搜索引擎、访问相关的网站和利用相关的网上数据库。

①利用搜索引擎收集资料。目前，搜索引擎是互联网上使用最频繁最普遍的信息检索工具。该方法的好处在于使用简单，检索目标精确，获取信息的有效度较高。在互联网上可选择的搜索引擎有许多，像百度、谷歌、搜狗、必应等。

图3-4　百度搜索引擎

图 3-5　Google 搜索引擎

几乎所有的搜索引擎都有两种检索功能：

第一，主题分类检索。即通过各搜索引擎的主题分类目录查找信息。主题分类目录是怎样建成的？搜索引擎把收集到的信息资源按照一定的主题分门别类建立目录，先建一级目录，一级目录下面包括二级目录，二级目录下面包括三级目录……如此下去，建立一层层具有概念包含关系的目录。用户查找信息时，先确定要查找信息属于分类目录中哪一个主题或哪几个主题；然后对该主题采取逐层浏览打开目录的方法，层层深入，直到找到所需信息。当需要查找某一类主题的资料，但又不是明确具体是哪一方面的资料时可以采用主题分类检索。

第二，关键词检索。用户通过输入关键词来查找所需信息的方法，称为关键词检索法。使用关键词检索法查找资料一般分三步：

第一步，明确检索目标，分析检索课题，确定几个能反映课题主题的核心词作为关键词，包括它的同义词、近义词、缩写或全称等。

第二步，采用一定的逻辑关系组配关键词，输入搜索引擎检索框，点击检索（或Search）按钮，即可获得想要的结果。

第三步，如果检索效果不理想，可调整检索策略，结果太多的，可进行适当的限制，结果太少的，可扩大检索的范围，取消某些限制，直到获得满意的结果。

②访问相关的网站收集资料。在网络间接调研中，调研人员应熟练掌握互联网上网站资源分布的特征以及典型的专业型或综合网站渠道。基于企业调研目标，清晰地确定具体主题主要集中于哪些典型网站，并直接在该类网站获取调研需求信息。例如：我们想要了解我国商务经济的相关情况，就可以访问中华人民共和国商务部的网站（http：//www. mofcom. gov. cn/）；如想了解汽车及汽车报价的相关信息可以访问中国汽车交易网（http：//www. auto18. com/）。与传统媒体的经济信息相比，网上市场行情一般数据全，实时性强。

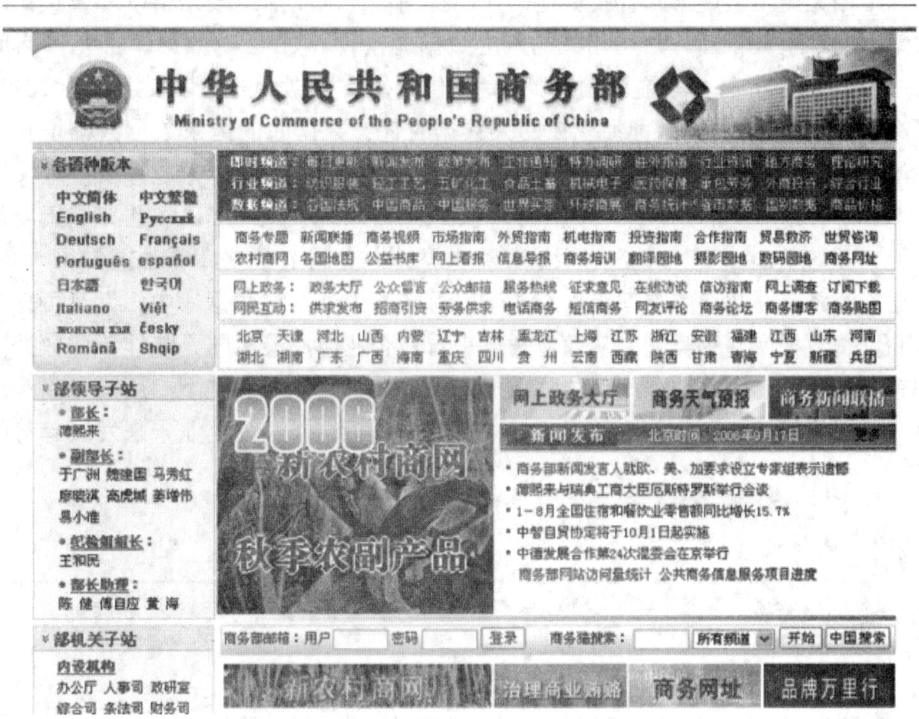

图 3-6　中国商务部信息网站

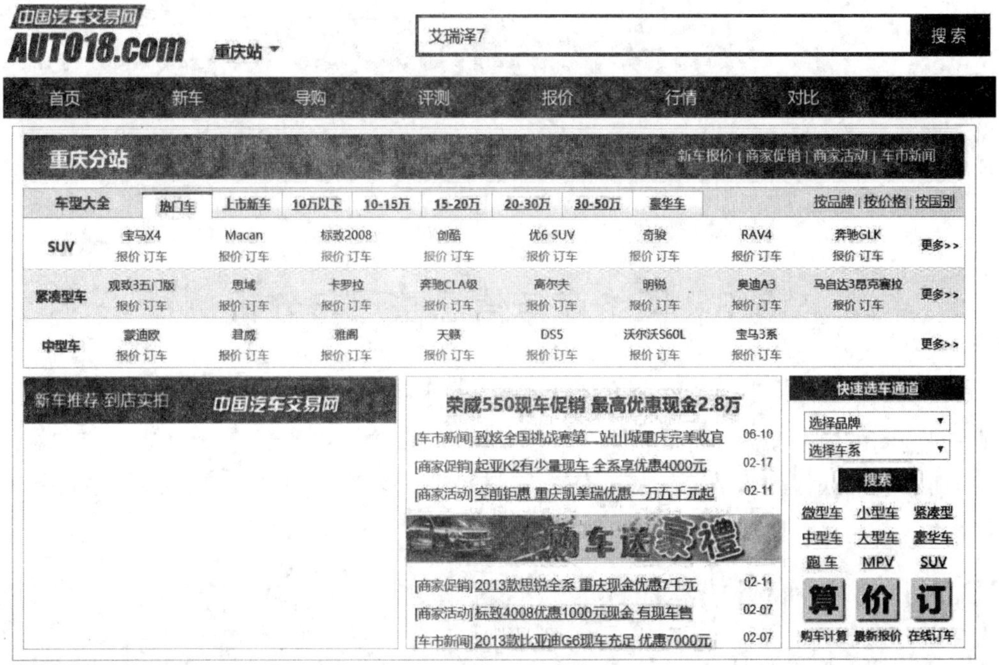

图 3-7　中国汽车交易网

③利用相关的网上数据库查找资料。在因特网上，除了借助搜索引擎和直接访问有关网站收集市场二手资料外，利用相关的网上数据库（即 Web 版的数据库）是网络间接调研中另一个重要的方法，其更多地使用于专业化调研。数据库的发展要追溯于 20 世纪 90 年代，经历 20 多年的发展，直到现在的大数据时代，数据库的记录数量大幅增长，网络数据库的应用越来越广泛，在企业开展网络调研中发挥的作用也越来越重要。外文网上数据库有 Dialog（戴尔罗格）系统、ORBIT（沃地特）系统、ESA-IRS（欧洲航天局信息检索服务处）系统、STN（空间变换网络）系统等，中文网上数据库有中国知网（CNKI）、万方数据资源系统、超星图书馆等。在成千上万的国内外网络数据库中，大致可分为免费数据库和付费数据库两种类型。从商业角度来看，企业应用最多的是统计年鉴数据库以及专业调查咨询公司的商情数据库，这种数据库大多数都属于付费类型。用户可以利用网络数据库开展网络间接调研，并能够得出精准的数据分析结果，为企业未来发展趋势作出合理判断。

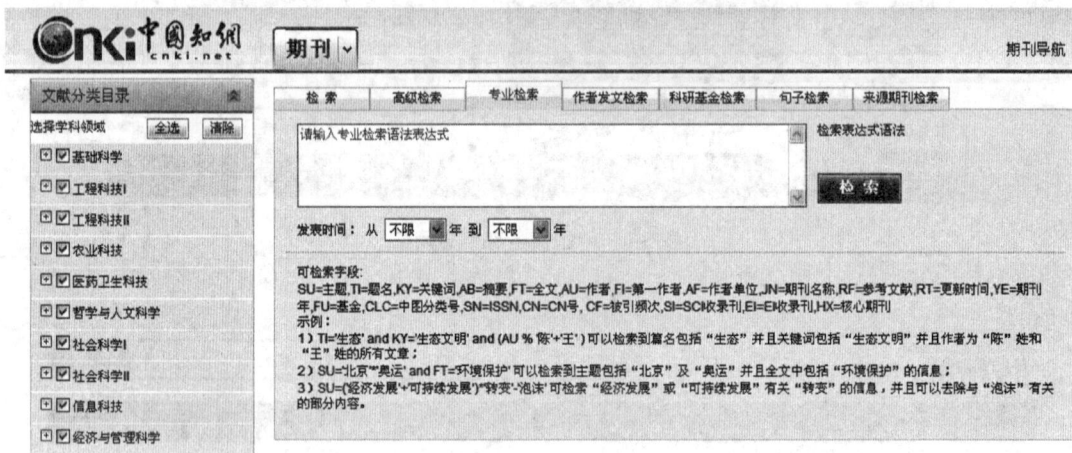

图 3-8　中国知网

3.3　网络商务信息整理与分析

网络营销信息整理就是有关将获取和存储的信息条理化和有序化的工作，其目的在于发现信息之间的内在联系，提高信息的利用价值和提取效率。信息整理之后，我们对信息进行分析，进而获得调研结论，从而指导原料采购、生产方案的改变，以及销售策略的制定。

3.3.1　网络商务信息概述

1. 网络商务信息的概念

信息的概念非常广泛，可以从不同的角度对信息下不同的定义。在商务活动中，信息通常指的是商业消息、情报、数据、密码、知识等。而网络商务信息则是指存储于网络并在网络上传播的与商务活动有关的各种信息的集合，是各种网上商务活动之间相互联系、相互作用的描述和反映，是对用户有用的网络信息，而网络只是其依附载体。

2. 网络商务信息的特点

相对于传统商务信息，网络商务信息具有以下显著的特点。

（1）时效性强

传统的商务信息由于传递速度慢、传递渠道不畅，经常导致"信息获得了但也失效了"。网络商务信息则可有效地避免这种情况。由于网络信息更新及时、传递速度快，只要信息收集者及时发现信息，就可以保证信息的时效性。

（2）价值具有相对性

网络信息的收集，绝大部分是通过搜索引擎找到信息发布源获得的。在这个过程中，减少了信息传递的中间环节，从而减少了信息的误传和更改，有效地保证了信息的准确性。但由于网络商务信息的内容时时在更新，因而网络商务信息的价值具有相对性。网络商务信息的收集和加工工作只有与网络信息的变化保持同步性，网络商务信息的价值才能不断地体现出来。

（3）便于储存

现代经济生活的信息量是非常大的，如果仍然使用传统的信息载体，把它们都存储起来难度相当大，而且不易查找。网络商务信息可以很方便地从 Internet 下载到自己的计算机上，通过计算机进行信息的管理；而且，在原有的各个网站上，也有相应的信息存储系统，自己的信息资料遗失后，还可以到原有的信息源中再次查找。

（4）检索难度大

虽然网络系统提供了许多检索方法，但全球范围内堆积如山的各行各业信息，常常把企业营销人员淹没在信息的海洋或者信息垃圾之中。在浩瀚的网络信息资源中，迅速地找到自己所需要的信息经过加工、筛选和整理，把反映商务活动本质的、有用的、适合本企业情况的信息提炼出来，需要相当长一段时间的培训和经验积累才行。

3.3.2　网络商务信息的收集与整理

1. 网络商务信息收集的基本要求

网络营销离不开信息，有效的网络商务信息必须能够保证源源不断地提供适合于网络营销决策的信息。网络商务信息收集就是指在网络上对商务信息的寻找和调取工作。这是一种有目的、有步骤地从各个网络站点查找和获取信息的行为。一个完整的企业网络信息收集系统包括先进的网络检索设备、科学的信息收集方法和业务精通的网络信息检索员。而网络营销对网络商务信息收集的要求是：及时、准确、适度和经济。

（1）及时

所谓及时，就是迅速、灵敏地反映销售市场发展各个方面的最新动态。信息都是有时效性的，其价值与时间成反比。及时性要求信息流与物流尽可能同步。由于信息的识别、记录、传递、反馈都要花费一定的时间，因此信息流与物流之间一般会存在一个时滞。尽可能地减少信息流滞后于物流的时间，提高时效性，是网络商务信息收集的主要目标之一。

（2）准确

准确是指信息应真实地反映客观现实，失真度小。在网络营销中，由于买卖双方不直接见面，信息准确就显得尤为重要，只有准确的信息才能导致正确的市场决策；信息失真，轻则会贻误商机，重则会造成重大的损失。造成信息失真的原因通常有3个方面：一是信源提供的信息不完全、不准确；二是信息在编码、译码和传递过程中受到干扰；三是信宿（信箱）接收信息出现偏差。为减少网络商务信息的失真，必须在上述3个环节上提高管理水平。

（3）适度

适度是指提供信息要有针对性和目的性，不要无的放矢。没有信息，企业的营销活动就会完全处于一种盲目的状态；信息过多、过滥，也会使得营销人员无所适从。在当今的信息时代，信息量越来越大，范围越来越广，不同的管理层次又对信息提出了不同的要求。在这样的情况下，网络商务信息的收集必须目标明确、方法适当，信息收集的范围和数量要适度。

（4）高效

这里的"高效"是指以最少的时间和金钱等成本获得必要的信息。追求高效率是一切经济活动的中心，也是网络商务信息收集的原则。许多人上网后，看到网络上有大量的可用信息，往往想把它们全部存储下来，但最后才发现花费了大量成本。应当明确，我们没有能力、也不可能把网络上所有的信息全部收集起来，应该在考虑收集成本的情况下，高效地收集商务信息。信息的及时性、准确性和适度性都要求建立在高效性的基础之上。

2. 网络商务信息收集的对象

（1）网络营销竞争对手的信息

在互联网上收集竞争者的信息主要包括以下途径：

①访问竞争者的网站，注意竞争者网站中有哪些工作值得借鉴，有什么疏漏或错误需要避免，竞争者是否做过类似的市场调研等。一般来说，领导型企业也由于竞争都需要设立网站。我国一些大型企业也纷纷设立网站，如联想、海尔等，这正是市场挑战者及追随者获取竞争者信息的最好途径。

②收集竞争者网上发布的各种信息，如产品信息、促销信息、电子出版物等。

③收集其他网上媒体摘取的有关竞争者的信息，如通过网上电子版报纸如《人民日报》（www.peopledaily.com.cn）、《光明日报》（www.guangming.com.cn），各电视台的网上站点如中央电视台 www.cctv.com.cn 等收集竞争者的各种信息。

④从有关新闻组和 BBS 中获取竞争者的信息：如微软为提防 Linux（林纳克斯）对其操作系统 Windows（视窗系统）的挑战，就经常访问有关 Linux 的 BBS 和新闻组站点，以获取最新资料。

⑤利用其他各种方式收集竞争者的信息，如利用搜索引擎，设定与自己产品相同或相似的关键词来寻找竞争对手及其相关各种信息。

（2）网络市场行情信息

所谓市场行情信息，主要指产品价格变动、供求变化等信息。目前，互联网上有许多站点提供这些信息，如前面介绍的各商业门户网站、商贸搜索引擎网站等，另外还有一些专业信息网站。

①实时行情信息网：股票和期货市场，如中公网证券信息港。

②专业产品商情信息网：如慧聪商情网。

③综合类信息网：如中国市场商情信息网。

收集信息时，调研人员可通过搜索引擎首先找出有关的各商情网址，然后访问各站点，寻找所需的市场行情信息。

（3）消费者消息

通过互联网了解消费者的偏好，主要采用网上直接调研法。在互联网上，调查人员可向各私人网站或公众站点发出询问请求，不定时地查看企业的 E-Mail 信箱，及时收集来自各方面的反馈信息。

（4）网络市场环境信息

企业在做市场调查时，除了收集产品、竞争者和消费者这些紧密关联的信息，还必须了解当地的政治、法律、人文、地理环境等信息。这些信息有利于企业从全局高度综合考虑市场变化，寻求市场商机。在互联网上，对于政治信息，可到一些政府网站和一些 ICP（网络内容服务商）站点查找；法律、人文和地理环境等信息属于知识性的信息，可直接去图书馆查阅，或查阅图书馆站点上的电子资源或直接通过搜索引擎在网上查找。具体查找时，若要利用图书馆的信息，可通过搜索引擎先找出图书馆的网址，然后再利用图书馆站点上的搜索功能查找有关信息。

3. 网络商务信息的整理与分析

通常我们收集到的和储存的信息往往是零散的，不能系统地反映所调查事物的全貌，甚至其中可能还存在着一些过时的甚至无用的信息。通过信息的合理分类、组合、整理、分析，可以剔除无用的信息，去伪存真，去粗取精，使得片面的信息转变为较为系统的信息，为信息获取者提供有效的帮助。这项工作一般分为以下几个步骤。

（1）明确信息来源，考证信息的真实性

浏览和下载信息时，一定要对信息的来源进行审核，信息的来源在一定程度上可以判断信息的真实性和有效性。对于来历不明的信息，无论多么重要，也不能轻易使用。如果信息具有价值，就应该首先查明信息的初始来源。一般来说，信息要素齐全，描述准确，从权威的网站或者知名机构发布出来的信息，比如发布作者有较高的声誉与知名度，发布机构有较高的权威性，尤其是政府机构、著名研究机构或大学等发布的文献信息，其真实性和有效性就有比较好的保证。

（2）整理分类

从因特网上收集到的信息往往非常零乱，必须通过整理才能够使用。分类的方法可以采用专题分类，也可以建立自己的查询系统。将各种信息进行分类，必须明确所定义的类特征。有了清晰的类特征定义，信息分类的问题就变成为类特征的识别与比较的问题：把具有相同类特征的信息分为同一类，而把具有不同类特征的信息分为不同的类。除了分类处理之外，往往还需要进一步做信息排序处理：各类之间要有类的排序，每个类的内部要有类内事项的排序。在分类和排序的基础上，还应当编制信息的储存索引。这样，用户就可以按照索引的引导快速查询出所需要的信息。

（3）初步筛选

在浏览和分类过程中，对大量的信息应进行初步的筛选，确定完全没有用的信息应当及时删去。不过应当注意，有时有些信息单独看起来是没有用的，但是综合许多单独信息，就可能发现其价值。比如市场销售趋势必定在数据的长期积累和一定程度的整理后才能表现出来。还有一些信息表面上是相互矛盾的，例如，一家纸业公司的经理想了解一下新闻纸的市场行情，检索到的结果可能会出现两种情况：一类信息告诉他，新闻纸供大于求，而另一类信息则说新闻纸供不应求，这时就要把这些信息进行科学的分类整理，然后进入整理分析环节。

（4）整理分析

网络信息的整理分析是指将各种有关信息进行比较、分析，并以自己的初衷为基本出发点，发挥个人的才智，进行综合设计，形成新的有价值的个人信息资源，如个人专业资源信息表等。从网络上得到的信息有时候会是自相矛盾的，还有可能是商业对手散布的用来迷惑竞争者的虚假信息。对于上面提到的有关新闻纸的两条信息，就需要进行人工处理。首先要对这两条信息的发源地、发布时间等进行比较，如果发源地和时间都基本相同，就要参考其他信息来进行比较，最终获得真正的有价值的信息。

3.4　商情分析报告的撰写

调研报告的撰写是整个市场调研的最后一个阶段。网络营销调研报告是调研人员以书面形式反映网络营销市场调查内容及工作过程，并提供调研结论和建议的报告。网络营销调研报告是调查研究成果的集中体现，其撰写的好坏将直接影响到整个市场调查研究工作的成果质量。一份好的市场调查报告，能给企业的市场经营活动提供有效的导向作用，能为企业的决策提供客观依据。调研人员应把与网络营销决策有关的主要调查结果写出来，呈现给管理人员。

3.4.1　营销调研报告概述

1. 网络调研报告的种类

（1）按服务对象分

按服务对象分，网络调研报告可分为网络市场需求者调研报告（网络消费者调研报告）和网络市场供应者调研报告（网络生产者调研报告）。

（2）按调研范围分

按调研范围分，网络调研报告可分为全国性网络市场调研报告、区域性网络市场调研报告和国际性网络市场调研报告。

（3）按调研频率分

按调研频率分，网络调研报告可分为经常性网络市场调研报告、定期性网络市场调研报告和临时性网络市场调研报告。

（4）按调研对象分

按调研对象分，网络调研报告可分为网络服装市场调研报告、网络钢铁市场调研报告和网络日用品市场调研报告等。

2. 网络营销调研报告的特点

营销调研报告的撰写一般需要具备4个特点。

（1）要有明确的目的

营销调研报告是为了满足制定营销决策时对信息资料的需要，无论是描述和评价，还是意见和建议，都是以开展营销活动为目的而撰写。一份报告直接对应一项营销活动，解决一个重要问题，有着明确的针对性。

（2）要以事实为依据

对事实现象和数据的收集、整理在营销调研报告中占据很大比重，即使是有一些主观的分析和推理，也还是要建立在一定的事实现象和数据基础上的。

（3）要有科学性

营销调研报告的科学性主要体现在3个方面：

①调研报告撰写的前提是对市场事实客观、正确的掌握；

②调研报告的撰写必须建立在运用科学分析方法，对数据、情况进行充分定性、定量分析的基础上；

③调研报告得出的结论应该能够科学地揭示经营活动或是市场变化情况的规律。

（4）要有时效性

在经济竞争全球化的今天，市场的情况瞬息万变，市场机会稍纵即逝。决策者和管理者要使自己的营销与决策具有超前性，掌握市场的主动权，就必须及时、准确地掌握市场信息。而营销调研报告正是掌握这些信息的很重要的途径。

3. 网络调研报告撰写步骤

（1）调查资料分析

对收集的资料进行分类整理后，运用回归分析、相关分析、因素分析、判断分析、聚类分析等分析方法，对有关影响企业营销的主要因素如市场、消费者、竞争者、宏观营销环境及企业自身条件等资料进行客观、全面、准确的分析。具体地说，就是分析出影响营销活动的主要环境因素有哪些，这些因素对企业的营销活动会产生什么影响，分析在这些因素中哪些是有利因素、哪些是不利因素，分析他们各自的影响程度如何，他们各自出现的概率有多大。

（2）提出调研结论

营销调研的目的性很强，调研结束必须提出调研结论。调研结论是以调研分析结果为基础得出的结论或策略，是今后的行动指南，是调研机构对整个调研项目的总结。

（3）撰写调研报告

营销调研最终要形成一份书面营销报告。营销调研报告是对影响企业营销的有关环境因素的调查结果进行客观陈述，提出调研结论的书面表现形式，是整个调研工作的文字化表现，也是调研结果被他人所知、所接受，便于利用的书面材料。为此，要组织好营销调研报告的撰写。

①明确撰写任务。营销调研报告是综合实践任务，一般要求作为团队合作完成。要求每个参与人员明确自己的任务，利用调研所得资料、数据、图表等信息，群策群力，在规定的时间内完成。

②做好撰写准备。营销调研报告的撰写是在专业学习中检查所学知识并锻炼书面表达能力与技巧的很好机会，但也是一项艰巨的任务，为此要做好撰写准备。把收集到的资料、小组的讨论、个人分析意见及时汇总，并整合为方案设计所需材料。合理安排撰写时间，完成初稿后，还需要经过修改校对，直至最终定稿。

③掌握撰写方法。一般来说，营销调研报告撰写方法的要求有：以营销环境理论为指导进行分析；分析资料运用要求充实、全面；分析资料运用要求真实，要有资料索引说明；市场分析要求紧扣主题，观点正确；市场分析要求结构合理，层次清楚，注意逻辑性。

3.4.2　营销调研报告的内容与结构

1. 前言

（1）封面

通常包括以下4方面内容：

第一，标题要尽可能提供有关报告的目的和内容的信息；

第二，委托单位的名称，即为哪个单位或个人提供调研服务；

第三，调查机构的名称（可以添加地址、电话、传真、电子邮箱等联系方式）；

第四，呈送调研报告的日期。

（2）授权书

授权书是指在调研活动开始前委托客户写给调研机构的信函，详细说明对调研机构的要求。通常是由双方订立确定委托代理关系的合同文书。并非所有报告都要求有授权书。一份授权书通常包括的内容有：调研范围与调研方法、付款条件、预算、人员配备、期限、临时性报告、最终报告的要求。

（3）目录

目录即列示整个书面报告的内容目录，帮助快速找到每一章节在报告中的相应位置。通常包括3个方面内容：章节标题、副标题及相应页码；图表及数字清单标题及页码；附录标题及页码。

（4）摘要

此部分是对调研报告主题部分的高度概括和总结，是整个报告的必读部分，为忙碌的管理者及委托单位提供了预览条件。摘要主要包括调研目标、调研方法、调研结果的简单陈述、结论及建议、其他有关信息。

2. 主体

（1）引言

介绍实施调研的背景、参与调研的人员和单位、向相关个人及单位致谢，也可以对报告中每一部分内容及相关联系进行简单介绍。

（2）分析与结果

此部分是调研报告的正文部分，也是最核心的部分。应按照一定的逻辑顺序进行陈述，并配合文字、图表等展示分析的全过程，并得出调研结果。

（3）结论及建议

此部分是调研报告的关键部分，也是最吸引人之处。其中，结论是以调研分析结果为基础得出的结论或决策；建议是根据结论而提出工作及行动建议，是今后的行动指南，是调研机构对整个调研项目的总结。

（4）调研方法

此部分主要介绍调研的研究类型及研究目的；总体及样本的界定；资料收集方法和调查问卷的一般性描述及特殊类型问题的讨论；对特殊性问题的考虑，以增强调研的可靠性。通常调研方法描述的篇幅不宜过长。

（5）局限性

由于任何调研都难免受样本界定误差或随机误差的影响，同时又受时间、预算、资源或其他条件的约束和限制，使调研结果产生不同程度的误差现象，因此应以客观的态度对所调研项目的局限性进行相关说明。

3. 附录

（1）调查问卷及说明

将调查问卷原稿附在正文后面，并对调研方法、抽样调查方式及问卷中相关问题进行详细说明。

（2）数据统计图表及详细计算与说明

报告中涉及的图表及其他视图资料应进行详细说明，对于数据的统计计算过程也应适当作详细解释。

（3）参考文献及资料来源索引

报告中所参考的文献、学术期刊等资料需进行说明，同时需要对一手资料、二手资料的来源及联系方式进行详细说明。

（4）其他支持性材料

除上述资料外的其他资料也应作相应说明。

3.4.3　营销调研报告的写作技巧

撰写一份好的调查报告不是一件容易的事，调查报告本身不仅显示着调查的质量，也反映了作者本身的知识水平和文字素养。在撰写调查报告时，主要注意以下几个方面的问题。

1. 对报告的读者有一定的了解

报告应当是为特定的读者而撰写的，他们可能是领导、管理部门的决策者，也可能是一般的用户。不但要考虑这些读者的技术水平、对调查项目的兴趣，还应当考虑他们可能在什么环境下阅读报告，以及他们会如何使用这个报告。有时候，撰写者必须适应有几种不同技术水平和对项目有不同兴趣的读者，为此可将报告分成几个不同的部分或完全针对对象分别地撰写整个报告。

2. 力求简明扼要

调研报告中常见的一个误解是"报告越长，质量越高"。通常经过了对某个项目几个月的辛苦工作之后，调研者已经全身心地投入，因此，他试图告诉读者他所知道的与此相关的一切。因此，所有的过程、证明、结论都纳入报告，导致的结果是"信息超载"。事实上，如果报告组织得不好，有关方甚至连看也不看。总之，调查的价值不是用重量来衡量的，而是以质量、简洁与有效的计算来度量。调查报告应该是精炼的，任何不必要的东西都应省略。不过，也不能为了简洁而牺牲完整性。

3. 行文流畅，易读易懂

报告应当是易读易懂的。报告中的材料要组织得有逻辑性，使读者能够很容易弄懂报告各部分内容的内在联系。使用简短的、直接的、清楚的句子把事情说清楚，比用正确的但含糊难懂的词语来表达要好得多。为了检查报告是否易读易懂，最好请两三个不熟悉该项目的人来阅读报告并提出意见，反复修改几次之后再呈交给用户。

4. 内容客观，资料解释充分且相对准确

调查报告的突出特点是用事实说话，应以客观的态度来撰写报告。在文体上最好用第三人称或非人称代词，如"作者发现……""笔者认为……""资料表明……"等语句。行文时，应以向读者报告的语气撰写，不要表现出力图说服读者同意某种观点或看法。读者关心的是调查的结果和发现，而不是调查人个人的主观看法。同时，报告应当准确地给出项目的研究方法、调研结果的结论，不能有任何迎合用户或管理决策部门期望的倾向。在进行资料的解释时，注意解释的充分性和相对准确性。解释充分是指利用图、表说明时，要对图表进行简要、准确的解释；解释相对准确是指在进行数据的解释时尽量不要引起误导。

5. 报告中引用他人的资料，应加以详细注释

这是大多数人常忽视的问题之一。通过注释，指明资料的来源，以供读者查证，同时也是对他人研究成果的尊重。注释应详细准确，如被引用资料的作者姓名、书刊名称、所属页码、出版单位和时间等都应予以列明。

6. 打印成文应字迹清晰、外观美观

最后呈交的报告应当是专业化的，使用质量好的纸张，打印和装订都要符合规范。印刷格式应有变化，字体的大小、空白位置的应用等对报告的外观及可读性都会有很大的影响。同时报告的外观是十分重要的。干净整齐、组织得好的、具有专业性的报告一定比那些匆匆忙忙赶出来的外观欠佳的报告更可信、更有价值。撰写者一定要清楚，不佳的外观或一点小失误和遗漏都会严重影响阅读者的信任感。

7. 切忌将分析工作简单化

这可以从两个方面来考虑：首先，在进行数据分析的过程中，一定要尽量从各个层面来考虑问题，也就是透过现象看本质；其次，数据的分析包括 3 个层次：说明、推论和讨论，即说明样本的整体情况、推论到总体并对结论作因果性分析。

8. 注重调查报告的时效性

时效性是营销调研报告的重要特性。市场信息瞬息万变，有的调研报告经过一定的时间后很可能会失去应有的价值，所以，调研人员在完成数据资料的收集、分析、处理和形成意见之后，必须尽快形成报告并交给报告使用者。

📖 本章小结

本章主要介绍了网络市场调研的含义、特点及与传统市场调研的关系，网络市场调研的步骤和方法，介绍了什么是网络商务信息，分析了如何进行网络商务信息的收集和整理，整理出撰写网络调研报告的框架结构，以及撰写网络调研报告需要的一些技巧。

通过本章的学习，同学们应掌握网络调研的基本概念，网络调研的步骤与主要方法，通过在线观察、社区讨论、设计在线调查问卷以及利用搜索引擎、访问相关网站、电子邮件调查等方法搜集信息。了解网络商务信息的概念，掌握网络商务信息收集与整理的要点，根据收集整理以后的汇总信息进行网络调研报告的撰写。

🎓 典型案例

肯德基（Kentucky Fried Chicken，肯塔基州炸鸡），简称 KFC，是美国跨国连锁餐厅之一，也是世界第二大速食及最大炸鸡连锁企业，1952 年由创始人哈兰·山德士（Colonel Harland Sanders）创建，主要出售炸鸡、汉堡、薯条、盖饭、蛋挞、汽水等高热量快餐食品。中国大陆的肯德基隶属于百胜中国控股有限公司（简称"百胜中国"）。百胜中国是百胜餐饮集团（Yum! Brands Inc.）在中国大陆的特许经营商，拥有肯德基品牌在中国大陆的独家经营权。肯德基与百事可乐结成了战略联盟，固定销售百事公司提供的碳酸饮料。2017 年 6 月，《2017 年 BrandZ（布兰德最）最具价值全球品牌 100 强》公布，肯德基排名第 81 位。

肯德基来到中国已经有 30 年了。肯德基在中国的 30 年，是"立足中国、融入生活"的 30 年。如今中国肯德基已在 1 000 多个城市和乡镇开设了 5 300 余家连锁餐厅，遍及中国大陆的所有省、直辖市和自治区。随着时代的发展，特别是互联网的盛行，快餐服务业竞争越来越激烈，肯德基（KFC）成立宅急送致力于通过网络订餐以扩大其在快餐行业的市场份额。但是肯德基宅急送在拓展网络订餐业务过程中却遇到了客户流失率高、市场推广资源浪费的问题。于是肯德基聘请专业调研团队，从现有流量数据入手发现，肯德基宅急送的订餐一般分为 5 个环节：1. 登陆/注册；2. 填写送餐地址；3. 浏览菜单点餐；4. 确认订单；5. 提交订单付款。任何一个环节出现问题都有可能导致最后的流失率上升。肯德基宅急送首先对自身的流量统计进行分析，发现客户的流失主要集中在填写送餐地址和浏览菜单点餐这两个环节上。

肯德基宅急送各环节用户流失率(%)

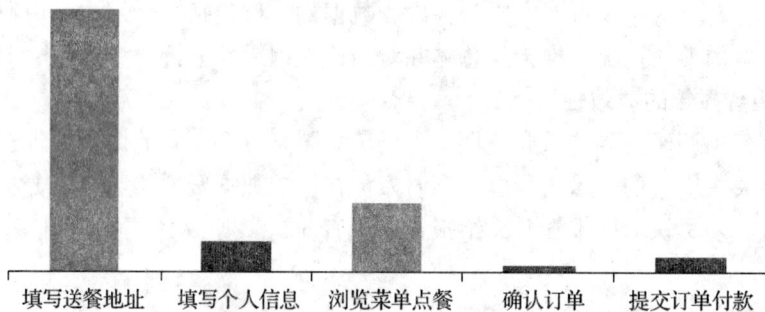

| 填写送餐地址 | 填写个人信息 | 浏览菜单点餐 | 确认订单 | 提交订单付款 |

填写送餐地址环节的客户流失原因(%)

地址不在送餐范围内

地址查询/输入不方便

送餐时间太长

肯德基宅急送基于这两个问题突出的环节展开了在线用户调查，了解他们对订餐流程的具体评价，并最终找到了问题的具体成因。

客户填写地址时，发现自己所处地址不在送餐范围内是导致客户流失的最主要问题，其次是地址查询/输入不方便以及送餐时间太长。

浏览菜单点单环节的客户流失原因(%)

不容易检索餐点

活动/优惠信息

网页浏览问题

其它

客户浏览菜单点单环节中，因为检索方式不便，不容易找到自己想要的餐点导致流失是最主要的问题。

针对从调查中发现的问题，肯德基宅急送制定了相应的改善措施，具体如下：

1. 增加餐点的检索维度，如人气、价格、订购量等，方便用户从不同维度检索。

2. 调整优惠活动的显示位置和种类，使之更符合用户的习惯和期望。

3. 优化送餐流程，确保每一餐都在 30 分钟内送到。

经过这次的改善和优化，肯德基宅急送在填写送餐地址和浏览菜单点餐环节的用户满意度得到了显著的提升，用户流失率也得到了有效控制。

肯德基宅急送各环节用户满意度

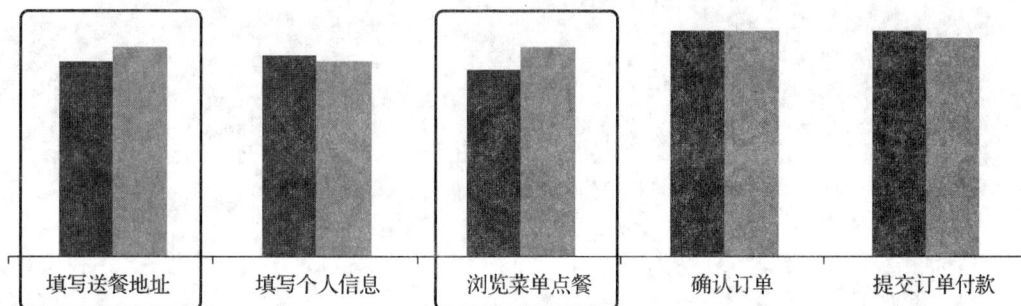

| 填写送餐地址 | 填写个人信息 | 浏览菜单点餐 | 确认订单 | 提交订单付款 |

学习与思考

1. 什么是市场调研？网络市场调研的特点是什么？

2. 试分析网络市场调研的方法及实际运用。

3. 简述市场营销调研的步骤。

4. 网络市场调研的方法有哪些？

5. 什么是网络商务信息？它有什么特点？

6. 如何进行网络商务信息的收集和整理？

7. 如何撰写网络调研报告？有哪些技巧？

实践操作训练

1. 利用相关搜索引擎查找某行业（或企业）网站，掌握网络营销信息收集与整理的基本功能。要求：进入查找的站点访问后，根据站点的权威性、内容丰富程度、网站功能强弱选择 5 个网站，并将各个网站有关数据填入下表中。

序号	网站名称	网站简介	主要功能	网站评价

2. 由于家用轿车市场的竞争越来越激烈，3A 汽车集团公司现有的市场地位面临严峻挑战，公司决定尽快推出环保、节能、中高档价位的新车型，以提高市场竞争力。为了确保新车型的特色和竞争力，需要调研竞争对手的同类车型开发和产销情况。为了提高调研效率，公司准备采用网络调研的方式。

小张是该企业电子商务部的员工，结合该企业的实际情况，小张如何通过网络对竞争对手进行调研？网络调研的步骤和方法有哪些？

2

策 略 篇

第 四 章

网络营销产品策略

【知识目标】

- 掌握并理解网络营销产品的概念和内涵
- 理解并掌握网络营销产品的特点和相关策略
- 了解产品的生命周期各阶段的特点和新产品的概念
- 理解新产品开发策略
- 了解网络营销品牌策略和网络域名的品牌作用

【能力目标】

- 灵活运用网络营销产品的概念进行产品分析
- 具有网络营销产品开发能力
- 能够进行网络营销品牌策划

案例导入

Facebook（脸书）游戏新产品策略

Facebook 作为全球注册用户量大、年轻人使用广泛的社交软件，游戏产品是其不可或缺的部分。Facebook 通过一系列的新品策略，让青年网络游戏用户更加喜欢 Facebook 的游戏。其采用的新品策略主要有以下几个。

1. 全球化投放策略

Facebook 使用 Global Lookalike（基于全球的相似人群扩展技术）帮助企业快速在未投放过的区域找到优质的潜在用户群，以便覆盖全球受众。使用 Global Lookalike 时，若目标国家没有足够多的种子来创建类似受众，就会从其他种子数量多的国家抓取。这样就使得不同国家需求相似的企业都会通过这种方式迅速获得发展。

2. 世界地理定位策略

Location（定位技术）能够帮助企业在全球范围内轻松定位用户，选择全球受众。

3. 应用事件优化策略

利用应用事件优化策略，企业可以精准地定位到更可能在应用中进行深度行为的用户，准确定位核心受众。在选择"增加应用程序安装"为广告目标后，可同时选择相应事件进行优化，比如"付费""完成新手引导"等。

4. 沉浸式体验

据统计显示，人们在上网时花费在看视频上的时间占上网总时间的 20%。而在 Facebook 上，用户每天观看视频 1 小时。一般用户会通过 Video Ads（视频广告）进行视频观看，用户可以通过点击 iOS 系统上的广告，跳转到商店上，并以视频分屏形式继续播放，增强用户的播放体验。

5. 视频浏览优化策略

针对企业的需求推出视频浏览优化，同时通过与沉浸式体验相结合，有效提高企业品牌知名度。一般的，企业在选择相应广告目标后，以"视频浏览"进行目标优化。

6. Instant Game

Instant Game（即时游戏）是 Facebook 在 News Feed（消息餐）和 Messenger（信使）上提供的一种新型跨平台 H5 游戏体验，用户无须下载 App 即可轻松发现、分享及玩游戏。

Facebook 通过游戏进行企业推广，既为企业进行了创新性的推广，同时也迎合了用户的需求。Facebook 游戏新产品策略，让企业更加懂得用户的心声。Facebook 通过全球投放策略，精准定位自己的全球核心玩家。沉浸式体验，更新视频广告功能，满足了各种设备用户需求，无须转换应用就能玩游戏，省时省力。

资料来源：李玉清主编《网络营销实务》，电子工业出版社，2018 年 9 月

4.1 网络营销产品策略

4.1.1 网络营销产品概述

1. 网络营销产品的含义

产品就是为了目标市场而开发的有形物质产品与各种相关服务的统一体，其核心功能是使其满足消费者的需要。在市场经济中，产品是企业生存的核心，因此传统的市场营销均把产品策略作为企业营销策略的一个重要组成部分。在现代市场营销学中，产品的概念具有极其宽广的外延和深刻而丰富的内涵，主要指通过交换而满足人们需要和欲望的因素和手段，它包括提供给市场能够满足顾客需求和欲望的任何有形物品和无形物品。虽然网络是虚拟的，但网络营销者必须以各种产品与服务来实现营销目标。为此，营销者必须将产品的种类、质量标准、产品特性、产品牌号、包装设计、商标品牌以各种服务措施等可控制的因素组合起来并运用，来实现营销目标。

2. 网络营销产品的层次

为了体现网络营销环境下，顾客在产品营销运作上的作用，网络产品的层次在传统营销产品的基础上进一步扩展，除保留传统营销产品整体概念中已有的 3 个层次（核心产品、形式产品、附加产品）之外，又扩展出期望产品与潜在产品两个层次，如图 4-1 和

4-2 所示。

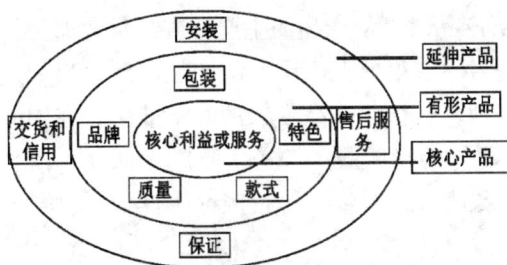

图 4-1 传统营销产品层次　　　　　图 4-2 网络营销产品层次

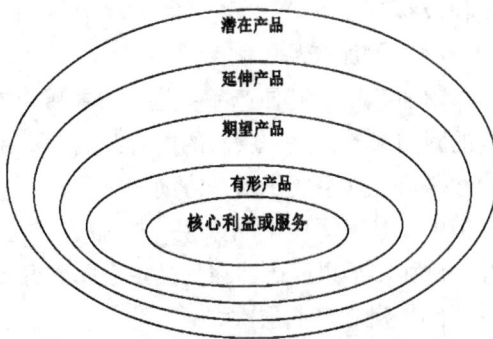

（1）核心产品层次

核心产品（核心利益或服务）层次是指产品能够提供给消费者的，也是消费者真正想要购买的最基本效用或益处。例如，消费者购买食品的核心是为了满足充饥和营养的需要；购买计算机，是为了利用它作为上网的工具等。同一种产品可以有不同的核心需要，如人们对服装、鞋帽的需要，有些以保暖为主；有些则以美观为主等。网络营销的突出特点是互动性，通过网络能充分地了解顾客的需求，更好地为顾客服务是网络营销的一大优势。因此，从事网络营销的企业，在进行产品的开发与设计时，要以顾客为中心，使自己的产品提供的基本效用符合顾客的需要。同时，由于不同类型的顾客对同种产品的核心需求存在着差异，在营销过程中也应注意识别，可以针对不同的用户群特点，开发出适当的特色产品，甚至个性化定制产品。

（2）形式产品层次

形式产品（有形产品）层次是产品在市场上出现时的具体物质形态。形式产品是核心产品的物质载体，产品的基本效用只有通过形式产品的物质形态，才能反映与体现出来，主要表现在品质、特征、式样、商标、包装等方面。

（3）期望产品层次

期望产品是指在网络目标市场上，每个细分市场甚至每个个体消费者希望得到的，除核心产品价值之外的满足自己个性化需求的价值的总称。不同的消费者对同种产品所期望的核心效用或价值一般是相同的，但除核心产品之外，不同的消费者对产品所期望的其他效用，又会表现出很大的个性化色彩，不同细分市场或不同个体消费者所追求的产品价值又是富有个性的。例如，不同的消费者购买面包所期望的核心效用或价值都是充饥，但同样是可以充饥的面包，有的消费者喜欢豆沙面包，有的消费者喜欢果酱面包，有的消费者却喜欢奶油面包等。

这是网络营销产品整体概念中，在核心产品与形式产品之外增加的一个新层次，因为网络营销增强了企业与顾客的互动联系，与传统的营销方式相比，网络营销能更好地满足顾客的这种个性化与多样化的需求，满足其对期望产品的需要。期望产品对企业开发与设计核心产品和形式产品有指导作用。作为开展网络营销的制造企业，为了能快速响应顾客提出的期望产品，要提高自身的设计、生产等环节的灵活性，并积极引导顾客在上述环节中积极参与。

（4）附加产品层次

附加产品（延伸产品）层次是指顾客在购买产品时，从产品的生产者或经营者那里得到的附加服务，这一层次的内容是为了满足消费者因获得前三个层次的产品而派生出的延伸性需求。其主要作用是协助顾客更充分、更好地享受核心产品带来的基本效用。在网络营销中，对于物质产品来说，附加产品层次主要包括售后服务、送货、质量保证、信贷等。例如，干果网店铺在货品中会附赠开壳器、果壳袋、湿纸巾等很多种体验品。

（5）潜在产品层次

潜在产品是指在核心产品、个性化产品、附加产品之外，能满足消费者潜在需求，尚未被消费者意识到，或者已经被意识到但尚未被消费者重视或消费者不敢奢望的一些产品。它与附加产品的主要区别是：顾客没有潜在产品仍然可以很好地满足其现实需求，但得到潜在产品，消费者的潜在需求就会得到较好的满足，顾客需求也会得到超值的满足，消费者对产品的偏好程度与忠诚度会大大强化。在高新技术发展日益迅猛的时代，其实产品的许多潜在价值还没有被顾客充分认识到，这就需要企业通过消费者教育和消费引导活动，使消费者发现或认识到潜在产品。例如，联想推出天禧系列计算机时，在提供计算机原有的一切服务之外，还提供了直接上网的便捷服务。

【案例 4-1】

雕爷牛腩的创意产品营销

雕爷牛腩餐厅是中国第一家"轻奢餐"餐饮品牌。所谓轻奢餐是介于快餐和正餐之间的一种用餐，比低价位的快餐要美味和优雅，又比豪华正餐节省时间和金钱。"把一种食物，探索到细致入微，雕琢出大巧大拙。"此概念由雕爷牛腩首先提出。他们经营这家餐厅所追求的就是"无一物无来历，无一处无典故"，花重金从香港食神戴龙手中买断秘方，加工切制牛腩的刀选用大马士革钢锻造，炖牛腩的锅已申请专利，顾客到店喝的水则是"斐济"（FIJI Water）和"盛荣"（Saratoga Spring Water）。

首先雕爷牛腩在基本的产品上，都用极致的方式进行打造。茶水，雕爷牛腩餐厅为男性顾客提供西湖龙井、冻顶乌龙、茉莉香片、云南普洱 4 种茶水，为女性提供可以瘦身、美容、排毒的茶水；米饭为号称"世界米王"的日本越光稻、蟹田糙米和泰国香米；拥有"雕爷牛腩"Logo（标识）的鸡翅木筷子，用餐完毕套上特制筷套，当成礼物送给顾客，作为纪念品，它同时在提醒你曾经体验过一顿奢华且私密的美食大餐；使用定制的非常昂贵、拥有海涛般美丽纹理——古称"穆罕默德纹"的"乌兹钢锭"刀切割生牛腩时，配合"滚刀法"切割，行云流水，得心应手；雕爷牛腩为这碗牛腩面，发明了一款专利"碗"——上方很厚重，很粗糙，端起来手感好，而对着嘴喝汤的 1/3，则很薄、很光滑，在八点二十分的位置，开了一个拇指斜槽，以便卡住汤勺，端起来喝汤时勺不会乱动，用它吃鲍鱼骨汤牛腩面则得心应手、舒适无比；炖牛腩的锅是雕爷牛腩申请的专利发明——"铁扇公主"锅。光是看看雕爷牛腩用的产品，就让用户有个非常向往的体验。

雕爷牛腩的产品包装定位则是把产品和明星连起来，牛腩是其主打招牌明星产品，其烹饪牛腩的秘方，是向周星驰电影《食神》中的原型人物——香港食神戴龙，以500万元购得。戴龙经常为李嘉诚、何鸿燊等港澳名流提供家宴料理，他还是1997年香港回归当晚的国宴行政总厨，尤其是他的代表作，一道"咖喱牛腩饭"和一道"金汤牛腩面"，成为无数人梦寐以求的舌尖上的巅峰享受。

雕爷牛腩的产品营销：雕爷牛腩主厨——食神戴龙为了咖喱牛腩这个配方，改进了20余年，真正匠心独运，一口下去，味道分为三层：第一层是带着咖啡豆微苦的异香，充满口腔；第二层为辛香鲜、辛辣味道急速袭来，刺激味蕾；第三层仿佛公蟹蟹膏，胶着感及回甜凝结舌尖。食神戴龙曾说：我的咖喱牛腩饭，才真的是黯然销魂饭。戴龙在为李嘉诚等提供家宴料理时，常有女眷不喜食辣，不碰咖喱牛腩，所以戴龙便烹制了这道"鲍鱼骨汤牛腩面"。鲜美的鲍鱼、醇厚的牛骨，再配以老母鸡、牛筋、冬菇等10余种食材，经长时间熬制，做成鲍鱼骨汤。和常见的猪骨浓汤不同，牛骨熬汤，极为费料，所需时间成本均数倍于猪骨汤。但妙处在于，牛骨汤的味道，也仿佛牛排与猪排的区别。这碗鲍鱼牛骨汤中所配的面创造性地舍弃了港人喜爱的伊面，而选用手工现拉的拉面——面粉选用了加拿大曼尼托巴省进口的小麦芯粉，这是加拿大日照时间最长的省所产小麦，更顺滑、更有弹性。

雕爷牛腩从最基本的产品入手，在满足消费者味蕾的基础上，通过对产品的极致打造，提升消费者对产品的美好期望，然后再通过产品的包装定位及故事渲染，使消费者对雕爷牛腩的消费不仅仅停留在饭食的层面，更多的是享受产品所传达的文化和品味。

资料来源：http://wenku.baidu.com

3. 网络营销产品的特点

经营适销对路的产品是企业营销活动的重要策略之一。电子商务、网络营销与网下营销相区别，最明显的特征是：信息流以电子数字信息的传输为主；拥有一个覆盖全球的互联网通道，电子信息在这一通道上具有"海的容量"、光的速度。因此，开展网络营销就要经营适合以电子数据方式销售并适合利用互联网传递的产品。一般而言，适合在互联网上销售的产品通常具有以下特性。

（1）产品形式：大多属于易于数字化、信息化的产品

可以说，通过互联网可以营销任何形式的产品，但最适合在网上营销的产品是那些易于数字化、信息化的产品。网络营销策略的重点是不一样的。例如，音乐、电子图书、信息软件、信息服务、网上咨询、远程教育、远程医疗等。经营这类商品，商家投资小，消费者购买方便，商品可以直接通过网络实现配送，消费者只需按几下鼠标就可以完成全部购物过程。如果企业经营的产品是大型机械设备，则网络营销的主要任务就是企业形象的宣传与产品品牌的推广，而非在线销售。

（2）产品性质：一般属于质量差异不大的同质产品或非选购品

网络的虚拟性使得顾客可以突破时间和空间的限制实现远程购物或远程订购，却无法使消费者在购买之前进行较充分的实物挑选与评估比较。因此，适合在网上营销的产品一般属于质量差异不大的同质产品或非选购品，消费者可以从网上获得这类产品的信息，根

据这些信息就能确定和评价其产品质量,如书籍、计算机、手机、预定机票、名牌产品等。又如高档时装、首饰等需要消费者反复试穿试戴才肯购买的产品就不适合在网上销售。

(3)产品品牌:一般是那些名牌企业的产品或名牌产品

比较适合网络营销的产品一般是那些名牌企业的产品,或知名网站经销的产品,或名牌产品。这些产品可能属于质量差异比较大的异质产品,但这些企业或产品,早已经被众多的消费者购物实践证明过其货真价实、质量可靠,消费者在购物过程中只是认牌购物,不必再花费太多的精力和时间去比较选择。因此,尽管不属于挑选性小的同质产品,但也可以实现网上营销,如海尔系列产品、TCL 系列产品的网络营销都比较成功。这是因为:首先,要在网络浩如烟海的站点中获得浏览者的注意,必须拥有明确、醒目、较高知名度的网上品牌;其次,一方面,网上购买者可以面对很多选择,另一方面,网上购物无法进行购物体验,只能认牌购物,以减小购物风险。所以,在网络营销中,生产商与经销商的品牌同样重要,具体要从品牌知名度的提高与美誉度的形成两方面做工作。

(4)产品的顾客群:一般容量大、覆盖范围广、配送容易

网上市场是以网络用户为主要目标的市场,因此,适合在网上销售或能发挥网络营销优势的产品一般是那些市场覆盖范围较大的,且市场容量比较大的产品。如果产品的目标市场比较狭窄,虽然也能实施网络营销,但营销效果不佳,不能充分发挥出网络营销的优势。如果网络目标市场覆盖范围很广,市场容量很大,但网络营销的可到达性很差,或者物流配送体系跟不上,或者网络营销信息到达率很低,在这种情况下,也不适合网络营销的开展,或者说,至少在一定时间内不能开展。

(5)产品价格:一般要有低价优势

互联网作为信息传递的工具,在初期是采用共享和免费策略发展而来的,一方面,网上用户比较认同网上产品价格低廉的特性;另一方面,由于通过互联网进行销售的产品成本低于其他渠道的产品,因而在网上销售产品一般采用低价位定价。

(6)产品价值:最好有不可替代的垄断性

企业的营销渠道可以有 3 种选择模式:一是单一的网下营销,二是单一的网上营销,三是网上渠道与网下渠道的整合运用。如果企业选择单一的网上营销渠道,一般应选择那些替代性不大、具有较强垄断性的产品,或者选择那些不太容易在网下设店经营的特殊品,如果经营那些消费者随处可得或极易替代的产品,则就很难形成网络营销优势。

4.1.2　网络营销产品组合策略

由于网络营销活动的场所是一个虚拟的网络世界,网络营销所借助的网络也是一种虚拟的营销网络,具有不同于传统营销网络的若干特点,因此在网络上销售商品的过程与传统的销售方式有所不同。在这里,已没有面对面的买卖方式,网络上的相互对话成为买卖双方交流的主要形式。消费者或客户通过卖方的主页考察商品,通过填写表格表达自己对商品品种、价格水平、购买数量的选择意愿,卖方则将面对面的交货改为邮寄商品或送货上门,因而网络对所营销的商品有一定的要求。那么,什么样的商品适合于网络营销呢?

这实际上是一个网络营销市场的商品定位问题，认真研究商品的属性，科学筛选适合网络销售的商品，是网络营销组合中产品策略的重要一环，也是企业网络营销成功与否的重要因素。

1. 网络营销产品组合的概念

产品组合，服务性企业称业务组合，即企业的业务范围与结构，实践中也称企业产品结构。它是指企业生产经营各种不同类型产品之间质的组合和量的比例。产品组合由全部产品线和产品项目构成。产品线是指产品在技术上和结构上密切相关、具有相同使用功能、规格不同而满足同类需求的一组产品。如雅芳化妆品公司的产品线有化妆品、珠宝首饰和家常用品三类。每条产品线中的每种产品又叫产品项目，产品项目就是指产品线内不同品种、规格、质量和价格的特定产品。很多企业都拥有众多的产品项目，如雅芳化妆品公司有 1 300 个以上的产品项目，通用电器公司则有 25 万个产品项目。

所有这些产品大类和项目按一定比例搭配，就形成了企业的产品组合。产品组合中的产品可以依据产品功能上相似、消费上具有连带性、供给相同的顾客群、有相同的分销渠道或属于同一价格范围进行分类。

产品组合决策一般是从产品组合的宽度、长度、深度和关联性等方面作出决策与规划的。

产品组合的宽度是指企业拥有的不同产品线的数目；产品组合长度指每条产品线内不同规格的产品项目的数量；产品组合的深度是指产品线上平均具有的产品项目数；产品组合的关联性则是指企业各条产品线在最终用途、生产条件、分配渠道或其他方面的密切相关程度。

产品组合的宽度越宽，说明企业的产品线越多；反之，宽度越窄，则产品线越少。同样，产品组合的深度越深，企业产品的规格、品种就越多；反之，深度越浅，则产品就越少。产品组合的深度越浅，宽度越窄，则产品组合的关联性就越强；反之，则关联性就越弱。

产品组合的宽度、长度、深度和关联性对企业的营销活动会产生重大影响。一般而言，增加产品组合的宽度，即增加产品线和扩大经营范围，可以使企业获得新的发展机会，更充分地利用企业的各种资源，也可以分散企业的投资风险；增加产品组合的长度和深度，会使各产品线具有更多规格、型号和花色的产品，更好地满足消费者的不同需要与爱好，增强行业竞争力；增强产品组合的关联性，则可发挥企业在其擅长领域的资源优势，避免进入不熟悉行业可能带来的经营风险。因此，产品组合决策就是企业根据市场需求、竞争形势和企业自身能力对产品组合的宽度、长度、深度和关联性方面作出的决策。

2. 产品组合决策

（1）扩充产品组合策略

扩充产品组合策略主要包括增加企业网络营销产品组合的宽度或增加产品组合的深度从而增加产品组合的长度等策略。

增加产品组合的宽度是指在原有的产品组合中增加一条或几条产品线，以扩大企业网上营销的产品范围；增加产品组合的深度是指在原有产品线内增加新的产品项目。增加企业网络营销产品组合的宽度，扩大企业网上营销的范围，可充分发挥企业各项资源的潜力，提高效益，减少风险；而增加产品组合的长度和深度，则可以使产品线丰满充裕，可以迎合广大网上用户的不同需要和爱好，以吸引更多的顾客，从而可以占领同类产品的更多细分市场。

（2）缩减产品组合策略

缩减产品组合策略与扩充产品组合策略正好相反，是指企业减少网上营销的产品大类数或减少某一产品线内的产品项目数，从而缩短产品组合长度的策略。从产品组合中剔除那些获利很小甚至不获利的产品大类或产品项目，使企业可以集中力量发展获利多的产品大类或产品项目。

例如，最初八佰拜陈列的商品有几万种，现在却只有 1 000 多种，但订单量比以前反而有所增加。炎黄新星 CEO 张毅说，以前几万种商品，可能用户要查找到自己需要的商品并不容易，或者很难知道是否能够给他提供所需要的商品。而将产品精选细分、定位在六大类时尚礼品服务后，用户就能留下很深的印象，就有一个很明确的目标去查找，也可能很快地找到。

（3）延伸产品组合策略

产品线延伸组合策略就是突破企业网络营销原有经营档次的范围，使产品线加长的策略。其实，产品线延伸组合策略是实现扩充产品组合策略的一种重要途径。可供选择的产品线延伸组合策略主要有以下 3 种。

①向下延伸。向下延伸是指有些生产或经营高档产品的企业逐步增加一些较低档的产品。当企业生产经营的高档产品由于种种原因，不能再提高销售增长速度，而且企业又具备生产经营低档产品的条件，且能最大限度地避免向下延伸带来的风险时，可以采用该策略。

②向上延伸。向上延伸是指企业的网络营销原本只经营低档产品，现在逐步增加中高档的产品或业务。它一般适合几种情况：一是高档产品有较高的销售增长率和毛利率，二是为了追求高中低档产品齐全的完整的产品线，三是以某些高档的产品来调整整条产品线的档次。

③双向延伸。双向延伸是指有些经营中档产品的企业，在一定条件下，逐渐向高档和低档两个方向延伸。这种策略可以加强企业的竞争地位，击退竞争者，赢得市场领先地位。例如，八佰拜产品定位于中高端，汇集各种国内外著名名牌 1 000 余种，其比例为：高档品牌 10%、中高档品牌 30%、中档品牌 40%、大众品牌 20%。

4.2　网络营销新产品开发

4.2.1　产品生命周期分析

产品生命周期理论是由美国哈佛大学教授费农于 1966 年首次提出的。费农认为：产品生命是指市场上的营销生命，产品和人的生命一样，要经历形成、成长、成熟、衰退这样的周期，而这个周期在不同技术水平的国家里，发生的时间和过程是不一样的。

1. 产品市场生命周期的阶段

将整个产品生命周期过程的销售额用一条曲线连接起来，就可以得到产品生命周期曲线。根据产品生命周期曲线的变化规律，一般又将产品生命周期分为 4 个阶段：介绍期、成长期、成熟期和衰退期。

介绍期：指新产品投入市场的初期阶段，产品销售量（额）增长缓慢，没有利润。待产品销售量增长变快，利润由负变正，介绍期即告结束，产品生命周期进入成长期。

成长期：指产品销售量（额）和利润额迅速增长的阶段，两者的增长率都较高。

成熟期：产品的销售量（额）依然增长，但增长速度放缓，后期甚至缓慢下降，销售总量（额）虽比其他各期都大，但利润却在下滑。

衰退期：产品的销售量（额）加速递减，利润更快地下降，直到为负值。

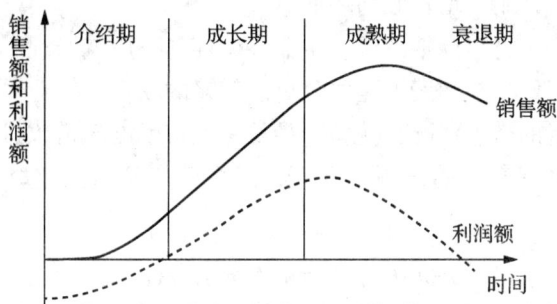

图 4-3 产品生命周期示意图

2. 产品生命周期各阶段的特点及策略

产品生命周期各阶段有不同的特点，企业需根据其特点，制定相应的市场营销组合策略，以获得更理想的产品生命周期——较短的介绍期，较长且增长迅速的成长期，延续时间更长的成熟期和销售下降速度较慢的衰退期。

（1）介绍期的市场特点和营销策略

处于介绍期的产品，由于消费者对其不了解，大部分顾客不愿放弃或改变自己以往的消费行为，故需求有限；加之产品的技术、性能还不够完善，生产成本高；销售渠道的不畅导致销售费用较高，但是市场上竞争者较少。

企业的营销策略方面应是加强促销宣传，鼓励消费者试用，吸引中间商，同时还可采用传统营销中的相应策略如快速掠取、缓慢掠取、快速渗透、缓慢渗透等。

（2）成长期的市场特点和营销策略

产品已经定型，技术工艺已经成熟；营销渠道也有所增加，市场占有率得到增加；消费者对产品已经熟悉，销售量增长很快；生产的批量化使成本降低，但是市场上开始涌入大量的竞争者。

企业在营销策略方面可以采用产品差异化策略；在加强促销环节的同时，树立产品形象，建立品牌偏好；调整价格，拓展新市场。

（3）成熟期的市场特点和营销策略

在成熟期初期各销售渠道基本处于饱和状态，销售增长率缓慢上升，并进入一个相对稳定时期，后期销量和利润开始下滑。市场上产品出现过剩，竞争加剧，消费需求也开始转移。

这时，企业在营销策略方面有 3 种策略可供选择：改进产品、开拓市场、调整营销组合。

（4）衰退期的市场特点和营销策略

市场衰退期产品销售量开始迅速下滑，消费者兴趣已完全转移；多数企业无利可图，被迫退出市场；促销已无明显作用。

企业在营销策略方面可以考虑采用的策略有：①集中策略，即把资源集中使用在最易销售的品种上；②维持策略，即把销售维持在一个低水平上，直至退出市场；③榨取策略，即大幅度降低销售费用，增加眼前利润。

每一个产品都要经过这个周期阶段，企业要生存和发展就必须不断地推出新产品。在电子商务营销中，由于厂家与消费者建立了更加直接的联系，企业可以通过网络迅速、及时地了解和掌握消费者的需求状况，使新产品从一上市就能知道改进和提高的方向，在成长期时就开始下一代系列产品的研制和开发，以系列产品的推出取代原有的成熟期和衰退期。

表 4-1　产品生命周期各阶段特点

	介绍期	成长期	成熟期	衰退期
销售量	低	剧增	最大	衰退
销售速度	缓慢	快速	减慢	负增长
成本	高	一般	低	回升
价格	高	回落	稳定	回升
利润	亏损	提升	最大	减少
顾客	创新者	早期使用者	中间多数	落伍者
竞争	很少	增多	稳中有降	减少
销售目标	建立知名度 鼓励试用	最大限度地 占有市场	保护市场 争取最大利润	缩减开支 榨取最后价值

4.2.2　网络营销新产品策略

1. 网络营销新产品的概念

新产品的开发对企业来说具有重要的意义，特别是随着社会的发展和科学技术的进步，不断开发新产品更是为企业在市场上求得生存和发展的重要条件之一。网络营销中的新产品开发，是指企业想方设法，开发适应网络交易环境的新产品。

营销学中使用的新产品概念不是从技术角度理解的，产品只要在功能或形态上得到改进，与原有的产品产生差异，并为顾客带来新的利益，就视为新产品。

新产品开发是许多企业市场取胜的法宝，但是产品开发费用较高及产品生命周期缩短，特别是市场的不断分裂及互联网的发展而使得新产品开发愈加困难，这对企业来说既是机遇也是挑战。企业开发的新产品如果能适应市场需要，就可以在很短的时间内占领市场，打败其他竞争对手。网络时代新产品的开发，必须研究在电子商务时代消费者的消费行为与消费要求的特点，进而确定网络营销新产品的定位和新产品的开发。

2. 网络新产品的类型

（1）全新的产品

全新产品是指采用新原理、新技术和新材料研制出来的市场上从未有过的产品。该产品为新发明、新创造，开创了新市场。这种类型的新产品开发相对来说难度较大，仅占新产品比例的10%左右。例如，结合消费者需求，形成的远距离网络视频技术的第一次运用；当年凭借提出独到的专门为商人提供免费服务的阿里巴巴网站。

（2）改进或换代级新产品

改进或换代级新产品是指从不同侧面对原有产品进行改革创新或采用新材料、新元件、新技术，使原有产品的性能有本质性改变的产品。通过改进，使产品在结构、功能、品质、花色、款式及包装等方面有新的特点或功能。例如，从最开始使用的智能手机到现在各种性能强大的手机类型，都是产品在不断改进的过程中所产生的改进级新产品。

（3）仿制级新产品

仿制级新产品是指企业未有但市场已有而模仿制造的产品。企业根据消费者的需求变化进行仿制生产，以满足市场某一类消费者的需求。如阿里巴巴推出支付宝后，腾讯推出了微信支付。

（4）在现有产品线增加新产品

在现有产品线增加新产品是指在现有产品线中补充新的产品。由于市场不断细分，市场需求差异性增大，这种新产品可以满足不同层次的差异性需求；同时，因为它是在已成功产品上进行的再开发，所以风险比较低。例如，OPPO手机，不断推出拍照手机、通话手机等迎合消费者需求。

（5）具有成本优势的新产品

这种类型是指企业提供同样功能，但成本较低的新产品。网络时代的消费者虽然注重个性化消费，但个性化消费不等于是高档次消费。个性化消费意味着消费者根据自己的个人情况如收入、家庭、地位及爱好等来确定自己的需要，因此消费者的消费意识更趋向于理性化，消费者更强调产品给自身带来的价值，同时包括所花费的代价。对此，企业可以提供同样功能但成本较低的产品。在网络营销中，产品的价格总的来说是呈下降趋势，因此提供同样功能但成本更低的产品更能满足日益成熟的市场需求。

（6）重新定位的新产品

重新定位的新产品是指企业以新的市场或细分市场为目标市场来提供现有的产品。企业重新定位产品，可以取得更多的市场机会。例如，在国内的中档家电产品，通过互联网进入国际上其他发展中国家或地区的市场，可以将产品重新定位为高档产品进行销售。

3. 网络营销新产品开发策略

企业网络营销中，新产品的开发策略需要根据企业的自身特点和实际情况决定。这主要包括：

（1）按照以用户为中心的策略进行新产品开发

由于 Internet 实现了信息的对称性，企业可以通过网络直接了解客户的需求意图，客户也可直接向企业提出自己对产品的各种要求。这种以用户为中心的产品开发策略，使生产出来的新产品更易于为用户所接受。

这种新产品开发策略，还使传统的产品生命周期概念逐步淡化。在传统的环境中，厂家由于不直接接触消费者，所以很难把握住新产品研制的正确投向。另外，在掌握产品的饱和期和衰退期时，总会不可避免地发生滞后。由于企业与客户在网上建立了直接的联系，满足大部分客户的需求就是新产品开发的正确投向，而且从产品刚投入市场，就知道了应改进和提高的方向。于是，老产品还处在成熟期时企业就开始了下一代系列产品的研制。系列产品的推出取代了原产品的饱和期和衰退期，使产品永远保持旺盛的生命力。

（2）让客户直接参与到企业新产品的开发过程

在产品的开发过程中，企业可随时与客户交流信息，向客户提供新产品的结构、性能等各方面的资料，让客户参与企业新产品的设计、改进、生产等过程，实现产品完全按客户需求来定制，从而缩短新产品进入市场的时间，赢得市场优势。

（3）充分利用因特网这个新产品构思的重要渠道

一个成功的新产品首先来自一个既有创见又符合市场需求的构思。新产品构思来源于针对性地广泛收集信息、敏锐地抓住每一个稍纵即逝的灵感。与工业化时代相比，在网络时代，产品构思的来源对象并未发生变化，如消费者和用户、经销商、国内外科技情报资料、国外样品、竞争对手的产品、科研部门和高等学校、本企业职工等，但收集产品构思的信息渠道则发生了很大的变化，上述所有构思均可通过因特网这一条渠道获取。而且其广泛、迅速、便利和价廉是传统渠道所无法比拟的。

（4）采用先进的生产制造系统

实现按照顾客需求进行定制化生产的营销过程，必须有先进的生产制造系统做支撑。例如，在信息技术环境下，现在很多企业都开始采用敏捷制造（agile）系统，就其本质而言，就是实现生产的智能化和快速化。这也就是企业在制造产品或提供服务过程中，由过去完全依赖的物质资本，转向在制造中加入信息技术。而且这种过程是在高速度中进行的，通过收集用户的直接反映缩短了企业与顾客的距离。这一方面提高了用户的满意度，另一方面，使企业表现出很强的整体柔性，根据市场变化灵活地调整经营战略。

（5）借助网络实现新产品的市场开拓

传统市场中推广一种新产品需要投入大量的人力、物力和财力，而借助于网络可使一些新产品的推广变得轻而易举。例如，现在国内外许多电脑软件的一种重要销售方式，就是通过 Web 网站发行。Microsoft 公司从 Windows 操作系统软件的 Windows98 版本开始，都是先通过其网站向用户提供测试版或试用版，用户可免费下载试用，并通过网站反馈意见。对企业来说，这既是检验新产品的一种新方式，也是一种将产品快速推向市场的重要渠道。

4.2.3 网络营销新产品的开发流程

在网络营销新产品的具体实施过程中，需要遵循以下的基本工作流程。

1. 网络营销新产品的构思

网络营销新产品开发的第一步是新产品的构思及新产品概念的形成。构思是对潜在新产品的基本轮廓结构的设想，这是发展新产品的基础与起点，没有构思就不可能产生出新产品实体。在社会发展的每一个阶段，都有一些伟大发明推动技术革命和产业革命，这个时期的新产品构思的形成主要是依靠科研人员的创造来推动的。

随着网络化、开放性环境的形成，新产品的构思可以有多种来源，除了研发部门的人员之外，顾客、科学家、竞争者、企业销售人员、中间商和高层管理者都可以提出新产品的构思。在网络环境下，很多企业的创新来源已经开始大量依赖顾客来引导产品的构思。电子商务营销的一个最重要的特性是与顾客的交互性，它通过信息技术和网络技术来记录、评价和控制营销活动，以掌握市场需求情况。网络营销通过其网络数据库系统处理营销活动中的数据，并用来指导企业营销策略的制定和营销活动的开展。由于网络数据库系统的特点使得企业在网络营销中可以建立详细的顾客档案，进而据此掌握市场活动信息，发现市场总体特征，而不需要像传统营销那样通过专门的市场调研来测试顾客对所进行的营销活动的响应程度。企业利用网络营销数据库，可以很快发现顾客的现实需求和潜在需求，从而形成产品构思。通过对数据库的分析，可以对产品构思进行筛选，形成产品的概念。

2. 网络营销新产品的研制

网络营销新产品的构思及新产品的概念形成之后，下一步工作就是进行网络营销新产品的研制。与过去的新产品研制与试销不一样，网络营销中顾客可以全程参加概念形成后的产品研制和开发工作。在这里，顾客已经不再是简单的被动接受测试和表达感受，而是主动参与和协助产品的研制开发工作。与此同时，与企业关联的供应商和经销商也可以直接参与新产品的研制与开发。通过互联网，企业可以与供应商、经销商和顾客进行双向沟通和交流，可以最大限度提高新产品研制与开发速度。例如，美国的波音公司为了加快新产品 777 的研制与开发，通过其内部的网络 CAD（计算机辅助设计）系统将所有的零件供应商联系在一起。这样，波音公司在设计 777 飞机系统整机时，他们的零件供应商就可以按照规格要求，协助设计和开发相应配套的零件，使得波音 777 飞机研制时间缩短了 2 年多，在激烈的航空市场中占有有利的竞争地位。

值得关注的是，许多产品并不能直接提供给顾客使用，它需要许多企业共同配合才有可能满足顾客的最终需要，这就需要在新产品开发的同时，必须加强与产品相关联企业的合作。例如，计算机的硬件和软件是需要许多企业配合才能满足市场需要的。为提高新产品研究开发速度，提供 CPU（中央处理器）的 Intel（英特尔）公司在研发新产品同时就将其技术指标向关联企业公开，以使其能配套开发新产品；提供操作系统的微软公司，也是在开发新操作系统同时就将操作系统的标准和规范公开，在产品上市前先与硬件制造商合作测试操作系统的稳定性，以及配合硬件制造商的硬件设计和制造，使得电脑上市时能保持同步。以上这些相互协作和支持都可以很容易通过互联网实现，而且费用非常低廉，沟通非常方便。

3. 网络营销新产品的试销

新产品研制出来之后，下一步工作就是进行网络营销新产品的试销。只有通过试销，取得顾客的认同，并能为企业带来切实效益的产品，才能进行正式上市销售。

网络市场作为新兴市场，消费群体一般具有很强的好奇性和消费领导性，比较愿意尝试新的产品。因此，通过网络营销来推动新产品试销，是比较好的策略和方式。但是也需要注意：网上市场群体也有一定的局限性，目前的消费意向比较单一，所以并不是任何一种新产品都适合在网上试销。一般对于与技术相关的新产品，在网上试销和推广效果比较理想。这种方式一方面可以比较有效地覆盖目标市场，另一方面可以利用网络与顾客直接进行沟通和交互，有利于顾客了解新产品的性能，还可以帮助企业对新产品进行改进。

利用互联网作为新产品营销渠道时，注意新产品要能满足顾客的个性化需求的特性，即同一产品能针对网上市场不同顾客需求生产出功能相同但又能满足个性需求的产品。这就要求新产品在开发和设计时就要考虑到产品式样与顾客需求的差异性。

4.2.4 网络营销新产品开发面临的问题

在网络时代，由于信息和知识的共享，科学技术扩散速度加快，企业的竞争从原来简单依靠产品的竞争转为拥有不断开发新产品能力的竞争。而且互联网的发展，使得在今后获得新产品开发成功的难度增大，究其原因如下：

1. 在某些领域内缺乏重要的新产品构思

随着时间的推移，在汽车、电视机、计算机、静电印刷和特效药等领域内值得投资的切实可行的新技术微乎其微。未来的产品构思开发必须适应网络时代的需要。

2. 不断细分的市场

市场主导地位正从企业主导转为消费者主导，个性化消费成为主流，未来的细分市场必将是以个体为基准的。

3. 社会和政府的限制

网络时代强调的是绿色发展，新产品必须以满足公众利益为准则，诸如消费者安全和生态平衡。政府的一些要求已使得医药行业的创新进度减慢，并使工业设备、化工产品、汽车和玩具等行业的产品设计和广告决策工作难以开展。

4. 新产品开发过程中的昂贵代价

网络时代竞争加剧，企业为了最终找出少数几个良好的构思，通常需要形成许多新产品构思。因此，企业就得面对日益上升的研究开发费用、生产费用和市场营销费用。

5. 新产品开发完成的时间缩短

许多企业很可能同时得到同样的新产品构思，而最终胜利往往属于行动迅速的人。反应灵敏的企业必须压缩产品开发的时间，其方法可采用计算机辅助的设计和生产技术、合作开发、提早进行产品概念试验、先进的市场营销规划等。

生命周期最短的是计算机行业产品，根据莫尔定理，计算机芯片的处理速度每 18 个月就要提高一倍，而芯片的价格却以每年 25% 的速度下降。

4.3　网络营销品牌策略

4.3.1　品牌概述

1. 品牌的概念

品牌是用以识别不同生产者或经营者所提供的产品或服务的一种标志，通常由文字、标记、符号、图案和颜色等要素组成。品牌是一个集合概念，它包括品牌名称和品牌标志两个部分，品牌名称是指品牌中可以用语言称呼的部分；品牌标志是指品牌中可以被认出、易于记忆但不能用语言称呼的部分，通常由图案、符号或颜色等构成。

在产品推广过程中品牌既能区别不同生产厂家或经营者所提供的产品，还有提升产品价值的功能。它代表着经营者对交付给顾客的产品的特征、利益和服务的一贯性承诺，久负盛名的品牌就是优等质量的保证，所以企业在生产经营中均应重视品牌的建设。

2. 品牌与商标

品牌与商标都是用以识别不同生产经营者的不同种类、不同品质产品的商业名称及标志。不同的是品牌是经济概念，商标是法律概念。法律中规定商标有注册商标和未注册商标之分，而各国法律所保护的是注册商标，这就要求企业在经营中要考虑品牌的注册，以寻求法律保护，进而借助品牌提升竞争力。

3. 网上品牌与传统品牌

与传统市场类似，网上品牌对网上市场有着很大的影响力。根据美国一家市场调查公司以随机抽样的方式，对 1 万名美国网友的调查，超过半数的被调查者说他们首先会选择那些知名商家的网站。但值得注意的是，网上品牌与传统品牌有着很大的不同，传统品牌多是产品品牌，网上品牌多是域名与产品品牌的结合，所以传统优势品牌不一定是网上优势品牌。根据美国某著名咨询公司的调查显示，知名品牌与网站访问量之间没有必然联系。其报告指出：通过对年龄为 16 至 22 岁的青年人的品牌选择倾向和他们的上网行为进行比较，研究人员发现，尽管可口可乐、耐克等品牌仍然受到广大青少年的青睐，但是这些公司网站的访问量却并不高。由此可以看出，网上优势品牌的创立需要重新进行规划和投资。

企业建设品牌对于企业的生存、发展、增强竞争力都有着十分重要的意义，企业不做品牌可以生存，但是很难发展。许多人都认为21世纪的市场竞争即是品牌的竞争，越来越多的企业把品牌作为资产看待，用品牌去凸显自己的竞争优势，构建自身的品牌策略。

4.3.2 网络营销品牌的策略

1. 网络产品品牌命名和设计策略

网络产品在品牌命名和设计时应注意以下几点：

①品牌命名和设计要符合市场所在地的法律规范，不得违反法律中所规定的禁用条款，不得和他人的注册商标相同或相似。

②品牌命名和设计要力求简洁明快，易读易记。

③品牌命名和设计要体现产品的优点和特征，暗示产品的优良属性。

④品牌命名和设计要显示企业与产品与众不同的特色，避免大众化的名称和标志。

⑤品牌名称应和产品专用名称统一，或与产品品牌标志统一。

⑥品牌命名和设计要符合当地的文化、习俗，使之富蕴内涵，情谊浓重，唤起消费者和社会公众美好的联想。

2. 网络产品品牌推广策略

（1）多方位宣传

企业应善用传统的平面与电子媒体，并舍得耗费资金大打品牌广告。企业还应利用网站、网页的特点在做广告的同时，进行品牌内涵解释，让人们了解品牌的特定含义及品牌文化。

（2）质量支持

品牌的声誉是建立在产品质量和服务质量上的，所以企业始终要注重产品和服务质量，同时在网页的设计上更要考虑满足顾客的需求，使顾客在网站上积累整体浏览感受和购买敬仰。

（3）公共关系

抓住一切可利用的事件和机会，广行善举，开放门户，利用公关造势，塑造品牌形象。

（4）品牌延伸

将企业已经成功的品牌运用到其他产品上，特别是运用到新产品的推广上。品牌延伸可以使新产品借助成功品牌的市场信誉在节省促销费用的情况下顺利进入市场。需要注意的是，如果借已成功的品牌开发并投放市场的新产品不尽如人意，消费者不认可，则会影响该品牌的市场信誉。

（5）法律保护

品牌在市场上唯有注册才受法律保护，而国际上多数国家采用注册在先原则，即谁先注册，谁就拥有专用权，我国也不例外。所以企业在品牌推广中，要想获得合法权利就必须先注册。

4.3.3　互联网域名商标策略

企业在互联网上进行商业活动，同样存在被识别和选择的问题，其中重要的就是域名的选择。因为域名就是企业站点的联系地址，是企业在互联网上的形象化身，是在虚拟网络市场环境中商业活动的一种标识，从而也就成了企业被识别和选择的对象。由于域名的所有权属于注册者，所以域名具有商标属性，因此必须将域名作为一种商业资源来管理和使用。例如，以 SONY 作为域名，使用者很自然联想到 SONY（索尼）公司，联想到该站点提供的服务或产品同样具有 SONY 公司一贯承诺的品质和价值。但是如果该域名被人抢先注册，注册者可以很自然地利用该域名所附带的一些属性和价值，无须付出成本地获取不道德的巨额商业利润，而这种注册可以是个人、竞争对手，加之注册成本比较低廉，可以说对于被伤害企业，不但丧失商业利润，还冒着品牌形象受到无形损害的风险。因此，企业在网络营销中，除了要提高站点内容的丰富性和服务性，还须注重对域名的品牌建设和保护工作，以尽快发挥域名的商标特性和商业价值，避免出现影响企业形象的有关域名站点问题。

1. 域名的命名规则

域名的选取和命名是以英文字母为基础进行的，由于英文字母的有限性，加之域名越短，越容易记忆和使用的特点，以及顶级域名的国际标准规定，导致域名的选择具有很大的局限性。如果仅仅考虑域名的标识功能，可能认为域名的选择只要符合国际标准和惯例，便于记忆使用即可。但考虑到域名的商标资源特性，企业域名的命名与一般商标名称选择一样，必须审慎从事，否则与一般商标名称选择不当一样，会对企业发展产生不必要的负面影响。域名命名首先要按照国际标准选择顶级域名，还应考虑到下面几个方面。

（1）要与企业已有商标或企业名称具有相关性

如能将企业名称与域名统一，可以营造一个完整立体的企业形象，不但便于消费者在不同环境都能准确识别，而且两边的宣传可以起到相互补充相互促进的作用，目前大多数都采用这种方法。

（2）简单易记易用

域名不但要容易记忆识别，还应当简单易用，因为域名作为一种网络地址，可以方便消费者直接与企业站点进行信息交换，如果域名过于复杂和有拼写错误，会影响顾客使用域名的积极性，因为顾客可以有很多选择和机会，而企业只有一次。

（3）同时申请多个相关域名

由于域名命名的限制和申请者广泛，极易出现申请类似的域名，减弱域名的识别和独占性，导致顾客的错误识别，因此企业一般要同时申请多个类似相关的域名以保护自己，如 www. pages. com 和 home. pages. com。另外，为便于顾客识别不同的服务，也可申请类似但又有区别的域名，如微软公司的 www. Microsoft. com 和 home. Microsoft. com 就提供了两种不同的内容服务。

（4）国际性

由于互联网的开放性和国际性，使用者可能遍布全世界，域名的选择必须能使国外大多数用户容易记忆和接受，以免失去开拓国际市场的大好时机。目前，互联网上的事实标准语言是英语，因此命名一般用对译的英语单词为佳。例如，"中国"的拼音"Zhongguo"虽然可以很容易被中国人识别出来，但是对于那些不了解中国文化的人，可能就不知所云了，而如果采用"China"就可以兼顾国内和国外的用户。

2. 域名的注册方式

域名的申请注册必须向授权组织申请。根据互联网国际特别委员会的报告，将顶级域名分成三类：国家或地区顶级域名，其代码由 ISO 3166 定义，如 .cn 表示中国；国际顶级域名；通用顶级域名，如 .com（公司企业）、.net（网上服务机构）、.org（非营利组织）、.edu（教育机构）、.gov（政府部门）、.mil（军事部门）等。一般顶级域名选择是没有多大本质区别的，但如果是国际性企业则应在通用域名下申请，以体现企业的国际性。从实际使用的角度来看，到底注册哪类域名，取决于该企业开展业务的地域范围、主要用户群的居住地、主要目标市场的地域和企业未来的发展和目标，如图 4-4、图 4-5 所示。

.com	.net	.org	.edu	.gov	.mil
公司企业	网上服务机构	非赢利组织	教育机构	政府部门	军事部门

图 4-4 通用顶级域名

ar	阿根廷	cn	中国	it	意大利	eg	埃及
au	澳大利亚	hk	中国香港	jp	日本	gr	希腊
at	奥地利	in	印度	fi	芬兰	nl	荷兰
br	巴西	ie	爱乐兰	fr	法国	sg	新加坡
ca	加拿大	il	以色列	de	德国	us	美国

图 4-5 国家或地区顶级域名

由于注册的时间优先原则和国际性，域名的抢注是一个非常棘手的问题，企业可根据规模和发展需要提前申请注册以保护自己的权益。另外，如果现阶段不想注册上网，企业可以利用申请时的 60 天域名公开期和对有争议的域名不得批准的规定，定期检索向有抢注问题的域名提出异议，以保护企业的商标名称不被侵害。如果申请域名被别人占用，可以根据情况进行协商转让。但如果是被非法抢注，可借助现行法律，如商标法来争取企业的合法权益。但由于争议可能涉及国际方面，本国法律可能无能为力。因此，企业必须主动采取措施，具有战略眼光。

3. 域名的管理工作

域名商标的管理主要是针对域名对应站点的内容管理，因为消费者识别和使用域名是为了获取有用的信息和服务，站点的页面内容才是域名商标的真正内涵。站点必须有丰富的内涵和服务，否则再多的访问者可能都是过眼烟云，难以真正树立域名商标的真正形象。

要保证域名使用和高访问率，必须注意下面的几点内容。

（1）信息服务定位

域名作为商标资源，必须注意与企业整体形象保持一致，提供信息服务必须和企业发展战略进行整合，避免提供信息服务有损企业已建立的形象和定位。

（2）内容的多样性

丰富的内容才能吸引更多用户，才有更大的潜在市场。一般可以提供一些与企业相关联的一些内容或站点地址，使企业页面具有开放性。还必须注意内容的多媒体表现，采取生动活泼的形式提供信息，如声音、文字和图像的配合使用。

（3）时间性

页面内容应该是动态的经常变动的，因为固定页面访问一次即可，没有回头访问必要，这一点非常重要，因为企业大部分收益是由少数固定消费者消费实现的。

（4）速度问题

由于互联网发展过于迅猛，使得通信成为一个制约瓶颈，使用者的选择机会很多，因此对某站点的等待时间是极其有限的几秒钟，如果在短短几秒的时间内企业未能提供信息，消费者将毫不犹豫地选择另一域名站点。因此，企业的首页一般可设计简洁些，以便用户可以很快有内容查看，不致感觉等待太久。

（5）国际性

由于访问者可能来自国外，企业网站信息必须兼顾国外用户。一般对于非英语国家都应提供两个版本，一个是母语，另一个是英语，供查询时选择使用。

4. 网络域名品牌的发展策略

创建网上域名品牌，其实与建立传统品牌的手法大同小异，主要包括以下几个方面：

（1）多方位宣传

域名是一种符号和识别标记，企业在开始进入互联网时域名还鲜为人知，这时企业应善用传统的平面与电子媒体，并舍得耗费巨资大打品牌广告，让网址利用大小机会多方曝光。如已经获得网友肯定的品牌如 Amazon. com、Yahoo! 都曾经在传统大众媒体上投入数千万美元。求职网站 Monster. com 拨出将近一半的年度广告预算，只求花下数百万美元，在全美收视率数一数二的超级杯足球年度大赛露脸几十秒钟，Monster. com 这支广告播出以后，前来网站求职的人数在一天之内增长 4 倍。另外一家试图改变经营模式的网站 Onsale. com 推出了"成本价大特卖"的活动，本来这家公司的行销活动完全在网上进行，但却为此耗费 40% 的广告预算，投下 500 万美元向顾客宣告企业策略的转移。此外，可以通过建立相关链接扩大知名度。互联网的一大特色就是各站点之间的关联性，可以在不同站点和页面之间进行非线性的访问，因此企业要提高被访问率，应与许多不同站点和页面建立链接，同时还应在有关检索引擎登记，提供多个转入点，提高域名站点的被访问率。

（2）重视用户体验

这一点对网站品牌格外重要。两大网上顾问公司 Jupiter Communications（木星通讯）和 Forrester（弗雷斯特）都不约而同地指出，广告在顾客内心激发出的感觉，固然有建立品牌的功效，但却比不上网友上网站体会到的整体浏览或购买体验。如 Dell（戴尔）电脑让顾客在线上根据个人需求定制电脑；Yahoo！和 AOL（美国在线）都提供一系列的个性化工具。而 Amazon.com 更坚定指出，Amazon.com 的品牌基石不是任何形式的广告或赞助活动，而是网站本身。据这个网站的调查，人们对 Amazon.com 的感觉有七八成是来自他们在这个网站的使用经验，因此，Amazon.com 也花费相当多的精力改善自己的网站，增加类似于"一按购买"（One-Click Shopping）的功能等。

（3）利用公关造势

这对新兴网站非常重要。如 Autobytel.com 就非常热衷于运用这种最为传统的营销方式在消费者心中烙印上企业形象。这家公司的资深营销主管一年到头，都带着手提电脑在全美各地奔波，不论是华尔街分析师或是媒体，只要是任何有机会向消费者提到购车的人士，都是这家公司有兴趣沟通的对象。这个购车网站甚至还举办免费赠车活动，以吸引媒体采访报道。Yahoo！的两位出名的年轻创办人杨致远与 David Filo（大卫·弗尔欧）也极善于使用这种塑造品牌形象的方式。利用公关造势，必须注意树立良好的形象。由于互联网传播的国际性和广泛性，企业必须审慎对待谣言和有损企业形象的信息，因为网上传播的影响力是世界性的。如 Intel（英特尔）公司 Pentium（奔腾处理器）芯片的 Bug（缺陷）被发现后，由于 Intel 公司的掩盖，一些发现者在网上到处广为传播，使 Intel 公司不得不花费巨资收回已售出芯片，来维护企业形象。

（4）遵守约定规则

互联网开始是非商用的，使其形成使用低廉、信息共享和相互尊重的原则。商用后企业提供服务的收费最好是免费或者非常低廉，注意发布信息的道德规范，未经允许不能随意向顾客发布消息，而且可能引起顾客反感。如美国联邦地方法院限制任何组织向素不相识的用户发送未经许可的促销邮寄广告宣传品，包括电子邮件。

（5）持续不断塑造网上品牌形象

创建品牌其实就是一种"收购人心"的活动，顾客心念的形成与改变可能在一夕之间，也可能旷日持久，但市场的扩张应该是永无止境的。因此，创建品牌也必是终身事业。对于一些年轻的网上企业，可以飞快地建立起品牌，但没有一家企业能够违背传统的营销金科玉律，那就是——永垂不朽的品牌，不是一天造成的。

本章小结

随着互联网的快速崛起，网络在营销中得以广泛应用，使得企业跨区域、跨国界经营，削弱了销售的时空性，增强了顾客选择的主动性，传统的营销体系受到冲击。尽管产品仍是企业的生命所在，产品策略也是市场营销中的首要策略，但由于网络的发展而使其有了改变，已不再是传统概念上的产品。本章主要介绍了网络营销产品策略的基本知识，包括：网络营销产品的含义、特征、整体层次、网络营销产品组合策略，以及网络营销产品的生命周期，新产品的概念、类型、工作流程、常用策略及主要困难。分析了网络域名品牌的作用及网络域名品牌管理与推广。

通过本章的学习，读者应充分理解制定网络营销产品策略的重要作用，并了解网络营销产品的主要类型及特征，熟悉网络营销新产品的开发策略与网络域名品牌建设的方法。

典型案例

小罐茶的成功之道

不管你是否购买过，但你总听说过"小罐茶，大师造"这句广告语。凭借着大量广告文案中对"匠心精神"的渲染，小罐茶征服了无数高消费水平的人群，悄悄成长为中国高端的茶叶品牌。小罐茶为了进行高质量的广告营销，拍摄了一段很长的广告，隆重介绍了8位制茶大师。这些大师均是各个茶叶品类中，制茶技艺在国内顶尖的人物。广告中不乏8位大师采茶、制茶的片段。这比流量明星作为代言人，更加具有说服力，更加能够获得观众的认可。

2017年初，小罐茶的茶品牌上了央视屏幕，其宣传力度碾压了其他所有同类产品，风光程度一时无二。"大师手工制作"的小罐茶，也顺利在消费者心目中，建立了高端、上乘的产品形象。成功的营销手段，使得小罐茶成为爆款产品，销量逐年上升。

据说，2016年销售了4亿元，2017年销售了7亿元，2018年全年销售额超过了20亿元。为了探究其成功的秘诀，让我们摘下它的面纱，看看这款茶品牌的厉害之处究竟在哪？

小罐茶成立于2014年，在2016年7月正式上市售卖前一直都十分低调。从百度指数可以看出在2016年7月前，几乎没什么人搜索小罐茶，从7月往后，这个品牌才慢慢为人所知，指数呈涨幅趋势。小罐茶的战略模式是线下门店＋央视广告。截至目前，共在全国开设门店600余家，足见其实力，加上央视广告的大力度宣传，其知名度呈爆炸式提升。所以能在上市售卖后1年半的时间内，完成15亿元的销售额也就不足为奇了。

顺势而为打造品牌

中国人的喝茶历史长达2 000多年，但传统的茶行业一直处于分散、混乱、参差不齐的状态。中国茶，产量几乎占到全球的近四成，市场消费规模高达3 000亿元，但由于缺乏准确的市场定位、忽略消费需求、有品类无品牌等一系列因素，品牌茶企在其中比例不足10%。甚至被人认为是"黑暗森林"——土，奢，繁，没价，没标准。此前统计，国内7万多家茶叶企业，没有一家市场份额超过1%，品牌知名度普遍不高。而历史名茶的品类已经知名度颇高，如铁观音、龙井、碧螺春等。因而大多数茶叶产品营销推广上，都是以品类为主。

小罐茶跳出了品类思维的局限，用横向品牌思维打造产品，定位为全品类高端原叶茶。经过3年考察走访原产地，小罐茶选取了6大茶系里的十种茶，每种茶只做一款高品级的产品，所有产品统一等级，统一定价。

由于茶叶属于差异性不高的产品，同样的普洱茶可以卖到 1 000 元到 10 000 元不等，行外人很难喝出差别，所以小罐茶请 8 位业内权威的制茶大师作为 KOL（关键意见领袖），为产品品质把关、品牌背书。这 8 位大师基本上都是国家非物质文化遗产传承人，覆盖 6 大茶系 8 种名茶，他们不仅拥有优秀的制茶技艺，还拥有产区、生产厂家的优势资源。小罐茶和他们合作，由小罐茶提出产品开发需求和成品品质要求，由大师监制并生产。以他们的技术和经验确保产品的品质和稳定性，"小罐茶，大师造"成了品牌最为突出的亮点。

以客户需求为出发点

近几十年来，中国茶的目光都在山上，不在用户的生活空间里。"小罐茶不仅仅是茶，而是基于对茶叶的消费场景的洞察，锁定了一个人群，给出了茶的解决方案。"

1. 让喝茶变得简单

首先小罐茶抓住人性天生讨厌复杂和啰唆这个弱点，策略设计的核心是为中国茶叶做减法。让喝茶更简单的是：去掉买茶时的价格困惑、去掉喝茶时的烦琐茶艺。在小罐的设计上花了 3 年半时间、500 万元费用做了一个小罐包装设计——邀请到日本著名工业设计师神原秀夫，设计了一罐一泡的铝罐，在形态上小巧方便、时尚，利用铝罐的特有形态和充氮保鲜工艺，解决了茶叶保存的问题。此外，小罐茶还推出了具有现代感的茶具，方便人们在不同场景下冲泡茶。

小罐茶第一季度线上用户数据显示，55% 是女性，73% 是 85 后。这组数据说明，设计时尚方便又够新潮的茶叶，年轻人是会接受的。

2. 高端的线下体验

抓住人性崇尚美好的优点，让消费者有更美好的消费体验。截至 2018 年 5 月，小罐茶在国内的线下店铺有 600 多家，设计以现代、时尚和高端的风格为主，第一代体验店由神原秀夫设计，第二代由苹果体验店设计师 Tim Kobe（蒂姆·科比）设计，店内分为茶库、茶吧和大屏信息显示 3 个部分，消费者在不同区域自主完成看茶、选茶、闻茶、品茶以及买茶的过程。

小罐茶体验店打破了传统茶店以卖茶为目的的局限，品茶闻茶强化茶的观感，品牌故事渲染茶的价值，服务员更像是一位"茶友"，聆听消费者的内心需求，给他们选择的建议，在需要的时候提供友好的帮助。整个过程，更像是"老朋友间的茶话会"。

小罐茶的贵，是因为市场定位清晰。客户群基本锁定在 30 岁以上的中高端消费群体，品牌设计是为茶行业原有的高端消费群体量身而设的。瞄准目标客户，基于人性的优点和弱点去寻找痛点，这是建立品牌的关键。

内容决定传播效果

小罐茶这个广告在央视持久霸屏，在这之前，从来没有中国茶企这么大力度的推广过。小罐茶营销者深知传统营销与销售套路，顺应"土豪"心理、拉高产品定价的同时进行广告轰炸是他们惯用的营销手段。小罐茶这条茶叶的广告，请了 8 位茶艺大师翻山越岭取景拍摄，用了 20 个月的时间，前后有 5 个版本，耗资 1 000 万元。

小罐茶根据目标消费者的生活场景来确定广告投放的渠道。在传统媒体上则选择了央视财经频道和一些航空港和高铁站的户外媒体。为了获取年轻的消费群体，小罐茶联合苹果体验店设计师 Tim Kobe、唐硕体验创新咨询合伙人李宏一起展开了主题为"一罐打破一贯：用苹果思维创新中国茶体验"的对话，并且在网易新闻和一直播同步进行直播。据统计该活动共有 210 万网友在线观看。除了直播，还有一些符合目标客群消费习惯的自媒体也是小罐茶传递品牌故事和价值的重要渠道，比如逻辑思维、吴晓波频道等，通过多元化的新媒体平台和消费者的日常生活产生链接。

整合上游供应链

与很多传统茶企满山先建茶厂，然后再来建自己的品牌和进行销售不一样，小罐茶是一个完全反向的操作过程。小罐茶先从产品形态入手，在市场上获得一定知名度和认可度后，再返回从渠道和供应链上游发力。2017 年投资 15 亿元建立起了黄山中央工厂。2018 年，开始在中国十大名茶所有核心产区建立了自己的茶园，目标是要把整个产业链打通，横向做多品牌布局，定位不同人群、不同价格甚至不同形态的产品。多品牌解决效率问题，整个供应链打通之后，对新茶饮品牌供货。在不同层级做多品牌的布局，赢得更多人的喜爱，目标是做好中国茶。

2018 年，小罐茶定了销售目标，线下 10 亿元，线上 3 亿元；还打算开 700 家专卖店、3 000 家茶叶店、2 000 家烟酒店，并完成 500 个县级市场的开发。打造一款爆品，营销只能是锦上添花的，解决问题、创造价值才是每个企业的核心。营销只能服务产品，价值观才能决定产品生命力。想要基业长青，就得坚守价值核心。

资料来源：https：//m.sohu.com/a/256028147_100244452

学习与思考

1. 什么是网络营销产品？它整体上包含了哪些层次？

2. 网络营销的产品策略主要包括哪些方面的内容？

3. 什么是网络营销产品组合？常见的都有哪些策略？

4. 网络新产品的类型有哪些？

5. 网络产品生命周期各阶段的特点是什么？

6. 简述网络新产品开发策略。

7. 在当前情况下，网络营销新产品的开发越来越困难，原因是什么？

8. 什么是企业的网络域名品牌？它在网络营销中具有什么作用？

9. 请阐述现代企业在网络域名品牌的管理与推广中需要采取的策略。

实践操作训练

1. 列举出处于介绍期、成长期、成熟期、衰退期的产品，每期 3 种产品。

2. 浏览因特网，对表中所列举的网络营销产品或服务各举一个例子，填写网址，并对产品或服务进行简要描述。

商品形态	营销方式	销售品种	举例	
			网站（网址）	产品描述
实体商品	在线浏览购物、选择送货上门	日用品		
		工业品		
		农产品		
软体商品	资讯提供	资料库检索		
		电子新闻		
		电子图书		
		电子报刊		
		研究报告		
		论文		
	软件销售	电子游戏		
		套装软件		
在线服务	信息服务	法律查询		
		医药资讯		
		股市行情		
		银行		
		金融资讯		
	互动式服务	网络交友		
		电脑游戏		
		远程医疗		
		法律救助		
	网络预约服务	航空、火车订票		
		饭店、餐馆预约		
		体育赛事入场券预订		
		旅游预约服务		
		医院预约挂号		

3. 搜索"丰田在线虚拟展厅"视频，体验汽车产品网络营销的展示方式，思考这种方式还可以运用到哪些产品中。除此之外，还有哪些好的网络展示方式可以介绍给大家？

第五章

网络营销定价策略

【知识目标】
- 理解网络营销定价应考虑的目标、因素、特点及程序
- 了解网络营销定价策略的类型，能针对具体项目开展策划分析
- 了解免费价格策略的分类、适用范围及风险

【能力目标】
- 运用相应的定价策略对网络营销产品进行定价

案例导入

Yahoo! 公司

Yahoo!（雅虎）公司通过免费建设门户站点，经过4年亏损经营后通过广告收入等间接收益扭亏为盈。但在前4年的亏损经营中，公司却得到了飞速增长，主要得力于股票市场对公司的认可和支持，因为股票市场看好其未来的增长潜力，而Yahoo!的免费策略恰好是占领了未来市场，具有很大的市场竞争优势和巨大的市场盈利潜力。

网景公司

Netscape（网景公司）是一家浏览器开发商。它把浏览器免费提供给用户，开互联网上免费的先河。它的真实目的是在用户使用习惯后，就开始收费，那么免费只是它的商业计划的开始，真正获得商业利润要在收费之后。但这时候微软也免费发放IE浏览器，这就彻底打碎了网景公司的美梦，后来网景公司干脆公布了浏览器的源代码，源代码一开放，微软也同样不能收费了，这次计划就弄了个两败俱伤，谁都没有成功。

360

360是将网络营销免费策略用到极致的一家公司，其最早推出的产品是"360安全卫士"。此产品完全免费，不但自己免费，还拉来了著名杀毒软件"卡巴斯基"与其绑定，用户安装了360安全卫士后，不但可以免费使用360的各种功能和服务，而且还可以免费使用半年正版的卡巴斯基。

之后，360 又决定进军杀毒软件市场，随即推出了"360 杀毒"。众所周知，以往的杀毒软件全部是收费的，只不过是收多收少的问题，而 360 杀毒一经推出即宣布永久免费，结果在很短时间内，便在竞争异常激烈的杀毒软件市场抢到了一块属于自己的地盘。

淘宝

阿里巴巴推出淘宝时，易趣已经在 C2C 领域一家独大，如果说当时的淘宝是呱呱坠地的婴儿，那易趣便是年富力强的巨人。但是巨人也有弱点，当时易趣的问题就是太功利，大部分的服务和功能都是收费的，比如登录要收费，服务要收费，发布商品也要收费等。

而淘宝上线之初，马云就向淘宝砸了 3 个亿（元），并做出 3 年免收费的承诺。虽然免费，但是服务力度却一点不比易趣差，还有过之而无不及。比如为了保证买家的利益，推出了支付宝，而这个问题，易趣一直没有有效解决。

腾讯

腾讯不是所有服务都是免费的，至少初级服务是免费的：你可以申请免费的 QQ 号、可以使用免费的 QQ 空间、可以使用免费的 QQ 邮箱、可以使用免费的 QQ 网盘、可以玩免费的 QQ 游戏等。当然，初级服务总不是那么尽善尽美，如果你要享受更多的高级功能，那只能付费了。比如普通的 QQ 号只能建立一个 100 人的普通群，而付费成为 QQ 会员后，就可以建 4 个 200 人的高级群和 1 个 500 人的超级群。

腾讯正是利用这些免费的产品，将用户牢牢地抓到了手里，甚至离不开它时，再寻求各种收费服务，从而取得了巨大的成功。

当然，这期间腾讯也尝试过直接收费，比如在早几年，曾经试过收费注册：每申请一个 QQ 号码，则需要支付 2 元钱。结果可想而知，对于这种行为，用户很生气，后果很严重。杀鸡取卵显然不是一个很好的主意。不过还好，腾讯知错就改，不久就取消了这种做法。

资料来源：网络资料整理汇编

5.1 网络营销定价概述

5.1.1 网络营销定价的内涵

从狭义上讲，价格是为产品或服务收取的货币总额。从广义上讲，价格是顾客为获得、拥有或使用某种产品或服务的利益而支付的价值。而网络营销价格也就是指企业在网络营销过程中买卖双方成交的价格。无论是在传统营销还是网络营销中，价格始终是市场营销组合策略中最为敏感的因素。

定价即指给产品或服务制定价格的过程，主要研究商品和服务的价格制定和变更的策略，以求得营销效果和收益的最佳。所谓网络营销定价是指企业在互联网和大数据背景下，对其提供的产品和服务进行数字化精准定价，从而使企业的产品或服务具有更强的市场竞争力。

定价是否恰当不仅直接影响到顾客对产品的接受程度，也和产品的销售量以及企业的盈利水平有着莫大的关系。因此，定价策略可以说是企业营销策略中最富有灵活性和艺术性的策略，是企业营销组合策略的重要组成部分，对于企业而言也是一种非常重要的竞争手段。

在工业经济时代，由于时间和空间的局限性，以及信息交流的不对称，使得消费者在供求关系中一直处于被动和议价的劣势方。当进入网络经济时代时，企业、消费者及中间商之间的信息交流渠道得以拓宽、沟通能力得以提升且成本降低，再加上消费者对互联网产品的价格极为敏感，企业所面临的定价环境更加复杂，这也给企业带来了新的挑战。

5.1.2　网络营销定价的目标

正如世界著名经济学家亚瑟·马歇尔所说："一个企业将定价权委托给谁，即意味着企业命运维系于谁。"由此可见定价的重要性，因此企业产品价格的制定应该慎之又慎，首先必须确定定价的目标。网络营销定价目标主要有以下几种：

1. 生存定价

生存是发展的前提，有时企业为了度过危机，在激烈的竞争中存活下去，不惜在一段时期内不考虑盈利，而是采用低价格策略来拉升目标市场的需求。如果不以盈利为目标，产品的价格甚至可以低于成本，所以有些企业向网络市场提供大量低价或免费的产品，其目的只求在市场中得以立足。

2. 当期利润最大化

当期利润最大化是指企业根据当前市场需求和供给状况，并结合企业的产品优势和市场竞争优势，选择一个价格使之能产生最大的当期利润、现金流或投资报酬率。这是较为常见的价格目标，但也不能为了一味追求高利润而恶意定高价，只有那些产品品牌知名度较高、顾客为获得产品愿意以高价埋单的企业才可能选择当期利润最大化的定价目标，例如苹果每次推出新款手机的定价。

3. 市场占有率最大化

市场占有率最大化目标是指企业为了巩固市场地位，在进行产品定价时将尽快扩大市场占有率、增加产品销售量作为目标。通常以市场占有率最大化为目标的企业多采用低价策略，不少互联网产品的首要目标就是圈住用户，所以选择一定程度的让利。不过，由于影响消费者购物选择的因素很多，价格只是其中之一，价格与销售额未必成反比。

4. 产品质量最优化

产品质量最优化目标是指企业的产品定价建立在产品质量的基础之上。例如一些高新技术领域内的领头企业，为保持技术上的领先地位和长期的竞争优势，不得不投入大量的资金用于从事产品研究和基础研究，这种维护产品领先质量的定价目标称为产品质量最优化的定价目标。

5.1.3 影响网络营销定价的因素

影响网络营销定价的因素有很多，主要可以从企业内部和企业外部两个方面来进行研究。这要求企业在综合考虑各种因素的基础上再去制定产品的价格，既不是越低越好，也不是越高越好。

1. 企业内部因素

（1）定价目标

企业的定价目标不是单一的，而是一个多元化的结合体。企业的战略目标、企业所处生命周期阶段、市场定位、产品特性等因素都与定价目标相关联，这使得各企业的定价目标具有差异性。

一般来说，企业的定价目标有以维持企业生存为目标的，以获取当前理想的利润为目标的，以保持和提高市场占有率为目标的，以维持和提高产品质量为目标的等。不同的定价目标，有着不同的含义和运用条件，企业可以据此制定产品的价格。

（2）产品成本

产品成本是产品在生产和流通过程中耗费的物质资料和支付的劳动报酬所形成的，一般由固定成本和变动成本构成。对企业的定价来说，成本是一个关键因素。产品成本是产品价格的下限值，只有当产品价格高于产品成本，企业才有可能获得一定盈利。不过，仍然存在部分产品在一段时期内价格低于成本的情况。企业在制定价格的时候，除了考虑产品成本以外，还要与影响价格的其他因素，例如产量、销量、资金周转等因素进行综合考虑。

（3）企业或产品的形象因素

品牌形象很大程度上能直接提高产品的价格，而且大品牌的产品往往能获得客户更高的信赖。不同的企业理念和企业形象设计会对产品价格提出不同的要求。例如，企业为了形成热心公益事业的形象，会将某些有关公益事业的产品价格定得较低；为了树立高贵的企业形象，将某些产品价格定得较高。

2. 企业外部因素

（1）供求关系

供求关系也会对产品交易价格造成影响。在卖方市场条件下，企业产品在市场上供小于求，价格普遍偏高；在买方市场条件下，企业产品在市场上供大于求，价格相应较低；在均衡市场条件下，企业产品在市场上供求基本一致，销售价格将采用买卖双方都能接受的均衡价格。并且，企业的定价不能过度偏离均衡价格。此外，在供求关系中，供求弹性也是影响商品价格的因素之一。一般来讲，需求价格弹性较大的产品，可利用薄利低价赢得更多销量；需求价格弹性较小的产品，可适当提高价格。

（2）竞争因素

根据市场竞争程度的不同，企业可选择不同的定价策略。按照市场竞争程度，可以将市场划分为完全竞争、不完全竞争与完全垄断3种情况。在现实中存在的典型的市场竞争状况即不完全竞争。在不完全竞争情况下，竞争的强度对企业的价格策略的影响尤其重要。

所以，竞争的强度是企业需要优先考虑的。竞争的强度主要取决于产品制作技术的难易程度，产品是否受到专利保护，供求形势以及具体的竞争格局。另外，竞争对手的价格以及竞争对手的实力也需要进行了解。最后，还要分析本企业在竞争中所处的地位。在信息化商业环境比较透明的网络市场，这一影响因素已成为大部分同质化产品和企业的杀手。因为可以通过运用大数据、云计算等科学方法，对竞争对手的销售数据进行分析，从而更精准地制定出自己的产品价格。

（3）政府或行业组织干预

政府出于维护经济秩序等目的，会以立法或者其他途径对企业的价格策略进行干预。政府的干预包括规定毛利率，规定最高、最低限价，限制价格的浮动幅度或者规定价格变动的审批手续，实行价格补贴等。

在我国进行网络营销活动时必须遵守《价格法》《反不正当竞争法》等规范企业定价的法律法规。除此之外，还要遵守《电子商务模式规范》《网络交易服务规范》等网络营销的行业规范和标准。

（4）消费者心理和习惯

价格的制定和变动在消费者心理上的反应也是价格策略必须考虑的因素。当消费者对商品的品质和性能都知之甚少的情况下，价格被当作是衡量商品的价值和品质最直接的标准，消费者主要通过价格来判断商品好坏，也就是所谓的"一分钱一分货"。不过，价格对消费者心理和习惯上的影响是很微妙的，在某些情况下会出现完全相反的反应。

例如，通常来说，如果商品涨价消费者会减少购买，但也有"买涨不买跌"的说法，有时涨价甚至会引起抢购，刺激销量。因此，仔细了解消费者心理及其变化规律对于研究消费者心理对定价的影响至关重要。

5.1.4　网络营销定价的特点

传统营销的定价策略，主要是根据产品的成本、产品的需求状况以及市场的竞争状况来制定的。然而，在网络条件下，交易过程中减少了中间环节，一定程度上为企业节省了经营成本，再加上网上交易能够充分互动沟通，网络顾客可以选择的余地增大以及交易形式的多样化，造成商品的需求价格弹性增大，使得网络营销在定价策略方面必须与传统营销有所不同。这主要表现在：

1. 价格弹性化

互联网使得任何消费者都可以同时得到某种产品的多个甚至全部厂家的价格以便作出购买决策，这就决定了网上销售的价格弹性很大。因此企业在制定网上销售价格时，应充分检查所有环节的价格构成，以期作出最合理的定价策略。网络营销的互动性使消费者拥有更多的信息，讨价还价的能力增强，可以和企业就产品价格进行协商。企业必须以比较理性的方式拟订和改变价格策略，根据企业竞争环境的变化不断对产品的价格进行及时恰当的调整。另外，由于网络上的消费者有较强的理性，企业在制定价格策略时更要考虑消费者的价值观念，可以根据每个消费者对产品和服务提供的不同要求来制定相应的价格。

2. 价格趋低化

一方面，借助互联网，企业和消费者之间能直接进行信息交流，绕过了多层次的中间环节，减少了中间损耗。对于企业来说，在产品开发及营销层面都大大降低了成本，得以降低产品的价格。另一方面，得益于互联网的开放性，消费者可以更充分地了解产品及价格信息，市场变得透明。这为消费者进行充分且理性地比较和选择提供了可能，消费者获得了更多主动权，迫使网络营销企业以尽可能低的价格推出产品，因而网上产品价格往往比传统营销中产品的价格更具有竞争性。

3. 消费者主导化

所谓消费者主导定价，是指为满足消费者的需求，消费者通过获得充分的市场信息来选择购买或者定制生产自己满意的产品或服务，同时以最小代价（产品价格、购买费用等）获得这些产品或服务，也就是说，消费者以最小成本获得最大收益。

对于企业来说，在定价时，则必须考虑消费者的心理特点和价格预期，以消费者为中心，根据生产成本和消费者心理意识到的产品价值综合定价，以赢得消费者的接受和认可，产生购买欲望。

根据调查分析，由消费者主导定价的产品并不比企业主导定价获取利润低。据拍卖网站 ebay. com 的数据统计，在网上拍卖定价产品，50%的产品拍卖价格略高于卖者的预期价格，30%的产品拍卖价格与预期价格相吻合，仅有20%的产品拍卖价格低于卖者的预期价格，所有拍卖成交产品中有95%的产品成交价格卖主比较满意。可见，顾客主导定价既能更好地满足顾客的需求，企业的收益又不会受到影响，可以实现双赢。

4. 全球定价化

随着网络技术的发展，市场随之变得开放与透明，企业面对的不再是局部市场，而是全球性市场，世界各地的企业与消费者都可以利用网络充分了解市场上相关产品的价格，消费者能在更大的范围内比较不同厂商的价格，能够更加理性地判断目标产品价格的合理性。因此，对于那些实行地区差异价格的企业必定会受到冲击，这导致企业产品国别间的价格水平差别大大缩小，趋于统一化。

尽管如此，企业面对全球性的网上市场，仍然很难以统一的标准定价来面对差异性极大的全球市场。为解决这些问题，可采用本地化方法，比如在不同市场的国家建立地区性网站，以适应地区市场消费者需求的变化，即必须采用全球化和本地化相结合的原则进行。

5.1.5 网络营销定价步骤

在网络营销中，确定企业产品营销价格可以按下列程序进行：

第一，分析测定市场需求，主要包括分析测定市场需求总量和需求结构以及不同价格水平上人们可能购买的数量与需求价格弹性等。

第二，估计产品成本，预测成本变化趋势。成本类型包括固定成本和变动成本两种。估计产品成本，可以确定本企业产品在市场中的相对地位，这是确定企业产品定价的最基本的一步。

第三，分析竞争对手的营销价格与策略。在竞争市场中，为确保产品具有竞争力和盈利能力，任何企业在进行产品定价时都会关注竞争者的定价。对竞争者进行分析，可以对全行业的情况有个深刻的了解，为企业选择自己的定价目标和定价方法奠定基础。

第四，选择定价目标。定价目标是合理定价的关键，不同企业、不同经营环境和不同经营时期，其定价目标都是不同的。

第五，选择定价方法。企业在明确了自己的定价目标，并分析和研究了产品的供求状况、产品成本及竞争对手的具体情况的基础上，就可以据此选择定价方法。定价方法一般来说有 3 种：以成本为中心的定价方法、以需求为中心的定价方法和以竞争为中心的定价方法。这 3 种方法能适应不同的定价目标，企业应根据实际情况进行选择。

第六，确定可能的价格。根据合理的定价方法，同时结合诸如消费者心理、产品新旧程度等因素，为产品确定可能的价格。

第七，征询消费者意见，将企业初步确定的产品价格拿到一个合理的市场样本上来征求消费者的意见。

第八，最终确定产品的价格。

5.2　网络营销定价策略

5.2.1　渗透定价策略

渗透定价是指在公布产品价格时就比同类产品定的价格要低。以一个较低的产品价格打入市场，有利于在短期内加速市场成长，牺牲高毛利以期获得较大的销售量及市场占有率，进而产生显著的成本经济效益。

在网络营销中，一般是制造商在网上进行直销时会采用此种定价方式。例如小米，小米一经面世，就给广大用户树立了"高性能，低价格"的品牌印象，旗舰机型只卖1 999 元，小米 2A、MAX 等更是降到了 1 699 元、1 499 元，更不用提定位更低端的红米系列。小米通过自己浓厚的社区基因给自己的用户打上了手机发烧友的标签，在此前提下，又有如此有竞争力的价格护航，迅速占领了市场。尔后凭借越发成熟的产研供系统，手机生产与分销的单位成本会随生产经验的积累而下降，可谓是渗透定价的完美执行者。

另外，还有淘宝上为数众多的"九块九包邮类"产品亦采用的是渗透定价策略。由于采用了该策略，部分商家可能前期不赚钱，但是能因此快速吸引众多流量，从而提高自身知名度或者拉动店铺内其他商品的销量。以做天猫保健品为例，5 元成本的减肥药，标价69 元，拍下减 65 元，4 元全国包邮，再加上好评返现，瞬间冲到上万笔，抢下关键词第一名，每天搜索减肥词条进入宝贝的访客数高达 2.5 万。每天卖 800 单到 1 000 单（价格回到 69 元），前期亏的 5 天内很快就可以回本。

一般来说，当产品满足以下几个特点时，便可运用渗透定价切入市场：有足够的资本支撑；用户量足够大，消费频次较高；消费者对价格敏感，而不是对品牌敏感；产品成本，随产量的增大能有较明显下降，总成本有明显的边际效应。

渗透定价的缺点：一方面难以树立优质产品的形象，另一方面影响资本的回报率。但是，也有几个显著优点：首先，产品能迅速占领市场，并借助大批量销售来降低成本，获得长期稳定的市场地位；其次，微利阻止了竞争者进入；最后，渗透定价策略，也有利于促进消费需求。

与渗透定价相反的是撇脂定价，即以高价进行销售。互联网产品很少使用撇脂定价，不过也有少数例外，例如有忠实粉丝的网红，变现价格再高粉丝也会买单；再比如直播间的高价火箭，是为了体现土豪的身价。

【案例5-1】

采取渗透定价的小米

小米产品上市的时候，正是移动互联网刚刚兴起的时候。巨大的增量市场，让小米必须采取渗透定价。

彼时，一方面智能手机刚兴起，绝大多数人仍使用功能机；另一方面苹果的高昂价格让年轻人望而却步，这里蕴含着巨大的增量市场。年轻人收入较低，对价格极为敏感，一款高性价比的手机能撬动巨大的增量市场，还有什么比跑马圈地更重要的吗？

成本利润结构的改变，让小米敢渗透定价：

（1）成本结构改变

过去：手机成本＝生产成本＋渠道＋广告＋门店

现在：手机成本＝生产成本

移动互联网时代来临，带来一个显著的变化，就是去中心化。任何一个用户，都可以通过微博、微信等方式影响周围的用户。换句话说，只要做好自传播，广告成本是可以省去的。

同时，网购已经成为年轻人的主流购物方式，小米采取电商直销的话，可以省去渠道和门店的成本。

（2）利润结构改变

过去：手机利润＝硬件销售利润

现在：手机利润＝硬件销售利润＋软件服务利润

同样是随着移动互联网的来临，手机不再只是一个打电话的硬件，而是变成了软件服务的入口，MIUI（第三方手机操作系统）、移动商店、各类预装软件……这里蕴含着全新的利润空间。

结果：迅速占领市场

果然，采用渗透定价策略后，小米迅速占领手机市场，获得了极大的市场份额，并对后来的竞争者造成极大的压力。

小米很早就敏感地意识到了移动互联网的实质，察觉到渗透定价的前提；又以极大的魄力，通过低价迅速占领了足够大的市场份额。

资料来源：https://wenku.baidu.com/

5.2.2　定制生产定价策略

在传统的批量化生产模式中，生产和交易是相对分离的，这就使得批量化生产出的产品难以满足消费者对产品外观、颜色、样式等方面的个性化需求。

网络的互动性则使定制生产服务成为可能，定制生产就是按照顾客需求进行生产，以满足网络时代顾客的个性化需求。一些产品消费者的个性化需求差异较大，加上消费者的需求量又少，因此企业实行定制生产必须在管理、供应、生产和配送各个环节上，适应这种小批量、多样式、多规格和多品种的生产和销售变化。

定制定价策略是指在企业能实行定制生产的基础上，利用网络技术和辅助设计软件，帮助消费者选择配置或者自行设计能满足自己需求的个性化产品，同时承担自己愿意付出的价格成本。

这种定制服务是网络产生后营销方式的一种创新。而定制定价策略也可能成为网络营销的一个重要策略。

例如 Dell 公司的用户可以通过其网页了解本型号产品的基本配置和基本功能，根据实际需要和在能承担的价格内，配置出自己最满意的产品，使消费者能够一次性买到自己中意的产品。在官网配置电脑的同时，消费者也相应地选择了自己认为价格合适的产品，因此对产品价格有比较透明的认识，增加企业在消费者面前的信用。

5.2.3　使用定价策略

传统交易关系中，产品买卖是完全产权式的，消费者购买产品后即拥有对产品的完全产权。但随着经济的发展，人民生活水平的提高，人们对产品的需求越来越多，而产品的使用周期却越来越短，许多产品购买后使用几次就不再使用，造成浪费，因此制约许多顾客对这些产品的需求。为改变这种情况，可以在网上采用类似租赁的按使用次数定价的方式。

使用定价策略即消费者通过互联网注册后可以直接使用某公司的产品，消费者只需要根据使用次数进行付费。对于消费者而言，不需要将产品完全购买，节省了购买产品、安装产品、处置产品的麻烦，还可以节省不必要的开销；对企业而言，减少了企业为完全出售产品而进行的不必要的大量的生产和包装浪费，同时还可以吸引那些有顾虑的顾客使用产品，扩大市场份额。

采用按使用次数定价，一般要考虑产品是否适合通过互联网传输，是否可以实现远程调用。目前，比较适合的产品有软件、音乐、电影等产品。对于软件，如我国的用友软件公司推出网络财务软件，用户在网上注册后在网上直接处理账务，而无须购买软件和担心软件的升级、维护等非常麻烦的事情；对于音乐产品，也可以通过网上下载或使用专用软件点播；对于电影产品，则可以通过现在的视频点播系统（VOD）来实现远程点播，无须购买影带。

另外，采用按次数定价对互联网的带宽提出了很高的要求，因为许多信息都要通过互联网进行传输，如互联网带宽不够将影响数据传输，势必会影响顾客租赁使用和观看。

5.2.4 拍卖定价策略

拍卖定价策略利用买方竞争求购的心理，从中选择合适的价格定价成交。按照报价模式的不同，分为竞价拍卖、竞价拍卖和集体议价等。

1. 竞价拍卖

竞价拍卖是一种动态定价策略。动态定价是指物品的价格随时可变，价格直接取决于消费者的需求状况和销售者的供给情况。在动态定价环境中，企业会综合考虑自己对商品在消费者心目中的价值含量的判断以及自己的期望价格，不断改变商品的售价。与此相似，消费者也会根据自己对销售价格的了解与实际需要来改变购买意向。

最大量的竞价拍卖是存在于 C2C 的交易中，包括二手货、收藏品，以及普通商品以拍卖方式进行出售。如 HP 公司也将公司的一些库存积压产品放到网上拍卖。

按照参与拍卖的买方和卖方数量的多少，定价可以被分为4类。

（1）单一买方，单一卖方：在这种结构中，每一方都可以谈判、议价或交换。最终的价格将由双方讨价还价能力、该产品市场的供需关系和可能的市场环境因素来决定。这种模式在 B2B 中非常受欢迎。

（2）单一卖方，多个潜在买方：在这一结构中，卖方通过正向拍卖机制向很多潜在的买方提供一个产品。

（3）单一买方，多个潜在卖方：在这种结构中，有两种流行的拍卖类型，即逆向拍卖（投标）和买方定价拍卖。

（4）多个卖方，多个买方：在这种结构中，当有多个买主和多个卖主存在时，根据双方的数量信息和动态交互，买方与卖方及其报价和要价相匹配。

【延伸阅读 5-1】

玩转 eBay 竞拍

eBay（易贝）上的宝贝分3种挂牌形式：

1. 拍卖。这个也是 eBay 最常见的挂牌形式，也是 eBay 的乐趣所在，拍卖把买卖双方信息透明化了，一般不会出现信息不对等的情况，同时保护了卖家和买家的利益。这个模式只能 Bid，就是出价，到期的时候出价最高者赢得拍卖。如果价格相等，先出价的赢。可以溢价出价，比如挂牌价 \$10，Bid 一个 \$50，网页显示还是出价 \$10，如果没其他人参与竞拍，那么成交就是 \$10。如果其他人出价 \$11，那么你的 \$50 会自动跟价到 \$11.5（每个阶段的加价幅度是不同的，这点在出价的时候可以看到最低出价值），如果直到结标没人再次出价，那么最终成交价格就是 \$11.5；直到有人出价大于 \$50，才会超过你并可能成为最终赢家。参与出价的人越多，最终价格越接近市场价，也越不容易捡漏。有些卖家会设置一个 reserved price 即保留价格，只有超过了这个价格的出价才可能成交。

2. 一口价。就是 Buy It Now，卖家直接写了一口价的可以直接买下。如果卖家很熟悉市场价，那么这个价格会比较适中。如果卖家不懂的话，要么敝帚自珍，挂一个高得离谱的价格，导致鲜有人问津；要么以为不值钱，挂个几十块一口价就出掉了，其实加个 0 还能卖出去。此外，还有个分支叫 Best Offer，就是可以跟卖家砍价，比如挂牌 \$50 一口价，可以还价 \$45，这样，如果卖家同意了就能按 \$45 埋单。

3. 拍卖+一口价。就是可以拍卖，也可以一口价成交，如果第一个人出价就是 Bid 的话，这个就转入拍卖的流程，如果第一个人直接就一口价的话就跟一口价流程一样了。

资料来源：https：//post. smzdm. com/p/77102/

2. 集体议价定价策略

集体议价即大家对同一件商品共同下单订购，而该商品订购价格将随着参与人数的增加而不断下跌，最终所有人的订购价格将以最后一位订购者的价格为准（不低于订购底价）。简单地说就是参加议价的人越多价格就越便宜。

集体议价的概念并不新鲜，只是因为网络的产生，赋予了这种方式更多的内涵。在网络经济繁荣之前，这种定价策略就已经存在，只是更多地存在于 B2B 的商业模式中。集体议价可以充分利用互联网的特性将零散的消费者及其购买需求聚合起来，形成类似集团采购的庞大订单，从而与供应商讨价还价，争取最优惠的折扣。

集体议价又可以分为两种，一种是预先议价，由发起人预估销售量，直接跟商家购货买断，以大量订购的方式取得低价，然后转卖给其他的购买者。这种方式发起人本身要承担一些风险，因为可能预估不准，万一没有全部卖出去，自己要负担后续处理的费用。另一种是先征集需求，然后与厂商量各个购买数量级别的价格折扣。当然，购买的人越多价格越低。这种做法，经营者比较安全，风险较低。

例如，在国内率先引入集体议价模式的是雅宝竞价交易网（www. yabuy. com）。首期推出的热门商品包括 TCL 电脑公司提供的 600 台 TCL 精彩 610A 电脑，联想科技提供的 50 台摩托罗拉宝典 800，中国青年旅行社提供的千禧年黄金旅游路线名额，另外还有贺岁大片《没完没了》的电影票等，所有产品的最低议价与零售价相比平均差价幅度达 30%，个别物品差价高达 50% 以上，其中，《没完没了》电影票价由原来的 30 元变为 5 元。可见，集体议价模式的最大价值在于使消费者得到实实在在的利益。

但是有人会产生疑问：商家的利润靠什么保证呢？其实，商家按照团购的优惠价格进行销售，确实可能并不挣钱，唯一的好处就是把销量提高了。那么，既然不挣钱，商家为什么还对团购表现出这么大的热情呢？商家利用团购形式，真正让利消费者，从而刺激消费，提高销量。以电脑为例，对于商家来说，团购活动当天的销量可以占到一个月销量的 20%，因此，即使团购不赚钱，对于扩大销量，提高市场占有率，在市场中争得自己的一席之地还是很有利的。

【延伸阅读 5-2】

拼团的历史

所谓拼团是指商家可在后台自行设置用于活动的商品、折扣价格、活动时效、成团人数及活动商品限购信息，从而在约定时间内，以成团人数为条件，用优惠价格出售商品。而买家在拼团活动期间内，主动分享，找到满足人数要求的好友并成功支付，就可以折扣价购得商品，否则系统会自动将所支付的货款原路退回。

拼团 1.0 时代：线下商品线上拼

拼团雏形源自 PC 时代的团购网站，平台整合线下商家商品上架线上，销售商品主要为电影票、餐饮等服务性商品。一定程度上，团购网站改变了人们的生活方式，是互联网发展史上的重大进步。但拼团模式的核心逻辑主要集中在两个场景：一是拉新，二是处理尾货。

这个时候的拼团平台，是一个信息中介：将线下商家商品放到线上拼团，再引导消费者至线下店铺消费，消费之后还需引导消费者回到网上确认付款或分享体验，实现 O2O 商业闭环。

对商家而言降低了营销成本，对消费者而言也得到了实惠，这种双赢的局面促使 O2O 团购网站得以迅速发展。由于团购行业技术门槛低，可复制性强，一时间团购网站遍地开花，竞争加剧，最终美团点评以绝对优势拔得头筹。

拼团 2.0 时代：线上商品的移动化拼团，拼多多崛起

移动互联网是一个全新的战场，照搬 PC 端商业生态收效甚微；巨头又经验清零，和新兴企业一起从头再战，如何快速、低成本获取流量成为决胜关键点。

拼多多就在此时入场。拼多多成立于 2015 年 9 月，是一家专注于 C2B 拼团的第三方社交电商平台。最开始拼团只是从单一的水果进入大众认知，而后拼团的商品慢慢拓展到服饰鞋包、美妆个护、小家电等电商全品类。用户通过发起和朋友、家人、邻居等的拼团，可以更低的价格拼团购买优质商品。以"低价+拼团"的模式依托微信不断裂变，快速崛起，创造了一个基于移动端的新消费场景。上线一年时间，拼多多的单日成交额即突破 1 000 万元，付费用户数突破 1 亿。用不到 10 个月的时间就走完了老牌电商三四年走的路。

拼团 3.0 时代：淘宝和支付宝的顺势而为

2018 年，淘宝联合支付宝顺势推出团购功能。在支付宝 App 首页底部以"5 折拼团"的链接，进入拼团的子页面。拼团的商品主要涵盖日用、食品、服饰等 10 多个种类。衣服、玩具、耳机应有尽有，并且结合了用户此前在淘宝上的购物习惯，分时段给用户推荐不同的拼团商品。这一功能上线本身，就展现出阿里巴巴这个"经济体"强劲的平台整合能力，有了完整的大淘宝生态作为依托，拼团的想象空间无可限量。

淘宝加支付宝开启拼团 3.0 的关键，在于它是生长在阿里这个庞大生态系统之上。阿里不是市场上的一个商业节点，而是一整套完整的商业基础设施；它不是市场中的某一个单一功能的角色，而是整个商业生态系统的搭建者和护航者。拼团会面临的质量问题、价格问题，它都有对应的办法解决；拼团需要给用户提供消费体验升级，它也有能力实现。简言之：拼团 3.0，核心是在一个健康良性的生态系统里"拼"，而不是在一个凌乱的、良莠不齐的环境里"拼"。

资料来源：36 氪

5.2.5 声誉定价策略

声誉定价属于心理定价的一种。在网络营销发展的初期，企业的形象、声誉是影响价格的重要因素，因为消费者对网上购物和订货往往会存在着许多疑虑，比如在网上所订购的商品，质量能否得到保证，货物能否及时送到等。尤其是一些质量不易鉴别的商品，消费者有崇尚名牌的心理，往往以价格判断质量，认为高价代表高质量。所以，企业利用消费者仰慕名牌商品的心理，为了提高潜在消费者的认知价值，故意把价格定成大大高于其他同类产品的高价，创造一种高品质的印象，成为声望定价。例如，微软公司的 Windows 7（旗舰版）定价为 2 899 元，便是一种声望定价。

在网络营销中，适当利用声誉提升产品的定价，既能吸引顾客又能为企业增加利润。主要有两种目的：第一能提高产品形象，第二能满足某些消费者对地位和自我价值的欲望。同时，高价维护了企业或产品的良好声誉，增加了在消费者心目中的"神秘感"和"优越感"。有些名牌产品即使在销售的淡季也不降价，对有质量问题的产品宁可销毁也不降价销售，始终保持该产品在市场上的最佳形象和稳固地位，也能进一步坚定顾客对该产品的信心。在网上定价中，完全可以对品牌效应进行扩展和延伸，利用网络宣传和传统销售的结合，产生整合效应。

5.2.6　差别定价策略

不同的消费者在购买商品时，由于各自的需求欲望有强有弱，各自的支付能力有大有小，以及其他的一些方面可能存在着差异，因而他们愿意支付的最高价格就会存在差异。针对不同的消费者制定不同的价格，就可在不同类别的顾客身上分别实现收益的最大化。

差别定价即企业按照两种或两种以上不反映成本费用的比例差异的价格销售某种产品或劳务。差别定价有 4 种形式：

——顾客差别定价。即企业按照不同的价格把同一种产品或劳务卖给不同的顾客。例如，某汽车经销商按照标价把某种型号汽车卖给顾客 A，同时按照较低价格把同一种型号汽车卖给顾客 B。这种价格歧视表明，顾客的需求强度和商品知识有所不同。

——产品形式差别定价。即企业对不同型号或形式的产品分别制定不同的价格。但是，不同型号或形式产品的价格之间的差额和成本费用之间的差额并不成比例。

——产品部位差别定价。即企业对于处在不同位置的产品或服务分别制定不同的价格，即使这些产品或服务的成本费用没有任何差异。例如剧院，虽然不同座位的成本费用都一样，但是不同座位的票价有所不同，这是因为人们对剧院的不同座位的偏好不同。

——销售时间差别定价。即企业对于不同季节、不同时期甚至不同时间的产品或服务分别制定不同的价格。例如，如果销售在晚上 11 点之后下降，那么可以从晚上 12 点至凌晨 1 点开始实行抢购定价，以增加销售额。

在网络营销环境下，差别定价不再只是静态不变的定价，而是随渠道、产品、客户和时间变化频繁地进行调整，根据单个交易水平的供给状况即时确定产品或服务的价格，也就是说演变成了一种动态定价。目的之一就是要争取维持最低的价格，这样当买家在进行价格比较时，他们的商品就可以在搜索结果里出现在最前面的位置。

价格调整软件的出现，让价格的动态调整实现了自动化。例如，利用 Mercent（麦森特）公司的价格调整软件，一小时内可以修改 200 万件商品的价格。该软件会根据各种不同因素来定价，比如竞争对手的价格、竞争对手的运输价格以及季节销售额等。零售商自行设置价格调整的时间频率、要跟踪的产品和可以忽视的竞争网站。价格变化最频繁的是家用电子产品、服装、鞋子、珠宝和洗涤剂、剃须刀片之类的居家必需品。

有的公司每天甚至要修改数十万次价格。当公司发现价格出现差异时，比如一件商品的价格比竞争对手高5%，公司会很快进行价格调整。如果该网站发现自己销售的某件商品价格比竞争对手低很多就可能会提高价格，以保持和市场价格水平一致。根据电商比价网站 Decide.com 提供的数据，迄今为止，大约一半的价格修改是降价，一半是提价。

【案例 5-2】

Uber 的动态定价

Uber（优步）的动态定价有何独特之处呢？

区别就在于：绝大多数运用动态定价的行业是有库存的，比如飞机一旦起飞、演出一旦开始，时间过去了却还有空座，那么这部分收入也就永远失去了，因此他们要尽可能快地售清库存，因此传统的动态定价都是去适应供给。

Uber 则不同。人们搭车需求最强的时刻，对司机来说往往恰恰也是驾车体验不甚愉悦甚至危险系数颇高的时刻，比如说早晚高峰、刮风下雨。在这些情况下，若无激励机制，上线服务的司机数会自然减少。因此，Uber 定价区别于其他行业做法的特殊之处，在于它调动了供给。

Uber 基于"平衡供需"孵化的动态定价模型：

1. 普通动态定价

当某一区域刮风下雨下冰雹早晚高峰时，叫车人增多，为了刺激更多的司机来这里提供服务，对车费实行动态加价，周边区域的司机会因为更高的车费而开往此地，空车数量增加，最终供需平衡。其本质就是人会对激励作出反应。

2. 个性化定价

为实现对每个区域的"量身定制"，Uber 建立了大规模的计量经济模型和数据库，量化不同区域中乘客或司机对价格的敏感度、候车时间等相关变量，并随变量的改变即时调整算法，以适应不断变动的市场情况。

具体做法是，Uber 在乘客叫车的时候，事先对里程和时间做估算，并结合动态加价的系数，生成一个一口价车费。而一口价的普及极大地拓展了 Uber 在定价方面的产品空间，从而可以根据 Uber 所知的用户信息对不同用户有不同的定价策略。

总之，动态定价，是基于他们对市场这双无形之手百分之百地相信，正如 Uber 自己所说："溢价不是计划好的，是依据供需动态平衡的"。

资料来源：http://www.woshipm.com/operate/877386.html

5.3　免费价格策略

5.3.1　免费价格策略的内涵

所谓免费价格策略就是将企业的产品和服务以零价格形式提供给顾客使用，满足顾客的需求。

免费价格策略是网络营销中特别常用的定价策略，主要用于促销和产品推广。一般来说，免费价格策略只是企业阶段性、临时性的选择。在网络营销中，免费价格不仅仅是一种促销策略，还是一种非常有效的产品和服务定价策略。

5.3.2　免费价格策略适用范围

网络营销中并不是所有的产品都适合采用免费价格策略，该策略的实行会受到一定的环境的制约。互联网作为全球性开放网络，可以快速实现全球信息交换，只有那些适合互联网这一特性的产品才适合采用免费价格策略。一般说来，免费产品具有下列特性：

1. 数字化

互联网是建立在数字传输基础之上的信息交换平台，只要是数字化产品都可以通过互联网实现零成本的配送。那么，企业只需要将这些数字化产品放置到营销网站上，用户就可以通过互联网自由地免费下载使用。这样可以大大降低产品推广的成本，同时提高推广效率。

2. 无形化

采用免费价格策略的产品大多具有无形化的特点，无形化产品的价值实现需要借助于特定的载体，例如软件、信息服务、音乐制品、图书等。这些无形产品可以通过数字化技术实现网上传输。

3. 制造成本低

这些产品的生产、推广和销售都可以通过互联网实现零成本运作，企业的成本投入主要集中在前期的产品研制上，一旦产品开发成功后，只需要通过简单地复制就可以实现无限制的生产，这点是免费的基础。

4. 成长性

企业采用免费策略的目的一般都是为了抢占市场份额。这就要求产品的目标市场具有较大的成长空间和市场扩散能力。

5. 间接收益

免费通常会给企业带来一定的损失，为了弥补损失就要求实行免费价格策略的产品或服务可以使企业通过其他渠道来获取收益。

5.3.3　免费价格策略的分类

免费价格策略在网络营销中的应用形式主要有以下几种：

1. 完全免费

产品完全免费即产品的购买、使用和售后服务的所有环节都免费。完全免费的产品通常都是可替代性极强的无差异化产品，消费者很容易从竞争对手处获得替代性的产品或服务。因此，产品或服务一旦收费，便会导致原有用户的大量流失。完全免费的产品不能给企业带来直接的收益，其主要目的是通过这些免费产品来吸引用户的注意，提升网站的知名度，进而树立企业的品牌形象，最终占领市场，在市场上获取收益。完全免费的产品主要有新闻资讯、搜索引擎、电子邮箱、可下载的音乐等。目前各大门户网站均采用这种形式的免费定价，吸引海量用户，然后通过别的收费业务获取收益。

2. 有限免费

对产品实行限制免费，即产品的全部功能可以被用户使用，但用户要受到一定的使用时间或使用次数的限制。使用时间限制是指用户只能在一段时间期限内免费使用产品，超过期限之后就必须付费才能继续使用该产品。使用次数限制是指对于该产品用户只能使用一定的次数，超过次数的限制之后，用户需要付费才能继续使用。有限免费对于用户来说，好处在于可以在正式购买之前进行免费试用，这样更有助于作出后续的购买决策。而对企业来说，也避免了用户多次且长期的免费使用产品自身却无法盈利的困局。因此，采取此种定价策略既能够吸引用户、扩大用户规模，同时也能逐渐实现产品的盈利。目前许多软件产品都是使用的此种定价形式。

3. 部分免费

对产品实行部分免费，即消费者可以使用产品的其中一种或几种功能，若要使用全部功能则必须通过付费购买。部分免费定价形式主要分为两类：其一是用户必须得到产品的全部功能才能发挥出产品实质性的功效。如一些杀毒软件实行部分功能免费，用户只能免费查毒或者处理一些简单的病毒，而对较为关键的病毒则无法进行处理，这时用户必须付费购买杀毒软件的所有功能。再如，有些电子图书只将部分章节免费提供给读者阅读，读者若想阅读全部内容则需付费购买完整的电子版图书或购买实物类图书。此种类型的定价形式主要是通过免费产品部分来引起消费者的兴趣、扩大产品的知名度，为产品做广告。其二是产品免费部分的功能可以很好地满足消费者对产品某一方面的特定需求，而要满足其他方面的需求则需另外购买。例如，人们可以免费注册成为腾讯 QQ 的用户，免费使用聊天功能，但若想使用某些空间装扮还有个性化的 QQ 秀则需付费购买黄钻和红钻特权才能实现。此类的定价方式是通过更具诱惑力的体验性增值服务使核心产品更具个性化，从而满足消费者多样化的需求使企业盈利。

4. 捆绑式免费

对产品实行捆绑式免费，即在用户购买某产品时赠送给用户其他的产品。一些软件会实行捆绑式免费策略，通过成熟软件的销售带动新软件进入市场。如微软公司在推出 IE 浏览器时将 IE 浏览器与 Windows 操作系统进行捆绑销售，当用户购买并安装了 Windows 操作系统时 IE 浏览器也随之免费安装在用户的电脑上并可以免费不受限制地使用。采用捆绑式免费价格策略在提升企业主打产品市场竞争力的同时也为新推出的产品打开了销路，拓宽了市场。

5.3.4 企业网络营销采取免费价格策略的目的

在网络营销中，免费价格策略不仅是一种定价策略，还是一种促销和服务策略。企业在网络营销中使用免费定价策略主要有以下目的：

①在产品导入期，免费价格策略主要用来吸引用户。例如某些软件产品，通过免费的试用期进行推广，吸引顾客下载使用，当产品在用户中形成口碑之后，再实现更大范围的推广。再例如，某些新出版的图书会在网上发布电子版，以完全免费或部分免费的形式提供给读者阅读，以此引发感兴趣的读者购买实物图书，从而起到很好的推广作用，扩大实物图书的销售。

②免费的产品可以用来促进企业其他产品的销售，类似于传统营销中的招徕定价策略。例如，企业通过在自己的网站发布一些免费产品的信息以此来吸引消费者注意，消费者在浏览这些免费产品信息的同时还会浏览到其他产品的信息，则可能产生购买行为。

③用户在一段时间的免费使用之后可能会形成使用习惯，当使用习惯养成之后再进行收费。刚推出的产品，市场接受度往往是比较低的，就可以借助免费价格策略来培养用户的使用习惯，当产品拥有一定的市场占有率后商家再实施一定的盈利模式获取利润。此时，免费价格策略主要作为一种促销策略。

④发掘后续商业价值。商家通过免费价格策略抢先占领市场，取得市场支配地位，在一定程度上阻止竞争对手进入，形成垄断优势，开发出巨大的市场盈利潜力，然后再在市场上获取收益。

⑤免费价格策略有时是企业售后服务策略的一部分，可以提升消费者的满意度，从而为企业培育忠诚顾客。例如，消费者购买了数码产品之后，可以在企业网站上免费下载升级软件、驱动程序等，这些都是企业售后服务的重要组成部分，可以帮助企业更好地树立自身的良好形象并使消费者对企业的产品及服务具有较高的满意度。

【延伸阅读5-3】

免费增值商业模式

移动互联网时代，用户需求在变，业务类型在变，盈利模式在变，唯一不变的就是用户规模，先把用户留住，再考虑如何在用户身上挣钱。在对价格非常敏感的中国互联网市场，以免费模式吸引用户总是屡试不爽，对其他模式的杀伤力也最明显。

免费增值商业模式最早由风险投资人Fred Wilson（弗雷德·威尔逊）提出，这种商业模式是企业为用户提供免费服务，借助口碑营销聚集大规模用户群体，然后向用户提供增值的附加服务或者服务的增强版本，以实现企业的盈利。

免费增值模式的兴起有两种主要推动力量：一方面，业务多元化的发展使得交叉补贴被越来越多地使用；另一方面，在移动互联网领域，随着用户规模的不断扩大，每个用户的边际服务成本加速下降并趋近于零，这为免费增值模式提供了基础。

免费增值模式是目前移动互联网企业普遍使用的商业模式。在国内，知名的互联网企业如百度、腾讯、奇虎等都是这种模式的践行者。以奇虎公司为例。根据2012年第二季度财报，公司营收达到 7 280 万美元，营收同比增长率达到 107.3%，同时 360 产品活跃用户数达到 4.25 亿，旗下浏览器月度活跃用户数 2.72 亿。众所周知，360 是杀毒软件永久免费模式的开创者，对于普通用户而言，360 就是杀毒软件的代名词。奇虎是怎样利用其庞大的用户规模实现盈利的呢？

实际上，奇虎公司的盈利与其安全产品并没有直接关系，免费的安全产品只是吸引用户的诱饵，以安全产品为入口，奇虎将海量用户牵引到其他前端产品如浏览器、安全桌面等，再将浏览器用户进一步转化为导航站及游戏用户，通过带给第三方流量和用户，从第三方获得收益。奇虎公司自身并不开发游戏或做搜索业务，而是以用户规模作为资源，通过为游戏开发商或谷歌提供用户入口来获得第三方的收益分成。

从某种意义上讲，奇虎公司更像一个平台——聚拢用户和流量的平台。安全产品是奇虎公司的核心产品，尽管它不为公司带来直接的经济收益，但没有安全产品就没有用户，没有用户就无法进行用户迁移实现盈利。

腾讯和百度也是如此，两者分别通过即时聊天软件和搜索引擎作为用户入口，积累庞大的用户基础。对于新兴的社交、团购、微博等互联网业务，尽管摆脱不了模仿的争议，但每项业务的用户规模仍然不容小觑。

所以说，免费是互联网企业赢得海量用户的基本手段。不过，吸引用户只是免费增值模式的第一步，更重要的则是如何将用户长期留在公司内部，形成持续稳定的盈利。

资料来源：http://www.ec100.cn/detail--6055405.html

5.3.5　企业网络营销采取免费价格策略的风险

企业无论是采取传统营销的方式还是网络营销的方式，最终的目的都是盈利。企业在开展网络营销的过程中运用免费价格策略也是为了起到宣传和推广产品、提高产品的知名度和市场占有率、树立企业形象等方面的作用，最终获得收益。采取免费价格策略、为用户提供免费的产品或服务只是其商业计划的开始，利润还在其后。免费只是企业作为为了之后获得更多盈利的一种手段，并不能够通过这种价格策略立刻实现企业的任何盈利。因此，企业能否通过免费价格策略获取相应的优势以及获得最初的优势后是否能够一直保持优势并通过制定、实施相应的策略达到其最终盈利的目的是存在着很大的不确定性的。

首先，企业在网络上推出的免费产品不一定能使企业获得一定的优势。企业可能事先没有做好市场调查，其推出的产品在网络这一虚拟市场上已经成熟，不会再有较大的市场空间，则推出这样的产品即使免费也不会获取相应的优势并且也不会有太大的市场发展前景。或者对于既有电子载体又有实物载体的产品，可能不适合在网上采取免费价格策略来扩大其知名度进而增加其实物销售而采取了这种策略，也会面临着相应的风险。

其次，即使企业在采用免费价格策略的初期获得了一定的优势但也不一定能够将优势继续保持或者更加扩大其优势。由于开展网络营销的商家是众多的，竞争也是十分激烈的，因此，一个企业在网上推出其免费产品后也会面临着巨大的替代品威胁，面临着其产品被替代的风险，无法再继续保持优势。或者由于经营战略或策略选取不当，导致其取得一定优势后仍无法最终实现其盈利的目的。

因为企业采取免费价格策略不能立刻实现收益，因而在实现收益的过程当中必然伴随着相应的风险。如果企业不能够成功规避上述风险，则采用免费价格策略最终是无法实现其盈利的目的的。

本章小结

价格是产品在营销中一个无法被替代的要素，它既影响企业的赢利水平，又是企业市场竞争中一个重要的手段。本章在分析网络营销定价的内涵、目标以及应考虑的因素和特点的基础上，提出网络营销定价的步骤和策略。网络营销策略包括低价渗透性定价策略、定制生产定价策略、使用定价策略、拍卖定价策略、声誉定价策略、差别定价策略、免费价格策略等。

典型案例

360 永久免费服务冲击杀毒软件市场

曾经，奇虎360董事长周鸿祎表示，奇虎360不会进入杀毒领域。但是随着看到用户更多的"中招"，周鸿祎表示应该为用户提供免费杀毒。他认为，杀毒和邮件、搜索、即时通讯一样，都属于互联网基本服务的范畴，所以应该对用户免费。

周鸿祎展示的360杀毒并不是一个传统意义上的独立软件，而是360安全卫士内含的一个功能模块，整合在360安全卫士最新的5.0 BETA版里。周鸿祎强调，不会强迫用户使用360的免费杀毒功能，用户也可以选用360平台推荐的其他杀毒软件。金山公司助理总裁软件事业部副总经理王欣表示，非常想了解周鸿祎的杀毒软件的引擎来自哪里，是通过购买还是别的模式。周鸿祎解释说，通过与一些中国和国际的厂商的合作，在中国通过与"安天"实验室的技术合作，以及购买罗马尼亚的一家非常好的名为 Bit Defender（比特·梵德）的安全厂商的核心引擎，奇虎360也掌握一些病毒库的核心内核和引擎。

早先，奇虎360针对恶意软件和木马等产品推出了安全卫士360，并与卡巴斯基的杀毒软件合作清理国内"流氓软件"。卡巴斯基仍然收取一定的费用。周鸿祎表示，说服卡巴斯基推免费版会很困难，所以奇虎360购买了一个核心技术，加上最近几年的积累，推出了免费的杀毒软件。周鸿祎强调推出免费杀毒的目的不是针对其他杀毒厂商，而是为了降低用户使用杀毒软件的门槛，给用户提供更多的选择。"即使我们不做这件事，Google、思科、微软可能都会做这件事。"

【免费价格策略的原因】

360之所以永久免费服务冲击杀毒软件市场是有其深刻的背景的。一方面，由于互联网的发展得力于免费策略实施；另一方面，互联网作为20世纪末最伟大的发明，它的发展速度和增长潜力令人生畏，任何有眼光的人不敢放弃发展成长的机会，免费策略是最有效的市场占领手段，其目的是想发掘后续商业价值，从战略发展需要来制定定价策略，先占领市场，然后再在市场获取收益。

【免费价格策略的实施】

360永久免费服务冲击杀毒软件市场获取成功的关键是获得成功的商业运作模式，采用免费价格策略时与商业模式运作相吻合；提供的杀毒软件能够满足市场迫切需求，获得市场认可，并且具有巨大市场成长潜力；而且360杀毒软件适合采用免费价格策略；对于互联网用户来说，杀毒软件可以使用户免受恶意代码的攻击；奇虎在推广360免费杀毒软件时，通过互联网渠道进行宣传，发布网络广告；同时还在传统媒体发布广告，利用传统渠道进行推广宣传，通过新闻形式介绍中文域名概念，宣传中文域名的作用和便捷性；与一些著名ISP（互联网服务提供商）和ICP（网络内容服务商）合作，建立免费软件下载链接，同时还与PC（个人电脑）制造商合作，提供捆绑预装中文域名软件。

资料来源：根据网络资料汇编

学习与思考

1. 影响网络营销定价的因素有哪些？

2. 实施渗透性定价策略需要注意哪些问题？

3. 什么是定制定价策略？分别浏览两家实施个性化定制生产定价策略的网站，分析各自在策略上有何特点。

4. 免费价格策略的特点是什么？免费策略和收费策略相比较，各自的优势和劣势是什么？

实践操作训练

自选两款不同品类的商品，比较同品牌同规格商品在各网上商店定价的高低，并填写以下表格。

一、产品名称与规格		
网站	价格	定价策略
阿里巴巴		
京东商城		
淘宝		
网易考拉		
拼多多		
二、产品名称与规格		
网站	价格	定价策略
阿里巴巴		
京东商城		
淘宝		
网易考拉		
拼多多		

网络营销渠道策略

案例导入

大众鞋王达芙妮的衰落

达芙妮靠做代工起家，前身是 1987 年在香港创办的永恩国际集团。1988 年，由于土地和人工成本上涨，工厂被转移到福建莆田，生产重心也转移到内地，女鞋品牌达芙妮由此诞生。凭借适中的价格、时尚的设计，达芙妮在内地市场一炮走红。1993 年销量巅峰期的市场占有率高达两成，这意味着内地卖出的每五双女鞋里就有一双来自达芙妮。

但因为脱胎于鞋服市场早期的"批发"生意，达芙妮严重依赖加盟商的渠道。1999 年经历渠道危机后，从 2000 年起达芙妮开始变革，更换品牌标志及店面装潢风格，着手建自营专卖店。

这种连锁经营的模式让达芙妮迅速遍地开花，由 2002 年的 500 家店铺发展到 2012 年的 5 427 家，短短 10 年间增长了 10 倍之多，2014 年门店数量达到峰值，共有 5 748 家。

从 2012 年起，达芙妮风光不再，颓势已现。2015 年，这家昔日的"鞋王"在连续两年"滞涨"后遭到了近 10 年来的首次亏损。

在实体经济增速放缓的大背景下，达芙妮庞大的门店数量带来的经营压力随之浮现。一是租金和销售费用逐年高涨。从 2012 年开始，达芙妮销售费用几乎占到销售收入的一半。二是人工成本不断走高。从历年公开的财报看，2009 年员工人数 2.1 万时，工资福利 6.7 亿港元，到 2015 年员工减少到 1.8 万人，工资福利却达到 13.3 亿港元，人工成本接近翻番。三是网上渠道的冲击。从 2011 年起，电商进入了发展的爆发期，对于此时线下的品牌来说，庞大的销售网点的渠道优势开始消失，而庞大的租金开支开始成为线下品牌的累赘。

达芙妮是最早拥有电商意识的品牌之一。早在2006年时达芙妮就开始涉足电商。彼时，淘宝上线仅3年，京东也就刚刚开始专注电商。不过在涉足的前3年，达芙妮电商业务是由外包团队完成。到2009年，随着电商市场的发展，达芙妮入驻了天猫，同时开始搭建自营电商公司"爱携"。达芙妮将电商策略分为两块：一块是女性平台策略，着重于女性社区的打造；另一块则是鞋类的营销，借助品牌优势进行全网络营销，并针对线上市场开发网络专供款。

然而一直以来，达芙妮并不重视网上销售渠道的建设。直到2013年，电子商务的字眼才出现在达芙妮的年度报表上，达芙妮对电商的"热衷"程度可见一斑。

究其原因，对于"大众鞋王"达芙妮来说，本身具备很庞大的消费群体，电商每年几百万元的销售额，只是实体店半天的业绩。开一家专营店对业绩能有"立竿见影"的效果，而电子商务却很难做到。投入之下难见利润，电商在达芙妮体系里更像是鸡肋。

尽管2014年、2015年达芙妮连续稳居"双十一"女鞋第一，但达芙妮从未公开过其线上的业绩。据其他消息来源称，达芙妮线上的份额不及其整个盘子的十分之一。可见，比起线下"大众鞋王"的地位，达芙妮在线上的地位有些尴尬。

网络销售渠道需要解决三个基本痛点：便宜、方便、正品。对达芙妮来说，正品可以保证，但方便和便宜却毫无优势。价格上，达芙妮主打的就是200~300元的价格，这一价位也正是许多淘宝鞋店非大牌产品的争夺重点；便捷上，达芙妮最高峰时期近6 000家门店数量，基本可以满足购物便利的要求，达芙妮在电商上的优势并不明显。因此，随着电商的冲击，几乎所有的产品都获得了与消费者接触的同等机会，达芙妮的渠道优势不再，其产品就淹没在了无数品牌的竞争中。

2019年4月15日，达芙妮交出了史上最为糟糕的年度业绩：根据2018年年度财务报告，该公司营业额为41.3亿港元，同比下滑20.8%，毛利为20.6亿港元，同比下滑25.1%，经营亏损7.9亿港元。除了财务数字上的亏损，业绩下滑也导致实体店关门，仅过去一年就关闭了接近1 000家。

达芙妮遭遇的一大难题便是渠道建设越来越乏力。一方面，百货商场、购物中心和城市综合体等线下实体店客流量一直在下滑。另一方面，电商迅猛发展既分流了部分看重便捷的客户，也为一部分价格敏感人群提供了更多选择。

对于品牌来说，网络渠道是竞争者，也是可以帮助品牌传播销售的渠道，对于女鞋品牌商来说，发展线上业务是一件好事。不过，目前，品牌多将网络渠道视为清理库存的一个渠道，在和线下互动等方面并未实现品牌推广的预期效果。

未来，达芙妮表示将提升在各大主要网购平台的曝光率，进驻更多的新兴网购平台。对达芙妮来说，网络渠道在某种程度上缓解了持续关店导致的销量下降，但不能解决产品创新的问题。消费者的眼界日益打开，以往的渠道优势反而会变成拖累。未来在电商和传统店面的发力配比上何去何从，还有待观察。

资料来源：http：//finance.sina.com.cn/

6.1 网络营销渠道概述

6.1.1 网络营销渠道的概念

1. 营销渠道的概念

营销渠道是指产品由生产领域向消费者领域转移的过程中所经过的所有环节和中介机构，主要由生产者自设的销售机构、批发商、零售商、代理商等环节组成，作为营销渠道运作的起点和终点，生产者和消费者往往也被纳入渠道重要成员之列。简单地说，营销渠道就是商品和服务从生产者向消费者转移过程的具体通道或路径。营销渠道的流程包括：实物流程（物流）、所有权流程、付款流程（支付流）、信息以及促销流程。

在市场营销从业人员中有着"渠道为王"的说法，即认为得渠道者得天下。营销渠道的决策是企业的重要营销决策之一。在市场经济条件下，合理的营销渠道不仅是企业实现差异化经营的重要措施和手段，还是降低流通成本，形成产品价格优势的途径，既能有利于提高企业知名度，还是打造品牌的有效手段，也是企业信息特别是营销信息传导的强有力保证。

随着市场竞争日趋激烈，企业对于渠道的力量越来越重视，很多企业都希望通过充分地利用渠道的力量，去为企业在市场竞争中创造更多的优势，进而提升企业在市场竞争中的地位。

2. 网络营销渠道的概念

互联网的发展使得营销渠道更加扁平化、更便捷、费用也更低，企业不得不对传统的营销渠道模式进行优化和重组，以建立起适应时代要求的、高效的、开放的、互动的、超时空的新型营销渠道，即网络营销渠道。

所谓网络营销渠道，是指与提供产品或服务以供使用或消费这一过程有关的一整套相互依存的机构，它涉及信息沟通、资金转移和实物转移等。简单来说就是以互联网为通道实现商品或服务从生产者向消费者转移过程的具体通道或路径。一方面为消费者提供产品信息，供消费者进行选择；另一方面，在消费者选择产品后，还要帮助其完成支付等交易手续，其中支付和收货不一定要同时进行。

随着互联网技术的高速发展，网络渠道销售所占整个销售额的比重逐渐增大，但网络营销渠道尚不可能全面取代传统市场营销渠道。对于部分企业来说，网络营销是其主要的销售方式，但对于另外一些企业而言，由于消费者的购买习惯、地域局限性，以及相关产品对网络的适应性等诸多方面的限制，尚且只有利用传统营销渠道才能扩大生产经营。不过，对于这些以传统市场营销渠道为主的企业，也仍然应该利用互联网实现网络营销渠道扩大知名度、实现积极抢占市场的辅助作用。

6.1.2 网络营销渠道的特点

与传统市场营销渠道相比，网络营销渠道具有用途多元化、结构简单化以及成本节约化的特点。

1. 用途多元化

传统市场营销渠道仅仅是产品从生产者向消费者转移的一个通道，作用单一。这种分销渠道的畅通，依赖于产品自身的品质以及广告的宣传和资金的流转情况。然而，网络营销渠道的用途广泛、整合性强，能够把企业价值链和供应链中的活动整合在一起。网络营销在向消费者销售产品或提供服务的基础上，还是信息发布及反馈的渠道，使消费者可以快速获取企业概况以及产品的种类、质量、价格等详细信息，同时也是销售产品提供服务的快捷途径，交易过程可以瞬间完成。网络渠道既是企业间洽谈业务、开展商务活动的场所，也能对客户进行技术支持和售后服务。对于可以电子化的虚拟产品，例如电子客票、信息服务、软件等，更是快捷的物流传播渠道，甚至能将广告与订购连为一体，促成购买意愿。传统的广告与订购是分开的，即使通过广告媒体抓住了顾客的注意力，使顾客产生了购买意愿，但需要顾客以另外的方式进行购买，难免因为便捷性不足而减少营业额。而网络营销渠道可以让消费者在看到广告的同时直达购买渠道。所以，简言之，网络营销渠道同时还是信息发布渠道、咨询服务渠道、货物配送渠道、售后服务渠道、培训学习渠道等。

2. 结构简单化

传统营销渠道按照有无中间商可以分为直接分销渠道和间接分销渠道。直接分销渠道是由生产者直接把商品卖给用户的营销渠道。凡是至少包括一个以上中间商的营销渠道都称为间接分销渠道。根据中间商数量的多少，可以把营销渠道分为若干级别。由于直接分销渠道没有中间商，所以它被称为零级分销渠道。间接分销渠道则包括一级、二级、三级甚至更多级的渠道。

在传统市场营销渠道中，中间商是极其重要的组成部分。中间商的存在有助于企业广泛地向市场提供产品，帮助企业产品进入目标市场，而且凭借中间商的业务往来关系和专业化规模化的经营，通常能提供比自营商店更高的利润，所以中间商在传统营销渠道中占有重要地位。

但是，多级经销商往往效率低下，同时层层收费导致每个环节利润空间被压缩。例如，零售产业链的利润分布中，一级经销商和二级经销商占比分别为 7%～10% 和 3%～5%。经销商如果是三级以上经销商，货物在流通环节的周期会更长，每个环节利润空间也会更低。

互联网的发展和商业应用使得传统市场营销中间商凭借地域原因获取的优势被互联网的虚拟性取代，同时互联网高效率的信息交换改变了过去传统市场营销渠道的诸多环节，将错综复杂的迂回关系简化为单一直接关系。网络营销渠道的应用大大减少了渠道中间商的数量，拉近了企业与消费者的距离。

尽管网络营销渠道也可以分为直接分销渠道和间接分销渠道，但结构更加简单。在直销渠道方面，传统营销渠道和网络营销渠道并无大的区别，都是零级分销渠道，但网络营销中的间接分销渠道，只有一级分销渠道，即只有一个信息中间商，主要用来沟通买卖双方的信息，不存在多个批发商和零售商的情况，所以不存在多级分销渠道。这样做的好处，一方面是减少了中间差价，消费者能够获得实惠；另一方面，企业也能够更好地把控市场渠道。减少或消除中间环节，由迂回变为直接，是网络营销渠道的最大特点，充分利用好这一特点可以大大降低营销成本，提高营销效率，方便树立企业形象。

3. 成本节约化

网络营销渠道的结构简单，减少了流通环节，有效地降低了交易成本。

一方面，利用网络直接营销渠道，企业可以加强与主要供应商之间的协作关系，将原材料的采购与产品制造过程有机地结合起来，形成一体化的信息传递和信息处理体系，从而降低企业的采购成本。

另一方面，企业可以通过互联网受理来自全球的订单，然后直接将货物寄给购买者，这使得间接销售的层次降到了最低，从而使产品流通的费用降到最低，企业仅需支付网络销售企业雇用的管理人员的工资与上网费用，不仅免除了人员的差旅费和外地仓储费用，还降低了材料费、广告宣传费、调研费，在提高售后服务效率的同时大大降低了运作成本。

6.1.3 网络营销渠道的功能

一个完整的电子商务活动在买方和卖方之间主要完成商流、资金流、信息流和物流的流通。为了更好地完成这些活动，我们要建立完善的网络营销渠道，它应该具备订货功能、结算功能和配送功能。

1. 订货功能

订货功能是指企业通过网络，为消费者提供自己所销售的商品的相关信息，使得消费者可以通过网络来直接挑选、订购自己想要的商品。一个完善的订货系统，不仅可以在一定程度上降低存货、减少销售费用，同时也可以及时地了解消费者的需求动向，从而以达到供需平衡。

2. 结算功能

消费者在网络购买产品后，可按照自己的消费习惯，自由选择不同的付款方式。目前，在我国流行的在线支付方式主要有3种：第一，网下付款结算。例如邮局汇款、货到付款、银行转账等传统方式。第二，网上银行转账。即利用银行提供的网上银行的支付功能，消费者与企业达成协议后，直接进行支付。例如中国银行的"电子钱包"、建设银行的"网上支付商行"等。第三，第三方支付。这是指企业和消费者协商好之后，由一家联机财务公司从消费者的账户中取款，然后再到企业的账户上存款。例如快钱、支付宝、微信支付等。

3. 配送功能

通常而言，产品可以分为虚拟产品和实体产品两种：虚拟产品主要有视频、游戏点数卡、游戏装备、软件、音频、电子书籍、电子期刊、电子客票、电子彩票、各种信息等；

实体产品主要有服装、家电、药品、电脑、家居用品等。对于虚拟产品可以直接通过网络进行购买、下载，实现快速、直接配送；对于实体产品的配送则涉及运输和仓储的问题，所以，网络营销渠道的配送功能通常指的是实体产品的配送问题。

目前在我国，比较常用的配送方式主要有3种：第一，自行配送。自行配送是指销售方通过自己所拥有的物流配送中心，对消费者所订购的商品进行配送。第二，委托配送。委托配送是指销售方委托专业的物流企业，对消费者所订购的商品进行配送。我国近几年兴起的诸多物流企业，例如EMS、顺丰速运、申通快递、圆通快递、宅急送等，都能够提供比较专业的物流配送服务。第三，共同配送。由于人力、物力、财力以及时间等各方面因素的限制，实行自行配送的企业一般都会存在着一些配送死角，这时，其便会委托专业的物流企业负责配送这些死角。良好的配送系统是支持网络销售业务的基本环节，同时也能够促进电子商务整体的大发展、大繁荣。随着中国物流的有序发展，配送功能的实现将是中国网络营销的巨大优势。

6.1.4　网络营销渠道的类型

1. 网络直接营销渠道与网络间接营销渠道

根据生产者与消费者之间是否通过中间商实现产品交换来划分，网络营销渠道类型可以分为网络直接营销渠道和网络间接营销渠道两大类。由于互联网的信息交互特点，网上直销市场得到快速发展。

（1）网络直接营销渠道

通过互联网实现的从生产者到消费（使用）者的网络直接营销渠道称为网络直销。企业在互联网上建立自己独立的具有交易功能的网络营销网站，通过专门的网上交易系统实现产品的销售工作。网络直销不再需要传统中间商来构成通达消费者的迂回渠道，更需要为直销渠道提供服务的中介机构，如提供货物运输配送服务的专业配送企业、提供货款网上结算服务的网上银行、提供产品信息发布和网站建设的互联网服务提供商和电子商务服务商等。它是一种高效率、低成本的市场交易方式。

（2）网络间接营销渠道

网络中介机构把在网络上推销商品或服务的卖方和在网络上寻找商品和服务的买方连接起来，成为买卖双方的枢纽，使得网络间接销售具有可能性。

根据中介商的不同，网络营销的间接渠道分为两种：一种是以商品或服务经销商为中介的网络营销间接渠道，中介商起着将产品由生产领域向消费领域转移的作用；另一种是以网络信息中介为中介的网络营销间接渠道，中介商本身不经营任何商品和服务，仅仅凭借其掌握的大量相关信息沟通买方和卖方之间的交易，而最终交易的完成和商品的实体流转还是供应方和需求方之间的事。

传统间接分销渠道可能有多个中间环节，而网络中介机构的存在简化了市场交易过程，网络间接营销渠道最多只需一个中间环节。利用网络中介商的目的就在于他们能够更加有效地推动商品广泛地进入目标市场。从整个社会的角度来看，网络中介机构凭借自己的各种联系、经验、专业知识、活动规模以及掌握的大量信息，在把商品由生产者推向消费者方面将比生产企业自己推销关系更简化，也更加经济。因此，网络间接营销渠道具有节约营销交易成本、提高网络市场扩展能力、撮合功能有利于平均订货量的规模化、促使网络交易活动常规、便利买卖双方信息收集的优点。

2. 单渠道、双渠道与多渠道

根据生产者选用渠道模式的多少，可以划分为单渠道、双渠道和多渠道。

（1）单渠道

如果生产者在营销活动中，只选择了网络直销或网络间接营销的一种网络营销渠道模式，就叫单一的营销渠道，简称单渠道。例如，戴尔只选择网上直销这种渠道模式。

（2）双渠道

如果生产者在营销活动中，同时选择了网络直销与网络间接营销两种模式的分销渠道，就叫双渠道。

在现代化大生产和市场经济的条件下，通过两条渠道销售产品比通过一条渠道更容易实现"市场渗透"。生产者在网络营销活动中，在自己建立网站的同时，大部分都在积极利用网络间接营销渠道分销自己的产品，通过网络中间商的信息服务、广告服务和撮合服务，扩大企业的影响，开拓企业产品的销售领域，降低销售成本。因此，对于从事网络营销活动的生产者来说，必须熟悉并研究国内外网络中间商的类型、业务性质、功能、特点及其他有关情况，以便能够正确地选择中间商，顺利地完成商品从生产者到消费者的整个转移过程。

然而，当企业采用双渠道时，如何保证网络直接营销渠道和网络间接营销渠道之间不发生冲突，尤其是价格方面的冲突，这个问题值得思考和探索。

（3）多渠道

在一定的时空条件下，如果生产者在营销活动中，同时选择了网络直销、网络间接营销及网下营销等复合式多种渠道模式，就叫多渠道。例如，无忧 Zippo（芝宝）商城主要经营美国 Zippo 打火机、瑞士军刀等时尚礼品，其选择了网上购物市场与网下实体购物商铺等多种营销渠道的模式；e 国超市也是采取网上零售和网下营销相结合的营销渠道模式。而且一些网络公司也选择了传统的经销渠道推广自己的业务。多渠道营销需要避免的是网上串货的问题，一般有 3 种解决方式：一是线上线下两个牌子运作，二是线上线下统一价格，三是线上价格便宜，但要采用不同的编码或包装的方式来规避渠道冲突。

【案例 6-1】

良品铺子的全渠道运营模式

2006 年，良品铺子在湖北武汉开了其第一家线下门店，在经历了线下炒货市场的风起云涌和线上激烈的电商之战后，良品铺子积累的品牌和产业势能正在高速转化为成长动能，2017 年良品铺子销售额达到 53.37 亿元，成为休闲食品行业第一品牌。

2006 年 8 月 28 日，良品铺子在湖北省武汉市开设了第一家门店，这也是良品铺子的初代门店。彼时的门店产品是散装的，而且产品品类也相对不丰富。此后，良品铺子开始着手门店升级。到第四代升级店时，良品铺子愈加注重线下店铺与消费者的互动，实行按照"一店一品"的策略，每家店都有独一无二的主题。四代升级店还增加了休憩空间，供顾客聊天、聚会，店面的精心装饰可供顾客拍照分享到社交账号。

除了店铺本身的升级外，良品铺子所有门店启动了数字化进程，并于 2017 年 4 月成为首批全球无现金联盟成员。与此同时，2017 年，与阿里巴巴合作打通了 2 000 多家智慧门店，完成了会员数据、支付、财务核算和大数据营销系统的对接。

2012 年良品铺子建立电商公司进军线上。良品铺子董事长杨红春认为，具有完备的电商部门还不是终点，如果能将线上和线下渠道有机融合，公司才有可能获得更广阔的市场空间。

因此，2015 年至 2017 年，良品铺子花了 2 年的时间来进行渠道打通，比如 2016 年上线的 O2O 业务能覆盖门店周边 3 公里的范围，送达时间在半小时之内。

目前，良品铺子的全渠道体系包括 2 000 多家智慧门店、平台电商（包括天猫、京东、一号店等平台）、O2O 外卖（包括美团、大众点评、百度外卖等本地生活渠道）、社交平台以及良品铺子自己的官网及在建的 App 等线上及线下渠道。通过对数据的分析、预测和计划，良品铺子打通了 B2B、B2C、O2O、线下门店等不同渠道的商品库存体系，实现了"商品通"。

资料来源：http：//www.linkshop.com.cn/

3. 宽渠道与窄渠道

分销渠道的宽度是指生产者选择网络中间商数目的多少。如果生产者选择的是网络间接营销渠道模式，则根据生产者选用网络中间商的多少可以划分为宽渠道与窄渠道两类。一般而言，按照渠道的宽窄，生产者的分销渠道可以分成以下 3 种模式。

（1）密集性分销

在密集性分销中，凡是符合生产商的最低信用标准的网络中间商都可以参与其产品或服务的分销。密集性分销通过最大限度地便利消费者而推动销售的提升。采用这种策略有利于广泛占领市场，便利购买，及时销售产品。而其不足之处在于，在密集性分销中能够提供服务的经销商数目总是有限的。生产商有时得对经销商的培训、分销支持系统、交易沟通网络等进行评价以便及时发现其中的障碍。密集性分销最适用于便利品，使广大消费者能随时随地买到这些日用品。

（2）选择性分销

选择性分销是指生产企业在特定的市场仅仅选择少数几个精心挑选的、最合适的网络中间商来推销本企业的产品。采用这种策略，生产企业不必花太多的精力联系为数众多的中间商，而且便于与中间商建立良好的合作关系，还可以使生产企业获得适当的市场覆盖面。与密集性分销策略相比，采用这种策略具有较强的控制力，成本也较低；与独家分销渠道相比分销面宽，有利于扩大销路，开拓市场，展开竞争。选择性分销中的常见问题是如何确定经销商区域重叠的程度。在选择分销中重叠的量决定着在某一给定区域内选择性分销和密集性分销所接近的程度。一些大型家电一般采取这种模式。

（3）独家分销

独家分销渠道即生产企业在一定地区、一定时间内只选择一家网络中间商销售自己的产品，通常双方协商签订独家经销合同，规定中间商不得经营竞争者的产品。独家分销的特点是竞争程度低。一般情况下，只有当公司想要与中间商建立长久而密切的关系时才会使用独家分销。因为它比其他任何形式的分销更需要企业与经销商之间更多的联合与合作，其成功是相互依存的。它比较适用于服务要求较高的专业产品。这是最窄的分销渠道。

6.1.5 网络营销渠道的建设

不同的网络营销对象所适合的网络营销渠道是有区别的。对于 B2B 模式，即企业对企业的模式，其交易模式每次交易量很大、交易次数较少，并且购买方比较集中，这种情况下，建设好订货系统尤为重要。由于是企业之间的商务活动，信用较有保证，通过网上结算实现付款也比较简单。同时由于量大次数少的特点，故可在配送方式上选择专门运送，既可以保证速度也可以保证质量，减少中间环节造成损伤。对于 B2C 或 C2C 模式，即企业对消费者或消费者对消费者的模式，每次交易量小、交易次数多，而且购买者非常分散，因此在网络营销渠道的建设中结算系统和配送系统更为关键。

1. 影响网络营销渠道建设的因素

在进行网络营销渠道选择的时候需要考虑以下因素：

（1）产品因素

需要考虑的产品因素有：产品价值的高低、产品的自然属性、产品的体积与重量、产品的技术性能和销售服务要求、定制品的特殊性规格要求、产品的标准化系列化通用化程度、产品所处市场寿命周期阶段等。

（2）市场因素

需要考虑的市场因素有：潜在顾客的数量和销售量的大小、潜在顾客的地理分布情况、消费者的购买习惯、竞争对手的渠道模式等。

（3）企业自身因素

需要考虑的企业自身因素有：企业实力状况、企业的渠道管理水平、企业控制渠道的愿望、企业的声誉及提供服务的能力、企业经济效益的考虑。

（4）中间商因素

需要考虑的中间商因素有：中间商的经销积极性、中间商的上货条件、中间商的开拓市场能力等。

（5）市场环境因素

需要考虑的市场环境因素有：总体经济形势、国家的政策法规等。例如，我国的 8848 网上商城明确告知：依据有关法律法规的规定，禁止任何商户利用其电子商务软件技术或者其他工具销售 34 类商品。

2. 网络营销渠道建设的问题

在网络营销渠道的建设中以下问题需引起重视：

（1）从消费者的角度来设计渠道

在进行网络营销渠道设计时，要站在消费者的立场，充分为消费者考虑，采用他们比较容易接受的方式。如何让消费者更放心且克服网络购物的虚幻感是从消费者角度设计网络营销渠道要解决的根本问题。只有让消费者感到放心，采用消费者容易接受的交易方式才能吸引他们在网上购物，例如现在普遍采用的货到付款方式就是一个很好的例子。

（2）订货系统的人性化

订货系统的人性化主要体现在简单明了、方便操作，不要让消费者填写太多信息。订单系统应以最直观、明确的设计来呈现所提供的产品信息，以提高信息传递的准确性和订货的易操作性。用比较明了的导购图，帮助消费者进入购买程序。例如，在选购商品时，可采用现在流行的购物车方式模拟超市，让消费者边看货品边选购。若发现选购有误时，可立即从购物车中取消该货品。在消费者订货成功后，订货系统要对收货时间、销售服务、质量保证、价格承诺等作出明确的承诺，并严格履行承诺。例如，应即时通知消费者所购产品服务送达时间，以及售后电话等联系方式，便于进一步对客户关系进行管理。如果消费者在订货的过程中存在任何疑惑，应提供容易沟通的网下联系方式及解决方案，例如，给顾客提供免费订货咨询电话。

（3）结算方式的安全性及多样性

结算方式的选择，很大程度上会影响消费者网上购物的积极性。商家在设计结算方式时，除了要提供给消费者尽可能多的结算方式外，还要注意结算时的安全性问题。相对于买卖双方的直接结算方式，通过间接的第三方的结算更为安全。目前大多数企业直接将自己的结算系统与银行转账系统相连，从而保证了消费者网上购物、结算的安全与方便。

【延伸阅读】

为规范第三方支付行业发展秩序，2010年6月，中国人民银行正式对外公布《非金融机构支付服务管理办法》，要求包括第三方支付在内的非金融机构须在2011年9月1日前申领支付业务许可证，逾期未能取得许可证者将被禁止继续从事支付业务。我国第三方支付行业正式进入牌照监管时代。

据统计，从2011年4月底签发首批第三方支付牌照起，央行共计发出271张支付牌照，后续没有再新发牌照。截至2019年5月底，由于业务变动、公司合并、续展不通过等原因，目前已有33家机构的支付牌照被注销，其中20家因严重违规被注销，2家主动注销，另有11家因业务合并而注销。

随着监管升级，针对支付市场上存在的各种乱象，监管重拳持续落地。据不完全统计，2017年以来，央行已开出94张罚单，远高于上年的34张。其中包含67家支付公司，有超百万的罚单大户，也有屡教不改的罚单常客，累计罚款金额约2 468万元。

2017年8月，央行支付结算司印发《中国人民银行支付结算司关于将非银行支付机构网络支付业务由直连模式迁移至网联平台处理的通知》（银支付〔2017〕209号），要求各银行和支付机构应于2017年10月15日前完成接入网联平台和业务迁移相关准备工作，旨在整治用户资金安全、金融诈骗及资金沉淀等问题。根据央行要求，自2018年6月30日起，支付机构受理的涉及银行账户的网络支付业务全部通过网联平台处理。

资料来源：http://www.hongbaoyuan.cn/

（4）建立完善的配送系统

对于消费者来说，只有当货物能安全快速地送达手中，才会真正享受到网络渠道所带来的便捷服务。所以企业所构建的网络营销渠道需要强大的物流体系作为支撑。配送系统的建设必须就其经济性、便利性、时间性等因素进行综合比较分析，从而选择最适合自己的配送系统。完善物流配送服务系统建设，提高物流配送效率，确保货物及时送达，不仅能增强企业自身的竞争力，也是提升自身品牌的有力保障。

对于大部分企业来说，主要依托市场上的第三方物流企业完成商品配送，但目前我国的物流市场仍然比较混乱，拥有全国物流能力的物流企业寥寥无几，广大中小型物流企业物流能力不强，效率不高，服务欠佳。部分企业在选择物流公司的时候为了节约成本，以牺牲服务质量为代价，势必会让自身的网络营销渠道构建难以获得更大的发展。

6.2　网上直销

6.2.1　网上直销的概念

网上直销即网络直接营销渠道，是指生产者通过网络直接推广销售自己的产品。通常有两种做法：一种是企业申请网络域名，制作主页和销售网页，建立自己独立的具有交易功能的网络营销网站，由网络管理员专门负责处理有关产品的销售事宜；另一种是企业委托互联网信息服务提供商在其站点上发布信息，企业利用有关信息与客户联系，直接销售产品。

与传统的直接营销渠道一样，网上直销渠道也没有营销中间商，商品直接从生产者转移给消费者。网络直接营销渠道一样具有上面营销渠道中的订货功能、支付功能和配送功能，是将网络技术的特点和直销的优势巧妙地结合起来进行商品销售，直接实现营销目标的一系列市场行为。

6.2.2　网上直销的内容

1. 在线商店

在线商店是企业分销自己商品的平台。在线商店的网站通常为消费者提供一份详细的产品目录及介绍，并能通过平台直接实现消费者的购物流程。

2. 信息服务

部分企业建立网站并非为了在线分销产品或服务，而是为了宣传企业的品牌形象，改进顾客服务以及加强与消费者的联系。该类网站通常向消费者提供企业新闻、市场动态、消费指导等各种信息资源。

3. 顾客服务

企业借助网站为消费者提供服务，常见的服务包括 FAQ（常见问题解答）、E-Mail 答疑等互动沟通方式。除此之外，成熟的网上直销行为应充分利用网络聚集的消费者群体资源，进行专业的在线客户关系管理，以此来提高顾客满意度和忠诚度。

4. 电子杂志

消费者通过网站订制企业的电子出版物，借此来了解产品信息及其相关服务。一般消费者可通过网页下载或 E-Mail 等形式获得电子杂志，并可以自由地订阅或取消订阅。

5. 在线目录

对于新产品开发频率较高、价格经常变化，或对消费者来说需要更多产品信息才能作出购买决策的企业，可以用完善的网络在线目录来直接展示产品的名称、价格、功能、适用对象、相关的测评和促销信息等，使消费者通过浏览和点击网络在线目录的产品，获取详细的产品信息。

6. 超链接

通过创建超链接，可以把企业网站与其他相关网站，如行业信息网站、新闻网站、供应商网站、中间商网站、与企业产品相关联的信息网站、对企业有相关评价的论坛等进行链接，可以大大提高网站的信息容量，满足消费者对相关信息的需求。

6.2.3　网上直销的优势

网上直销渠道的建立与传统分销渠道相比具有以下竞争优势：

1. 促进双向直接沟通

网上直销渠道的建立促成了生产商与消费者双方直接见面进行沟通。由于网络具有实时性和交互性的特点，产需双方的信息沟通从过去的单向信息沟通变成了双向直接信息沟通，增强了生产者与消费者的直接联系。对于企业来说，可以在互联网上直接发布有关产品的价格、性能、使用方法等信息，可以在与消费者的接触中直接收集消费者对产品购买和使用的反馈，进而合理地、有针对性地按照消费者的需求进行个性化设计，进行柔性化生产。对于消费者来说，可以直接获得产品信息的一手信息，有助于作出理性的购买决策，也可以将自己的需求信息上传给生产企业，要求生产企业按自己的个性化需求进行特色化设计，促进供需双方的直接沟通。

2. 双赢的利益关系

网上直接分销有效地削减了中间分销环节，降低了企业的分销成本。一方面，企业能够以相对较低的价格销售自己的产品，另一方面，消费者也能够以低于非网络市场价格购买到自己需要的产品，实现买卖双方的利益共赢。

3. 沟通工具多样化

营销人员可以利用网络工具，如 FAQ、QQ、电子邮件、电子公告板、网络电话、网络传真、网络新闻发布、微信等，及时了解到用户对产品的意见和建议，并针对这些意见和建议提供技术服务，解决疑难问题，提高产品质量，改善经营管理。另外，通过这种一对一的销售模式，企业可以与消费者在心理上建立良好的关系，并据此开展各种形式的促销活动，迅速扩大产品的市场占有率。

4. 提高服务质量

网上直销渠道可以提供更加便捷的产品和服务。网络营销企业可以通过互联网提供支付服务，方便顾客直接在网上订货和付款，享受送货上门的便利。同时，生产者还可以通过网上营销渠道为客户提供售后服务和技术支持，特别是对于一些技术性比较强的行业，如 IT 业，提供网上远程技术支持和培训服务，不仅可以方便顾客，也为生产者节约了大量成本费用。

但是，网上直接营销也有诸多不足。一方面，网上直销需要建设专门的软硬件，还需要配备和培训专门的人员，还要保持足够的网站维护与推广，相较于间接营销来说，费用成本较高；另一方面，面对大量的企业站点，消费者很难有耐心逐一访问。据相关数据统计，我国目前建立的众多企业网站，除个别行业和部分特殊企业外，大部分网站访问者较少，分销数额不大，网站难以出头。而要解决以上问题，必须从两个方面入手，一方面，需要尽快组建具有高水平的专门服务于商务活动的网络信息站点；另一方面，需要从网络间接营销渠道中寻找出路。

6.2.4 网上直销的适用范围

网上直销对生产性企业的要求是很高的：

第一，企业的实力要比较雄厚。因为网上直销需要有一个功能完善的电子商务站点来支撑，而建设一个功能完善的电子商务站点的费用高达 100 多万美元，而且维护费用也非常高，这是一般的小型企业难以承担的，所以网上直销模式适合大型的生产性企业。

第二，要改变企业的业务流程，实现以顾客为导向的柔性化生产。企业提供的网上直销服务，一般可以分为 3 个发展阶段：第一阶段是企业将已经设计生产出来的产品在网上进行展示，允许顾客随时随量进行订购，这只要求企业生产系统的生产能力比较充足即可；第二阶段是企业不但展示已经设计生产出来的产品，还允许顾客对产品某些配置和某些功能进行调整，以满足顾客对产品的个性化需求，这就要求企业的生产系统必须是标准化的和柔性化的；第三阶段就是允许顾客在企业设计系统引导下，自己设计出满足自己需求的产品，这就要求企业的生产系统必须高度柔性化和智能化。目前，最常见的网上直销方式是第一阶段的模式，少数企业如戴尔公司实现了网络直销的第二阶段。企业若要达到网络直销的第三阶段还有很大的困难，因为它需要很多智能化技术的配合，同时企业的后勤系统必须紧密配合柔性化生产过程中的原料需求和人员配备需求。此外，售后服务也要整合到网上去，否则难以完全满足客户的全部需求。

第三，要改变企业的组织结构，实现扁平化的组织管理。企业采取网络直销模式，意味着企业对市场的反应应是极度灵敏的，它要求信息能以最快的速度在企业的各个管理层次和各个部门间传递和交流，以保证企业内部各项业务工作流程的有机集成和整合。为此，企业必须改变传统的金字塔形的组织管理结构代之以团队协作为主要特征的扁平化的组织管理模式。

【案例 6-2】

戴尔公司的网上直销

戴尔，是一家总部位于美国得克萨斯州朗德罗克的世界五百强企业，由迈克尔·戴尔（Michael Dell）于 1984 年创立。戴尔以生产、设计、销售家用以及办公室电脑而闻名。戴尔近几年发展较为坎坷，作为一家科技公司，它仍然在寻找突破口。不过，2019年，戴尔电脑公布的当年第二季度财报显示，由于PC业务销售良好并创下历史新高，带动公司整体营收、利润均实现增长并超出市场预期。

可见，这家公司的根基依然强大——其核心，"直销"仍然支撑着戴尔每年数百亿美元的IT设备销售额。美国《商业周刊》曾把戴尔评为"100名巨人企业"第一名，秒杀一众牛得不行的科技公司。许多人对于戴尔的分析，把其成功归纳为"直销的红利"。然而，这些简单的标签，皆不能概括戴尔33年成功的原因。

回望1984年，是IT开始改变人类社会，科技商业浪潮发端的一年。在美国东海岸，乔布斯发布了麦金塔电脑（Mac），个人电脑开始普及；而在狂野德州，只有19岁的迈克尔·戴尔在自家车库里喝着可乐，创建了戴尔公司，戴尔用直销模式，让电脑以高性价比的方式，快速进入中小企业、家庭。

苹果对推动个人电脑方面贡献巨大，而戴尔却真正把电脑渗透进了中小企业。

戴尔把直销模式引进了IT领域，在当地报纸上刊出戴尔的广告，直接向大众出售成品的组装机，刚开始每月就有5万~8万美元的收入。

PC在20世纪八九十年代，还是个新潮产物，许多购买者，特别是用来办公的中小企业，需要入门指导。而只要顾客一个电话，戴尔团队就会耐心给顾客进行技术指导，甚至到顾客的办公室或家中帮他们装电脑，修电脑，做技术指导。

直销模式——把商品从厂商直接销售给客户的直销模式可以降低价格，开始被各个领域公司采用，但戴尔的直销，却又与众不同。戴尔模式，在IT领域定义了新的直销模式。其模式主要有以下特点：

品牌保障、原厂正规

戴尔直销保证所有产品从用户下单、生产到发货全部出自原厂，采购过程的价格透明，且流程规范，可有效杜绝虚假、翻新机的误购情况。全球认证官方服务团队合理优化人员配置，从售前了解用户需求到专业技术支持团队为其制定专属解决方案和进行产品推荐，避免了企业主因缺乏专业经验导致选购时无从下手的情况。

灵活定制、新品领衔

戴尔直销拥有最全最新的产品线以满足企业发展中的一切需求，产品更新迭代的速度始终保持行业领先，保证企业的设备永远处在竞争上游。同时，企业可根据所在自身行业特点对产品自由选择、灵活搭配。

增值服务、国际标准

戴尔直销提供多种方式咨询，电话、微信、QQ都能找到专人为企业解答疑惑，省去不必要的沟通成本，提高办事效率。无论企业处于何种发展阶段，都可在线进行咨询并免费为企业定制IT发展方案，保证产品的高性价比与持续的竞争力。

专业咨询、实时响应

全程参与企业IT规划，从安装部署到售后技术支持培训应有尽有，企业可放心交付一切难题。出现IT问题时无须担心，7×24全天候不间断服务，使企业随时随地都能找到专人解决。还可以保证最快4小时上门服务，节省一切时间成本。针对电脑因意外跌落、进水、挤压、电涌造成的损坏，用户可享受由戴尔原厂提供的意外保护服务，享受硬件免费维修、更换。注册 SupportAssist（支持助手）可预测电脑隐藏的安全隐患，在问题发生前提示预警，可有效帮助企业规避风险。

创新方案、成长引擎

戴尔直销根据不同企业、不同阶段的需求，为企业制定最新、最合适的解决方案，如数据库加速解决方案、文件共享解决方案、业务连续性解决方案，可帮助企业管理数据，避免数据丢失，保证业务连续性，助力企业协同办公、提高运营效率。此外，还能提供虚拟化解决方案和高性能计算解决方案，帮助企业轻松上云，搭建虚拟化数据中心，提供灵活的 HPC（高性能计算）技术框架，降低 IT 成本，解决企业扩展性需求的挑战。

资料来源：https：//wenku.baidu.com/

6.3 新型电子中间商

6.3.1 新型电子中间商的概念

所谓网络间接营销就是企业通过网络交易中心或者借助网络中间商将自己的产品销售给消费者的一种营销渠道模式。与传统间接分销渠道不同的是，传统渠道可能有多个中间环节，而由于互联网技术的运用，网络间接营销渠道只需要新型电子中间商这一中间环节即可。

相较于网络直销，网络间接渠道的优势在于：一是可以帮助企业节约在网站建设、网站推广、管理与维护方面的成本；二是可以提高网络市场拓展能力，网络中间商通常具有庞大的网络营销市场体系以及专业的网络营销技术队伍，能够发挥专业优势收集大量的市场信息，准确把握市场动态，这是大多数自建营销网站难以企及的；三是能够通过计算机自动撮合的功能，组织商品的批量订货，满足生产者对规模经济的要求；四是通过网络中间商的规范化运作可以减少交易过程中的大量不确定性因素，促使网络交易活动常规化；五是网络中间商承担起数据库的功能，云集了全国乃至全世界的众多厂商，也汇集了成千上万种商品信息，这为供求双方的信息搜寻过程都提供了极大的便利。

由于网络是一个虚拟市场，网络直销时，交易双方都会考虑对方的信誉，担心出现对方拿钱不给货或者拿货不给钱的问题，因而影响交易进行。为了克服网络直销的缺点，网络商品交易中介机构（即新型电子中间商）应运而生。这类机构成为连接买卖双方的枢纽，使得网络间接销售成为可能。阿里巴巴 B2B 网站、中国商品交易中心等都是这类中介机构。

【案例 6-3】

当当书店的网络渠道

自 1999 年 11 月开通，当当网目前已成为全球最大的中文网上图书音像商场，面向全

— 149 —

世界中文读者提供将近 30 多万种中文图书和音像商品，每天为成千上万的消费者提供方便快捷的服务，给网上消费者带来极大的方便和实惠。当当网成功的网络营销模式离不开它建立起来的成熟完善的间接营销渠道，主要表现在货款支付渠道和物流送货渠道：

第一，货款支付渠道。当当网提供了多种支付方式，包括货到付款、网上支付、邮局汇款、银行电汇、储蓄卡汇款等，极大地方便了顾客进行网上购物货款的支付。

第二，当当网建立了庞大的物流体系，将近 2 万平方米的仓库分布在华北、华东和华南地区，员工使用当当网自行开发、基于网络架构和无线技术的物流、客户管理、财务等各种软件支持，每天把大量货物通过空运、铁路、公路等不同运输手段发往全国和世界各地。在全国 66 个城市里，大量本地的快递公司为当当网的顾客提供"送货上门，当面收款"的服务。

资料来源：https://wenku.baidu.com/

6.3.2 新型电子中间商的类型

1. 按照网络中间商的性质划分

（1）网络经销商

网络经销商是指专门从事网络交易业务，在商品买卖过程中取得商品所有权的中间商，其利润主要来自商品的购销差价，一旦买进商品，则商品的销售风险与利益均由自己独立承担。

例如，亚马逊、当当网、京东商城等从性质上来说都属于网络经销商。网络经销商又可以划分成网络批发商和网络零售商，也可以划分成经营离线商店的网络经销商和完全虚拟的网络经销商。

（2）网络代理商

网络代理商是指从事商品交易业务，接受生产企业的委托，但不具有商品所有权的中间商，其利润主要来自被代理企业的佣金，但商品的销售风险与利益一般由被代理企业承担。网络经销商与网络代理商的主要区别是是否取得商品所有权，并以赚取购销差价为目的。

（3）网络经纪人

根据我国《经纪人管理办法》的规定，经纪人是指在经济活动中，以收取佣金为目的，为促成他人交易而从事居间、行纪或代理等经纪业务的公民、法人和其他经济组织。经纪人行为具有两个特征，一是促进他人交易，而自己不直接进行交易活动；二是以收取佣金为目的，而不赚取交易差额。网络经纪人既不取得商品的所有权，也不持有和取得现货，其主要职能在于为买卖双方牵线搭桥，协助谈判，促成交易，由委托方付给佣金或会员费，不承担产品销售的风险。

目前，在网络营销实践中，经纪人主要有两种类型。一种是具有网络营销理论与技术的信息经纪员，可以帮助企业或个人利用互联网进行产品推广、传播、寻找和积累客户资源及供货资源；另一种是专门为供求双方提供信息服务，协助谈判，撮合交易的网络组织机构，即网络交易市场。目前，大量存在的收费或免费的商务信息服务类网站为买卖双方建起了沟通信息的桥梁，虽然并没有参与或撮合交易，但也行使了传统商务经纪人的部分职能。买卖双方只要注册成为该网站会员，免费或缴纳一定的会费后，就可以由该网站将产品供求信息发布出去，有的网站还具有负责为买卖双方传递信息、进行信用保证等服务。因此，完全可以把这类网站称为网络经纪人。例如，我国的阿里巴巴、易趣、雅宝等网站都具有在线交易功能，但商务网站本身并不介入交易过程。

2. 按照网络中间商的业态形式划分

（1）目录

利用互联网上目录化的网站提供菜单驱动进行搜索。现在这种服务是免费的，将来可能收取一定费用。现在有 3 种目录服务。一种是通用目录（如雅虎），可以对不同网站进行检索，所包含的网站分类按层次组织在一起；另一种是商业目录（如互联网商店目录），提供各种商业 Web 站点的索引，如 258 商业搜索引擎，类似于纸质的工业指南手册；最后一种是专业目录，针对某个领域或主题建立网站。目录服务的收入主要来源于为客户提供的互联网广告服务。

（2）搜索引擎

与目录服务不同，搜索网站（如 Lycos）为用户提供基于关键词的检索服务，网站利用大型数据库分类存储各种网站介绍和页面内容，如百度、谷歌等。搜索网站不允许用户直接浏览数据库，但允许用户向数据库添加条目。

（3）虚拟商业街

虚拟商业街是指在一个网站内包括两个或两个以上的商业网站。它与目录服务的区别是，虚拟商业街定位于某一特定类型的生产者和零售商在虚拟商业街销售各种商品，提供不同服务。网站的主要收入来源于商业网站的租用。如新浪网开设的电子商务服务中就提供网上专卖店店面出租。

（4）网上商店

网上商店不同于虚拟商业街，网上商店拥有自己的货物清单并直接销售产品给消费者。通常，这些虚拟零售店是专业性的，定位于某类产品，直接从生产商进货，然后打折销售给消费者，如亚马逊网上书店。由于互联网上固定费用很少，虚拟零售商可以大幅度降低成本并让利给消费者，消费者也可以直接从网上选购，不出家门就可以购物。虚拟零售店表明互联网可以建立有效低廉的中间商，提供低价优质服务。

网上商城有 3 种主要类型：电子零售型、电子直销型和电子拍卖型。电子零售型是直接在网上设立网站，网站中提供一类或几类产品的信息供选择购买。电子直销型是由生产型企业开通的网上直销站点，消费者直接从网上选择购买。电子拍卖型是提供商品信息，通过拍卖形式由会员在网上相互叫价确定，价高者就可以购买该商品。

（5）网络统计机构

网络统计机构是指为用户提供互联网统计数据的机构，如我国的 CNNIC（中国互联网络信息中心）和艾瑞咨询等。

（6）电子支付

主要提供方便、安全和快捷的网上支付服务，实现各类银行的网上支付和解决电子商务中的支付瓶颈问题，实现买方和卖方之间的授权支付。这些电子支付手段通常会对每笔交易收取一定佣金以减少现金流动风险和维持运转。目前，我国的商业银行纷纷开始提供网上电子支付服务。

6.3.3　新型电子中间商的职能

与传统间接营销渠道的职能类似，网络间接营销渠道也是沟通买卖双方，帮助完成商品所有权的转移。结合整个渠道链条上的订货、结算和配送三大系统的网络间接营销渠道，尤其是新型电子中间商主要完成交易、物流和促进职能。

1. 交易职能

交易职能是指与网络顾客接触，利用各种营销沟通的手段让购买者了解产品，包括寻找符合购买者需求的产品、商议价格和完成交易环节的各项工作。这是网络间接营销渠道最基本的职能。

（1）与购买者接触

互联网为厂商提供了一个传统渠道之外的与购买者接触的新渠道。互联网可以为交易流程带来增值：首先，利用网络接触功能可以更有针对性地满足购买者的个性化需求；其次，消费者可以在网络上找到许多相关的参考信息，如搜索引擎、购物代理、聊天室、电子邮件和网页等；最后，互联网没有时间的约束，增加了交易机会。

（2）营销沟通

营销沟通包括广告和其他多种产品的促销活动。互联网为营销沟通工作带来的增值主要表现在：第一，由计算机代替人工，更加自动、有效，如生产商对产品订购的统计；第二，分销渠道最接近客户，收集并传播营销环境中有关潜在的和现实的客户、竞争者和其他参与者的信息，并告知生产企业，便于生产企业适时调整生产策略；第三，互联网可以通过共同的产品相关信息数据库，加强渠道中间商之间的相互协调，在第一时间更好地开展促销活动。企业可以通过电子邮件相互传递广告和其他营销资料，同时实时地浏览其他企业在网站上的促销信息，打破传统间接营销的壁垒。

（3）使产品满足客户的需求

网络的特点就是满足客户的个性化需求，网络中间商根据用户独特的定制要求，为消费者提供满意的产品和服务选择策略。网络中间商还能通过数据处理和分析，帮助消费者找到与自己的需求相吻合的产品。

（4）价格谈判

价格谈判是指买方和卖方讨价还价的一种双向沟通，与传统间接营销相同。一方面，网络中间商作为生产者、消费者两大利益团体之外的第三方，了解行业产品价格，便于两者达成较为公平的价格协议。另一方面，网络中间商在价格协商中常常代表消费者利益，它按照企业提供产品和服务的综合性能进行排序，帮助消费者选择出价低者。

2. 物流职能

物流职能是指产品的运输、储存、收集和拣选的工作。物流配送本身是一个全新的研究领域，在现代网络商业管理中的作用日益突出。

（1）实体服务

在网络营销中，产品的生产和消费在时间和空间上分离，为了方便客户的购买与消费，分销渠道应当承担有形产品在流通过程中的运输、储藏、分类和再包装甚至加工服务等功能，而网络平台使其更具吸引力。用户可以随时查阅产品的运输过程，这些服务由中间商承担更为有效。而对于一些数字化的无形产品，如文件、图片和音频等，可以通过互联网传递到消费者手中。网络递送大大降低了成本，实现商品所有权的转移是分销渠道承担的最本质功能。

（2）产品的整合

对于传统生产商来说，它们生产的产品品种有限，产量较大，较容易实现规模经济效益。但是从网络营销角度来看，由于消费者的个性化需求，产品品种增多，所需数量却较少，难以达到规模经济效益。因此，网络中间商的首要任务就是从多个生产商进货，方便消费者在一个网站购得多种产品，或者是把同一家生产商的产品整合在一起分销到各零售区域进行销售，组织商品的批量订货，尽可能实现产品的规模经济效益，降低产品运输成本。

3. 促进职能

渠道成员发挥的促进职能主要包括市场调研和支付保障，是网络营销渠道不可或缺的部分。

（1）市场调研和促销

作为分销渠道的主要职能，市场调研要确切地了解目标受众的规模和特征。网络中间商收集到的信息有助于生产商规划产品开发和开展营销沟通活动。相对于传统市场调研来说，网络市场调研借助于互联网平台市场调研的免费性和及时性，更受生产者的青睐。一般来说，企业的促销努力要通过中间商才能有效地作用于终端市场。

（2）支付保障和风险承担

为一笔交易进行支付保障可以有效地促进网络交易的进行。大多数网络消费者的交易活动都要通过信用卡或其他的支付保障系统来完成，消费者担心自己的信用卡信息在网络上泄露；同时，网络经营者也担心与之交易的消费者是否可靠，其使用的信用卡是否有效等。这些问题要求电子中间商予以解决。

本章小结

本章主要介绍了网络营销渠道的概念、特点和功能、分类，以及网络营销渠道的建设，并着重介绍了网上直销和新型电子中间商。通过本章的学习了解网络营销渠道与传统营销渠道的区别，熟悉网上直销和网络间接营销渠道各自的优缺点等，进而掌握网络营销渠道的选择。

典型案例

在电商渠道实现逆袭，全棉时代究竟做对了哪些事情？

在 2018 年的"双十一"购物节中，全棉时代线上线下全渠道销售额突破 5.13 亿元，总订单量达 258 万单，其中，仅全棉时代天猫旗舰店实现单日单店销售额 4.03 亿元。自从 2013 年参与天猫"双十一"后，全棉时代已经连续六年保持了母婴榜中的领先地位。

全棉时代于 2010 年正式上线，2011 年便开始发力电商，目前已经实现了线上线下全渠道销售。线上渠道有全棉时代官方网站，还有天猫、京东、唯品会三大平台开出的旗舰店；线下渠道目前有近 200 家自营店，以及商超、百货等渠道。从销量上看，电商已经成为全棉时代销量最大的渠道。

虽然全棉时代现已成为国内知名的母婴品牌，但它刚开始的路并不好走，公司成立的前四年，全棉时代一直亏损，直到第五年才真正开始盈利。此后便一发不可收拾，销量每年翻番，2017 年，全棉时代销售额已经突破 30 亿元。这个过程中，全棉时代究竟做对了哪些事情？

成功触网，无疑是一个十分典型的案例。全棉时代成立初期，正是中国电子商务快速发展的阶段，线下品牌走到线上已经成为大的趋势，全棉时代总经理李建全同样跃跃欲试，希望在线上大干一场。2011 年，全棉时代将电商业务放到北京，并请了一批专业人士，搭建了自营 B2C 网站，还入驻了天猫、唯品会等电商平台。但事与愿违，第一年的经营数据十分惨淡，销售额 1 000 万元，最终核算下来还亏损 1 500 万元。

但全棉时代没有放弃电商业务，反而继续加大投入，将电商业务重新拉回深圳，由李建全亲自操刀，团队管理、成本控制很快就起了效果。

在开拓线上的时候，有一件事李建全没有按"行规"办。上线初期，很多人劝他做线上专供款，即线上线下的产品不太一样，当然价格也有差异。当时很多品牌都这样做，但全棉时代却始终坚持线上线下一盘货。

李建全的理由很简单：全棉时代是一个品牌，就要保证线上线下是同样的商品，同样的质量，给到用户的也是同样的体验。但这样的坚持，也让全棉时代承受了不小的压力。因为线上经常搞促销活动，这就导致线上线下价格不一致。针对这一问题，李建全给出的解决方案是：只要线下用户找过来，一定返还比线上多收的价格。

现在随着整体销售规模的增加，线下店也能逐步跟进线上的销售价格，不过线下店依然有自己的竞争力，例如有更加丰富的商品展示，还有更加优质的体验，这让很多用户依然喜欢逛线下门店。

对于电商的游戏规则，李建全认为，要去逐步适应，而不是排斥。虽然线上定价较低，而且还要包邮，这也成为全棉时代前四年亏损的重要原因，但线上的拉新作用是很明显的。

虽然线上是全棉时代的主要出货渠道，但李建全并没有停止自营店拓展的步伐。因为从过去几年的经验看，实体店对于全棉时代品牌力的形成，发挥了很大的促进作用。

而在门店店型上，全棉时代目前已经迭代到了第五代门店，甚至包括 3 家已经开出的

1 300 平方米的大店。这些大店在销售的同时，也加入了很多体验区，例如全棉咖啡区、Purcotton DIY 全棉定制区，还有 Hello Kittylife 专区，以此来强化门店的展示性和体验性。

据李建全透露，全棉时代很快还会开出 1 900 平方米的大店，因为随着全棉时代进军全品类，商品品类越来越多，他们需要一些大的店面做全面的商品展示，在为用户提供丰富品类的同时，也通过多样的体验和富有情调的门店设计，让全棉时代真正俘获用户心智。

线上线下同时发力，又不断加深融合，李建全希望在新零售的趋势下，还能找到全棉时代更快速的增长方式。

思考：

1. 作为全渠道发力的零售商，全棉时代如何在电商渠道实现逆袭？

2. 线上成为最大出货渠道的同时，全棉时代为何反而更要不停地拓展线下？

学习与思考

1. 网络营销渠道的功能有哪些？

2. 网络直销的特点是什么？

3. 什么样的企业适合做网络直销？

4. 网络直销企业应该如何处理与传统中间商的关系？

5. 访问戴尔中国公司与凡客诚品官网，分析对比其渠道模式与传统企业的差别及各自的优缺点。

实践操作训练

1. 登录淘宝网选购一件商品，选择支付宝付款方式，实践支付宝充值、支付宝支付、订单查询、使用物流订单号跟踪查询物流配送进程、收货、支付宝付款、评价卖方等内容，熟悉掌握网上购物的操作流程。

2. 登录淘宝网，了解开设网络店铺的流程与内容，尝试开设一家店铺。具体需要实践淘宝会员注册申请、支付宝账户激活、支付宝实名认证、我要开店测试、我的店铺设置、店铺域名设置、发布商品、下载安装阿里旺旺、下载安装并使用淘宝助理发布商品信息。

3. 分别登录 1 号店、天猫，了解该平台商家入驻规则，找出两者间 3 处以上不同点。

网络营销促销策略

案例导入

慈善加冕——冰桶挑战

2015 年最火的话题之一必须算上冰桶挑战。这个活动风靡全球，是由美国 ALS（肌萎缩性脊髓侧索硬化症）协会发起的慈善活动，要求参与者在网上发布自己被浇冰水的视频，再点名其他人参与。被邀请者要么在 24 小时内接受挑战，要么选择捐出 100 美元。比尔·盖茨、马克·扎克伯格、科比、雷军、周鸿祎、刘德华等各界大佬名流纷纷迎战。

伴随持续发酵的名人效应，从 7 月 29 日到 8 月 12 日，ALS 协会总部共收到 230 万美元捐款，而上年同期收到的捐赠只有 2.5 万美元。截至 8 月 20 日，捐款数已高达 1 140 万美元。零成本、短时间内引爆互联网，冰桶挑战又是一场成功的病毒式营销。美国著名的电子商务顾问热尔菲·威尔逊博士认为，病毒式营销鼓励用户将营销信息传播给他人，并为信息的曝光和影响创造潜在的增长动力，使之呈几何级数增长。

病毒式营销包含了三大要素：病原体、易感人群和传播方式。病原体即被推广的产品或事物，它依靠对目标群体的利益、爱好、信息接收方式等的分析制造传播卖点，从而吸引关注。易感人群是可能接收信息并将信息传递下去的人群。传播方式即传播的手段和渠道。但冰桶挑战的病原体并非具体产品，而是以慈善为目的，期望引起大众对肌萎缩性脊髓侧索硬化症的关注，募集善款，其病原体并未刻意设计和制造。有影响力的易感人群的参与，是其成功的关键之一。冰桶挑战中，全球政、商、文娱等各界标杆人物纷纷被点名参与，他们拥有的话语权与关注度，本身就是一种巨大的传播力。而病原体虽未刻意包装，但传播上无疑利用的是有利的慈善环境和人们对慈善的关注。冰桶挑战兴盛于美国，据相关统计，美国是世界上慈善捐款最兴盛的国家，慈善机构手中掌握着占 GDP 近 10% 的财富。每年美国人会将收入的 1.8% 进行捐赠。

资料来源：http://www.360doc.com/

7.1 网络促销概述

7.1.1 网络促销的概念

促销策略是企业营销组合的主要工具之一，在网络营销环境下，研究网络营销的促销策略，有利于提高企业促销的效率。

促销（promotion）是指企业通过人员推销或非人员推销的方式，向目标顾客传递商品或劳务等信息，帮助消费者认识商品或劳务所带给购买者的利益，从而引起消费者的兴趣，激发消费者的购买欲望及购买行为的活动。网络促销是指利用现代化的网络技术向虚拟市场传递有关商品和劳务的信息，以激发需求，引起消费者购买欲望和购买行为的各种活动。

1. 网络促销的特点

第一，网络促销是通过网络技术传递商品和服务的存在、性能、功效及特征等信息的，因此，网络促销不仅需要营销者熟悉传统的营销技巧，而且需要相应的计算机和网络技术知识，包括各种软件的操作和某些硬件的使用。

第二，网络促销是在因特网上进行的。在这个网络上形成了连接世界各国的虚拟市场，在这个虚拟的网络社会中聚集了广泛的人口，融合了多种文化成分，所以，从事网上促销的人员需要跳出实体市场的局限性，采用虚拟市场的思维方法。

第三，因特网虚拟市场的出现，打破了传统的区域性市场的小圈子，使竞争发展到全球，而且在这个虚拟市场上，企业的规模、企业的类型等概念将日趋模糊。这迫使每个企业都必须学会在全球统一大市场上做生意的规则和技巧。否则，这个企业就会被淘汰。

2. 网络促销与传统促销的区别

虽然传统促销和网络促销都是帮助消费者认识商品，引导消费者对商品的注意和兴趣，激发他们的购买欲望，并最终实现其购买行为，但由于因特网强大的通信能力和覆盖范围，网络促销在时间和空间观念上，在信息传播模式上以及在顾客参与程度上都与传统的促销活动发生了较大的变化。

（1）时空观念的变化

传统的商品销售和消费者群体都有一个空间上地理半径的限制，网络营销大大地突破了这个原有的半径，使之在空间上成为全球范围的竞争。另外，传统的产品订货都有一个时间的限制，而在网络上，订货和购买可以在 24 小时、365 天内的任何时间进行。时间和空间观念的变化要求网络营销者能随时调整自己的促销策略和具体实施方案。

（2）信息沟通方式的变化

促销的基础是买卖双方信息的沟通。虽然在网络上，所有的信息沟通都演化为经过线路传递这单一渠道。但是，这种沟通又是十分丰富的。多媒体信息处理技术提供了近似于现实交易过程中的商品表现形式；双向的、快捷的、互不见面的信息传播模式，将买卖双方的意愿表达得淋漓尽致，也留给对方充分思考的时间。在这种环境下，网络营销者需要掌握一系列新的促销方法和手段，促进买卖双方的撮合。

（3）消费群体和消费行为的变化

在网络环境下，消费者的概念和客户的消费行为都发生了很大的变化。上网购物者是一个特殊的消费群体，具有不同于消费大众的消费需求。这些消费者直接参与生产和商业流通的循环，他们普遍实行大范围的选择和理性的购买。这些变化需要对传统的促销理论和模式充实新的理念和修订。

（4）促销手段的变化

网络促销与传统促销在推销商品的目的上是相同的，因此，整个促销过程的设计具有很多相似之处。所以，对于网络促销手段的运用，一方面应当依赖现代网络技术，通过电子网络与客户交流思想和意愿达到推销商品的目的；另一方面则应当吸收传统促销方式的整体设计思想和行之有效的促销技巧，打开网络促销的新局面。

3. 网络促销组合

传统市场的促销组合是指企业将 4 种主要的促销工具广告、人员推销、销售促进和公共关系有效地整合，形成一种整体的促销策略的过程。促销组合最优化是指企业促销决策的追求目标。

所谓网络促销组合是指将网络促销的各种工具，如电子广告促销、站点促销、网络销售促销和网络公共关系有效地整合，以实现整体促销效果的企业营销活动过程。企业开展网络促销组合时，应充分考虑的主要因素如下：

（1）产品类型

企业应根据不同的产品类型，选择不同的促销组合方式。从西方发达国家营销发展史来分析，广告是消费品的主要促销工具，人员促销是工业品的主要促销工具。

（2）促销的目标

企业促销目标的不同，其促销工具的组合方式也不同。如：企业促销的目标是扩大销售量，提高市场占有率，则促销的重点是利用网络广告和销售促进策略；如果是追求树立企业良好形象，则应重点突出公共关系策略，以加强和顾客的沟通，为实现长期效益目标奠定基础。

（3）市场特点

企业应根据不同的市场特点，选择不同的促销组合方式。主要应考虑：目标市场的范围大小、不同顾客群的特征、市场规模大小等。

（4）顾客不同的购买阶段

顾客在购买的不同阶段需要接收不同的信息，如知晓、了解、信任、购买等阶段，企业应根据顾客的信息需要，确定促销组合策略中的重点促销工具。

（5）产品市场寿命周期

在产品市场寿命周期的投入期、成长期、成熟期、衰退期，由于促销的重点不同，企业的促销组合策略也存在重大差异。

7.1.2 网络营销促销的功能

网络促销的功能主要表现在以下几个方面。

1. 信息告知功能

在网络促销中，借助于网络化的平台，能够通过各种信息传播与沟通手段，把企业的产品、服务、价格等信息传递给目标公众，以便引起他们的注意。

2. 说服诱导功能

网络促销的目的在于通过各种有效的方式，解除目标公众对产品或服务的疑虑，说服目标公众坚定购买决心。例如，在同类产品中，许多产品往往只有细微的差别，用户难以察觉。企业通过网络促销活动，宣传自己产品的特点，使用户认识到本企业的产品可能给他们带来的特殊效用和利益，进而乐于购买本企业的产品。

3. 创造需求功能

运作良好的网络促销活动，不仅可以说服诱导潜在客户购买自己的已有产品，而且还可以创造新的用户需求，发掘潜在的顾客，进而扩大产品的销售量。

4. 稳定销售功能

由于季节性因素以及其他相关原因，一个企业的产品销量不可能常年保持一致。企业通过适当的网络促销活动，可以树立良好的产品形象和企业形象，往往有可能改变用户对本企业产品的认识，使更多的用户形成对本企业产品的偏爱，达到稳定销售的目的。

5. 信息反馈功能

企业在开展网络促销的同时，能够通过电子邮件、网络论坛、即时通信等多种方式，及时地收集和汇总顾客的需求和意见，并迅速反馈给企业管理层。由于网络促销所获反馈信息基本上都是文字资料，信息准确，可靠性强，对企业经营决策具有较大的参考价值。

7.1.3 网络营销促销的实施

网络促销的实施包括6个步骤，分别是：确定网络促销对象、设计网络促销内容、决定网络促销组合、制定网络促销预算、衡量网络促销效果、网络促销过程的综合管理。

1. 确定网络促销对象

网络促销对象是针对可能在网络虚拟市场上产生购买行为的消费者群体提出来的。随着网络的迅速普及，这一群体也在不断膨胀。这一群体主要包括3部分人员：

（1）产品的使用者

产品的使用者是指实际使用或消费产品的人。实际的需求构成了这些顾客购买的直接动因。

（2）产品购买的决策者

产品购买的决策者是指实际决定购买产品的人。在许多情况下，产品的使用者和购买决策者是一致的；在另一些情况下，产品的购买决策者和使用者则是分离的。例如，中小学生在网络光盘市场上看到富有挑战性的游戏，非常希望购买，但是实际对购买行为作出决策的是学生的父母。婴幼儿的用品更是如此。所以，网络促销同样应把对购买决策者的研究放在重要的位置上。

（3）产品购买的影响者

产品购买的影响者是指看法或建议上对最终购买决策可以产生一定影响的人。在高价耐用消费品的购买决策上，产品购买影响者的影响力较大。

2. 设计网络促销内容

网络促销的最终目标是希望引起购买。这个最终目标是要通过设计具体的信息内容来实现的。消费者的购买过程是一个复杂的、多阶段的过程，促销内容应当根据购买者目前所处的购买决策过程的不同阶段和产品所处的寿命周期的不同阶段来决定。促销内容一般包括4个阶段：

①投入期：消费者对产品非常生疏，促销活动的内容应侧重于宣传产品的特点，引起消费者的注意。

②成长期：产品在市场上已有一定的影响力，促销内容需偏重于唤起消费者的购买欲望，创造品牌的知名度。

③成熟期：市场竞争变得十分激烈，促销内容除了针对产品本身的宣传外，还需要对企业形象做大量的宣传工作，树立消费者对企业产品的信心。

④衰退期：促销活动的重点在于密切与消费者之间的感情沟通，通过各种让利促销，延长产品生命周期。

3. 决定网络促销组合

网络促销活动主要通过网络广告促销、网络站点促销、E-Mail 促销等多种方式展开。网络广告促销主要实施"推战略"，其主要功能是将企业的产品推向市场，获得广大消费者的认可。网络站点促销主要实施"拉战略"，其主要功能是将顾客牢牢地吸引过来，保持稳定的市场份额。

由于企业的产品种类不同，销售对象不同，促销方法与产品种类和销售对象之间将会产生多种网络促销的组合方式。企业应当根据网络广告促销和网络站点促销两种方法各自的特点和优势，根据自己产品的市场情况和顾客情况，扬长避短，合理组合，以达到最佳的促销效果。

4. 制定网络促销预算方案

在网络促销实施过程中，使企业感到最困难的是预算方案的制定。在互联网上促销，对于任何人来说都是一个新问题。所有的价格、条件都需要在实践中不断学习、比较和体会，不断地总结经验。只有这样，才可能用有限的精力和有限的资金收到尽可能好的效果，做到事半功倍。

首先，必须明确网上促销的方法及组合的办法。企业应当认真比较各站点的服务质量和服务价格，从中筛选适合于本企业的、质量与价格匹配的信息服务站点。

其次，需要确定网络促销的目标。是树立企业形象、宣传产品，还是宣传售后服务？围绕这些目标再来策划投入内容的多少，包括文案的数量、图形的多少、色彩的复杂程度，投放时间的长短、频率和密度，广告宣传的位置、内容更换的时间间隔以及效果检测的方法等。这些细节确定好了，对整体的投资数额就有了预算的依据，与信息服务商谈判时也有了一定的把握。

最后，要明确网络促销的影响对象。就是需要明确企业的产品信息希望传递给哪个群体、哪个层次、哪个范围、哪个区域。因为不同的站点有不同的服务对象、不同的服务费用。企业促销人员应熟知自己产品的销售对象和销售范围，根据自己的产品选择适当的促销形式。

5. 衡量网络促销效果

网络促销的实施过程到了这一阶段，必须对已经执行的促销内容进行评价，衡量一下促销的实际效果是否达到了预期的促销目标。充分利用因特网上的统计软件，及时对促销活动的好坏作出统计，包括主页访问人次（impression）、点击次数（click-through）、千人广告成本 CPM（Cost Per Mille）等。

效果评价要建立在对实际效果全面调查的基础上，通过调查市场占有率的变化情况、产品销售量的增加情况、利润的变化情况、促销成本的降低情况，判断促销决策是否正确。

6. 加强网络促销过程的综合管理

要在网络促销当中取得成功，科学的管理起着极为重要的作用。在衡量网络促销效果的基础上，对偏离预期促销目标的活动进行调整是保证促销取得最佳效果的必不可少的程序。在促销实施过程中，要不断地进行信息沟通的协调，保证企业促销的连续性和统一性。

7.2　网络营销促销策略

7.2.1　网络促销的形式

传统营销的促销形式主要有4种，广告、销售促进、宣传推广和人员推销。网络营销是在网上市场开展的促销活动，相应的形式也有4种，分别为网络广告、销售促进、站点推广和关系营销。其中网络广告和站点推广是网络营销促销的主要形式。

——网络广告主要是通过网上知名站点、免费电子邮件服务以及一些免费的公开的交互站点发布企业的产品信息，对企业及企业产品进行宣传推广。

——网站推广是利用网络营销策略扩大站点的知名度，吸引网上流量访问站点，起到宣传和推广企业及企业产品的效果。

——销售促进是企业利用可以直接销售的网络营销站点，采用一些销售促进方法，如价格折扣、有奖销售、拍卖销售等方式宣传和推广产品。

——关系营销主要是借助互联网作为媒体和沟通渠道，通过与企业利益相关者（包括供应商、顾客、经销商、雇员、社会团体等）建立良好的合作关系，为企业的经营管理营造良好的环境。

另外，基于网络的各种新型促销方式不断出现，例如口碑营销、病毒营销、网络事件营销、网络媒体软文营销、网络社区营销、博客推广、网络危机处理等。

7.2.2　网络站点推广

1. 网络站点建设

企业要实行网络站点的推广，首先必须建立出色的网络站点。什么样的网络站点才是出色的站点呢？

新加坡南洋科技大学曾经组织评估小组，对网址后缀为".com.sg"的5 000个新加坡网络站点进行评估。评估小组从7个方面设定多样化的指标，对这些站点的每一项指标公平地评估，然后将每个方面评估的分数相加，得出网络站点评价总分。经过分阶段的比较与测试，评估小组评出了当年新加坡商业网点Top100，即新加坡100个出色的商业网络站点。评估小组考察网络站点的7个方面，可以借鉴为出色网络站点建设的基本要求。

①技术融合的使用以及加载各种页面的时间。

②用户界面的质量。指站点的友好用户界面、页面布局、图片的质量和对它们的适当应用，以及文字的可读性。这一项是评估的重点。

③方便灵活的导航。指栏目、检索引擎、导航按钮、所列链接的有效性和正确性。

④产品和服务信息。根据公司的产品和服务来评定站点提供（动态或静态）信息的质量。

⑤企业数据和质量。评定站点所提供的企业信息。考察它的背景、求职机会、合作消息、研究报告、数据和调研报告等。这一项也是评估的重点。

⑥商业贸易。一个站点是否能实现在线订购业务处理，是否能实现在线服务请求。

⑦信息交互。站点必须具有内部联网（Intranet）和供销客联网（Extranet）功能。

2. 网络站点推广

网站建设仅仅是网络营销站点推广的第一步，站点建成后，如何增加站点访问量，尤其是本行业的客户访问量，是一个很值得探讨和研究的话题。怎样才能让客户知道企业的网址，并访问企业的网站呢？如果对网站不做任何营销推广，让访问者浏览该网站就如同大海捞针，非常困难。提高站点访问量的主要方法是将网站通过自动注册技术在搜索引擎或目录服务站点上注册，以及在有影响的网站上做电子广告来实现。但是，高访问量并不意味着高购买量。还应该结合本行业的用户群在网上造成影响：一方面要通过技术手段在本行业的站点上进行网站营销；另一方面也要利用专业的信息检索手段主动搜寻潜在客户，并与传统的宣传方式相结合，才能达到比较满意的效果。因此，网站推广并不是可有可无的事情，它决定着网站的生死命运和企业网络营销的成败。

网站的推广要结合各种媒体和方式，多方面地营销推广才是有效的方法。有数字表明，各网站的推广以口头推荐为主（44%），其次是依靠传统媒体（39%），靠搜索网站和网站间的交叉链接方式分别为32%和10%。这表明，无论是传统媒介，还是网络技巧都是很重要的营销推广方式。只有将网站的宣传效果先做到知名的地步，再靠人们的口头推荐，才能达到最佳的推广效果。与此同时，尽量多地在网上建立链接方式，并通过各种搜索引擎来保证网站有较大的客流量。目前网站的推广方式有两大类：一类是利用传统的媒体进行宣传，另一类是在互联网上进行宣传。

（1）传统媒体上的网站推广

目前，传统媒体仍然是人们接触最多的信息传播媒介，在传统媒体上推广企业的营销网站，就是要设法在各种传统媒体上宣传企业网站及其特点，包括在电视、广播、报纸等公开媒体上介绍网站特点。介绍的内容一定要集中在客户的兴趣上，网站最重要的内容和对客户最有价值的内容一定要介绍清楚。

除了在媒体上推广之外，还要让网站地址在尽可能多的地方出现，只要有企业地址和电话号码的地方都要有企业的网址。另外，商务名片、企业介绍、办公文具、企业媒体等都可以印上企业的网址，也许潜在的客户在与你联系之前会有意识地去访问企业的网站，获取有关企业的情况。这样，网站也会帮助你推销企业和产品。

（2）互联网上的网站推广

在传统媒体上宣传网站的同时，企业还可以利用互联网本身的特点在网上推广网站。在网上推广网站也是非常重要的策略。在互联网上推广宣传企业网站的主要方法有：

①搜索引擎登录。在各大搜索引擎登录自己的站点，让别人可以搜索到企业的网站，这是最基本的方法。国际互联网上的信息资源如同大海一样，网站就像是大海里的小岛。为了让大家在网上快速找到所关注的网站，获取所需要的信息，许多搜索引擎网站迅速崛起。

网上的搜索引擎允许用户按不同的方式来查找。一类搜索引擎网站是按关键字查找的，只要键入关键字，就可以找到一系列相关内容的网站地址。另一类搜索引擎网站是分类索引的，这类搜索引擎网站将不同网站按内容做成分类索引，访问者可以通过搜索网站的不同搜索方式找到感兴趣的网站。而网上企业还可以根据自己网站的商务活动特点加入不同的搜索引擎中。

有些具有自动登录功能的搜索引擎会自动登录网站，可免去你到处寻找的麻烦。只要输入网站的相关信息：企业名称、E-Mail、站点名称、网址、简介、关键字、类别，就可以自动将网站登录到若干个搜索引擎中，并在较短的时间内注册完毕。需要注意的是，各个搜索引擎在登录时所需要的信息并不完全相同，因此应将各项信息填写完整，以免影响登录效果。

②利用网络论坛和新闻组推销网站。在各个论坛及BBS上发布自己网站的消息也是主页推销的好办法。利用中文论坛的自动登录功能，只要输入网站的相关信息就可以自动将它们发布到论坛上。需要注意的是，按照网络惯例，不要在与自己网站所从事的内容无关的论坛上贴帖子。

杂志一直是信息传播的重要媒体之一，新闻组作为一种电子杂志也不例外。如果能将自己网站的消息在新闻组上发布，将会大大提高自己网站的知名度。有的新闻组，它以主页的开通及更新消息为主要内容。只要把自己网站的更新消息利用投稿功能寄给新闻组，此新闻组的所有注册用户都将收到此信息。

③广告交换登录。广告交换也是目前普遍采用的一种推广站点的方法。在有影响的网页上购买广告是另外一种网站营销推广方法。最普通的就是所谓的旗帜广告。旗帜广告就是在网页上嵌入的画面广告。由于它占用的空间少，有时还是活动画面，犹如一面飘扬的旗帜，所以被称为旗帜广告。在制作旗帜广告时，为了让访问者在任何情况下不要错过旗帜广告，在设计时要考虑关闭图像传输的情况。这就要求在旗帜广告旁边加上文本说明。

但是，由于广告交换服务利用程序自动将交换的广告随机投放于网站的主页上，所以，交换广告的网站并不能控制哪些广告会出现在你的主页上。甚至，有时你的竞争对手的广告会突然出现在你的主页上。

④友情链接登录。与其他的网站建立链接关系可以有效地推广企业网站。不妨试一试询问其他有关的网站是否愿意将他们的网址链接到你的网站，使你的网站与他们的网址产生链接。与此同时，他们的网站也可以链接你的网址。

⑤在网站排行榜上登记。如果每天访问企业站点的人很多，有幸进入排行榜的前100位，那么网站的知名度会大大提高，访问的人数会更多。目前，较有影响的两大排行榜是网易的中文站点排行榜和中文热讯排行榜。

⑥利用电子邮件。电子邮件是一种公认的高效廉价的网络促销手段。但利用电子邮件来宣传站点时，一定要遵循网络礼仪，否则往往会事与愿违。没有网民希望他的电子邮箱里塞满了垃圾信息。因此，利用发送电子邮件促销时，要注意不要滥发邮件，避免邮件内容繁杂，发送不能过于频繁，需要有发送目标定位，还要及时回复邮件。

⑦鼓励其他站点复制内容。看到你的文章的人越多，你获得顾客的可能性就越大。不要老是盯在版权上，其实你应感谢其他站点对你的文章的引用，因为无形中它充当了宣传你的站点的工具。所以我们建议在站点的某些内容上添加必要的说明以鼓励其他站点的引用。

7.2.3　网络销售促进

1. 网络销售促进的概念

网络销售促进是基于现代市场营销促进，融入互联网等信息科技手段，通过在互联网上进行产品发布，传递有关产品和服务等信息，采用一些短期的宣传行为，以刺激消费者的购买欲望，快速地产生购买决策和购买行为的活动。互联网作为新兴的网上市场，网上的交易额不断上涨。网络销售促进就是在网上市场利用销售促进工具刺激顾客对产品的购买和消费使用。

2. 网络销售促进的形式

网络销售促进是利用网络进行的促销活动，包括提供新产品信息、促销方式说明、折扣券、赠品、网上订购折扣、抽奖等多种活动形式。一般情况下，网络销售促进主要有以下几种形式：

（1）网络免费促销

网络免费促销主要包括产品免费促销和资源免费促销两类。产品免费促销指消费者可通过在线注册等方式获取产品，而产品通过邮寄的方式送达消费者。产品免费促销一般是为了吸引流量和供消费者试用。而资源免费促销就是通过网站无偿提供访问者感兴趣的各类资源，吸引访问者访问，提高站点流量，并从中获取收益。目前，利用提供免费资源获取收益比较成功的站点有很多，有提供某一类信息服务的，如百度搜索和新浪微博等。

例如：软件生产商可以在自己的站点上提供将要发行的新软件试用版或有限试用时间和试用范围的正式版，供大家免费试用；书刊发行者可以在网上提供书刊的封面、目录及精彩片段以吸引网民的注意；而娱乐业则可以把产品的精华剪辑到网站上，让访问者感受艺术的魅力，并通过访问者在他们的社交圈子里宣传其产品。

（2）网络折价促销

网络折价促销是指企业在进行销售的过程中，按照产品的标价只收取部分价格的一种促销方法。在网络促销中，折价促销是企业常用的一种促销方式。折价促销是全球历史最悠久的、效果最好的且到现今仍非常实用的一种促销手段。通常，网络消费者多喜欢物美价廉的商品，因此，企业为了吸引消费者经常开展幅度较大的打折促销活动，促使消费者尽早作出购买决定。例如，近年来比较著名的"双十一""双十二"淘宝节，大部分网店就是采用折价促销的方式。而号称全球最大中文网上商城的当当网（www.dangdang.com）春节期间全场万种图书、音像商品以 2~5 折"惊价"拜年。

（3）网络赠品促销

网络赠品促销是指企业在新品退出、老产品清仓、开辟新的市场、应对竞争对手等情况下，为了提升消费者的购买量及忠诚度，通过网络向购买本企业产品的消费者实施馈赠的促销行为。通过网络赠品促销，可以在短期内大幅度提升企业网站的浏览量和知名度，促进消费者重复浏览网站信息，获取更多企业和产品信息。同时通过消费者索取赠品情况，企业也可掌握消费者对产品的偏好以调整营销手段和改进产品，以期更好地满足消费者的需求。

开展网络赠品促销时要注意：首先，要保证赠品的质量，否则会适得其反；其次，赠品的选择要同企业的促销目标相关，保证后期消费者能更好地忠于企业和产品；再次，要注意时机的选择，尽量选择消费者当下需要的产品，而非库存货；最后，要注意控制成本，一定要将成本控制在企业能够接受的范围之内。

（4）网络有奖促销

网络有奖促销是指企业通过填写问卷、注册、购买产品或参加网上活动等方式吸引消费者从中获取中奖机会的一种促销方式。网络有奖促销一般同企业的市场调查、产品销售、扩大用户群、某项推广活动等相结合。但要注意，在进行有奖促销时，提供的奖品要能吸引促销目标市场的注意；活动参加方式要简单化，太过复杂和难度太大的活动较难吸引匆匆的访客。

例如，搜狐商城开展的"2·14 情人节购物中大奖"促销活动，在活动时间内当日购物金额在 214 元以上的顾客均可参加抽奖，抽奖时间为每日中午 12 点，抽取的订单范围是前一天（0：00—23：59）所有购物金额在 214 元以上并处于已发货状态的订单，抽奖结果即时公布。

由于网络的虚拟性和参加者的广泛地域性，对抽奖结果的真实性要有一定的保证，应该及时地请公证人员进行全程公证，并及时地通过电子邮件、公告等形式向参加者通告活动的进度和结果。同时，要利用互联网的交互功能，充分掌握参与促销活动群体的特征和消费习惯，以及对产品的评价。

（5）数量折扣促销

数量折扣促销是指企业在确定产品或服务的网上价格时，为了让顾客能够购买更多的产品，提高销售量，会依据顾客购买的数量等级，给予不同程度的折扣。一般购买数量越多，折扣越大。数量折扣促销在实际运用过程中，有累计数量折扣和非累计数量折扣两种类型，二者的主要区别在于购买次数是否可以累加，从而激发不同顾客的多次购买或一次购买的数量需求。

（6）积分促销

积分促销是商务网站预先制定一定的积分制度，根据顾客在网上购物的次数或金额或参加某次活动的次数，企业会对其注册的账号根据消费情况给予相应的积分奖励，当积分达到一定额度时，可以兑换奖品或直接获得在企业网上进行消费的电子券。

很多企业产品的销售具有单次购买数量不大但重复购买次数较多的特点，用折扣促销的方式就不太理想，于是就可采取积分促销的方式。对于网上商城来说，采用积分促销有两大好处：一是通过这种简单有效的促销，能够和客户建立良好的关系；二是能够刺激用户的购买，通过时间上的控制，能够让有需求但对时间不敏感的老客户迅速购买。积分促销在网络上的应用比起传统的营销方式操作起来更简单和容易，而且网上积分活动很容易通过编程和数据库等来实现。

现在不少电子商务网站"发行"的"虚拟货币"，可以说是积分促销的另一种体现，如西单 IGO5 网上商城的"E 元"、酷必得的"酷币"等。网站通过举办活动来使会员"挣钱"，同时可以用仅能在网站使用的"虚拟货币"来购买本站的商品，实际上是给会员购买者相应的优惠。

（7）网络联合促销

由不同商家联合进行的促销活动称为联合促销，联合促销的产品或服务可以起到一定的优势互补、互相提升自身的价值等效应。如果应用得当，联合促销就可起到相当好的促销效果，如网络公司可以和传统商家联合，以提供在网络上无法实现的服务。

【案例 7-1】

天猫与各地区订阅号的联合微信促销策略

2016 年 5 月，天猫店通过与北京店客来科技有限公司合作，形成微信订阅号"嘉兴有券"，针对嘉兴居民定期推送天猫优惠，通过产品与当地特色和季节相结合，推送嘉兴居民比较喜爱的产品和服务，从而让消费者更加快速地选择自己需求的产品进行购买。

天猫作为现实中最大的网络购物平台之一，它的各种促销策略是值得深入学习的，它平时的数量折扣、赠品折扣等举不胜举，而它通过订阅号向顾客集中推送各种打折、赠品、送券等促销策略值得学习。

资料来源：李玉清主编《网络营销实务》，电子工业出版社，2018年9月

（8）会员制营销

商务网站一般都采取会员制。会员制营销，也称俱乐部营销，是指企业以某项利益或服务为主题将人们组成一个俱乐部形式的团体，开展宣传、销售与促销活动。顾客成为会员的条件可以通过缴纳一定的会费，或购买一定数量的产品等，成为会员后就可以在一定时期内享受入会时约定的权利。以组织和管理会员的方式开展网上商务活动的优点：一是了解顾客信息，认证顾客的身份；二是通过会员制锁定目标顾客群。

严格意义上的会员制网上商店要求顾客只能注册成为网站的会员，才可以进入会员商店购买商品或接受服务。但在网络营销实践中，有些商务网站，顾客并不一定非得成为网站的会员才可以进入网站购买商品或享受服务，只不过会员与非会员在采购商品中所需支付的价格有所区别，前者支付的价格与相关费用一般要比后者少得多。

有些商务网站还根据某项条件把会员区分为普通会员与VIP（贵宾）会员。还有些网站根据会员的购买行为进行积分，以区别对待，激励购买消费。例如，搜狐商城规定：顾客在搜狐商城成功注册后即成为普通会员，享受购物积分，消费1元积1分；累计消费金额800元或一次性购物金额满500元，成为VIP会员后可享受购物积分消费1元积2分。

3. 影响网络销售促进的因素

网络促销效果受多种因素的影响，在考虑选择何种促销手段能够达到既经济又有效的目的时，需要注意以下几方面的影响因素。

（1）产品属性

企业应根据不同的产品类型，选择不同的促销组合方式。产品类型有多种分类形式，比如按生产部门不同，可分为工业品和农业品；按产品分配形式不同，可分为消费品和产业用品，等等。这里所说的产品类型，主要是指消费品和产业用品。从西方发达国家网络营销实践看，网络广告是消费品的主要网络促销工具，人员促销是产业用品的主要促销工具，销售促进对这两者同等重要。

（2）产品生命周期阶段

对处于不同生命周期的产品，各种促销工具的效果也不相同。如对于导入期阶段的产品，在消费者对产品不太了解、接受能力很低的情况下，大面积的广告和产品赠送或折让也是必要的，这对于激发消费者的初始需求都极为有效。而对于成熟期阶段的产品，则应集中宣传本品牌与其他品牌的差别，强调产品的附加利益，营业推广的效果就要大于广告。这一阶段主要是巩固市场、增强服务，增加公益性广告，培育顾客忠诚，网络广告主要侧重于提醒式广告。

（3）网络促销目标

网络促销目标是企业进行网络促销所要达到的目的和期望。网络促销目标可分为两种：一是提高企业形象，二是提高销售量。如果以提高企业形象为主要目标，企业就要以公共关系策略为重；如果以提高销售量为主要目标，企业就要以销售促进策略为重。而提

高销售量主要有这样几种方法：第一，推出新产品；第二，提高产品知名度；第三，宣传产品性能；第四，提高老产品销售量等。应当说前三种更适合采用网络广告促销策略，而提高老产品销售量更适合销售促进策略并辅之以网络广告促销策略。

（4）促销预算

促销预算的大小直接影响促销方式的选择，预算少就不能采用开销大的促销方式。预算开支的多少要视企业的实际资金支付能力和市场目标而定，而且不同的行业和企业，促销费用的支出也不相同，如保健食品行业，促销费用在整个营业额中所占的比重都高于普通食品行业。

（5）竞争对手

在选择什么样的促销方式时，还要注意竞争对象，也就是说，要根据竞争对象的促销方式合理选择自己的促销方式。

4. 网络销售促进方案制定

在互联网上促销，对于任何企业及任何营销人员来说都不是个简单问题。一个完整的销售促进方案是企业实施销售促进策略的依据。销售促进方案主要包括以下几个方面内容：

①确定网络销售促进的目标与内容；

②确定产品的销售对策；

③确定销售促进要达到的规模；

④确定参与者的条件；

⑤确定网络销售促进的方法及组合的方法；

⑥确定促销时间；

⑦确定活动的预算。

7.3 网络公关策略

7.3.1 网络公共关系概述

1. 网络公共关系的概念

公共关系（public relation，PR）是指企业在从事市场营销活动中正确处理企业与社会公众的关系，以便树立企业的良好形象，从而促进产品销售的一种活动。公共关系能够实现如下营销目标：①树立企业及产品的良好形象；②向新的公众展示企业及产品；③促成与新顾客建立良好的关系；④进一步协调、巩固与老顾客的关系。

网络营销公共关系是在利用网络技术营销时，建立企业与各种客户之间的良好关系，实现促销目标的一系列活动，是公共关系在网络技术环境下的新发展。网络技术能够将公共信息直接传递给目标受众，不受其他任何媒体的干涉，这是区别于传统公共关系的一个重要特征。

网络营销公共关系的构成要素如下：

（1）网上公共关系主体

网上公共关系主体主要指开展网上营销的企业。由于网络传播信息的互动性，网上企业的公共活动信息在公共促销的每一个环节都能发挥其沟通中的主动作用。这一重要特征是网络营销公关比传统营销公关更具优势的根本原因。

（2）网上公关客体

网上公关客体主要是指与网上企业有实际或潜在利益关系或相互影响的个人或群体。这些公众是在一定的网络社区生活。网络社区主要分为两种：一种是围绕网上企业由利益驱动形成的垂直型网络社区，包括投资者、供应者、分销商、顾客、雇员及其他成员；另一种是围绕某一主题而形成的横向网络社区，如提供相同产品和服务的同行企业、其他组织、社会团体、行业协会及联合会等。沟通的主要场所为网络论坛、新闻组和电子邮件等。

（3）网上公关中介

在网络营销公共关系中，除传统的公关中介外，主要指控制新闻传播的机构。

2. 网络营销公共关系的目标

公共关系是一种重要的促销工具，它通过与企业利益相关者包括供应商、顾客、雇员、股东、社会团体等建立良好的合作关系，为企业的经营管理营造良好的环境。网络公共关系与传统公共关系功能类似，只不过借助互联网作为媒体和沟通渠道。网络公共关系较传统公共关系更具有一些优势，所以网络公共关系越来越被企业一些决策层所重视和利用。一般来说，网络公共关系有下面一些目标。

①通过与网上新闻媒体建立良好的合作关系，将企业有价值的信息通过网上媒体发布和宣传，以引起消费者对企业产生兴趣。有利于通过网上新闻媒体树立企业良好的社会形象，同时宣传和推广企业的产品。

②通过互联网建立良好的沟通渠道，包括对内沟通和对外沟通，以便企业利益相关者能充分了解企业，以巩固与老顾客的关系，同时与新顾客建立联系。

网络公共关系的工作内容基本上可以概括为1个中心，两个目标，3个基本要素，4个基本步骤。一个中心就是以塑造企业形象为中心，两个目标就是以提高企业的知名度与美誉度为目标。网络公共关系具体而言就是要研究网络公共关系主体、网络公共关系客体与媒体3个基本要素，工作的程序包括网络公共关系调查、网络公共关系策划、网络公共关系实施与评估4个步骤。

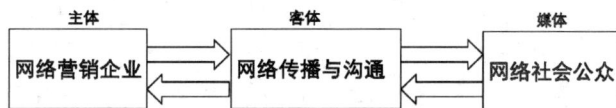

图7-1 网络公共关系三要素

3. 网络公共关系的特征

网络公共关系就是以促销为目的的网络公共关系活动，它与其他促销方式相比有以下几个特征。

（1）网络公关是一种"软营销"

在工业化大规模生产时代，传统营销有两种"强势"营销手段：传统广告和人员推销。它们不考虑公众是否需要这类信息，企图凭借信息强制灌输的方式在消费者心中留下深刻印象，人们常以"不断轰炸"来形容传统营销方式。而网络公关则是以信息传播方式为主，通过柔性调节手段，目的是协调企业与公众的关系，以树立良好的企业形象，促进销售，维护企业利益，人们称它为"软营销"工具。

（2）网络公关具有主动性和直接性

网络公关直接联系企业和公众。企业可以自由支配公关活动中的每个细节，通过各种不受时空和版面控制的方式进行宣传，使公众可以通过网络在线直接查询企业数据库；而企业也可以直接面向消费者发布新闻或是通过查询相关的新闻组、网络论坛来发现新的顾客群体，研究市场态势，为企业营销提供有价值的信息。

（3）网络公关体现的是企业形象

网络公关的发起方是企业，它一般通过各种网络新闻、事件活动等方式让公众了解企业的文化、理念，让公众对企业形成一个良好的印象，从而后期形成消费偏好。因此，网络公关的好坏直接关系到企业形象的好坏，也可以说，网络公关是企业的"脸面"。

（4）网络公关具有个人化趋势

随着网络技术迅速向宽带化、智能化、个人化方向发展，用户可以在更广阔的领域实现图、文、声、像一体化的多维信息共享和人机互动功能。互动性和个人化把"公关到群体"推向了"公关到个人"。这种发展使得传统公关模式有了革命性的变化。网络公关具有了创建企业与顾客"一对一"关系的能力。在"一对一"的互动关系下，一方面可以使企业了解更多的、极具市场价值的、富于个性的消费者信息，使企业提供更好的产品和服务；另一方面，也使得消费者得到了来自企业的更大需求满足，两者相互促进，形成企业与公众良好的动态循环。

4. 网络公关的对象

企业在进行网络公关的过程中，首先要明确公关的对象，从而针对不同的公关对象采用不同的策略和方法。

（1）社会公众

社会公众一般包括普通消费者、各种消费者的权益组织、环保组织和企业内部公众等。社会公众都是市场中的普通受众，他们是企业产品的主要消费群体，社会公众印象的好坏直接决定着企业的生死存亡。

（2）金融公众

金融公众是指影响企业取得资金和财力支援的银行、投资公司、抵押中心等金融机构。金融公众对企业的印象直接决定了企业融资的难易程度，因此，对金融公众的公关也是企业至关重要的一个环节。

（3）政府公众

政府公众是指负责监督企业经营活动的有关政府机构。作为整个市场秩序的制定者，政府对于企业的很多方面有生杀大权，企业给予政府的印象决定了企业在社会上的地位和办事的效率。

（4）媒介公众

媒介公众是指对消费者具有广泛影响的电视、广播、报纸和杂志等大众媒介及网络信息平台。作为现在传播广泛的媒介公众，信息的传递会直接影响其他公众对象对该企业的印象。

7.3.2 网络公共关系的传播形式

1. 新闻媒体传播

新闻媒体传播是借助第三方信息发布平台宣传自己品牌和产品的方法。当潜在消费者受到在网络推广宣传的软文的影响时，有大部分用户会对软文当中提及的产品和品牌时尚内的知名度产生怀疑。然后会通过搜索引擎来查询是否如文章当中所说，此时新闻稿的力量和影响力就会体现出来。新闻稿发布在大型门户网站上，或在权威的第三方媒体平台上发布关于企业品牌和产品的相关信息，同时借助门户网站的知名度和巨大的流量进一步加大品牌和产品的宣传力度。新闻稿被搜索引擎收录，对于企业品牌和产品的知名度会有极大的提升。

2. 问答平台传播

问答平台信息发布，是目前针对潜在受众群体的一种比较好的宣传方法。通过在百度知道、雅虎知识堂、新浪爱问、天涯问答、腾讯问问等问答平台上回答网友关于本企业或产品方面的疑问，为本企业或产品做一个针对目标受众的精准营销，并在搜索引擎上面取得一个非常好的排名，有利于企业品牌的推广。如提问企业产品如何、产品质量如何、产品如何使用等相关信息。同时在回答里面将本企业品牌和产品体现出来，以达到企业品牌公关的目的。

3. 论坛社区传播

企业可以在自己的网站创建网络社区或论坛，开展在线活动，以提高访问者的兴趣，增加网站的访问量和访问者的回访次数。同时，企业应积极参与网络上关注度比较高的网络社区或论坛，既可以发布信息，也可以与公众在论坛中进行实时交流，从而拉近企业与公众之间的距离。

4. IM 传播

IM 传播指的是借助网络即时通信工具进行的传播方法。网络即时通信（IM）工具可以把各种因相同爱好而聚集在一起讨论自己感兴趣话题的网民进行非常精准的细分，如有相同爱好的人会加入同一个 QQ 群，在里面和其他人交流分享自己的心得。这样的用户群体是非常庞大的，针对企业品牌和产品进行细分后，将一些产品的信息同网友分享。在群里做意见领袖，号召网络关注企业品牌和产品并去体验。

5. 企业网站传播

企业网站传播是指企业建立自己的网站并进行推广，这是网络公共关系的主要任务之一。企业网站传播的目的在于通过对企业网络营销站点的宣传来吸引用户访问，起到宣传和推广企业以及企业产品或服务项目的作用。因为企业网站是网上企业的总部，是企业在网上进行市场营销活动的阵地，建立自己的网站不仅可以起到广告的作用，更是树立企业形象的最佳工具。因此，在建立网站后，企业一定要做好网站推广的工作。

首先，企业应该在有一定影响的媒体（包括传统的媒体）上有宣传网站的地址，以提高站点的知名度进而增加其点击率。其次，网站的内容应不断更新，及时补充新的信息，删去过时的新闻，这一点非常重要。如果一家企业网站的主页上还保留着"非典"时期的企业的促销通告，可以想象访问者会对该企业产生什么样的想法。最后，企业应该建立与其相关站点的友情链接，以使消费者获取更多的信息。

6. 博客传播

博客作为网络时代展现企业和个人的重要平台，已经深得广大网民的熟悉和信赖。合理利用博客这个平台，可以使企业的产品和品牌更加深入人心。在大型门户网站以企业身份建立专业博客，发布关于企业产品的相关文章。把企业的产品和品牌在一些圈子中宣传出去，从而达到提升品牌、获取潜在受众群体的作用。在博客圈子中，做成一个关于讲解企业产品的特点、产品使用方法等的产品博客站点，并成为意见领袖，获得网友的关注。

7. 危机公关

危机公关是指由于组织的管理不善、同行竞争甚至遭遇恶意破坏或是外界特殊事件的影响而给组织或品牌带来危机，组织针对危机所采取的一系列自救行动，包括消除影响、恢复形象等。危机公关属于危机管理系统的危机处理部分，因此又称危机管理。它是组织在自身运作中对发生的具有重大破坏性影响，造成组织形象受到损伤的意外事件进行全面处理，并使其转危为安的一整套工作过程。

危机公关的意义主要有两方面：减少物质损失和维护组织品牌形象。一方面，危机所导致的直接后果就是物质损失，如果事先能预防、事中和事后能妥善控制和处理，就会使损失降到最低程度；另一方面，危机的间接损失是对组织或品牌形象的损害，而形象的损害对组织来讲是个致命的打击。显然，开展危机公关有助于减少物质损失和维护组织及品牌的形象，其积极意义是十分显著的。

7.3.3　网络公共关系的类型

1. 建设型公共关系

建设型公共关系是指组织初创时期或新产品、新服务首次推出时，为打开局面而进行公共关系工作的模式。其目的是提高组织知名度，尽量让公众知道、理解、接近自己，进而取得公众的支持。这种模式采用的方法通常有：开业广告、开业庆典、新产品展销会、免费试用、开业酬宾等多种形式。采用这种模式的目的是让组织的初创或新产品、新服务等给公众形成良好的第一印象。

这种公关活动的主要形式如下：

①密切沟通。例如寄送贺卡、信件，增进友谊，加强组织与公众之间的沟通。

②创造"事件"。例如赞助或参与社会重大事件，从而借此机会，宣传组织的文化形象。

③举办专题活动。精心策划，有效地借助新闻媒介，扩大组织知名度，提高美誉度。

④建立长期客户关系。通过对客户进行免费培训、提供技术支持、赠送礼品等，以赢得公众的支持和信任。

⑤加强公关宣传。例如，接待各种参观者、设计鲜明的组织名称和标志等。

2. 维系型公共关系

维系型公共关系是指社会组织在稳定发展期间，用来巩固良好形象的公共关系活动模式。其目的是通过不间断的、持续的公共关系活动，巩固、维持与公众的良好关系和组织形象，使组织的良好印象始终保留在公众的记忆中。其做法是通过各种渠道和采用各种方式持续不断地向社会公众传递组织的各种信息，使公众在不知不觉中成为组织的顺意公众。这些公众对组织的政策、行为和产品持赞赏、支持和认同的态度。

3. 防御型公共关系

防御型公共关系是组织为防止自身的公共关系失调而采取的一种公共关系活动模式。其目的是在组织与公众之间出现摩擦苗头的时候，及时调整组织的政策和行为，铲除摩擦苗头，始终将与公众的关系控制在期望的轨道上。

4. 矫正型公共关系

矫正型公共关系是组织在形象发生严重损害时，采取一系列有效措施，协同组织的其他部门挽回组织声誉的公关模式。矫正型公共关系的主要功能是纠正或消除损害组织形象的因素，恢复公众对组织的信任。矫正型公共关系一般有两种情况：一是由于外在的某种误解、谣言甚至人为的破坏，损害了组织的形象；二是由于组织内部不完善而导致外部公共关系的严重失调。

开展矫正型公关活动最关键的是要反应迅速，处事冷静，以对公众负责的态度处理危机。这样才能把危机造成的负面影响减到最低，甚至还可能使自身的形象得以提升。

5. 宣传型公共关系

宣传性公共关系是指组织综合运用各种传播媒介，按照组织的意图向公众传播信息，争取公众的了解、理解和支持，创造有利于自身发展的优良环境。其特点是：目的性、主导性、及时性、适当性、互动性。因此，经常采用的做法是利用各种媒介和交流方式进行内外传播，让各类公众充分了解组织、支持组织，进而形成有利于组织发展的社会舆论，使组织获得更多的支持者与合作者，达到促进组织发展的目的。

宣传型公共关系经常采用的方式有：发新闻稿件、做公共关系广告、召开新闻发布会、开展技术交流、搞展销活动等。但由于每种方式涉及的媒介效果、费用开支等的不同，所以在具体选择时，还应注意考虑宣传对象的公众类型、具体的宣传主题、宣传的事实或信息的客观真实以及宣传方法的恰当、适宜。

6. 交际型公共关系

交际型公共关系是在人际交往中开展公共关系工作的一种模式。其目的是通过人与人的直接接触，进行情感上的联络，为组织广结善缘，建立广泛的社会关系网络，形成有利于组织发展的人际环境。其方式是进行团体交际和人际交往。团体交际包括各式各样的招待会、座谈会、宴会、慰问、舞会等。人际交往有交谈、拜访、祝贺、个人署名、信件往来等。交际型公共关系具有直接性、灵活性、人情味。需要注意的是，开展交际型公共关系要坚决杜绝使用各种不正当的手段，而且注意这只是公共关系的手段之一，不是公共关系的目的，更不能把一切私人交际活动都作为公共关系活动。

7. 服务型公共关系

服务型公共关系是指组织通过向公众提供优质服务感动公众，赢得公众的好评，使组织在公众心目中留下难以忘怀的印象，从而扩大组织的社会影响，提高社会声誉，获得公众的支持。

服务型公共关系工作是组织生存和发展的基础，其不在于说，而在于做，是组织运作机制的反映，是组织员工精神和风格的反映，是组织文化的反映。其公共关系活动的形式如下：

①以组织机构本身的重要活动为中心开展的公关活动；

②以赞助社会福利事业为中心开展的公关活动；

③为赞助大众传播媒介而举办的各种活动。

无论采取何种形式进行宣传，组织都应高度重视产品的质量，为客户提供优惠性和优质性的服务。提高了服务质量和服务水平，才能有助于组织获得良好的社会形象。

8. 征询型公共关系

征询型公共关系就是指通过信息的采集、舆论调查、民意测验等工作为组织机构的经营管理决策提供咨询的活动。因此，了解公众舆论和社会情况是征询型公共关系工作的起点和基础。为全面、科学地收集和征求有关信息，征询型公共关系所采用的工作手段主要有：舆论调查、民意测验、市场综合分析等。而开展工作的主要形式如下：

①隶属组织内的，理所当然地为组织服务。一方面收集与本组织发展相关的一切信息，同时对其进行研究、分析，形成结论或预测设想。另一方面，提供有关资料或数据及意见、设想给组织决策作参考。

②独立于任何组织之外的专门性咨询公司或机构。由于他们不属于任何组织，所以其工作范围就比较广泛，可以为许多组织提供咨询服务，而且所提供的信息、策略等也是多方面和全方位的。对他们来讲，提供高质量的咨询内容及项目就是其经营目的。

总之，在征询型公共关系中，重视公众及社会的有关信息是其工作开展的先决条件，应认真对待，切实做好。否则，为组织的经营决策提供咨询就成了一句空话。

9. 社会型公共关系

社会型公共关系是社会组织利用举办各种社会性、公益性、赞助性活动塑造组织形象的公关模式。其目的是通过积极地开展社会活动，扩大组织的社会影响，提高其社会声誉，赢得公众的支持。这种公关模式从近期看，往往不会给组织带来直接的经济效益，但从长远来看，却为组织树立了较完备的社会形象，为组织创造了一个良好的发展环境。

10. 文化型公共关系

文化型公共关系是指社会组织或受其委托的公共关系机构和部门在公共关系活动中有意识地进行文化定位，展现文化主题，借助文化载体，进行文化包装，提高文化品位的公共关系活动。

7.3.4　网络公共关系策略

1. 利用网络播新闻：网络新闻公告策略

（1）网络新闻公告的概念

"公众必须被告知"是公共关系的基本原理之一。网络新闻公告就是发挥网络能迅速及时发布、广泛持久传播信息的特点，利用各种网络通信技术将企业新闻有效地传递给网络公众，以树立企业良好的网络社会形象。例如，海尔集团网站新闻播报栏目又下设最新消息、媒体聚焦、新闻搜索与新闻订阅栏目。

（2）网络新闻公告方式

①通过网络信息服务商发布新闻。企业可以通过网络信息服务商将自己的新闻信息发布出去，这种新闻发布方式与新闻发布会、展销会等相比，企业则可以较小的费用将新闻传递给社会公众。

②通过企业站点发布新闻。如果企业已经建立了自己的网站，则可在自己的网站上发布新闻。很多计算机软件公司就利用这种方法发布新产品开发、产品升级及产品促销等消息。这种方法尤其适用于产品更换频率高的企业，因为人们对这类企业的最新消息总是最感兴趣的。

③视频新闻广播。视频新闻通常是指录有产品图片、企业新闻发言人的讲话等信息的录像带的可视新闻。网上图像新闻是包括音频、视频、图片、文本等信息的综合体，而网上多数站点都能下载音频、视频、电影、动画等类型的信息，这就为网上发布视频新闻提供了机会。

④通过相关的新闻组、邮件列表或 BBS 发布新闻。企业也可以在某些知名站点与企业产品相关联的新闻组、邮件列表及 BBS 等栏目上发布企业新闻。

2. 利用网络造舆论：对网络舆论的分析和监控

"成也舆论，败也舆论"，在网络社会生活中，舆论发挥着空前的重要作用，因此，网络舆论也是企业拓展网络公共关系不可忽视的重要方面。

企业网络公关的一个基本方面就是分析舆论，以便有目的地推行自己的网络公共关系计划，创造良好的社会舆论氛围，使企业在网络公众中树立良好的形象。

企业网络公关的另一个基本方面是监控公共舆论，以达到建立关系、澄清事实、清除不利影响等目的。具体而言，公关人员要密切监视公共论坛和新闻组中对企业不利的言论，及时采取措施清除不良影响。

3. 通过网络传真情：实施顾客关系管理

利用网络，针对新老顾客，企业可以开展一系列的顾客关系管理活动，如技术支持、售后服务、释疑解惑等。海尔集团网站的服务中心就提供了产品知识、服务热线、在线报修、产品咨询、顾客登记、星级服务等栏目。

4. 通过网络献爱心：开展网上公益活动

（1）开展公益活动

"自己做好，让别人知道"，"既要学雷锋，又要留好名"是公共关系的指导思想。企业一方面可以通过网络号召与倡导公益活动，另一方面还可以将自己公益活动的历史、成绩与未来规划通过网络传递给网络公众，从而树立企业良好的、有社会责任感的网络社会形象。例如，海尔集团网站公益事业栏目从希望工程、体育事业、扶贫、救灾、助残、绿色环保及其他公益事业等方面系统介绍了企业的善行善举，以赢得社会公众对企业的好感。

（2）播发公益广告

企业可以利用网络发布各种类型、各个方面、各个时段的公益广告。

（3）提供免费资源

一些成功的企业网站都提供了许多免费的公益性资源，如游戏、笑话、短信、屏保、杀毒软件、应用软件、电子贺卡、生活常识、音乐等内容。这样做一方面可以提高网站的吸引力、增加网站黏度；另一方面也可以树立企业富有情调爱心和文化品位的形象。

5. 通过网络做沟通：开展内部公共关系

企业员工既是企业形象的塑造者，又是企业形象的体现者。随着网络技术在企业内部管理中的普及与应用，网络媒体正在成为企业内部信息传播与沟通的重要工具。企业可以将企业宗旨、经营理念、企业精神、管理制度与规范、经营战略计划、营销方针政策等通过互联网及时告知员工，而涉及企业商业秘密的则可以在企业内部网络范围内传递，还可以通过建立建议与意见信箱、董事长信箱、总经理信箱等手段，使企业内部领导者与员工之间、不同层级管理者之间达到充分及时、双向互动的沟通。

6. 通过网络送知识：开展消费者教育

强生公司（中国）网站注意到目前适合生育的年轻人在工作节奏上越来越紧张，没有更多的时间重视家庭和孩子，但有着强烈的培养孩子的意识。于是，网站提供了许多育儿知识，并在新浪网门户站建立"新浪亲子中心——强生婴儿健康呵护中心"站点。宝洁公司的佳洁士产品网站并不标价卖产品，而是提供了许多如何保护牙齿的知识。这些网站并没有直接做产品广告与促销，而是通过一种细致的关心和精心的服务，赢得网络公众的认可与接受。很显然，这些企业网络营销的策略就是以营销"消费理念"为主，而不是产品，主要是通过专业消费知识、生活知识的普及，使目标顾客逐步潜移默化地接受它们的理念，然后按照这个理念到传统的商场超市中去购买它们的产品，并保证最终使目标顾客感觉到只有它们的产品才能满足自己的需要。

📖 **本章小结**

本章主要介绍了网络促销的含义、特点及网络促销与传统促销的关系，网络促销实施的步骤，分析了网络促销的组合策略；介绍了网络促销的主要形式、网络站点推广和网络销售促进的主要展开方式和策略；网络公共关系的概念、形式以及策略。

通过本章的学习，学生应主要掌握网络促销的基本概念，通过利用各种手段和方法，会开展网络促销。掌握网络促销策略，通过网络广告、销售促进、站点推广和关系营销等方式对企业网站及产品开展网络营销。

宝马、奔驰：互怼营销

2019年5月，梅赛德斯—奔驰全球总裁迪特·蔡澈正式退休。其老对手宝马发布了一个视频，名为恶搞，实为致敬，这波操作可谓"骚到了家"。

视频的主题是"蔡澈在奔驰总部的最后一天"。蔡澈在人群中与曾经的同事握手告别，拍照留念，交还工牌，并在热烈的掌声中，最后一次坐上奔驰离开总部大楼，看着渐行渐远的总部大楼，蔡澈似乎有些不舍。在悠扬纯美的惜别音乐的刺激下，观众还没来得及感动，镜头一转，画面上出现"free at last（终于自由了）"，只见蔡澈开着时尚的宝马i8在汽车的轰鸣声中呼啸而去。

这是奔驰总裁退休之后，放飞自我，终于能正大光明开宝马了吗？

直到视频最后，我们才发现，宝马原来是在致敬："谢谢你，迪特·蔡澈先生，为这么多年来我们鼓舞人心的竞争。"

本是奔驰总裁的卸任礼，却被宝马怒刷了一波存在感。不仅如此，随后它俩在微博上的互动也让人嗅到了恋爱的气息。

宝马中国在微博上发布了一个短片，不但"艾特"（@，发给）了奔驰，还配文"奔驰一生，宝马相伴"。奔驰哪能心甘情愿被撩，转发的同时，还将宝马的文案前后句调换，改为"宝马相伴，奔驰一生"。

虽然是恶搞奔驰，宝马这波操作却让人恨不起来，因为diss（怼）你是真的，向你致敬也是真的，只是顺便给自己打个广告。宝马因此既赢得汽车行业的认同，也实现了宝马品牌声誉和美誉的双赢。对于吃瓜群众来说，也乐得看大品牌相爱相杀。

早在以前，奔驰和宝马就时不时互相"挤兑"，而且，就这么挤兑了一个世纪。比如，2016年3月宝马汽车100周年时，奔驰发祝福海报："感谢100年来的竞争，没有你的前30年，真的太孤独。"一面吐槽宝马太年轻，一面告诉大众，奔驰才是全球公认的汽车发明者，比宝马早了30年。宝马的回击更是精彩，用"君生我未生，我生君已老"来表明自己风华正茂，奔驰已经过时了。

像宝马奔驰这样互怼的竞争对手还有很多，汉堡王VS麦当劳，可口可乐VS百事可乐，苹果VS三星……每个行业都存在"踩"竞争对手"捧"自己的情况。这种互怼营销的高明之处在于，能极大提升品牌曝光率，吸引大众流量，让品牌在市场竞争中多一份露出机会，而幽默和智慧的形式不但不会败路人缘（败路人缘，破坏别人的路人好感度），还会怒刷一波好感。奔驰和宝马就在相爱相杀过程中，分别赢得了一批唯粉（宠爱只给予一人的粉丝），甚至是CP粉（痴爱某综艺或某电视剧中被设置为情侣的一对偶像的粉丝），从而实现了双赢的局面。

资料来源：https：//www.10guoying.com/marketing/1994.html

学习与思考

1. 简述网络促销的基本概念和功能。

2. 网络促销与传统促销的区别是什么？

3. 常用网络促销的手段有哪些？

4. 简述网络促销站点推广。

5. 常见网络销售促进的策略有哪些？

6. 什么是网络公共关系？网络公共关系的形式有哪些？

7. 简述网络公共关系策略。

8. 以各大电商"双十一"活动为例，从网络营销角度谈谈怎样做才能提高营销活动关注度。

9. 分析淘宝商城2019年节假日举行的大型营销活动策划的目的和实施的效果。

实践操作训练

1. 就近期的电商平台大促活动（如唯品会"419"、京东"618"、聚划算"99大聚惠"、天猫"双十一"、淘宝"双十二"），看该类电商平台做了哪些促销活动。

注意：该促销是指营销4P的促销，包括广告、销售促进、人员推销、公共关系，其中广告又包括了报纸、电视、网络等类型，分类截图。

2. 打开3个你所在城市知名电子商务企业的天猫旗舰店，看它们正在做哪些店内促销活动，并分析它们为什么这样规划。

3

方 法 篇

第 八 章

搜索引擎营销

【知识目标】
- 掌握搜索引擎的概念，了解搜索引擎的工作原理
- 掌握搜索引擎营销的概念、特点和主要模式
- 了解搜索引擎营销的发展现状，理解搜索引擎营销的基本方法
- 掌握搜索引擎优化的主要内容
- 理解搜索引擎营销的效果分析及影响因素分析

【能力目标】
- 具备搜索引擎营销的能力并能够进行搜索引擎优化
- 具备搜索引擎营销的效果分析能力

案例导入

大型网站——阿里巴巴 SEO（搜索引擎优化）案例分析

阿里巴巴是国内最早进行搜索引擎优化的电子商务网站，到目前为止也是网站优化总体状况最好的大型 B2B 电子商务网站之一。阿里巴巴的搜索引擎优化水平远远高于行业平均水平。下面对阿里巴巴网站的搜索引擎进行深入分析并予以优化。

阿里巴巴（https：//www.1688.com）被谷歌收录的中文网页数量有几百万个，不仅从被收录的网页数量上来说，要远远高于同类网站的平均水平，更重要的是，阿里巴巴的网页质量比较高，潜在用户更容易通过搜索引擎检索发现发布在阿里巴巴网站的商业信息，从而为用户带来更多的商业机会，阿里巴巴也因此获得了更大的网站访问量和更多的用户。

一个网站被搜索引擎收录网页的数量对网络营销有多大意义？单从网站被搜索引擎收录网页的数量来说，并不能反映该网站的搜索引擎营销水平。根据搜索引擎营销目标层次原理，因为被搜索引擎收录尽可能多的网页数量只是搜索引擎营销的第一个层次；在此基础上，当用户通过相关关键词检索时，这些网页在搜索结果中要有好的表现，比如排名位置靠前、网页标题和摘要信息对用户有吸引力，这样才能引起用户对该网页的点击，这是搜索引擎营销的第二个层次；当用户点击来到一个网站/网页时可以获得对自己有价值的

信息，这是第三个层次。这样才能为搜索引擎营销的最高目标奠定基础。所以，如果一个网站被搜索引擎收录的网页数量很少，或者根本没有被收录，那么可以肯定其搜索引擎营销是失败的。在网页被收录数量多的基础上，如果同时保证网页质量高，这样才是比较理想的状况。

1. 网站栏目结构和网站导航系统优化。阿里巴巴网站栏目结构设置合理，不仅仅是通过主页可以到达任何一个一级栏目首页、二级栏目首页以及最终内容页面，而且通过任何一个网页均可返回上一级栏目页面并逐级返回主页。

2. 网站内容优化。阿里巴巴将每个网页均设计有独立的标题，并且网页标题中含有有效的关键词，合理安排网页内容信息量及进行有效关键词设计，还将动态网页做静态化处理等。另外，每个网页还有专门设计的 META（元语言）标签。

3. 页面布局优化设计。客户进入网站后，立即进入主页面：因为来站里浏览的人多为比较专业的商业人士，他们需要的是效率和所需的产品。因此整个页面首先要合理有序，尽可能多地展示公司的产品。每天对首页进行更新，包括图片更新和文字更新。

4. 阿里巴巴动态网页的搜索引擎优化。阿里巴巴网页实现了动态网页的搜索引擎优化，将动态网页转化为静态网页发布，并且遵照搜索引擎的一般规律，在网站栏目结构、导航、网页标题和 META 标签设计、网页布局等方面做好优化工作。

5. 增加网站外部链接。

总结：阿里巴巴之所以能做到较高质量的搜索引擎优化水平，主要方法包括：网站栏目结构层次合理、网站分类信息合理、将动态网页做静态化处理、每个网页均有独立标题、网页标题中含有有效的关键词、合理安排网页内容信息量及有效关键词设计等。另外，每个网页还有专门设计的 META 标签，这些工作对增加搜索引擎友好性是非常重要的。这些其实并没有什么神秘之处，都是网络营销导向的网站设计的基础工作，正是将这些看似简单的细微之处做到专业化，阿里巴巴的网页无论从被搜索引擎收录的数量还是质量，都远高于其他同类网站。从这个方面来看，可以说，阿里巴巴的专业性已经深入每个网页、每个关键词甚至每个 HTML（超文本标记语言）代码。

资料来源：http：//blog.sina.com.cn/

8.1 搜索引擎及搜索引擎营销

8.1.1 搜索引擎概述

1. 搜索引擎的概念

搜索引擎（search engine）是一种基于互联网的信息查询系统，它根据一定的策略、运用特定的计算机程序从互联网上搜集信息，在对信息进行组织和处理后，为用户提供检索服务，将与用户检索相关的信息展示给用户。

从使用者的角度看，搜索引擎提供一个包括搜索框的页面，在搜索框输入词语，通过浏览器提交给搜索引擎后，搜索引擎就会返回跟用户输入的内容相关的信息列表。

在互联网发展的初期是没有搜索引擎的，但是随着互联网上信息的繁复多样，1994 年 7 月，世界上出现了最早的真正意义上的搜索引擎——Lycos（来科思）。同年 4 月，美国斯坦福大学的两位博士生 David Filo（大卫·费鲁）和杨致远共同创建了 Yahoo!（雅虎），并成功地使搜索引擎的概念深入人心，从此搜索引擎进入了快速发展时期。目前互联网上的搜索引擎数量达到数千个，能检索的信息量也与以前相比不可同日而语了。

2. 搜索引擎的分类

搜索引擎按其工作方式可分为全文搜索引擎、目录索引类搜索引擎、元搜索引擎及非主流搜索引擎。

（1）全文搜索引擎

全文搜索引擎是名副其实的搜索引擎，国外具有代表性的有 Google（谷歌）、Fast/all the web（迅捷/全网）、Alta Vista（阿尔塔维斯塔）、Inktomi（因特通）、Teoma（托马）、WiseNut（智果）等，国内著名的有百度（Baidu）。它们都是通过从互联网上提取的各个网站的信息（以网页文字为主）而建立的数据库，检索与用户查询条件匹配的相关记录，然后按一定的排列顺序将结果返回给用户的，因此它们是真正的搜索引擎。从搜索结果来源的角度，全文搜索引擎又可细分为两种：一种是拥有自己的检索程序（Indexer），俗称"蜘蛛"（Spider）程序或"机器人"（Robot）程序，并自建网页数据库，搜索结果直接从自身的数据库中调用，如上面提到的几家引擎；另一种则是租用其他引擎的数据库，并按自定的格式排列搜索结果，如 Lycos 引擎。

图 8-1　国内外具有代表性的全文搜索引擎

（2）目录索引类搜索引擎

目录索引类搜索引擎是将网站分门别类地存放在相应的目录中，再按分层目录查找所需要的营销信息。该类搜索引擎虽然有搜索功能，但在严格意义上算不上是真正的搜索引擎，仅仅是按目录分类的网站链接列表而已，某一目录中网站的排名则是由标题字母的先后顺序决定的。信息大多面向网站，提供目录浏览服务和直接检索服务。目录索引类搜索引擎中，国外具有代表性的有 Yahoo（雅虎）、Open Directory Project（DMOZ，开放目录项目）、LookSmart（好看）、About（关于）等。国内的搜狐、新浪、网易搜索也都属于这一类。

图 8-2　国内外具有代表性的目录索引类搜索引擎

（3）元搜索引擎

元搜索引擎是在接受用户查询请求时，同时对多个独立搜索引擎进行调用搜索，并将搜索结果整合、控制、优化和利用，最后将结果返回给用户。服务方式为面向网页的全文检索。著名的元搜索引擎有 dogpile（围扑）、Vivisimo（维维西摩）。Vivisimo 按自定的规则将结果重新排列组合，而 Dogpile 是按搜索结果排列方式来显示结果的。中文元搜索引擎中具有代表性的有搜星搜索引擎。

图 8-3　著名元搜索引擎

（4）非主流搜索引擎

①集合式搜索引擎：如 HotBot（好博特）在 2002 年底推出的引擎。该引擎类似于元搜索引擎，但区别在于其不是同时调用多个引擎进行搜索，而是由用户从提供的若干搜索引擎当中选择，因此称它为"集合式"搜索引擎更确切些。

②门户搜索引擎：如 AOL Search（美国在线搜索引擎）、MSN Search（微软搜索引擎）等虽然提供搜索服务，但自身既没有分类目录也没有网页数据库，其搜索结果完全来自其他搜索引擎。

③免费链接列表（free for links，FFA）：这类网站一般只简单地滚动排列链接条目，少部分有简单的分类目录，不过规模比起 Yahoo！等目录索引类搜索引擎来要小得多。

由于上述网站都为用户提供搜索查询服务，为方便起见，通常将其统称为搜索引擎。

3. 搜索引擎工作原理

在开展搜索引擎营销时，有必要了解搜索引擎的工作原理，这对企业日常搜索应用和网站推广都会有很大的帮助。搜索引擎的工作原理基本为以下 3 个步骤：

（1）抓取网页

每个独立的搜索引擎都有自己的网页抓取程序（俗称"蜘蛛"）。"蜘蛛"顺着网页中的超链接，连续地抓取网页，被抓取的网页被称之为网页快照。由于互联网中超链接的应用很普遍，理论上讲，从一定范围的网页出发，就能搜集到绝大多数的网页。

（2）处理网页

搜索引擎抓到网页后，还要做大量的预处理工作，才能提供检索服务。其中，最重要的就是提取关键词、建立索引文件。其他还包括去除重复网页、分析超链接、计算网页的重要度。

（3）提供检索服务

用户输入关键词进行检索，搜索引擎从索引数据库中找到匹配该关键词的网页。为了用户便于判断，除了网页标题和 URL（统一资源定位系统）外，还会提供一段来自网页的摘要以及其他信息。

下面结合主流的全文搜索引擎和目录搜索引擎来有针对性地介绍其原理。

①全文搜索引擎工作原理。在搜索引擎分类部分我们提到过全文搜索引擎从网站提取信息建立网页数据库的概念。搜索引擎的自动信息搜集功能分两种。一种是定期搜索，即每隔一段时间（比如谷歌一般是 28 天），搜索引擎主动派出"蜘蛛"程序，对一定 IP（网际互联协议）地址范围内的互联网站进行检索，一旦发现新的网站，它会自动提取网站的信息和网址加入自己的数据库。另一种是提交网站搜索，即网站拥有者主动向搜索引擎提交网址。它在一定时间内（2 天到数月不等）定向向该网站派出"蜘蛛"程序，扫描该网站并将有关信息存入数据库，以备用户查询。由于近年来搜索引擎索引规则发生了很大变化，主动提交网址并不保证网站能进入搜索引擎数据库，因此目前最好的办法是多获得一些外部链接，让搜索引擎有更多机会找到网站并自动将其收录。

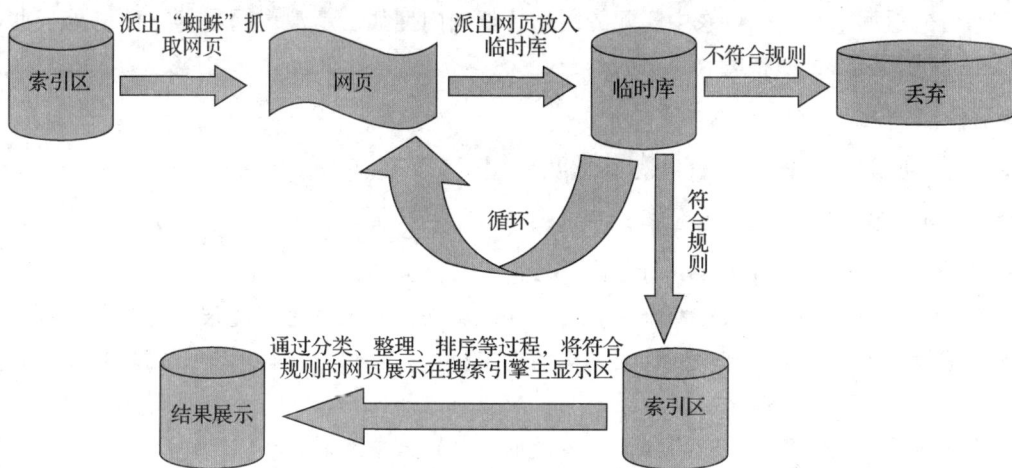

图 8-4 搜索引擎工作原理

当用户以关键词查找信息时，搜索引擎会在数据库中进行搜寻，如果找到与用户要求内容相符合的网站，便采用特殊的算法（通常根据网页中关键词的匹配程度、出现位置/频次及链接质量等）计算出各网页的相关度及排名等级，然后根据关联度高低，按顺序将这些网页链接返回给用户。

②目录搜索引擎工作原理。与全文搜索引擎相比，目录索引有许多不同之处。

首先，搜索引擎属于自动网站检索，而目录索引则完全依赖手工操作。用户提交网站后，目录编辑人员会亲自浏览用户网站，然后根据一套自定的评判标准甚至编辑人员的主观印象，决定是否接纳用户网站。

其次，搜索引擎收录网站时，只要网站本身没有违反有关的规则，一般都能登录成功。而目录索引对网站的要求则高得多，有时即使登录多次也不一定成功。尤其像雅虎这样的超级索引，登录更是困难。

此外，在登录搜索引擎时，我们一般不用考虑网站的分类问题，而登录目录索引时则必须将网站放在一个最合适的目录。

最后，搜索引擎中各网站的有关信息都是从用户网页中自动提取的，所以从用户的角度来看，我们拥有更多的自主权；而目录索引则要求用手工填写网站信息，而且还有各种各样的限制。更有甚者，如果工作人员认为用户提交网站的目录、网站信息不合适，他们可以随时对其进行调整，当然事先是不会和用户商量的。

目录索引，顾名思义就是将网站分门别类地存放在相应的目录中，因此用户在查询信息时，可选择关键词搜索，也可按分类目录逐层查找。如果按关键词搜索，返回的结果跟搜索引擎一样，也是根据信息关联程度排列网站，只不过其中人为因素要多一些；如果按分层目录查找，某一目录中网站的排名则是由标题字母的先后顺序决定（也有例外）。

目前，搜索引擎与目录索引有相互融合渗透的趋势。原来一些纯粹的全文搜索引擎现在也提供目录搜索，如谷歌就借用 Open Directory 目录提供分类查询。而像雅虎这些老牌目录索引则通过与谷歌等搜索引擎合作扩大搜索范围。在默认搜索模式下，一些目录类搜索引擎首先返回的是自己目录中匹配的网站，如国内搜狐、新浪、网易等；而另外一些则默认的是网页搜索，如雅虎。

【案例】

百度和谷歌两大搜索引擎的差异

百度与谷歌两大搜索引擎分别是国内和国外市场占有率最高的两大搜索引擎，国内外大部分搜索引擎工作也都主要针对这两个搜索引擎来开展的。

谷歌收录门槛较低，很容易收录新网站和新页面，几个质量不是很高的外部链接，就能让新网站收录，网站上有转载的内容影响也不会很大，但获得好的排名比较难；而百度则相反，越是新的网站想被百度收录越难，所以对于新网站来说考察期过得比较漫长，不过一旦被收录，还是很容易获得排名和流量的，但比较重视原创。

谷歌对待网站各页面的权重一视同仁，不论内页还是首页，在搜索结果中较多返回的是内页；而百度则比较看重首页的权重，所以大多数搜索引擎优化想要网站在百度上获得较好的排名都是将更多精力放在首页上的。

谷歌对于博客和新闻网站以外的网站，其内容更新不如百度敏感，排名变化也与更新程度关联不明显；但百度就对网站内容的更新看得比较重，持续有规律的更新内容往往可以有效地提升在百度的排名。

谷歌对外部链接的重视程度远高于页面自身元素，通过谷歌页面次序与关键字出现的规律就可以看出，外部链接质量高、数量越多排名就越靠前；而百度对外部链接的依赖就相对小很多，却对页面自身元素要求比较严格，关键字出现地方的合理性直接关联到排名。

谷歌的排名比较循序渐进，增长也是比较平稳徐缓的，不会出现爆发点，除非网站严重作弊不然不会屏蔽网站；而百度则不同，一夜之间全部消失的情况也有的，大起大落非常明显，往往在一个阶段内出现关键字排名和网站排名同时上涨的情况，网站优化也需要积累。在做网络营销服务时，搜索引擎习惯解析对网站自身来说意义重大。

资料来源：https：//www.sohu.com/

8.1.2 搜索引擎营销（SEM）

1. 搜索引擎营销的概念

搜索引擎营销（search engine marketing，SEM）就是根据用户使用搜索引擎的方式，利用用户检索信息的机会尽可能将营销信息传递给目标用户。它是一种网络营销的模式，目的在于推广网站，提高知名度，以最高的性价比，以最小的投入，获得最大的来自搜索引擎的访问量，并产生商业价值。其主要用于网站推广、网络品牌建设、产品促销等方面。

搜索引擎营销的基本思想是让用户发现信息，通过点击信息网页，进一步了解所需要的信息。企业通过搜索引擎付费推广，让用户可以直接与企业客服进行交流，以实现交易。

2. 搜索引擎营销的环节

为了更好地理解 SEM，一般将搜索引擎营销的整个过程通俗概括为"找到你、了解你、爱上你、娶回家"4 个阶段，分别对应"展现、点击、询盘和成交"4 个环节。其实从严格意义上来讲，针对营销领域，SEM 截止到第三个环节之前就已经完成。但是，对于一名优秀的 SEM 来说，用户具体角色情景应该是完整的，而且询盘和成交是结果逆推过程最重要的依据。因此图 8-5 将搜索引擎分为 5 大环节进行阐述。

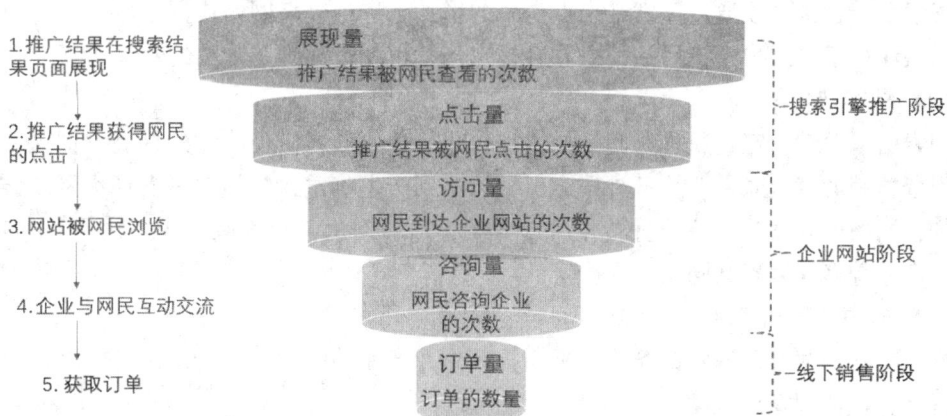

图 8-5　搜索引擎 5 大环节

"展现"这个词是来自百度数据统计的专业叫法，通常指的是用户通过搜索某关键词在搜索引擎的结果展示。在该页面用户只能看到信息的概要内容。如果用户知道藏獒这个品种，当然直接输入名字就可以完成"找到'它'"的过程。

了解"展现"环节之后，下一个环节便是"点击"。点击指的是用户看到搜索结果的展示之后查看详情的过程。

假如用户搜索藏獒是想了解更多关于它的信息，用户很有可能会点击百度百科的展示。因为在展现页面，用户就可以看到该条搜索结果的概要内容和指向，他很可能点击进去了解详情。

搜索引擎营销的第三大环节"询盘"指的是用户通过搜索查看详细信息后对产品或服务感兴趣进而联系企业咨询相关情况的过程。用户询盘根据个人习惯会采取不同的方式。例如，外贸询盘多会使用邮件，其他的方式还包括电话、网页对话框、QQ、微信等。因此，在做搜索引擎营销的过程中，一定要明确告知用户联系方式并尽量多样化。

通俗说法中的"爱上你"这个环节可以理解为通过深入的多方面接触和了解，让人发自内心地开始喜欢"你"。体现在营销上，便是需要展现出"你"的核心优势。

搜索引擎营销的最后一个环节"成交"指的是通过前期的线上了解和线下沟通与用户达成买卖。能否成交及成交量大小是检验搜索引擎营销是否成功的重要指标。当然，搜索引擎营销对品牌推广的作用也是不可忽视的。

3. 搜索引擎营销的价值

（1）被收录

搜索引擎营销的一个存在目的是在主要的搜索引擎/分类目录中获得被收录的机会，这是搜索引擎营销的基础。

（2）排名靠前

搜索引擎营销的另一个存在目的是在被搜索引擎收录的基础上尽可能获得好的排名，即在搜索结果中排名一定要靠前，因为用户关心的只是搜索结果中靠前的信息内容。

（3）常被点击

搜索引擎营销必须通过搜索结果点击率的增加来达到提高网站访问量的目的。只有受到用户关注，经过用户选择后的信息才会被点击，也就是达到了营销的效果。

（4）顾客转化

搜索引擎营销一定是通过访问量的增加转化为企业最终实现收益的提高。但这并不是搜索引擎营销的直接效果。从各种搜索引擎策略到产生收益，中间效果表现为网站访问量的增加，网站的收益是由访问量转化所形成的，从访问量转化为收益则是由网站的功能、服务、产品等多种因素共同作用而决定的。

（5）提高品牌知名度

通过有效的搜索引擎营销策略，不断提高企业产品品牌知名度，以维持良好的顾客关系，提高企业的顾客忠诚度。

4. 搜索引擎营销的特点

搜索引擎被应用于网络营销的假设前提是：用户在搜索信息时所使用的关键词在一定程度上反映出用户对该问题或产品的关注，这种注意力正是商家所需要的。这些来自搜索引擎的访问量，很有可能为其带来商业价值。与其他网络营销方式不同，搜索引擎营销独具特色。对这些特点的全面了解将有助于选择合适的网络营销方式，更有效地开展搜索营销。

（1）搜索引擎营销的效果取决于企业网站建设程度

帮助企业进行网站推广、吸引更多的访问者是搜索引擎营销的主要目的之一，而建立专业、高品质的企业网站是企业有效地开展搜索引擎营销的前提条件。企业网站的内容布局合理将给访问者及时找到相关信息提供便利，也吸引访问者停留更长的时间。而且更容易被搜索引擎收录。换言之，对搜索引擎友好的网站，将更容易被用户搜索到。

（2）搜索引擎营销是一种用户处于主导地位的网络营销方式

搜索引擎营销活动的发起点是用户主动实施的信息搜索行为，用户根据自己的喜好设定搜索关键词，这一切都是用户根据自己的意愿决定的，而且用户对搜索结果的选择及此后的点击、选择网页浏览等行为，都包含着其独立的判断，不受其他因素的影响。因此，广告主的意愿并不能通过搜索引擎营销活动本身强加给用户。

（3）搜索引擎营销具有精准营销的效果

搜索引擎营销的主要特点之一是：通过对用户搜索行为进行准确分析，能较高程度地挖掘搜索背后的需求，将与用户所搜索的关键词高度相关的商业信息返回在搜索结果页面中，提高营销信息被目标客户关注的概率，从而实现精准营销的效果。

（4）搜索引擎营销是有效帮助企业实现品牌推广、销量提升、汇聚网站流量的网络营销工具

一般而言，品牌传播更为大中型企业广告主所青睐，这类企业追求曝光率高的营销方式。因广告费预算宽裕，可以选择侧重图形类的广告形式，即便选择关键词广告，投放策略更为激进。销售促进则更适合长尾中小企业，这类企业应该选择可以精准定位潜在消费者的营销方式，如网站推广、关键词广告等。对于自有网站的企业来说，通过搜索引擎带来目标流量的提升至关重要。这类企业可以选择搜索引擎优化（SEO）的方式，侧重对企业网站的建设、内容的优化，以期增强自身网站对搜索引擎的友好度，争取提升企业在自然搜索结果中的排名。需要特别说明的是：网站流量的增加未必能带来收益的增加，因为转化率的高低不仅仅取决于搜索引擎营销活动本身的效果，还取决于其他一些因素。

（5）搜索引擎营销模式需要与时俱进

搜索引擎营销是在一定的网络技术发展阶段对搜索引擎的具体应用，因此当搜索引擎技术和企业营销环境等发生变化时，搜索引擎营销模式也应相应地进行调整。搜索引擎营销模式只有与网络营销服务环境相匹配，才能帮助企业较好地达到营销效果。

5. 搜索引擎营销的作用

目前，许多中小企业的网络推广非常看好搜索引擎营销方式，这是对搜索引擎作用的充分肯定，但是这种认识还不够全面，还需要进一步挖掘。搜索引擎营销的作用主要表现在网站推广、网络品牌、抵御作用及产品促销4个方面。

（1）搜索引擎营销是网站推广的有效方法

网络用户获取信息的所有方式中，搜索引擎是最重要的渠道。一个设计专业的网站，通过搜索引擎自然检索获得的访问量占网站总访问量的60%，有些网站甚至更高。一些网站采用自然检索与付费搜索引擎关键词广告相结合的方式，能获得更好的营销效果。

（2）搜索引擎营销对网络品牌有积极的宣传作用

在网络品牌建设过程中，搜索引擎营销的作用不可小觑。企业的网站信息如果没有被搜索引擎收录，就没有被用户关注的机会，设计再好的网站也不能很好地展示企业的品牌形象。因此，实现搜索引擎营销的品牌价值是一个重要的活动。

（3）搜索引擎营销有良好的抵御作用

许多网站利用搜索引擎检索页面固定位置的广告、同一企业的多网站以及同一企业的多产品广告等策略，使竞争者难以获得类似的推广机会，对竞争者的进攻进行合理的抵御。采取这些策略的原因主要是信息检索页面的展露空间有限，信息通常在检索结果出现的前3页才有被关注的可能。如果排名在很多页以后，被点击的概率则大大降低。

（4）搜索引擎营销对产品有积极的促销效果

当用户以"产品名称"或"品牌名称+产品名称"等关键词进行检索时，表明用户已经对产品产生了购买意向，也说明通过搜索引擎检索结果页面针对产品进行的宣传会发挥很好的推广效果。网络用户在购买产品之前，总是通过互联网获得产品的初步信息，此时，正是搜索引擎营销发挥作用的大好时机。

8.1.3　我国搜索引擎营销的现状

随着中国互联网的迅速发展，搜索引擎正日益成为人们网络生活中的重要组成部分，成为各个企业比较认可的网络推广手段之一，也成为网络营销服务商最主要的服务项目。搜索引擎营销目前最活跃的群体是中小企业。搜索引擎营销服务市场以关键词广告和网站登录广告等形式的搜索引擎广告产品销售为主。

根据中国互联网络信息中心（CNNIC）最新发布的《第44次中国互联网络发展状况统计报告》数据，截至2019年6月，我国搜索引擎用户规模达6.95亿，使用率为81.3%，用户规模较2018年底增加1 338万，增长率为2.0%。其中，手机搜索用户数达6.62亿，使用率78.2%，用户规模较2018年底增加806万，增长率为1.2%。在整体网民、手机网民中，搜索引擎都是第二大互联网应用，仅次于即时通信应用。作为基础应用，搜索引擎用户规模随着网民规模的扩大而持续增加。数据表明，我国的搜索引擎营销进入了一个稳定高速发展的阶段。

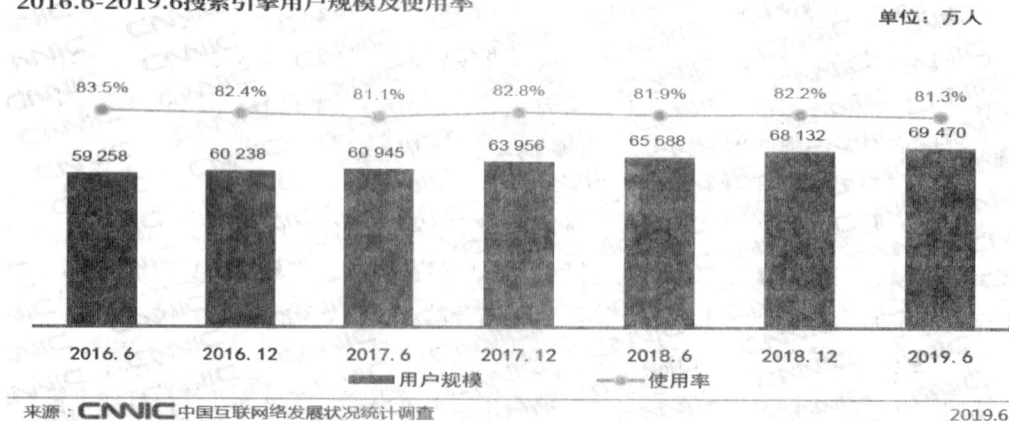

图 8-6　2016—2019 搜索引擎用户规模及使用率

2016.6-2019.6手机搜索引擎用户规模及使用率

单位：万人

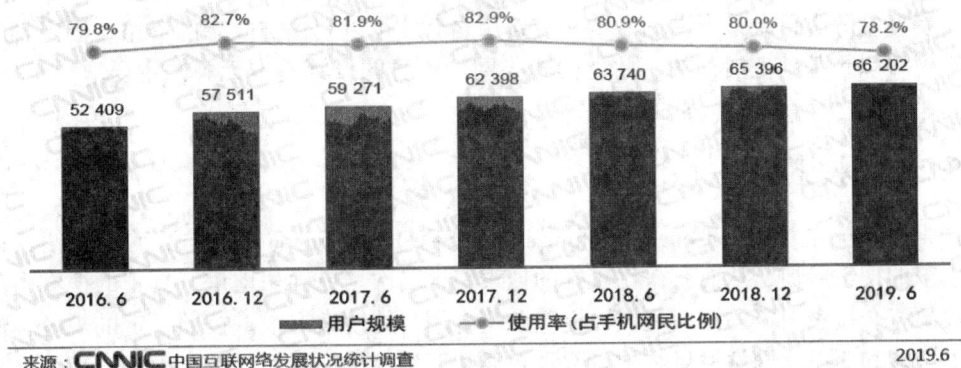

图8-7 2016—2019手机搜索引擎用户规模及使用率

2019年上半年，搜索引擎广告业务收入保持增长，但增速持续下降。企业财务报告显示，从2018年第二季度到2019年第一季度，百度网络营销的营收同比增速从25%持续下降到3%，搜狗的搜索和搜索相关营收同比增速从45%持续下降到6%。经过多年发展，搜索广告业务增长出现短期瓶颈，企业必须寻求更多流量变现方式以打破营收增长的天花板。

面对发展瓶颈，搜索引擎企业持续丰富产品功能，拓展应用场景，加强原创内容建设，具体表现为以下几点：一是搜索引擎企业不断丰富产品形式和服务功能。依托搜索引擎入口，企业通过优化推荐算法、丰富信息展示形式，推动信息流产品进一步发展，迅速将业务延展至网络新闻、短视频等领域。2019年第一季度，百度App（应用程序）和短视频信息流用户总使用时长同比增长83%。二是搜索引擎企业依托App开发应用类小程序，为用户提供购买商品、生活服务等方面的便利应用，拓宽应用场景、增强用户黏性。截至2019年6月，百度智能小程序数量超过15万个，月活跃用户为2.5亿。三是搜索引擎企业日益重视内容生态建设，通过内容开放平台吸引个人、媒体、机构、企业等内容账号入驻，着力进行原创内容建设。2019年3月，百度百家号内容创作者已达210万，搜狗搜索、神马搜索等也已开始发展内容公众号业务。以上举措，将帮助搜索引擎企业提升活跃用户数和使用时长，以降低流量获取成本、拓展营收渠道。

8.2 搜索引擎营销的主要模式

8.2.1 免费登录分类目录

这是最传统的网站推广手段，方法是企业登录搜索引擎网站，将自己企业网站的信息在搜索引擎中免费注册，由搜索引擎将企业网站的信息添加到分类目录中。现如今，免费登录分类目录的方式已经越来越不适应实际的需求，将逐步退出网络推广的舞台。

8.2.2　付费登录分类目录

付费登录分类目录是当网站缴纳相应费用之后才可以获得被收录的资格。固定排名服务是在付费登录基础上展开的。此类模式与网站本身的设计基本无关，主要取决于费用，但其营销效果也存在日益降低的问题。

8.2.3　搜索引擎优化

搜索引擎优化（search engine optimization，SEO）是通过对网站本身的优化使其符合搜索引擎的搜索习惯，从而获得比较好的搜索引擎名次。更确切地讲，真正的搜索引擎优化不仅要符合搜索引擎的搜索习惯，更应该符合用户的搜索习惯。按照一定的规范，通过对网站功能和服务、网站栏目结构、网页布局和网站内容等网站基本要素的合理设计，增加网站对搜索引擎的友好性，使得网站中更多的网页能被搜索引擎收录，同时在搜索引擎中获得较好的排名，从而通过搜索引擎的自然搜索尽可能多地获得潜在用户。通过搜索引擎优化不仅使网站获得好的搜索引擎名次，更可以使网站获得更多的业务机会和效益。SEO 的着眼点不仅考虑搜索引擎的排名规则，而且更多地考虑到如何为用户获取信息以及服务提供方便。此外，还应细分目标客户群，分析消费者心理，研究他们对关键词的界定，帮助企业在关键词的选择上有的放矢。

8.2.4　关键词竞价排名

竞价排名即网站缴纳费用后才能被搜索引擎收录，费用越高者排名越靠前。竞价排名服务，是由客户为自己的网页购买关键词排名，然后按点击量计费的一种服务。企业通过注册一定数量的关键词，其推广信息就会率先出现在网民相应的搜索结果中。每吸引一个潜在的用户，企业只需要为此支付相应的费用即可。企业还可以通过修改每次点击付费价格，控制自己在特定关键词检索结果中的排名，也可以通过设定不同的关键词捕捉到不同类型的目标访问者。竞价名次属于许可式营销，它让用户主动找上门，只有需要的用户才会看到竞价名次的推广信息，因此竞价名次的推广效果具有很强的针对性。另外，竞价名次按照效果付费，根据给企业带来的潜在访问数量计费，没有访问量不计费，企业可以灵活控制推广力度和资金投入，投资回报率高。

竞价排名见效快，只要充值并设置关键词价格后即刻进入搜索引擎排名前列，但 SEO 的效果较慢，一般要 3 个月以上才能见效。同时竞价排名具有精准投放和关键词无限量等优势。但其同时也存在费用高和有可能被竞争对手和广告公司恶意点击等缺点。

竞价排名和网站优化各有优势，对于预算充足的企业可以先做竞价排名，与此同时进行 SEO。当 SEO 工作结束，排名达到要求后，再停止竞价排名。这样可以顺利过渡也不会对营销造成影响。

8.2.5　固定排名

固定排名是一种收取固定费用的推广方式。企业在搜索引擎购买关键词的固定排位，当用户检索这些关键词信息时，企业的推广内容就会出现在检索结果的固定位置上。这种方式可以避免非理性的关键词价格战，但当某一关键词变成"冷门"时，可能会使得企业资源浪费。

8.2.6 购买关键词广告

这是付费搜索引擎营销的一种形式，即在搜索结果页面显示广告内容，当用户利用某一关键词进行检索，在检索结果页面会出现与该关键词相关的广告内容。由于关键词广告实现高级定位投放，用户可以根据需要更换关键词，相当于在不同页面轮换投放广告，因此具有较高的定位，其效果比一般网络广告形式要好，因而获得了快速发展。关键词广告显示的位置与搜索引擎密切相关，有些出现在检索结果的最前面，有些出现在检索结果页面的专用位置。

8.3 搜索引擎推广

8.3.1 搜索引擎登录

搜索引擎登录是指商业网站在主要搜索引擎上注册网站关键信息并登录，达到被搜索引擎收录的目的。它是网站早期所进行的 SEM（搜索引擎营销）的主要内容和有效方法。搜索引擎登录一般是免费的，提交网站有手工提交和软件自动提交两种方式。手工登录搜索引擎的方法简单，只要按照注册页面的提示信息逐步填写即可。需填写的资料主要有：网站名称、网址（URL）、关键词、网站描述和联系人等。使用软件自动注册，可以同时提交多个网页，也可以一次性提交给多个搜索引擎，但缺乏针对性，被收录的可能性不大。新收录的网站一般要经过审核后才能显示。若因网站质量问题而被拒绝，需要改进后再次提交。将网站在尽可能多的搜索引擎注册并登录，是搜索引擎营销必不可少的一项工作内容。只有这样，你的网页才能在搜索引擎上通过搜索结果展现。

网站被收录后，还需要关注网站排名，即根据不同的网页内容设定关键词、标题、网页描述等，吸引网民的注意力，因为网站排名先后表明网站被关注的程度。调查显示，使用搜索引擎查找信息的用户95%以上通常只浏览搜索结果的前3页，也就是说，排名越靠前越有可能被用户浏览并点击。因此，当网站排名比较落后时，首先，要分析网站内容设计存在的问题，作出调整，再重新注册。其次，关注各个搜索引擎的访问量及变化趋势，比较不同搜索引擎对网站的贡献，及时发现搜索引擎营销活动中存在的问题。

8.3.2 搜索引擎优化

搜索引擎优化策略是搜索引擎营销的主要方法，也是主要内容。随着网站建设水平和搜索引擎技术的不断发展，搜索引擎优化策略也出现了新的方式。

1. 搜索引擎优化的概念

搜索引擎优化（search engine optimization，SEO），是指通过对网站栏目和网站内容等基本要素的优化设计，提高网站对搜索引擎的友好性，使网站中尽可能多的网页被搜索引擎收录，并在搜索结果中获得好的排名效果，从而通过搜索引擎的自然检索获得尽可能多的潜在用户。

【延伸阅读 8-1】

网站对搜索引擎友好性的基本特征

（1）网站结构层次清晰，导航系统一目了然。

（2）网页中可检索的文本信息较多，减少图片或 Flash（动画）等信息形式。

（3）网页正文中有效关键词的数量适中。

（4）网页内容大多为原创，没有抄袭现象。

（5）网站中不存在搜索引擎垃圾，如"桥页（过渡页）"、颜色与背景色相同的文本信息。

（6）网站内容定期更新，及时删除死链接和错误链接。

搜索引擎优化是通过设计符合用户获取信息的习惯并适应搜索引擎索引信息的方式优化网站，注重每个细节问题的专业性，以真实的信息和有效的表示方式赢得搜索引擎的青睐，从而获得更好的搜索引擎营销效果。

搜索引擎优化的着眼点并非只考虑搜索引擎的排名位置，更重要的是要为用户获取信息和服务提供方便。也就是说，搜索引擎优化的最高目标是为了用户，而不是为了搜索引擎。

资料来源：http：//www.wm23.cn/KingBob

2. SEO 的基本内容与方法

网站对搜索引擎优化（SEO）的基本内容主要有 5 个方面：网站栏目结构和网站导航系统优化、网站内容优化、网页布局优化、网页格式优化和网站外部链接。

（1）网站栏目结构和网站导航系统优化

网站栏目结构与网站导航系统起着网站地图的作用，决定了用户是否可以通过网站方便地获取信息，也决定了搜索引擎是否可以顺利地为网站的每个网页建立索引，因此，网站栏目结构对网站推广运营发挥了至关重要的作用。合理的网站栏目结构应该符合以下要求：

①设计网站地图。网站地图（sitemaps）又称站点地图。它就是一个页面，上面放置了网站上所有页面的链接。大多数人在网站上找不到自己所需要的信息时，会将网站地图作为一种补救措施。搜索引擎蜘蛛非常喜欢网站地图。如果网站内容很多，就需要设计一个标明站内各个栏目和页面链接关系的网站地图。

②站内往返便捷。通过主页可以逐级到达任何一个内容页面，同样，通过任何一个网页可以返回上一级栏目页面并能逐级返回主页。

③辅助导航。站内每个页面都要有一个辅助导航。

④分类目录的设计。如果同级产品或信息的内容较多，应对其进行分类，并设计一个专门的分类目录。这样，用户可以通过第一个目录页面直接跳转到第 N 个网页。

⑤路径最短。站内信息的寻找路径要直接而快捷。网站上重要的网页，应该能从网站比较浅层的位置找到，确保每个页面都可以通过至少一个文本链接到达。合理的网站栏目与导航系统，应该能使用户通过任何一个网页经过最多3次点击便可以进入所需要的任何一个页面。最好通过网站首页一次点击可以直接到达用户最关注的页面，如促销信息、核心产品和帮助中心等。

（2）网站内容优化

网站内容是网站中最活跃的因素，设计不同的网站内容，直接影响搜索引擎优化的效果。

网上的信息并不能完全满足所有用户的需要，每增加一个网页的内容，也就意味着为满足用户的信息需求增加了一些努力。网站内容繁多，如何优化就成为一个主要问题。网站内容优化主要从网页标题和网页标签两个方面入手。

①合理设计网页标题。网页标题是对一个网页的高度概括，一般来说，网站首页的标题就是网站的正式名称，网站中文字内容页面的标题就是文章的题目，栏目首页的标题就是栏目名称。

然而实际情况是，大多数企业网站中所有的网页都用一个网页标题——企业名称或者企业名称简写，甚至有些网站都没有合理的网页标题。这样不仅为用户获取有价值的信息制造麻烦，而且使得网页在搜索引擎营销方面缺乏竞争力。在实际操作中，改进网页标题可尝试以下方法：

Ⅰ．网页标题应该概括网页的核心内容。如果是网站首页，则建议标题的命名使用站点名称或者站点代表的企业、机构名称；企业的内容页面，建议将标题做成正文内容的提炼和概括，这可以让潜在用户通过搜索引擎结果中的标题快速访问到相应的页面。

Ⅱ．网页标题应含有丰富的关键词。搜索引擎对网页标题所包含的关键词具有较高的倾向性，所以，网页标题中要含有用户检索所使用的核心关键词。网站首页标题通常采用"核心关键词+企业名称/品牌名称"的方式。

②网页META（元语言）标签设计。虽然并不是所有的搜索引擎都将META标签中的内容作为抓取网页信息的依据，但是一些主流搜索引擎非常重视合理的META标签，会将标签内容作为网页索引信息的内容呈现在搜索结果中。

合理的META标签设计，主要是指META标签中的description（说明），即正确描述网页主体内容的摘要信息。它含有该网页的核心关键词并对网页内容进行了高度概括。合理的META标签设计规范有以下几点：

Ⅰ．关于网页描述（description）的设计。网页描述是搜索引擎为搜索结果显示的简短的网页介绍。对于网站来说，网页描述是搜索引擎展现给用户的第一印象。充分利用网站首页或者频道首页的description标签，提供此网页内容的概括说明，这将帮助用户和搜索引擎加强对网站和网页的理解。也就是说，尽可能准确描述希望搜索引擎在检索结果中展示的网页内容的摘要信息，并且含有有效关键词。网页描述内容与网页标题内容还要具有高度相关性。

网页描述可以是一篇文章的摘要，或者是文章的第一段，与内容紧密相关，又有良好的创意，比如，打折信息、促销信息、产品独一性、与其他产品的不同点、业务优势及特点、适当使用一些免费咨询等字眼，这样可以得到搜索引擎认可，排名自然要好一些。同时客户的第一印象也决定着客户是否会点击进入。

每个页面都要有针对该页面的描述。搜索引擎喜欢原创文章，搜索引擎抓取网站顺序是标题，然后是描述，通过描述了解这篇文章的大概内容。如果网站描述全部一样，蜘蛛抓取时，不知道是不是重复文章，对蜘蛛抓取有影响；对用户，搜索引擎把网站展现给用户后，用户也不知道文章的大概内容，对点击、排名均不利。

网页描述不能堆积关键词。描述是一段文字，不是关键词，可能很多人知道关键词已经被一些搜索引擎所抛弃，所以描述就更重要了，搜索引擎有能力识别出所提交的信息是关键词还是一段文字，如果是关键词，被搜索引擎抓取的概率就会很低。

Ⅱ. 关于关键词的设计。META 标签中的关键词（keywords）同样出现在网页描述信息中。如果核心关键词不止一个，其间就用逗号（英文标点符号）隔开。切忌关键词数量太多，没有必要大量添加，否则，会被搜索引擎降低排名级别或被整体删除。

（3）网页布局优化

网页布局优化，需要从用户和搜索引擎两个方面着手。网页结构布局要突出两个问题：

第一，位置问题。就是说，最主要的信息应该出现在最显著的位置，最希望搜索引擎抓取的摘要信息放在最高位置。

第二，稳定问题。最高位置的重要信息要保持相对稳定，首页滚动更新的信息也要有相对的稳定性，更新过于频繁的信息会适得其反。

（4）网页格式优化

根据网站开发语言的不同，可以把网页分为两类：采用 HTML（超文本标记语言）格式的网页称为静态网页，采用 ASP（动态服务器页面）、JSP（JAVA 服务器页面）格式的称为动态网页。早期的网站一般都是静态网页。静态网页没有数据库支持，会增加很大的工作量，而且没有交互功能。当网站有大量信息以及功能较多时，完全依靠静态网页是无法实现的，于是动态网页就成为网站维护的必然要求。但是静态网页的信息内容稳定，搜索引擎根据某个链接关系发现这个网页后，很容易抓取并索引该网页内容，为搜索引擎提供便利。动态网页网站维护便利，但对搜索引擎友好性差，容易造成大量网页无法被搜索引擎收录，甚至尽管被收录但在搜索结果中难以获得优势。

事实上，有大量动态网页信息被搜索引擎收录，究其原因，是许多动态网页本身没有做好网页之间的链接。静态和动态两种网页被收录的原理是相同的，即由网页之间的超级链接关系决定。在静态网页之间建立的链接关系，如同每个静态网页本身一样，都是固定存在的，这样搜索引擎就很容易逐级收录所有相关网页。如果它发布的网页信息没有被任何一个已被搜索引擎收录的网页所链接，即使网页是静态形式，也不能被搜索引擎收录。百度要求尽量使用文字而不是 Flash（动画）、Javascript（一种爪哇程序语言）等来显示重要的内容或链接，百度暂时无法识别 Flash、Javascript 中的内容，这部分内容可能无法在百度中搜索到；仅在 Flash、Javascript 中包含链接指向的网页，百度可能无法收录。尽量少使用 Frame（框架）和 Iframe（行内框架）框架结构，通过 Iframe 显示的内容可能会被百度丢弃。

由此可见，动态网页搜索引擎优化的基本方法就是增加网页地址被链接的机会。这种链接不仅可以在自身网站进行，也可以在其他网站进行。如果网站采用动态网页，减少参数的数量和控制参数的长度将有利于收录，最终目的就是增强动态网页的友好性。动态网页搜索引擎优化最彻底的方法是采取"静动结合"的对策。一方面，将重要的、内容相对稳定的网页制作为静态网页，如包含丰富关键词的网站介绍、网站地图、用户帮助等；另一方面，将动态网页在发布出来以后转化为静态网页，特别适合内容无需更新的新闻等网页。总之，能用静态网页解决的绝不用动态网页，这是网络营销的一种基本思想。

（5）网站外部链接

网站外部链接，是英文 inbound link 的直译，也就是指一个网站被其他网站链接的数量，或者简称为"外链"。有些地方直接将这一指标等同于网站链接广度。链接广度（link popularity）是用来描述网站被链接数量的概念。根据搜索引擎网页级别排名规则，在其他条件相近的情况下，链接广度高的网站在搜索结果中排名靠前。外链指标可以通过一些专用软件和工具进行检测，网上也有多种免费资源可以利用。例如，利用搜索引擎雅虎在其搜索框中输入命令"site：http：//www.domain.com"，可以获得该网站被其他网站链接的数量。

与 inbound link 相对应的一个指标是 outbound link，是指一个网站链接其他网站的数量。一般来说，大型企业网站被链接的数量通常较多，连接其他网站的数量可能很少；对一些小型网站而言，这两个指标的数量可能都会很少。

对于搜索引擎营销而言，网站外链数固然重要，但是还要重视链接网站的质量。外部链接网站的质量是指网站的访问量和链接网站之间的相关程度。在搜索引擎优化的实际操作中，由于片面追求外部链接的作用，往往通过大量增加网站链接的方式获得网站在搜索引擎中的排名，甚至采用多种不合理的方式获得外部链接，例如，在博客中大量制造关键词链接，令读者扫兴，产生网络垃圾，造成不良影响。还应谨慎设置友情链接，如果网站上的友情链接，多是指向一些垃圾站点，则可能会产生一些负面影响。

一个高质量网站链接的重要程度高过多个低质量网站的链接。网站内容的相关性才是最重要的。

8.3.3　关键词广告

1. 关键词广告的概念

1998 年 Overture（一款打谱软件）在商业模式上实现了突破，首次推出了付费引擎服务，即关键词竞价广告。它的出现推动了搜索引擎经济的快速发展，也使搜索引擎营销模式更加成熟。关键词广告（keyword advertise）是搜索引擎营销中使用最为广泛的形式。关键词广告通常也被称为赞助商链接（sponsored links）、付费链接（paid links）或付费排名广告（paid placements）等。目前国内使用最为广泛的关键词广告就是谷歌的 Adwords（关键词广告）广告以及百度的竞价排名广告。当用户利用搜索引擎检索信息时，首先需要输入关键词（几个词语或者一条短句），如"美白面霜"，搜索结果页面中就会出现相关的搜索结果。在特定的广告区域，会出现美白面霜的生产商或者经销商的链接，除原始列表之外的广告链接就是关键词广告。为了自己的广告链接出现在推广列表中，广告商需要竞拍"美白面霜"这个关键词并决定竞价费用，同时设计广告链接的内容，然后搜索引擎会根据一定的算法确定广告链接的位置和排名。

关键词广告也称为"关键词检索广告"，简单来说就是当网络用户或消费者在搜索引擎中利用某一关键词进行检索，在检索结果页面会出现与该关键词相关的广告内容。由于关键词广告是在对特定关键词进行检索后，广告才会相应地出现在搜索结果页面的显著位置，若不存在网络用户的特定检索行为，广告也不会凭空出现。所以这种广告的展现与搜索关键词的联系紧密且针对性强，是性价比较高的网络推广方式。

2. 关键词广告的种类

关键词广告是一种文字链接型网络广告，通过对文字进行超级链接，让感兴趣的用户点击进入企业网站、网页或企业其他相关网页，实现广告目的。链接的关键字既可以是关键词，也可以是语句。目前，关键词广告主要有 5 种：

（1）企业关键词

网页中凡涉及企业名称、产品或服务品牌，都以超级链接方式链接到企业相关的主页或网站。这种形式是网络广告的早期形式，目前很少有人采用。

（2）公众关键词

将网页中出现的公众感兴趣的关键词链接到企业（产品）相关网站或主页，如"禽流感""叙利亚"等，当然更多的主要还是影视明星、体育明星、歌星、社会名流等公众人物。这种形式的关键词广告，目前我国的广告主几乎没有采用过。但如果企业经营与这些关键词相关，并与企业的整体营销活动相结合，公众关键词具有较好的补缺作用。例如，有企业或产品形象代言人的企业，就可以用形象代言人的姓名作为关键词。

（3）语句广告

以一句能够引起用户注意的话语超级链接到企业相关网站或主页，吸引用户点击进入浏览。这种关键词广告是目前广告主最常用的，如"老花镜""如何去痘"等。

（4）搜索关键词

即企业预先向搜索引擎网站购买与企业、产品和服务相关的关键词，在用户使用搜索引擎，输入关键词搜索其所想找的信息时，与企业网站或网页超级链接的相关信息就出现在搜索结果页面突出位置的一种关键词广告形式。

（5）竞价排名广告

这种形式的广告是企业注册属于自己的"产品关键词"。这些产品关键词可以是产品或服务的具体名称，也可以是与产品或服务相关的关键词。当潜在客户通过搜索引擎寻找相应产品信息时，企业网站或网页信息就会出现在搜索引擎的搜索结果页面或合作网站页面的醒目位置。由于搜索结果的排名或在页面中出现的位置是根据客户出价的多少进行排列，故称为竞价排名广告。这种广告按点击次数收费，企业可以根据实际情况出价，自由选择竞价广告所在的页面位置。因而企业能够将自己的广告链接更加有的放矢地发布到某一页面，而只有对该内容感兴趣的用户才会点击进入，因此广告的针对性很强。

3. 关键词广告的特点

关键词广告是充分利用搜索引擎资源开展网络营销的一种手段，属于付费搜索引擎营销的主要形式之一。关键词广告由于自身的特点而受到用户欢迎，并成为搜索引擎营销中发展最快的一种方式。关键词广告具有以下几个方面的特点：

（1）关键词广告的形式比较简单

关键词广告通常是文字广告，其中主要包含广告标题、简介、网址等要素，一般在搜索结果页面中与自然搜索结果分开，如谷歌、百度等搜索引擎都采取这种模式。正是由于关键词广告的形式比较简单，不需要复杂的广告设计过程，因此大大增加了广告投放的效率，并降低了广告制作的成本，广告门槛的降低使得小企业、小网站，甚至个人网站、网上店铺等都可以方便地利用关键词广告来进行推广。

（2）关键词广告显示方式比较合理

与付费排名不同，关键词广告出现的形式与一般检索分离，关键词广告并不影响正常的检索结果，用户可以清楚地知道哪些是一般检索的结果，哪些是广告内容，这样就不至于形成误导。

有些搜索引擎根据是否收费以及费用的高低来决定搜索结果的排名位置，付费网站显示在前，而免费网站出现在后的方式，使得一些匹配度不高或者质量不高的网站因为付费而排名靠前。由于用户并不清楚这些搜索结果之间的关系，因此会给用户正确判断检索信息带来一定的麻烦。

（3）关键词广告一般采用按点击收费的计价模式并且费用可以控制

与一般收费登录搜索引擎按年度收取费用相比，关键词广告的定价模式通常并非固定收费，而是按点击收费。只有用户点击广告才开始计费，对于只是显示而没有点击的情形并不需要付费，因此所有的费用都是"有效的"，改变了一般收费搜索引擎一次性付费的弊端。关键词广告的另一种定价模式是竞价排名方式，是将出价高的关键词广告排列在前面，这样为有经济实力并且希望广告排名靠前的网站提供了方便，但对于营销预算不足的网站来说，则便失去了一些机会。

（4）关键词广告可以随时查看流量统计

当购买了关键词广告之后，服务商通常会为用户提供一个管理入口，可以实时在线查看广告的点击情况以及费用。可以查询的指标一般包括：每个关键词已经显示的次数和被点击的次数、点击率、关键词的当前价格、每天的点击次数和费用、累计费用等。要经常对广告效果统计报告进行记录和分析，如果同时购买多个关键词，还有必要进行对比分析，这样即可逐步积累使用关键词广告的经验。

（5）关键词广告可以方便地进行管理

对于付费的关键词广告，搜索引擎提供了详尽的流量统计资料以及方便的关键词管理功能。为了增强关键词的有效性，对关键词进行更换管理是非常必要的。正如一般的广告发布和管理一样，当企业的营销目标发生转移或者广告的诉求内容发生变化时，应该及时对广告进行更换。即使营销目标保持相对稳定，如果广告效果不佳，也应该对广告进行更换。对关键词广告的管理不仅是出于企业网络营销效果的考虑，也是出于对搜索引擎服务商基本要求的满足。因为对按点击付费的关键词广告来说，如果有多次浏览但点击率很低，将无法为服务商带来收益，这样的关键词显然不受服务商的欢迎，因此会被服务商终止该关键词广告的显示。例如当在谷歌的关键词点击率不足 0.5%时，就需要对关键词进行修正，而点击率低于 0.3%时会被自动取消该关键词广告的显示。

4. 关键词广告存在的问题

目前，关键词广告也存在一些问题，主要表现在以下 3 个方面：

（1）支付方面的财务问题

对于国内企业来说，一是在线支付障碍问题，二是如何取得财务认可发票问题。选择谷歌的关键词广告业务的企业，为实现人民币支付和获取国内发票，常常通过谷歌的国内服务商代理。有的服务商操作不规范，存在一定的误导现象，所以必须保持警惕。

（2）存在一定的不可预测风险

开通关键词广告业务的企业在遇到技术或人为故障，如搜索引擎无法登录，网站或网页无法打开，病毒、黑客攻击时无法对自己广告的投放情况进行管理和操作，由此会带来很大麻烦。另外，广告的效果具有随机性，不同行业、不同网站、不同关键词的差别很大，加上用户层次相对集中，因此有些关键词广告收效甚微，受其他因素制约较大。

（3）虚假和恶意广告问题

由于关键词广告的申请和发布都是通过电子手段在线进行，不存在审批和人工控制程序，因此存在潜在的虚假甚至恶意广告的可能性。目前尚无有效的防范手段，一旦出现纠纷，解决起来很困难。

5. 关键词的选择原则

关键词广告效果的好坏，最主要的影响因素是关键词的选择。关键词是网络用户和搜索引擎双方互动的媒介，也是整个搜索应用的基石，它决定了企业的关键词广告宣传的成败。企业在选择关键词时，应掌握如下原则：

（1）寻找与自身品牌和产品相关的关键词

与自身品牌和产品相关的内容包括专有品牌、所处的行业特征、产品线（包括产品型号和名称）和产品特性以及相关的营销活动和促销活动等，广告主应首先将这类主题词尽可能详细罗列，并采取穷尽的方式列出所有的词组排列组合。

（2）在关键词的基础上根据用户行为和搜索请求进行比较

首先要在关键词的基础上扩展关键词范围，主要的手段包括，将罗列出的关键词与目标受众的搜索习惯进行对比；与目标受众交流的第一原则是用他们的语言，而不是用自己的语言。例如，以北美地区的热门搜索"手机"为例，根据 MSN Live Search（MSN 生活搜索）的搜索结果看，"mobile phone"这一专业的关键词每天有 13.1 万次搜索，而口语化的 "cell phone"则每天有 860 万次搜索。其次，还应有效利用搜索引擎运营商和第三方搜索营销公司提供的关键词请求量统计工具，查看关键词的历史绩效，例如应用谷歌关键词建议（Google keyword suggestion）考察相关关键词在过去一年甚至一个月的搜索请求变化。最后，还应考察不同关键词在目标受众中不同购买周期的影响力，以此罗列出各个关键词的优先级，这需要对目标受众进行跟踪调研，考察其作为决策前提的关键词输入情况才能发现。

（3）对成型的关键词进行分类组织

根据不同的营销目标和阶段采用不同分组的方式，可以灵活把握搜索引擎营销的进度和效果。以全美最大的在线旅行预订服务商 Expedia（亿客行）为例，该企业在北美四大搜索引擎（谷歌、雅虎、MSN、ASK）上共有 300 万的关键词投放，并按国家、地区、城市、航空公司、酒店级别等信息进行了详细分组。目前，已经对这 300 万个关键词形成了上万级的分组，能够根据目的地的天气、人文、环境等各种影响因素随时调整关键词策略。试想一下，汶川地震发生后，虽然四川等地区关键词的搜索请求量有大幅提升，但不代表用户是因为出行意愿提升而带来点击量上升，因此旅行预订公司应即时把所处"四川"这一分组的关键词投放全部暂停，以节省成本。

（4）根据竞争对手的词语选择关键词

广告主还应时刻了解在搜索引擎上的行业竞争状况如何，找到自己的优势所在，另辟蹊径，往往会得到更好的效果。

（5）关键词宜简洁，可选择多个

关键词要简洁，要能比较准确和清晰地表现企业广告的内涵，有时也可用短语，但不能太长，因为用户很少使用长句作为关键词去检索信息。从有关调查结果来看，目前购买多个关键词的企业所占比例很小，主要原因是相当多的企业对关键词广告仅抱着试一试的心理。实际上，用户对同一对象检索时所使用的关键词是多种多样的，因此，仅仅选择一个关键词所能产生的效果是有限的。如果营销预算许可，选择 3～5 个用户使用频率较高的关键词同时开展竞价排名活动，是一种较理想的方式，这样就有可能覆盖 60% 以上的潜在用户。

在实时了解每个关键词绩效的基础上，同时，要对关键词进行持续的调整和优化。根据用户对品牌和产品认知情况的变化、消费需求和行为的变化，实时更新优化。当然，这些优化同时能为企业线上和线下的其他营销活动起到决策支持作用。创新性的投放尝试应当得到鼓励。只有不断尝试和探索，才能发挥其最大的价值潜力。因此广告主应该时刻根据环境和需求的变化，摸索更为恰当的关键词组合方式以及投放计划。例如，面向暑期度假的旅游线路，在何时上线最为合适，在何时又可以屏蔽以节省成本，都值得广告主反复比较。

6. 关键词的类型

按照关键词定位潜在客户的方式，以下列出了几类常见的关键词：

（1）产品词

产品词可以是企业提供的产品或服务的大类，也可以是产品细类，可以具体到产品的种类、型号、品牌等。前者如"英语培训""鲜花""宠物用品""汽车"等，这类词搜索量较大，能够覆盖更多的潜在客户，竞争可能较为激烈；后者如"雅思听力班""买玫瑰花""皇家猫粮""奥迪 A4 价格"等，这类词的搜索意图一般较为明确。建议企业在创意中着重突出产品特色，明确传达价格、促销等卖点，抓住这些潜在客户的关注点，促成转化。对不同行业、企业来说，产品词的大类和细类的区分可能不同，如"雅思培训"对于专门的雅思培训机构来说可能属大类，而对代理各种培训业务报名的机构来说可能属细类，请企业根据自身业务性质灵活把握。

由于用户的搜索习惯各不相同，对一些特定的产品名称，企业还可以考虑使用一些缩写、别称形式，如"雅思""雅思英语""IELTS""干洗机""干洗设备"等。

（2）通俗词

即用户可能使用的一些口语式表达词语，可能以疑问句式和陈述句式出现，如"我想开干洗店""哪家英语培训机构好""怎样才能学好英语"等。使用这类搜索词的一般为个人消费者，搜索目的可能以信息获取为主。对商业推广结果的关注程度不同，给企业带来的转化效果和商业价值也有所不同，建议您根据自身业务特点进行尝试。

（3）地域词

即以上产品词、通俗词等与地域名称的组合，如"北京法语培训班""上海同城速递"等。搜索这类词的用户的商业意图更为明确，一般希望本地消费或购买，建议企业在创意中突出产品或服务的地域便利性。

（4）品牌词

即含有企业的自有品牌的关键词，如"百度""有啊"等，或一些专有品牌资产名称，如企业拥有的专有技术、专利名称等，但企业不能提交侵犯他人知识产权的关键词。

（5）人群相关词

即用户未直接表达对产品或服务的需求，但搜索词表达了其他相关的兴趣点，与您的潜在客户群可能存在高度重合。企业可以把推广结果呈现在这些有潜在需求的用户面前，吸引他们的关注，激发他们的购买欲望。例如，关注韩国留学、韩企招聘的用户，都可能有学习朝鲜语的潜在需求，也可能是企业的潜在客户。

7. 关键词广告的投放策略

（1）选择合适的搜索引擎或门户网站

同样一个关键词链接，市场占有率较高的综合型门户网站比其他网站在搜索结果中的排名更靠前，因此要优先考虑热门的搜索引擎。但对于有些专业性较强的产品，其关键词可能在综合型门户网站中出现的概率较低，这时可考虑同时在专业型网站中购买关键词。如果是购买搜索关键词，搜索引擎的使用率是首先要考虑的因素；如果企业市场主要在国内或面向华人区域，则优先考虑中文搜索引擎。

（2）精心设计关键词、广告正文和企业网站

要特别关注关键词的投资回报率（return on investment，ROI），即使是同一类的关键词，其投资回报率也是有差别的，这种数据需要企业在实践中进行科学的调查、监测和总结。用户在查找产品或服务信息时，通常会以产品服务的特有名称、行业名称甚至是企业名称等为搜索的条件。为了使更多的潜在客户在最短的时间内找到企业，选择关键词必须迎合用户特定的搜索目标。在广告的正文中要强调企业产品或服务的独特之处，一般包含企业名、业务范围、产品或服务、所在地区。广告用词应不重复，拼写正确，不加不必要的标点符号，不包含激励性、攻击性语言。必须保证将事先确定的对应关键词贯穿在整个

企业的网站中，这样才能在用户输入同样关键词搜索时，搜索引擎将企业网页返回给用户，让企业得到一次达到预期营销目的的机会。

【延伸阅读8-2】

关键词选择与设计

关键词组合

一个网站的关键词可分为三大类型：核心关键词、关键词组合、语意扩展关键词（语境关联词、同义词、否定词等）。关键词组合是指含有核心关键词的词组和句子。关键词的选择直接决定着广告的投资收益率。关键词组合是搜索引擎广告中最主要，也是最有专业技术含量的工作内容之一。例如，在优化一个婚庆礼仪策划公司的网站的时候，我们最希望得到排名的不是顶级的关键词"婚庆"，而是次一级的"婚庆策划公司""最好的婚庆策划公司"，甚至是再下一级的"××婚庆策划公司"。搜索引擎优化成功与否不能以是否将"婚庆"这样太含糊但又最流行的关键词排在搜索结果前列为标准，搜索引擎优化不是什么词语热门就追逐什么，也没有和其他网站攀比的必要，一切要根据自己网站的特点来制定策略。

选择合适的关键词组合，可以借助搜索引擎服务商提供的工具和数据进行分析，如谷歌的关键词分析工具和百度的相关检索资料。Google Adwords 广告自助发布系统后台提供的关键词查询参考工具，可以显示用户搜索的某核心关键词下的关键词组合和语境关联词语，供广告客户使用该工具进行关键词策划，选择要投放竞价广告的关键词列表。百度提供的相关检索，直接可以利用某一关键词进行检索，单击检索结果页面最下方的"更多相关检索"便可获得。

选择合适的关键词组合，也可以凭借搜索引擎营销人员的丰富经验，以及对相应行业产品特点和用户检索行为的深入理解来进行。

选择关键词的方法

1. 放弃过热的关键词。过热的关键词意味着以下几种情况：

（1）多重受众。比如，关键词"安全"一是意味着防病毒软件，另一个是意味着家庭盗贼警报装置。加上定语后成为"计算机安全"和"家庭安全"，可以降低热度并使关键词"正好合适"。其他时候可能会决定完全放弃这个关键词。

（2）相关的含义。如果销售汽车保险，对"汽车"和"汽车保险"的转化率是明显不同的。用具体的关键词时尽量避免更宽泛的关键词。虽然购买汽车的人也许会购买保险，但是那样无异于大海捞针。

（3）多种意图。尽管"酒店"和"住宿"说的是一回事，酒店的接线生可能会因为"酒店"这个词得到更多的转化。搜索者使用"住宿"通常是找不同于酒店的其他选择，例如，提供床位和早餐的小旅馆。

（4）单数和复数的变化。搜索引擎通常同时寻找一个词的单数和复数形式，但是有的时候这会导致过热。

（5）首字母缩写。同样的缩写词普遍有很多不同的含义，使得关键词过热。"CD"指的是光盘，还是存单？"SCM"是供应链管理、软件配置管理，还是资源控制管理？

2. 不要选择太冷门的关键词。有些对冷门关键词的选择实际上是故意的，那些对此理解更加深入透彻的、真正聪明的人会选择这些词。

3. 选择被搜索次数最多、竞争最小的关键词。在关键词的选择过程中，搜索引擎行业中经验丰富的人员注意到一个现象：搜索尾巴。搜索尾巴现象说明，与聚集在和网站相关的 10~20 个顶尖热门关键词相反，关键词的范围还包括与网站内容相关的成千上万的词语，这些词语往往是热门关键词衍生出来的，仿佛顶尖热门关键词是头，而这些衍生的词语就形成了一条长长的尾巴。如果只关注这 10~20 个热门关键词的排名，就错过了获得更多关键词排名的机会，也就放弃了更多的市场。

4. 对候选关键词列表按优先度分级。关键词研究工具可以发掘出没有想到的关键词变化来完善列表。它也带来重要的信息，即查看关键词的流行度。对关键词使用"流行度值"以确保我们选择的关键词不至于太冷门。

资料来源：https：//wenku.baidu.com/

（3）选择恰当的发布时机和时间

广告发布要选择一个切入点，这时企业注册的关键词出现的频率极高，有助于广告效果的提升。例如 2019 年，"70 周年"成为出现频率最高的词，这时企业开发与"70 周年"有关的产品和服务，用"70 周年"作为关键词链接，就会有较高的点击率。另外，在 24 小时的什么时段发布广告也很重要。据中国互联网络信息中心的统计报告表明，每天 20~23 时、14~15 时和 18~19 时是我国用户上网高峰期，应优先考虑在这些时段发布广告。

（4）定期跟踪分析，调整广告运作策略

为了及时发现问题，必须对广告活动进行定期跟踪记录。可以提高每次点击的价格，使广告的位置更靠前。如果点击率和点击数量都比较高，有可能很快达到所设定的每日最高额，广告便无法继续出现在检索结果中，这时可适当增加每日预算，使广告有足够的曝光率。对于点击率过低的关键词，尽管像谷歌这样的搜索引擎会自动禁止点击率低于 0.3% 的关键词继续显示，但企业应该随时跟踪分析广告效果，对没有作用的关键词及时删除。

8.4　搜索引擎营销效果及影响因素分析

8.4.1　用户搜索行为研究

搜索引擎作为互联网的基础应用，是用户获取信息的重要工具。我国用户自 2010 年后使用率始终保持在 80% 左右，在所有应用中稳居第二。由于使用率已经较高，用户规模提升空间进一步减小，搜索引擎用户增长率近两年来一直保持在 2% 左右，与整体互联网用户发展速度基本一致。

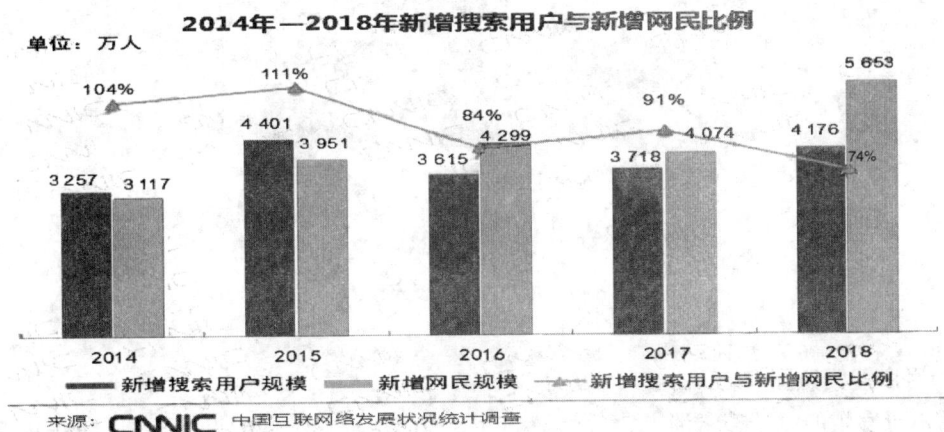

图 8-8　2014—2018 年新增搜索用户与新增网民比例

对数据进一步分析发现，过去 5 年来新增搜索用户规模逐渐低于新增网民规模。数据显示，2014 和 2015 年新增搜索用户与新增网民的比例均超过 100%，2016 和 2017 年则下降至 80% 与 95% 之间，并在 2018 年进一步下降至 75% 以下。手机作为当前网民的主要上网设备，其各类垂直应用为用户提供了更加便捷的信息获取渠道，使得新用户对搜索引擎的需求有所降低。截至 2019 年 6 月，手机端搜索引擎用户规模达 6.62 亿，占手机网民的 78.2%，较 2018 年底下降 1.8 个百分点。

1. 用户搜索行为

据中国互联网络信息中心《2019 年中国网民搜索引擎使用情况研究报告》的解释，搜索行为是指用户在互联网上进行信息搜索的行为，包括在综合搜索网站上、垂直搜索网站上及各类网站站内搜索信息等。搜索行为目前已经成为每个上网的人的基本需求，但是用户的搜索行为是怎样一个过程？隐藏在用户查询背后的搜索意图是什么？这都是需要营销人员仔细研究的领域，只有这样才能提供更好的用户体验。

用户之所以会产生搜索行为，往往是在解决问题时遇到自己不熟悉的领域或者概念，由此产生了对特定信息的需求。之后用户会在头脑中逐步形成秒速需求的查询词，将查询词提交给搜索引擎，然后对搜索结果进行浏览。如果发现搜索结果不能完全解决用户的信息需求，则会根据搜索结果的启发，改写查询词，以便更精确地描述自己的信息需求，之后重新构造新的查询需求，提交搜索引擎，如此形成用户和搜索引擎交互的闭合回路。

从图 8-9 我们可以看出，从用户产生信息需求到最终形成用户查询，即查询的关键词与返回的结果，往往会存在很大的差异性和不确定性。用户未必能够一开始就找到合适的查询词，即使是找到了，也可能存在查询词不能完全描述信息需求的情形，即在形成查询的过程中存在信息丢失的问题。所以后续循环中的查询改写就是用户逐步澄清搜索需求的一个过程。

图 8-9　用户搜索行为示意图

2. 用户搜索意图

用户所发生的每个搜索请求背后都隐含着潜在的搜索意图,如果搜索引擎能够根据查询词语自动找出背后的用户搜索意图,然后针对不同的搜索意图,提供不同的检索方法,将更符合用户意图的结果排在前列,那么会增加用户的搜索体验。应该将用户的搜索意图分为哪些类型,目前没有明确的标准可言。雅虎的工作人员将搜索意图用三分法进行了更细致的划分。

(1)导航型搜索

这种搜索请求的目的是查找具体的某个网站网址,往往这种搜索是已经知道了某个企业或品牌的网址或主页,为了免于输入 URL 或者不知道 URL 所以用搜索引擎来查找,其特点就是想要进入某个特定的网页。

(2)信息型搜索

这种搜索请求的目的是获取某种信息,其特点是用户想要学到一些新知识。对于信息类又可以分为如下几种子类型:

①直接型:用户想知道关于一个话题或者某个方面明确的信息,如"星星为何会发光""蚌埠到北京的火车票多少钱"等。

②间接型:用户想了解关于某个话题的任意方面信息,比如粉丝搜索"刘德华""宇宙飞船"等,2019 年改变后的百度给出的结果也是不一样的。

③建议型:用户希望搜索到一些建议、意见或者某方面的指导,如"如何才能做好班长""情书怎么写"等。

④定位型:用户希望了解现实生活中哪里可以找到某些产品或服务,如"学双节棍""租二手房"等。

⑤列表型:用户希望找到一批能够满足需求的信息,如"广东中山哪家旅行社服务好""北京哪家网络公司做的网站服务更好"等。

(3)事务型搜索

这种搜索请求的目的是为了完成一个目标明确的任务,比如下载 MP3。事务类的搜索目的是希望从网络上获取某种资源,又可以细分为:

①下载型:用户希望从网络某个地方下载想要下载的产品或者服务,如下载 MP3歌曲。

②娱乐型：用户出于休闲娱乐的需求希望获得一些相关的信息，如餐饮、旅游等。

③交互型：用户希望使用某个互联网软件或者服务提供的结果，如用户希望找到一个网站查询北京的天气等。

④获取型：用户希望获取一种资源，这种资源的使用场合不限于电脑，如优惠券，我们打印之后可以在现实生活中使用。

3. 用户对搜索结果不同页面的关注程度

美国搜索引擎营销专业服务商 iProspect（安布思沛）发布的一项调查结果表明：75%以上的用户使用搜索引擎，51.46%的用户只看搜索结果前 2 页的内容，大约 16%的用户只看搜索结果的前几条内容，只有 23%的用户会查看第 2 页的内容，查看前 3 页的用户数量下降到 11.3%，愿意查看 3 页以上内容的用户只有 8.7%。不过，如果搜索结果不是数十页的话，差不多会有 10%的用户可以看完全部结果。把握这个基本特征对于评估搜索营销效果有一定的意义。

由搜索引擎营销公司 Enquiro（恩基罗）、Did-it（迪特）以及专门研究人们眼睛运动行为的公司 Eyetools（爱图斯）联合完成的关于用户对于搜索结果注意力的研究，通过对用户观察谷歌搜索结果页面时眼睛的运动来确定对搜索结果内容的关注程度。

调查结果发现，用户对于搜索结果页面的关注的范围呈现英文字母 "F" 的形状，也可以描述为 "金三角" 现象。这种现象证实了一个简单的问题：搜索结果中排名靠前的内容更容易受到用户的关注和点击。这个规律对于谷歌搜索结果右侧的关键词广告同样是适用的，只是对两种内容的点击率有所不同。

同时，这个 "金三角" 研究也发现，搜索引擎优化远比竞价排名对网站的推广更具有现实意义。这个从下面的搜索结果自然排名的关注程度排列便可说明，各个自然排名位置所受的关注程度依次如下：

自然排名的关注度

搜索结果第 1 位：100%	搜索结果第 2 位：100%	搜索结果第 3 位：100%
搜索结果第 4 位：85%	搜索结果第 5 位：60%	搜索结果第 6 位：50%
搜索结果第 7 位：50%	搜索结果第 8 位：30%	搜索结果第 9 位：30%
搜索结果第 10 位：20%		

从这个百分比排列可以看出，在自然搜索结果的排列中，排名第 1 位到第 3 位都完全受到重视，而从第 4 位和第 5 位开始，关注程度急剧下降，排在第 10 位和第 1 位的相差高达 80%。

对搜索结果页面右侧的竞价广告，人们的关注程度直接决定广告商在 Google 上面购买竞价广告的投资效果。研究发现，这个效果和自然排名相差悬殊，基本上是左侧自然排名的一半，数据如下：

右侧竞价排名广告关注度

第 1 位广告：50%	第 2 位广告：40%	第 3 位广告：30%	第 4 位广告：20%
第 5 位广告：10%	第 6 位广告：10%	第 7 位广告：10%	第 8 位广告：10%

右侧广告最高的两位是出现在搜索结果页面最上端的，所受到的关注度也不超过

50%，然而，要获得这两个最高位，所投入的费用也是最大的。

由此可见，自然搜索结果的重要性远高于关键词广告，用户对自然搜索结果的关注程度更高，除非搜索引擎关键词广告排名在最上端，否则很难获得用户的关注。所以，搜索引擎优化很重要。营销人员如果忽视这一事实，单纯依靠赞助商链接广告的搜索引擎营销方式很难取得最好的效果。

8.4.2　用户选择及更换搜索引擎的原因

1. 用户首选搜索引擎的因素

用户首选搜索引擎的因素有 5 类：习惯因素、搜索体验因素、导流因素、品牌情感因素以及其他因素。

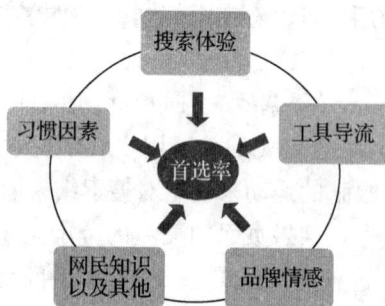

图 8-10　用户首选搜索引擎的因素

习惯性因素：一旦使用某个搜索引擎久了，如果使用过程中没有特别的负面因素，就会一直使用下去。

搜索体验因素：指用户使用搜索引擎的总体体验，包括搜索结果匹配度高，能找到所需信息；搜索操作便捷，符合人体工程学习惯；搜索速度快以及搜索安全性高、无广告等。

工具导流因素：指借助浏览器、导航、输入法以及即时通信等工具内置搜索引擎的导流来获取搜索流量。工具导流减少了用户从搜索需求到搜索行为过程中的环节，因此受到部分用户的热爱。但通过工具导流带来的搜索流量常常是用户无意识的行为，此类方法对企业品牌建设作用相对较小。

品牌及情感性因素：包括知名度、企业品牌形象、民族情感等因素。这些因素都可能影响用户对首选搜索引擎的选择。

用户知识及其他因素：包括用户知识多寡、使用搜索引擎频率等因素。如果用户网络知识匮乏、使用搜索引擎次数较少，则搜索引擎忠诚度较低。

2. 用户更换搜索引擎的原因

据中国互联网络信息中心《2019 年中国搜索引擎市场调研报告》，用户更换搜索引擎的主要原因有以下 4 类：

①新搜索引擎吸引了用户；

②搜索引擎导流工具发生改变；

③原搜索引擎的体验不好；

④他人推荐。

这些原因并非独立存在，可能会同时影响用户决策。例如，如果用户对原搜索的体验不好，可能去试用新的搜索引擎，觉得不错后就会更换。

更换首选搜索的用户中，偶然试用了新的搜索引擎，因体验较好而继续使用的人占了一半；因导流工具改变而更换首选搜索引擎的比例也很高，其中因浏览器或导航网站默认搜索引擎变化而更换的比例超过40%，浏览器或导航网站更换以致搜索引擎改变的比例超过了25%；搜索体验方面，搜索网站不稳定、搜索结果不准确、搜索过程体验不好的占比都在28.8%以上；此外，朋友推荐也占了32.7%。

摩根大通分析师伊姆兰·卡恩（Imran Khan）所做的一项调查显示，62%的互联网用户希望更换目前使用的搜索引擎。调查中45%的受访者表示，如果新的搜索引擎能提供更好的搜索结果，他们将考虑更换。摩根大通列出了促使用户更换搜索引擎的主要原因。

①更好的搜索结果（45%）；

②更快的搜索速度（28%）；

③更有序的搜索结果（27%）；

④能够通过搜索引擎预览搜索结果内容（23%）；

⑤搜索网站更加工整（27%）；

⑥能够包含视频、网页和音乐等多种结果（12%）；

⑦其他（1%）。

3. 用户使用关键词组合实现精确检索

随着用户对搜索引擎的使用越来越成熟，他们根据经验知道，搜索条件越具体，结果可能相关度越高，越符合自己的需求，而且精确检索的用户更容易产生购买。因此，对用户检索使用关键词组合的行为研究对提升搜索引擎营销效果就显得比较重要。

根据对200万网络用户在过去2个月内使用搜索引擎的检索习惯的监测，一家总部位于荷兰的专业网站分析公司OneStat发布的用户使用搜索引擎的关键词报告结论是：搜索引擎用户使用单一关键词检索的比例逐年下降，使用一个关键词检索的用户占14.4%，与此同时，使用2个以上关键词组合进行检索的用户比例逐年上升，其中使用4个关键字组合的用户比例已经达到11.4%，有些用户甚至使用7个以上的关键词进行检索。这项有关用户使用搜索引擎关键词检索行为的研究结果提醒网络营销人员，在实施搜索引擎优化和制定搜索引擎广告策略时，关键词策略应该多考虑使用关键词组合而不是单一的关键词。

在国内搜索引擎营销应用中，许多企业往往比较关注于单一关键词（尤其是热门关键词）在搜索引擎中的排名，而忽略了用户检索习惯非常分散化的事实（用户可能采用多个关键词组合，有些甚至是非常冷僻的词语组合）。实际上，关键词的分散性是用户搜索引擎检索的基本特征之一。对用户使用搜索引擎关键词行为理解不够深刻导致的另外一个典型问题是：一些网站在进行搜索引擎优化设计时往往只是对网站首要的关键词进行优化处理，由于首页中包含的信息有限，并且不可能照顾到所有的重要关键词及关键词组合，因此，让尽可能多的网页被搜索引擎收录并且在搜索结果中有良好的表现是搜索引擎营销的基础工作。

8.4.3　搜索引擎营销效果的评估方式

美国搜索引擎营销公司 iProspect 和市场研究公司 Jupiter Research（木星搜索公司）通过对 636 名资深搜索引擎营销人员和 224 家资深搜索引擎营销代理公司的调查，结果发现，搜索引擎营销的效果与搜索引擎营销的实施操作人员对广告效果的监测评估有直接关系。被调查的企业中，有 81% 的企业营销部门会专门评估他们的搜索引擎营销效果；在每年网络广告预算超过 100 万美元的企业中，只有 8% 的企业没有评估搜索引擎营销效果；年预算不到 100 万美元的企业中，有 22% 的企业没有评估搜索引擎营销效果。可见，投入与网络营销的预算越高，对网络营销效果评价的要求也越高。

该项调查结果表明，在对搜索引擎营销实施人员的绩效考核中，50% 的企业通过网站流量统计获得的网站访问量数据或搜索引擎排名结果来对他们的工作成效进行考核；40% 的企业通过实现了多少销售业务的投资收益率（return on investment，ROI）来考核网络营销人员的绩效。

由于难以考察网络营销对网下销售带来的业绩增长，iProspect 和 Jupiter Research 的研究表明，只有 1/5 的企业在对搜索引擎营销人员进行绩效考核时综合考虑了线下销售成绩。iProspect 主管搜索引擎自然排名的负责人认为：这种情况可能导致搜索引擎营销人员并不关心线下销售情况与自己工作的关系，同时企业会低估搜索引擎营销的重要性。在搜索引擎营销的目标层次中，增加点击率和将访问量转化为收益是两个高层次的目标，其中也涉及搜索引擎营销的效果，即网站的访问量和投资收益率。对于搜索引擎营销效果的评估方法，也是网络营销人员所关注的内容。

美国网站流量统计分析专业网站 Web Trends（韦伯趋势公司）和 iProspect 联合发布的一项调查表明，在美国有 41% 的企业使用各种搜索引擎营销方式。在实施搜索引擎营销的企业中，根据点击率和网站流量指标来评价搜索引擎营销的效果是目前的主要方式，只有 11% 的企业采用详细的 ROI 指标分析。

这项研究被调查的用户来自参加 Web Trends 和 iProspect 这两家公司所召开会议的 800 名人员。在这些实施了搜索引擎营销策略的被调查人员中，有 23% 的人反映搜索引擎营销是营销组合的重要组成部分；35% 的被调查者正在对此进行评估，并对将来的应用表现出强烈的认可态度；另外有 23% 的被调查者反映他们根本没有采用过搜索引擎营销。

这些调查资料说明，搜索引擎营销在大多数企业中获得广泛应用，但对于搜索引擎营销效果的评估，则没有统一的模式。比较方便的是根据网站流量统计分析软件对搜索引擎营销的点击率和带来的访问量进行监测，这也是最为方便和可行的方法，访问量也是与收益相关性最大的一个指标，因此为多数企业所采用。但是网站的访问量并不一定转化为直接收益，访问量还需要与转化率等指标相结合才能对收益进行评估。上述调查结果也表明，对于转化率和投资收益率进行评估的企业比例远低于对访问量的统计，因为这些指标的评估有一定难度，并且还受到其他因素的制约，有时并非网络营销人员可以做到的。

8.4.4　影响搜索引擎营销效果的因素

搜索引擎营销的基本思想就是让网站获得在搜索引擎中出现的机会，当用户检索并发现网站（网页）的有关信息时，可以点击到相关的网站（网页）进一步获取信息，从而实现向用户传递营销信息的目的。由此也可以推论，影响搜索引擎营销效果的因素主要为3个方面：企业网站建设的专业性、被搜索引擎收录和检索到的机会、搜索结果对用户的吸引力。每个方面会有不同的具体因素在发挥作用。我们将影响搜索引擎营销的相关因素进行归纳，以便进一步加深对搜索引擎营销基本思想的理解，并在实践应用中予以参考。

1. 网站设计的专业性

企业网站是开展搜索引擎营销的基础，网站上的信息是用户检索获取信息的最终来源，网站设计的专业性，尤其是对搜索引擎的友好性和对用户的友好性对搜索引擎营销的最终效果产生直接的影响。

2. 被搜索引擎收录和检索的机会

如果在任何一个搜索引擎上都检索不到，这样的网站将不可能从搜索引擎获得新的用户。被搜索引擎收录不是自然而然发生的，需要用各种有效的方法才能实现这个目的，如常用的搜索引擎登录、搜索引擎优化、关键词广告等，同时还要对搜索引擎进行优化设计，以便在搜索引擎中获得好的排名。应注意的是，搜索引擎营销不是针对某一个搜索引擎，而是针对所有主要的搜索引擎，需要对常用的搜索引擎设计有针对性的搜索引擎策略，因为增加网站被搜索引擎收录的机会是被用户发现的基础。

3. 搜索结果对用户的吸引力

仅仅被主要的搜索引擎收录并不能保证取得实质性的效果，搜索引擎返回的结果有时数以千计，绝大多数的检索结果都将被用户忽略，即使排名靠前的结果也不一定能获得被点击的机会，关键还要看搜索结果的索引信息（网页标题、内容提要、URL 等）是否能够获得用户的信任和兴趣，这些问题仍然要回到网站设计的基础工作上才能解决。因此，搜索引擎营销不应仅仅关注搜索引擎本身，同时也要对用户使用搜索引擎的行为进行研究。

【延伸阅读 8-3】

企业广告主评估搜索引擎营销的 6 个方面

搜索引擎营销已经成为网络营销中必不可少的一个组成部分，中国的企业广告主应该根据国外的先进经验，结合自身业务的情况，总结梳理形成一套适用于企业自身的搜索引擎营销效果评估体系。我们将总结归纳各类企业的不同需求，介绍企业广告主评估搜索引擎营销的 6 个方面：

1. 搜索引擎营销广告主投放本身的效果。以关键词广告为例，搜索引擎运营商提供的管理后台一般有该广告的呈现次数和点击率两个核心指标，广告主需要注意比较这两个指标的变动情况，特别是点击率的变化。对于点击率较低的广告，要设计优化方案或及时停止投放。

2. 搜索引擎营销对受众品牌认知与接收情况的评估。现在在搜索引擎上有专门为大企业广告主品牌展示需求设立的全流量广告位、内容定向广告位和品牌专区广告位等，对于这些品牌展示广告，广告主可以通过受众线上和线下调研的方式评定效果。

3. 搜索引擎营销很重要的功效是帮助企业网站提升流量。广告主需注意自身网站的到达率的增幅，同时通过搜索引擎提供的关键词搜索请求量变化趋势工具，比较与本企业品牌和产品名称相关的关键词搜索量的变化。

4. 对以促销为目标的企业而言，评估线上和线下销售额的变化和受众购买意愿的变化是衡量营销效果的关键。

5. 由于搜索引擎可以购买竞争对手的品牌和产品关键词，因此对竞争对手可以起到抑制作用，将本应属于对手网站的流量"抢夺"至本企业网站，并据此评估对手网站的流量。

6. 搜索引擎营销很重要的原则是与其他营销方式的合理协调搭配，形成一致的全案营销效果。但对整体营销效果的评估，更多的是从定性的角度出发予以进行的。

通过以上的 6 个效果评估指标，企业广告主可以全面评估搜索引擎营销的效果，同时将各个指标与广告主的投放费用进行交叉对比，得到某一时间段搜索引擎营销在各方面的投放产出情况。广告主了解这些评估数据有助于优化配置营销预算和人力资源，实现更好的效果。另外，对于不同业务的企业，评估方式也有所不同，例如外贸型的企业更重视是否带来洽谈机会等，在评估时应该予以变通。

资料来源：http://www.chinaz.com/

📖 本章小结

了解搜索引擎的工作原理对日常搜索应用和网站登录注册推广都会有很大帮助。搜索引擎按其工作方式可分为全文搜索引擎、目录索引类搜索引擎、元搜索引擎及非主流搜索引擎。企业可根据自己的需求状况及市场情况选择合适的平台进行推广。

搜索引擎营销就是人们使用搜索引擎方式将用户检索的信息尽可能传递给目标用户。或者，搜索引擎营销就是基于搜索引擎平台的网络营销，即利用人们对搜索引擎的依赖和使用习惯，将人们检索的信息传递给目标用户。

搜索引擎竞价排名是一种按效果付费的推广方式，主要是企业在搜索引擎上购买关键词，当用户搜索这些关键词信息时，企业的推广内容就会出现在用户面前。

对网站进行搜索引擎优化，就是对影响搜索引擎检索的各项因素如网站内容、网站链接、网站布局、网站结构等采取一系列的优化策略，使其更符合搜索引擎收录和排名的原则。

🔍 典型案例

某玩具天猫店入驻了秒送引擎，通过秒送号发布企业自媒体进行搜索引擎推广。该企业发布推广了一条关于产品水弹枪的内容，名为"J-Star 电动连发水弹枪 沙漠之鹰仿真版玩具枪性价比评测"。在发布 10 分钟后，百度搜索进行了快速原创收录并在搜索结果中打上"原创"蓝标进行保护，于是我们可以通过在百度中搜索这一企业自媒体的标题来查看收录情况。我们可以看出搜索标题时，因为是进行了原创保护所以排到了第一位。而搜索目标关键词"J-Star电动连发水弹枪"时则排到了搜索结果的第五位，前几条是JD等大站的。而搜索第二目标关键词"沙漠之鹰仿真水弹枪"排到搜索结果第2页的第8条上。整体的初始排名效果非常理想，在通过秒送引擎进行内容自动优化一定的时间后，即使当我们搜索关键词"沙漠之鹰仿真水弹枪"也完全可顺利进入首页前几位上。当然这个自然内容优化排名的时间能持续2周~3个月的样子效果就非常明显了。而当这条企业自媒体的排名上去后，那流量必然是相当不错的，重点是要进行长期性精准引流和客户转化。

资料来源：https：//www. miaosong. cn/gongkaike/3823. html

学习与思考

1. 搜索引擎的分类有哪些？
2. 结合自己的学习体会，谈一下搜索引擎工具的重要性。
3. 浅析搜索引擎的主要原理。
4. 搜索引擎营销主要有哪些模式？
5. 搜索引擎自然检索的优化方法有哪些？
6. 如何选择关键词？
7. 关键词广告的投放策略有哪些？
8. 影响搜索引擎营销效果的主要因素有哪些？
9. 新网站如何通过搜索引擎营销进行网站推广？

实践操作训练

1. 参考网络的搜索引擎优化，查看阿里巴巴网站及学校官方网站，从SEO角度进行分析，给出学校官方网站的优化建议。

优化角度	阿里巴巴官方网站	学校官方网站
网址		
关键词		
网站栏目设置		
META标签截图		
百度百科、知道、地图等信息发布情况		
有无链接提交		
有无原创文章		
有无高质量外链		
有无新闻源推广		

针对学校官方网站，你的SEO优化建议是什么？若你的学校需要投放百度推广广告，

按照创意撰写的格式和要求，为你的学校撰写两组创意。

2. 体验搜索的流程，通过登录互联网上的某个搜索引擎网站，让同学们了解搜索引擎，并实际体验搜索的流程。

（1）浏览搜索引擎网站；

（2）了解百度网的结构；

（3）了解百度网的功能；

（4）了解百度网的模块；

（5）掌握普通搜索方法；

（6）掌握高级搜索方法；

（7）掌握特殊搜索方法。

网络广告

案例导入

2019 年网络广告发展现状和未来趋势分析

在网民规模及手机网民规模的高普及率发展的推动下，各行业的发展依托互联网技术，聚焦网络广告的推广。根据 iRsearch 公布的数据显示，2014—2018 年我国网络广告市场规模不断增加，至 2018 年达到 4 843.1 亿元，同比增加 21.52%。从单个季度看，其第四季度规模为 1 493.2 亿元。2019 年上半年，我国网络广告市场规模达到 2 592.1 亿元，增速呈上升趋势变动。

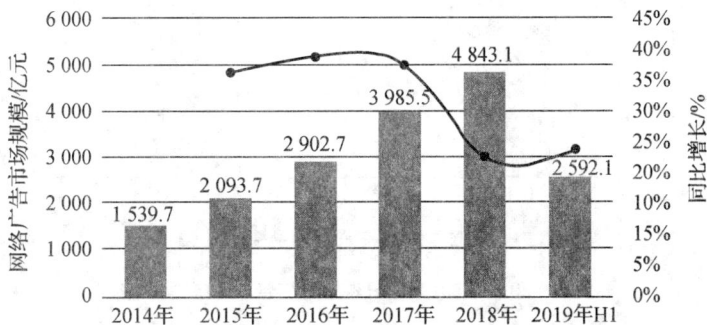

图 9-1　2014—2019 年中国网络广告市场规模及增速变动

多板块助力，电商网络广告业务能力最强

从网络广告的细分领域看，主要包含电商广告、信息流广告、搜索广告、品牌图形广告、视频贴片广告等几个重要领域。随着网上购物消费习惯的转变，电商广告成为其主要的细分领域。2019 年上半年，电商广告收入占比为 35.05%，信息流广告和搜索广告收入占比分别为 28.40% 和 16.35%，其余细分领域收入占比低于 10%。

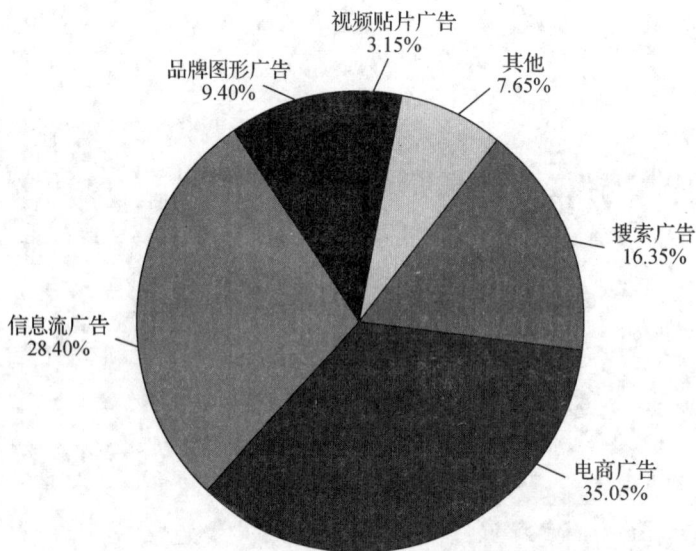

图 9-2 2019H1 网络广告细分领域市场份额占比

2018 年，我国电商广告实现了 1 607.91 亿元的广告收入，占网络广告收入总规模的 33.20%。2019 年上半年，电商网络广告收入达到 908.53 亿元，占比较上年有所提升，达到 35.05%。

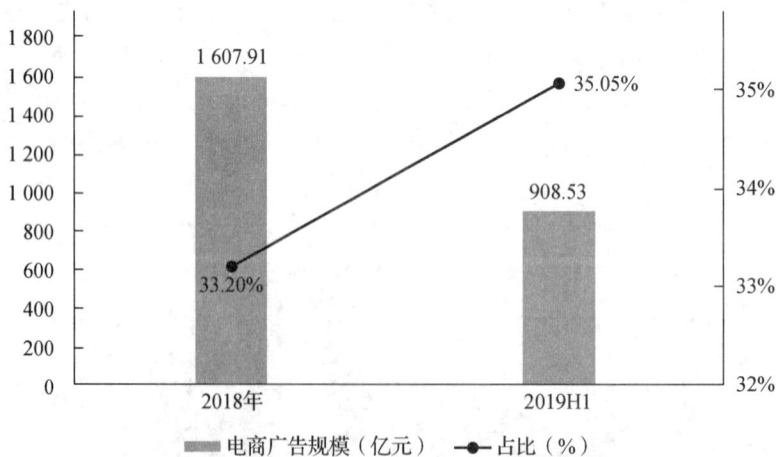

图 9-3 2018—2019 年 H1 电商广告收入规模及占比

多企业竞争，阿里巴巴广告收入遥遥领先

从企业发展现状看，以阿里巴巴、百度、腾讯为代表的互联网企业、以美团为代表的外卖平台等纷纷布局广告市场，加强其在网络广告领域的竞争地位。根据各企业公布的数据显示，2019 年上半年，阿里巴巴广告收入遥遥领先，达到 720.73 亿元；百度广告收入排名第二，为 368.94 亿元，只及阿里巴巴的一半。腾讯和京东两大企业 2019 年上半年的广告收入分别为 298.09 亿元和 192.21 亿元，其余企业广告收入均低于百亿元，但是仍是其重要收入来源。

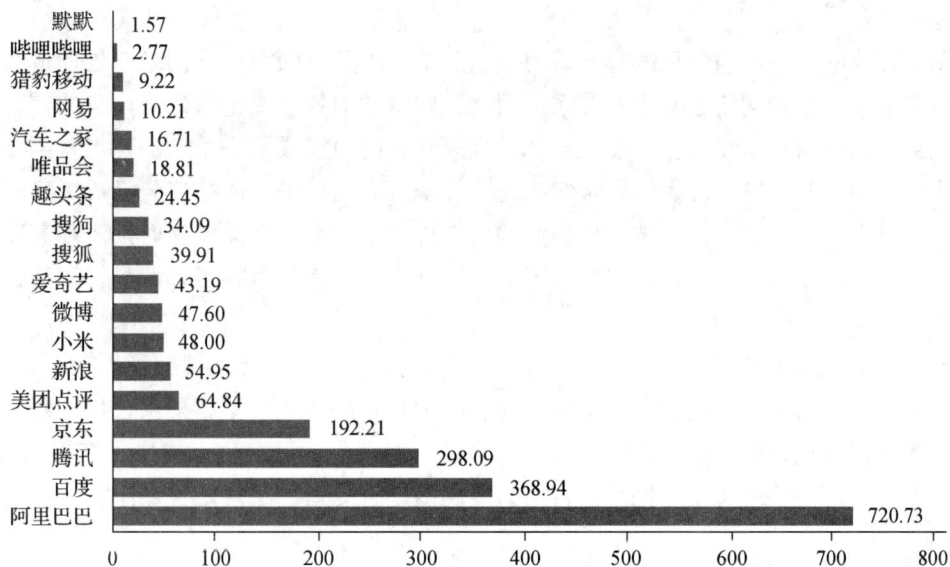

图 9-4　2019H1 代表性企业广告营收统计

资料来源：前瞻产业研究院发布的《中国广告行业市场前瞻与投资战略规划分析报告》

9.1　网络广告概述

9.1.1　网络广告的定义和构成要素

传统意义上的广告是指商品经营者或者服务提供者承担费用通过一定媒介形式直接或者间接介绍自己所推销的商品或者所提供的服务，以及在将来达成销售的营销方式。而网络广告则是随着互联网技术的发展与普及而迅速崛起的一种依托新媒体发布传播的广告形式，是继电视、广播、报纸、杂志等传统媒体之后兴起的新媒体广告。网络广告既具有传统媒体广告的所有优点，又具有传统媒体所无法比拟的优势。

与传统媒体相似的是网络广告将成为各个网站生存与发展的主要经济来源。随着互联网使用人数在世界范围内的快速增长，广告商们的目光已聚焦在这张网上。随着电子商务的发展以及传统新闻媒体在网上发展，广告的投放位置正在发生历史性变化，大部分广告费用正从传统媒体转移到网络媒体上来。因而，网络广告是一个值得开发并深入研究的新的"经济增长点"。

1. 网络广告的定义

网络广告（Internet Advertising 或 Web AD），又被称作互联网广告。它主要是指利用电子计算机联结而形成的信息通信网络作为广告媒体，采用相关的电子多媒体技术设计制作，并通过电脑网络传播的广告形式。

随着互联网的飞速发展，网络世界日新月异、气象万千。互联网以其跨时空、跨地域、图文并茂的双向传播信息的超凡魅力，创造了一个巨大的市场，网络广告便成为网络的衍生物之一。它和网络是共生的关系。因此，网络的前景也决定着网络广告的前景。它是新世纪、新生活、新经济社会的向导，并且以它新的内涵成了一个新的焦点。网络媒体与网络广告的兴起，给传统媒体及传统广告业带来巨大的冲击。网络广告已成为广告业新的经济增长点。它的出现使得整个广告业的发展进入了一个崭新的历史时期。随着宽带网的进一步普及，新的广告形式还将层出不穷，网络广告的优点也将更加明显，网络广告的发展前途将是无可限量的。

2. 网络广告的构成要素

网络广告作为大众传播的一个重要分支，必须具备以下 4 个基本要素，用国际上对广告设计的习惯表述，即由谁告、告什么、告给谁、怎么告。以上各点构成了广告活动的 4 个基本要素，即网络广告主、网络广告信息、网络广告受众、网络广告媒体。

（1）网络广告主

网络广告主是网络广告活动的主体，是指为促进产品销售或服务提供，自行或委托他人设计、制作、发布广告的法人、其他经济组织或个人。网络广告经营者、网络广告发布者是与网络广告主相关的两个概念。网络广告经营者是指受委托提供网络广告的设计、制作、代理服务的法人、其他经济组织或个人。网络广告发布者是指为网络广告主或网络广告主委托的网络广告经营者发布网络广告的法人、其他经济组织或个人。例如，企业可能在互联网内容提供商的门户网站上发布广告，也可能在自己建设的网站上发布广告。

（2）网络广告信息

网络广告信息是网络广告活动的内容，一般是指商品信息、服务信息和观念信息等。在网络广告中，商品信息包括产品的性能、质量、规格、型号、价格、产地、用途、销售地点、销售时间等内容。服务信息是指网络广告主向社会或个人提供的各种为生产和生活服务的信息。观念信息是指网络广告通过网络广告活动倡导的某种意识，使目标顾客树立一种有利于网络广告主促销其商品或服务的消费观念。

（3）网络广告受众

网络广告受众是网络广告活动的客体，是网络广告信息的传播对象，主要指工商企业产品的买主或流通业者以及其他单位的用户和个人。因为每种商品都有其特定的目标顾客，而不同的商品属性又构成不同的网络广告对象，因此，只有了解网络广告对象的性别、年龄、教育程度、职业、地域等，才能根据网络广告对象的要求、利益和爱好，有的放矢，投其所好，才能实现网络广告的目标。

（4）网络广告媒体

广告活动是一种有计划、有目的的大众传播活动，其信息的传播必须借助一定的媒体来实现。网络广告媒体就是互联网，具体表现为电子邮件、网页、BBS、新闻组、图标、按钮、背投、旗帜等形式。

9.1.2 网络广告的特点

促使广告主使用互联网做广告的原因是多方面的，网络的普及使得越来越多的人从电视转向互联网，这必然给广告主带来更多接触目标客户的机会。作为大众传播媒介，互联网的传播功能如今已经得到了广泛的认可。与传统媒体广告相比，网络广告所具有的特点显而易见。

1. 交互性

传统媒介使用单向传播，受众只能被动接收广告信息，受众是否喜欢这种介绍产品的形式，能否通过广告了解需要的产品信息，是否因为广告而产生购买该产品的欲望，这一系列重要问题无法得到即时准确的答案。而有些广告商选择聘请专业市场调查公司进行各种问卷调查来弥补这一缺陷，但这种方法费时费力费财，往往不能得到准确结果，或者由于周期过长而影响广告主下一步的营销决策。网络广告的交互性抹平了这个缺憾，交互性强是网络广告区别于传统广告的最显著特征。通过网络广告，用户可以轻松获取自己所需要的信息，广告主也可以随时了解用户的喜好，随时得到用户反馈，根据用户要求迅速回应。交互式沟通使网络广告拥有前所未有的活力和竞争力，这种交互式沟通使网络广告与电子商务紧密结合，受众能够直接作出购买决定，在线实施交易。

互动沟通使网络广告独具个性，满足了消费者的需求。不同于其他广告的"推送"方式，网络广告的魅力和娱乐性得到了网民的自发关注和参与，有效减少了反感和抵触情绪，从而达到理想的广告传播效果。

2. 广泛性

互联网的全球性，使互联网上发布的广告也是全球性的；并且网络广告可以不受电视广播广告的时间限制，也不受报纸广告的版面约束。网络广告内容极为丰富，一个站点的信息承载量可以大大超过企业所有的印刷宣传品，不仅可以详细介绍产品信息，还可以宣传企业。可以说，企业花很少的钱却提供了关于企业和产品的百科全书式的信息。

3. 实时性和灵活性

网络广告可以随时发布、更新或取消，且灵活自如。广告在传统媒体上发布后很难改变或者说改换广告的代价（经济代价）太大，因而难以随时更换，而在互联网上做广告则可按照需要及时变更广告内容，包括改错。例如，一则有关电冰箱的促销广告，电冰箱销售价格变动了，更改价格只需要 1~2 分钟即可完成，更改成本则可以忽略不计。这样就可以很容易做到经营决策变化与广告变化之间的无延迟。另外由于虚拟现实、网上聊天等新技术的发展促使网上广告的内容不断更新。例如，让消费者亲自"体验"产品、服务和品牌。目前做得最好的是让网络用户通过导览介绍试用产品。将来，虚拟现实等技术将提供更加体验化的广告，使顾客身临其境地感受如何开车，或置身于超市、浏览货架等。

4. 针对性

网络广告的目标针对性强，网站可以通过设置分析软件获知访问者的特征、喜好，以及上网时间和经常点击某类内容，从而精确地定位投放广告。例如，经常上网浏览的是受过较好教育的中青年用户，经常上网冲浪的多数为中高级职员，或是高等院校的知识阶层，他们具有丰富的计算机知识和实践经验，大多从事科技、经济等领域的工作，拥有比较雄厚的经济基础。他们正是许多高科技产品，尤其是计算机信息产品的潜在消费者。这些网民是一个极具购买潜力的消费群体。另外网站的专业化发展趋势也使得相对于这类网站特色的广告具有较强的针对性，符合受众的个性化消费需求。

5. 形式的多样性

网络广告在尺寸上可以采取旗帜广告、巨型广告，在技术上还可以用动画、Flash、游戏方式，在形式上可以采取网络收听、收看、试玩、调查等，可以集各种传统媒体形式的精华，从而达到传统媒体所无法具有的效果。这种以图、文、声、像的形式，传送多感官的信息，让顾客如身临其境般感受商品或服务，并能在网上预订、交易和结算，极大地增强了网络广告的实效性。

6. 易测性

运用传统媒体发布广告，评价广告效果比较困难，因为无法确切地知道有多少人接收了自己的广告信息。以报纸为例，报纸的订阅人数是可以统计的，但是刊登在报纸上的广告有多少人阅读过却只能估计、推测而不能精确统计，因为有很多人不订报纸却可以读到它。至于电视、广播广告等的受众人数就更难统计。各个网站都装有数据统计软件，通过互联网发布广告就能很容易地统计出一个网站各网页被浏览的总次数、各个网页分别被浏览访问的次数、每个广告被点击的次数。甚至还可以详细、具体地统计出每个访问者的访问时间和 IP 地址，以及这些用户浏览这些广告的时间分布、地理分布等，从而有助于广告主和广告商评估广告效果，进而审定他们的广告策略，而传统的广告媒体却无法做到。

7. 经济性

目前在互联网上做广告要比在传统媒体上便宜许多。对于这一问题，人们存在一个误区，以为互联网广告的成本低，事实并非如此。据国际互联网广告局 IAB 统计，如果同样多的人看到互联网广告和电视广告，投放互联网广告要比电视贵 66%，但由于互联网广告的受众是受过良好教育的、有交互的、有较高经济收入的最具购买力的群体，而电视广告的受众却是"杂乱无章"的，如果电视广告能够定位到同样的群体，则费用会比互联网高得多。另外，网络是个新媒体，广告主还没有完全认识到其重要性，因而网络广告的价格无法提升。目前，国内一个比较大的网络做一年的广告费用仅够在报纸上维持一个月，在电视上仅能维持一周。网络广告的内容都是以数字化形式存在的，以比特流量计算，节省了传统广告的印刷费、制作费和人力。相对于传统媒体发布的广告，网络广告制作简便，成本相对较低。

表 9-1　网络广告与传统广告的比较

项目	报纸杂志媒体	电视广播媒体	互联网媒体
时间	制作周期较长	制作周期较长，播放时间受限	可以突破时间的限制
空间	版面容易受到限制	电视画面容易受到限制，而且广播和电视覆盖范围有限	可以突破空间的限制
价格	中	高	低
可统计性	不强	不强	强，统计结果及时、准确
反馈效果	及时反馈能力弱	及时反馈能力弱	具有交互性，反馈及时
检索能力	差	无	可以方便地多次检索到
宣传形式	文字、平面画面	画面、声音	文、图、声、像多媒体技术
受众的素质	一般	泛而杂	学历、素质都相对较高
受众的投入	一般	不强	高度集中

9.1.3　网络广告的局限

互联网广告的优势是有目共睹的，但其缺陷也是不容忽视的，这也是网络广告目前无法广泛普及的重大瓶颈。只有逐步克服这些缺陷，利用其优势，才能使网络广告健康发展。网络广告目前存在的局限主要有：

1. 硬件环境限制

网络广告受网络用户的普及程度、网络用户的地域分布、上网速度的制约。上网费用开销较大，阻碍了网络广告的发展。特别是我们国内通信业垄断经营的原因，不论采用哪种上网方式，个人用户如果要过多地关注广告内容所花费的费用也不是小数，这也从另一方面决定了上网的人数不可能像传统媒体的观众数量那么多、那样广泛。

上网操作不像使用电视机那样简单。计算机的正常操作和维护要求上网用户具备一定的受教育程度，面对高技术产品，会有相当多的一部分人将被排斥在网络广告市场之外。

网络信息传输技术本身的局限性也对网络广告的发展形成限制。特别是受网络数据传输带宽的影响，因为一旦上网用户太多就会出现网速慢的现象，当网络广告所传递的信息过多，太慢的资料显示速度，使广告受众根本无法忍受等待的煎熬，只有放弃接收广告信息。

2. 语言限制

网络广告的跨国界、跨地域传播是其特色，但这种传播要受到语言的限制。一方面是程序语言限制了广告表现、网页编写，如 HTML 语言，所有图形素材的呈现都是一列一列地为读者计算安排，有其出现的先后顺序，不像平面广告那样可以随意摆放。正是由于这样，网络广告的多媒体效果远不如印刷品、电视、广播。另一方面，互联网上的信息 90%以上是用英语表述的，对于非英语国家受众接受、查询、传输信息是个很大的障碍。汉语虽然使用者最多，但不是国际通用语言，而互联网上的中文信息相对较少，这对那些不懂英语的人制作、发布网络广告是个很大的障碍。

3. 网络广告的被动性

网络媒体强大的交互功能使得广告用户有了其他媒体所不具有的自主选择广告信息的便利，但同时相对于用户主动性的是网络广告本身的被动性。当广告主把广告投放到网站之后，往往要"等"访问者把它找出来才能与用户见面，如果访问者不去点击，即使再精彩的广告也不会受到用户的青睐。网络广告只有等待用户索取而不能主动出击，而且网络媒体不具有强制收视的特征，主动权掌握在消费者手里，他们可以选择你的网站，也可以选择别的网站，即使选择你的网站也未必一定浏览广告信息。这与传统媒体相比不能不说是个缺憾。

4. 网络广告的诚信问题

这是传统广告媒体中也存在的问题。但是在网络广告中则更为重要，因为网络信息的发布更为方便，更容易造假。任何人都可以利用各种免费空间发布各种信息，信息的真实性、严肃性受到极大考验，从而影响到人们对网络广告的信任程度，这对网络广告的发展是极其不利的。

5. 网络广告媒体的传播效果与测评标准难以确立

目前网络广告技术服务提供商都有一套判断标准，但没有形成统一的评价体系。效果评估的不一致直接影响了广告主对广告发布策略的制定和实施。由于网络媒体广告效果评测缺乏科学的行业性标准，使得广告主无法估算自己对网络广告的投入能得到多少收益，众多的广告主对网络媒体信心不足。目前国际上尚未形成有关网络广告效果测评的标准，这就限制了广告主对网络广告的投入，进而阻碍了网络广告的发展进程。

虽然网络媒体广告存在着许多不足，有许多事情尚需努力解决，但它毕竟是一种新兴媒体，其前景仍然是光明的。据网络广告业内人士分析，中国互联网广告业前景看好，受国内网络用户数量越来越多这一现象的推动，预计中国网络广告业会有一个非常美好的未来。

9.1.4 网络广告的发展历程与发展趋势

1. 网络广告的发展历程

世界上第一则网络广告出现在美国，1994年10月27日美国著名的《热线》（Hotwired）杂志推出了网络版，并首次在网站上推出了网络广告，立即吸引到AT&T（美国电话电报公司）、Sprint（美国斯普林特公司）、MCI（美国MCI公司）等最初的14家买主——这标志着网络广告的正式诞生。此后，网络广告被普遍认识并在全世界范围内飞速发展起来。

我国的网络广告发展起步于1997年，ChinaByte（比特网）1997年3月在网站上出现了第一条商业性网络广告，这标志着中国网络广告的诞生。网络广告迅速以它自身的独特优势成为传媒业的新宠。1998年6月国中网报道世界杯足球赛获200万元广告收入一事，使许多从未做过网络广告的广告主有机会尝试网络广告，此举大大推动了中国网络广告的进程。经过短短十几年的发展，网络广告的形式已被许多企业接受和采纳，而且取得了较好的广告效果。如方正科技电脑系统有限公司在雅虎（Yahoo!）、搜狐（Sohu）和新浪（Sina）上全面投放了广告后，访问公司站点的人数由原来两年内总计的访问量2万多人，在半个月内一下就到了2万多人，现在一直稳定在每天3 000多人的访问量，极大地提高了方正电脑的知名度。

根据iRsearch公布的数据显示，2014—2018年我国网络广告市场规模不断增大，至2018年达到4 843.1亿元，同比增加21.52%。从单个季度看，其第四季度规模最高为1 493.2亿元。2019年上半年，我国网络广告市场规模达到2 592.1亿元，预计2022年达到800亿美元。国内互联网广告市场仍有巨大的发展空间。

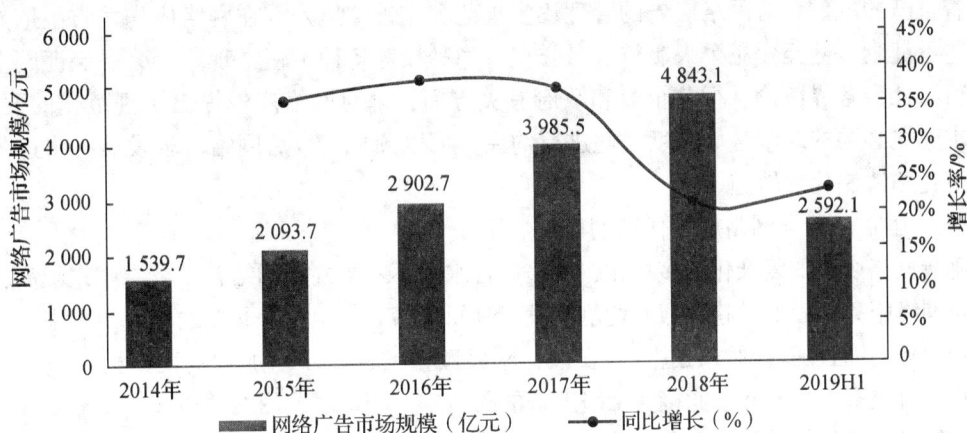

图9-5 中国网络广告市场规模及增速变动

2. 网络广告的发展趋势

网络广告作为一种崭新的媒体传播工具，它既继承了传统广告的长处，又充分展现了自身特点，正日益显示出无限广阔、美妙的发展前景。

（1）网络广告将更具有创意性

依托多媒体计算机等先进技术发展形成的网络广告，除了理性的渲染之外，网络广告将更加注重广告制作的创意性。在表现方式上营造品牌效应，比如将更多采用一些具有震撼力的标题与有动态效果的画面；内容上还尽可能想方设法设置悬念，唤起浏览者进一步点击的欲望；网络广告在五彩缤纷的信息世界中，将更多地采用各种出奇制胜的理念和方法去吸引客户，它将比其他各类媒体的广告更能显示出其独特的魅力。因此，今后随着时间的推移，各网站、广告商对网络广告制作人的要求将更加苛刻，希望网络广告制作人具有艺术家的天分、编辑工作者的严谨和魔术师般的创意才能。

（2）网络广告将更具有服务性

为了取得更广泛的广告效果，今后的网络广告将会更重视多种语言的应用，实现全球化传播；每一页广告都会注明即时回复的E-Mail地址或按钮，使客户能够随时实现与广告主的互动。为了方便客户，广告主将广告信息通过小型电子邮件、杂志的分类广告主动"推"给客户。

（3）网络广告将更具有经济性

目前全球有不少著名的网上图标广告服务提供商，如 Web Union（网站联盟公司）、Link Exchange（链接交换公司）、Smart Clicks（智能点击公司）等公司，专门从事全球范围内图标广告的自由交换服务。这项服务以加盟者之间互惠互利、互相免费为原则，受到了许多网络经营者的欢迎。因此，充分利用免费或低成本手段，将使网络广告更具经济性。

（4）网络广告将走向规范化、法制化

为维护客户的共同利益，网络广告的管理将更加规范化。一方面，国家工商行政管理总局对网络广告管理十分重视，即将颁发一系列的网络广告管理法规；另一方面，网站本身随着自己的成熟，对网络广告的管理逐步规范和完善。但是，在网络广告发布中依然存在一些不健康，甚至侵犯个人版权、名誉权、隐私权等各种不正常现象。为了保证网上正常运行，社会各界舆论、行业企业和政府有关方面，都对网络广告提出了规范化的要求，并要求建立必要的政策法律制度对此进行约束。可以预见，今后网络广告发展必将逐步走上规范化和法制化的轨道。

（5）建立、健全网络广告代理制度

随着网络媒体的复杂化与多样化，网络广告水平不断提高，网络营销要求越来越高，广告主及网络服务商面临日趋激烈的竞争，没有时间和精力，也没有必要的专业水平来处理网络广告业务。而且随着网络的进一步发展，网民数量的进一步增加和网民结构的进一步成熟，将会有更多的个人和企业接受网络广告的跨时空、跨地域、图文并茂双向传播媒介。因此，网络广告的运作模式将走向成熟，网络广告代理制度将成为网络广告活动的主流制度。

（6）移动广告市场将成"未来之王"

随着移动终端的普及与通过智能手机上网人数的激增，传统媒体及互联网媒体纷纷往移动化方向转型，移动媒体价值得以增强，进而带动用户及传统广告主的转移。对传统广告主，移动广告逐渐成为刚需。客户资源、数据分析和本土化将成为影响未来移动广告平台发展潜力的重要因素。资源整合能力是衡量移动广告平台未来发展潜力与可持续发展的重要指标。

9.2　网络广告的类型

目前，网络广告的分类标准尚未统一，不同的用户从各自所处的角度出发划分网络广告的种类。目前，划分网络广告的方式主要按照网络广告的表现形式划分。

按网络广告的表现形式可以分为电子邮件广告、电子公告牌广告、网络新闻组广告和万维网广告 4 种。

9.2.1　电子邮件广告（E-Mail AD）

电子邮件是互联网上的一种基本服务功能，允许用户以比普通邮件更为方便迅捷的方式交流信息，联络感情。它很像普通邮件，只是传播途径有所不同。另一种使用电子邮件的网络广告形式叫电子邮件列表（Mailing Lists），又叫邮件目录。邮件目录由具有共同兴趣的成员组成，这些成员的电子邮件地址在同一个目录内，只要往该目录发一封邮件，就会被自动送给邮件目录的所有成员。作为广告形式，电子邮件列表引起了广告主的充分注意。但若非你的产品和某话题之间有着非常密切的关系的话，不要无限制地使用这种广告形式。因为，网民一向极为讨厌强迫性的商业广告形式，他们会拒绝不喜欢或不需要的广告内容。

9.2.2 电子公告牌广告（BBS AD）

电子公告系统（Bulletin Board System），简称 BBS，也是互联网的一种信息服务工具。BBS 是一种以文本为主的网上讨论组织，主要由网络代理商（ISP）开发的。在这里，用户可以通过网络以文字的形式，与别人聊天、发表文章、阐释观点、阅读信息、讨论问题或是在网站内通信等。这里较为宽松、自由的气氛吸引了很多的爱好者，只要不违反法律法规，可以比较自由地畅所欲言。现在越来越多的网络服务机构在所开设的站点上设立讨论区，在这些讨论区，服务商可以就某个商业话题供用户进入讨论区时争论。也可以在用户进入讨论区的主页上刊载广告供用户点击。只要把消息发往某个专题论坛服务器，在几小时内，通过相互复制，遍布全世界的论坛成员都能收到该消息。

9.2.3 网络新闻组广告（Usenet AD）

网络新闻组（Usenet）是分散在世界范围的公告栏系统。在 Usenet 上，每一个用户既可以是信息的发布者，也可以是信息的接收者。Usenet 是由众多在线读者讨论组组成的自成一体的系统，其中的一个个的组叫作新闻组或新闻讨论组（News Group），分别冠以不同的有着明确界定的主题。Usenet 早期并非商业工具，但在商品经济发达的今天，Usenet 产生了许多专门用于交流商品信息的讨论组，这些组名往往含有"Forsale""Marketplace"以及"AD"字样。网络内容服务商为了让商业广告有信息栖身之地，也开设专门的子讨论组，每个讨论组都有主题、地域等方面的差别，并且有自己的特殊规则。

9.2.4 万维网广告（Web AD）

在环球网站（www）上建立主页（Home Page），即通过 www 这种超文本形式，利用超文本描述语言（HTML）把互联网上几乎所有不同网点计算机内的信息和资源链在一起的网就叫万维网。万维网是目前绝大多数互联网用户通用的信息数据平台，对互联网的广告客户来说，万维网拥有无限的利用价值。Web 广告主要有以下几种形式。

1. 按钮型广告

这种广告是出现在 Web 页面上任何地方的一个图标，这个图标可以是一个企业的标志，也可以是一个象形图标，有的就是一个按钮的形状，故称按钮广告。它们都采取与有关信息实现超链接的互动方式，用鼠标点击它时，可链接到广告主的站点或相关信息页面上。按照 IAB（Internet Adv. Bureau，网络广告署）的标准，图标广告的尺寸一般为 120×90、120×60、125×125 和 88×31 像素。它们一般都是静态的形式，但是也可以是动态的。小按钮广告也被称为标识（Logo）广告。

2. 旗帜型广告

网络媒体在自己网站的页面中分割出一定大小的一个画面（视各媒体的版面规划而

定）发布广告，因其像一面旗帜，所以称为旗帜广告。它又称为横幅式广告或网幅广告，是目前最常见的广告形式。旗帜广告通常有 4 种形式：全幅，尺寸为 468×60 像素；全幅加直式导航条，尺寸为 392×72 像素；半幅，尺寸为 234×60 像素；直幅，尺寸为 120×240 像素。旗帜广告允许客户用极简练的语言、图片介绍企业的产品或宣传企业的形象。

3. 文字广告

文字广告就是以文字的形式进行相关的宣传介绍以此扩大企业或产品的知名度的一种广告形式。一般是企业的名称，点击后链接到广告主的主页上。文字链接形式的广告通常出现在网页的一些分类栏目中，也可以通过电子邮件的形式定期传送给客户。若要宣传新产品，还可以采取在新闻组或电子公告板上发布的方式。

4. 弹出式广告

弹出式广告是当用户在进入网页时，自动开启一个新的浏览器视窗，以吸引读者直接到相关网址浏览，从而收到宣传目的的网络广告形式。这类广告一般都通过网页的 JavaScript（爪哇编程语言）指令来启动，但也有通过其他形式启动的。

5. 赞助式广告

赞助式广告确切地说是一种广告投放传播的方式，而不仅仅是一种网络广告的形式。它可能是通栏式广告、弹出式广告等形式中的一种，也可能是包含很多广告形式的打包计划，甚至是以冠名等方式出现的一种广告形式。赞助式广告常见的几种：内容赞助式广告、节目/栏目赞助式广告、事件赞助式广告、节日赞助式广告等。

6. 关键字广告

关键字（Keyword）广告与搜索引擎的使用紧密联系，通常在搜索引擎网站上的使用价值比较高。它是指网友在搜索引擎键入特定的关键字后，除了搜索结果以外，在上方的广告版位中即会出现预设的旗帜广告。这种广告形式充分利用了网络的互动特质，因此也被称为关联式广告（Co-related Advertising）。

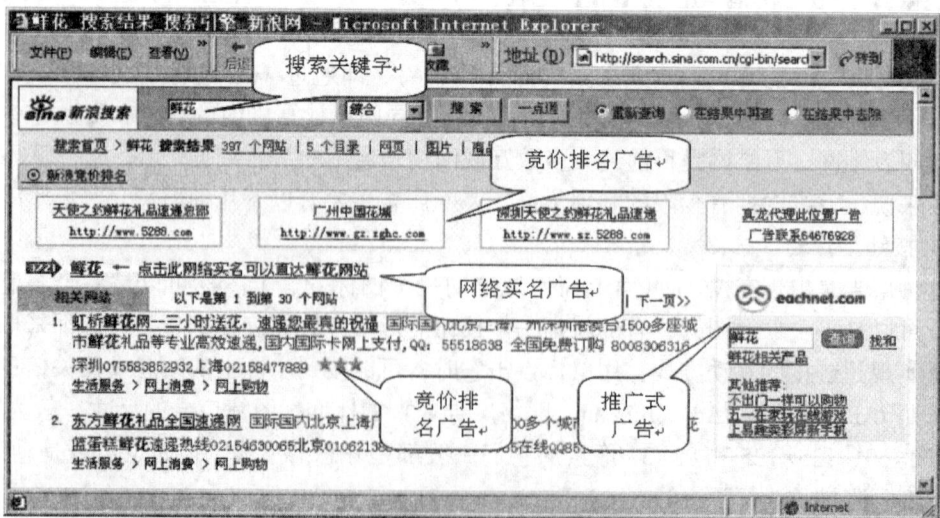

图 9-6 关键字广告

7. 互动式游戏（Wallpaper）广告

它是基于客户端软件的广告形式，在一段页面游戏开始、中间或结束的时候，广告都可随之出现，并且可以根据广告主的产品要求为之量身定做一个专门表现其产品的互动游戏。我国最大的网络游戏网站"联众网络游戏"（http：//www. gl. cn. net）开发出了基于客户端软件操作界面某块区域的广告形式，这要比同等尺寸网页上的广告引人注目得多。

8. 通栏广告

通栏广告以横贯页面的形式出现。该广告形式尺寸较大，视觉冲击力强，能给网络访客留下深刻印象。其特点是吸引力更强，表现更突出，备受来访者关注。

9. 浮动广告

浮动广告就是在页面沿一定轨迹浮动的广告形式。其特殊的表现形式与传统的形式相比更能聚集网络访客的眼球，使得广告的影响力更强。

这种广告有着多种表现方式：一是沿着某一固定的曲线飘动，二是随着网友拖动浏览器的滚动条而做直线上下浮动。该类型广告突破传统广告的定式，不再固定在某一指定位置，而是随鼠标拖动而移动，巧妙的设计会使得在不妨碍网友浏览的同时满足广告增加曝光率的需求。

图 9-7　网络广告类型

9.2.5　网络广告的新形式

随着网络广告的不断发展，精确定向投放广告和无线广告成为新趋势，新的广告形式层出不穷。下面介绍几种最新的广告形式。

1. 富媒体广告

富媒体（Rich Media），顾名思义就是丰富的媒体。随着信息技术的升级发展，在互联网上传播的不仅是文字或图片信息，同时还包括动画、视频、互动、音乐或语音效果等信息。富媒体之"富"，是建立在宽带网络基础上的，是相对于窄带网络信息贫乏而言的。

当我们登录网站，专心致志地逐行寻找自己感兴趣的新闻时，伴随着音箱里飘出的一阵悦耳的音乐，屏幕的右下方缓缓地升起一个独立的视频播放器，带给我们一份小小的惊喜。曾几何时，在鼠标不经意地滑动之间，发现在网页中间幻化出或美不胜收、或出其不意，又或是妙趣横生的广告画面时，我们不知不觉地放慢手中鼠标滑行的速度，静静地在那几十秒的时间里细细欣赏、品味。富媒体使网络如此有趣、如此与众不同，这就是它的魅力。

富媒体广告加强了网络广告的互动性，弱化了其"强迫性"，能消除人们对网络广告的抵触心理，增加点击率。据 Double Click（双击公司）的调查数据显示，富媒体广告的平均点击率是其他广告的 5 倍。

图 9-8　富媒体广告

2. 手机广告（Mobile Telephone Ads）

将互联网平台与移动通信平台有机结合，充分利用互联网信息资源丰富的优势，在计算机终端与移动通信终端之间、移动通信终端与移动通信终端之间有效地实施网络营销。

3. 个性化定制广告（Customized Ads）

个性化定制广告是基于数据库的网络定制广告，简单地说就是追踪网站用户的在线行为，根据用户的行为找出他们的兴趣和习惯，据此为用户提供和他们的兴趣习惯相关的广告。个性化定制网络广告的过人之处就在于它的"有的放矢"，针对受众的个性化特点提供针对性的广告，是今后网络广告发展的趋势。

按照不同的网络广告的定制系统，可以分为纵向定制和横向定制两种。纵向定制是指不管这个网络用户访问哪个网站，不间断地向其提供与兴趣和习惯相关的广告。横向定制就是根据网络的不同分类，在相同类型的网站打出相关的网络广告。

4. Widget 广告

Widget 是一种可供用户制作和自由下载的工具集合，它包含了娱乐、工作、学习、电子商务等多种实用功能。Widget 由一些外观漂亮的小型多媒体部件组成，功能非常丰富，不仅可以应用在网页或博客上，还可以在电脑桌面单独执行。Widget 可以是销售产品和服务的店面橱窗，也可以是粘贴定制广告的电子公告牌。如果你创建一个演奏你最喜欢歌曲的 Widget，它可能会使浏览该 Widget 的人去亚马逊网站购买该乐队的专辑，你甚至可以从交易中分一杯羹。

图 9-9　Widget 广告

5. 微博、微信广告

微信平台已经成为企业宣传品牌形象与推广销售产品的重要渠道。微博广告在这种信息传播高度发达的时代背景下诞生，并借微博的繁荣席卷网络。随着微博自身影响力的增强以及"全民化"的发展态势，在企业层面，微博公关与营销作为网络营销的新工具而受到重视。商家们从中寻找到新的商机，发布品牌和产品推广信息，同时微博也成为连接消费者和商家的平台。

微信用户量的激增，让微信营销推广迅速成为商业活动中最重要的营销模式之一，与大多数营销方式不同，微信广告传播的对象尽可能地减少中间渠道，让产品与客户之间直接面对。微信为商业广告的传播提供一种更加简便的方式，它意味着更精确、更便捷的传播。

9.3　网络广告策划

9.3.1　网络广告策划的内容

网络广告策划是对提出广告决策、实施广告决策、检验广告决策全过程作预先的考虑与设想。网络广告策划不是具体的广告业务，而是广告决策的形成过程。

网络广告策划是根据互联网的特征及网络人群的特征，从全局角度展开的一种运筹和规划。在有限的广告信息载体上对整个网络广告活动加以协调安排、广告设计、广告投入、广告时间、广告空间安排等各个具体环节做到充分考虑并精益求精。

网络媒体的特点决定了网络广告策划的特定要求，如网络的高度互动性使网络广告不再只是单纯地创意表现与信息发布，广告主对广告回应度的要求会更高；网络的时效性使得网络广告的制作时间短、上线时间快，受众的回应也是即时的，而广告效果的评估与广告策划的调整也都必须是即时的。因此，网络广告有自己的策划过程，具体如下。

1. 网络广告目标策划

所谓广告目标，简单地说就是广告所要达到的目的；具体地说就是指企业通过广告活动所要达到的效果，这种效果可以表现为知名度、美誉度的提升，也可以表现为销售额、市场占有率等的提高。确定网络广告目标，是指根据企业的经济状况、营销策略以及企业总体广告战略，制定出一个合理的、通过网络广告所能够达到的广告目标。广告目标指引着广告的方向，随后进行的各种行动都取决于广告目标。只有明确了网络广告活动的总体目标之后，广告策划者才能决定网络广告的内容、形式、创意，甚至包括网站的选择、广告对象的确定。

网络广告目标可以分为直接目标和间接目标。直接目标又称心理目标，是指广告本身对网民所发生的直接作用和影响。传统广告中用于衡量效果的指标通常有知名度、认知度、信任度、偏爱度等，但这些指标并不容易得到精确的统计。网络广告则可以借助信息技术特点使得效果易于评估，这使得广告目标的制定更明确，量化的可能性越大，达到预期目标的可能性也就越大。

间接目标即经济目标，包括销售目标、营利目标、市场目标等，但要实现这些目标的影响因素很多，网络广告只是其中的一种，因此一般而言应将重点放在直接目标的策划上。

2. 网络广告的目标受众策划

确定网络广告的目标受众（目标群体），简单来说就是确定网络广告希望让哪些人来看，确定他们是哪个群体、哪个阶层、哪个区域。只有让合适的用户来参与广告信息活动，才能使广告有效地实现其目标。企业的产品特性是准确定位广告目标群体的关键，因为广告的目标群体是由企业的产品消费对象来决定的，网络营销人员要深入调查和分析目标群体的性别、年龄、职业、爱好、文化程度、素质水平、收入、生活方式、思维方式、消费心理、购买习惯、平时接触网络媒体的习惯等。了解了目标群体的特征，才能有的放矢地调整企业的营销策略。

由于现在开发的广告管理系统具有定向发布和定向反馈的功能，使得网络销售人员能更准确地了解广告目标群体的情况。企业在进行网络营销时，必须分析网络的既有群体与企业整体营销策略的目标市场之间的重合度有多大，以避免盲目的网络营销决策。企业应充分考虑网络广告目标群体的容量，这主要包括目标群体的人数、购买力及偏好。同时，还要考虑企业、产品及竞争对手在消费者心目中的形象。

3. 网络广告的主题策划

在对网络广告策划的过程中，一旦在分析广告对象的基础上明确了目标之后，就要考虑选择什么样的主题以达到预期的目标。网络广告主题的策划是网络广告灵魂的塑造，一则广告如果没有主题，就会使人们看到后不知所云，没有印象。广告主题要做到简洁、鲜明、新颖、便于记忆才能给人留下深刻的印象。例如，惠普公司为 Photo Smart 7960 数码照片打印机做的广告标题是"您的生活多姿多彩，万千色彩任挥洒"，非常简练地传达了该打印机彩色打印分辨率高的性能特征，抓住了消费者的心理。

4. 网络广告地区和时间策划

（1）网络广告地区策划

网络广告地区策划主要是分析确定企业需要在哪些地区实施有针对性的广告活动，广告要覆盖多大的范围。网络广告地区的选择需要考虑多方面的因素：企业的营销目标、当地网络媒体的特征，如网络的普及程度和当地网民接触网络媒体的状况等、该地区的风土人情与宗教文化特点、目标受众的特点（性别、年龄、文化层次、收入水平、消费习惯、购买动机、购买心理等）、同类产品的知名度和美誉度及市场占有率、企业对这一地区的认可度、这一地区对企业产品的认可度等。这些与地域相关的间接因素，都会影响到网络广告策划对每一项具体细节的实施。

由于网络媒体具有开放性，网民可以在网上随意访问任何一个开放式的网站，因此网络广告发布的区域性主要是指某些网站在某些地区的知名度比较高，从而成为一个地区的优势媒体，在这个网站上发布广告的效果会比较好。当然，与传统媒体相比，网络媒体的开放性同时又是它的缺点，即缺乏较强的地区针对性。而传统媒体的地区受众群体比较固定，如有线电视、城市报纸、地方电台的地区受众群体比较固定，有利于配合地区性销售活动的开展。与传统的地方性媒体的有效整合，可以弥补网络媒体广告在地区性覆盖方面的不足。

（2）网络广告时间策划

网络广告的时间策划是其策略决策的重要方面。网络广告与传统广告的一个相同问题就是广告都有时间限制。怎样在有限的时间内传递出企业的产品信息，怎样最有效地节约广告时间成本，是网络广告面对的问题。对这一问题的确定与安排就是广告策划的时间因素。网络广告的时间策划包括对网络广告时限、频率、时序及发布时间的考虑。

网络广告的时间策划分为集中速决型和持续均衡型两种。集中速决型就是在短暂的时间里，向目标市场大量投资，利用各种媒体发起强大的网络广告攻势，使网络广告刊播的频率高、信息密集，对目标公众的刺激性强，适用于新产品投入期或流行商品引入市场期，也适用于一些季节性很强的商品。采取持续均衡策略，为的是不断地给消费者以信息刺激，以保持消费者对产品的持久记忆，适用于产品成长期、成熟期。由于网络广告活动持续的时间长，如果始终采取密集型信息传播，花费太大，久而久之也会引起消费者的逆反心理。如果网络广告信息传递频率低，又可能造成消费者对产品品牌的遗忘。因此，科学地利用人们的遗忘规律，合理地安排网络广告推出次数和各种网络广告之间的时距以及各个时间段里的网络广告频率，便成为网络广告策划中重要的课题。

5. 网络广告策略策划

网络广告策略包括定位策略、广告主题策略、表现策略、与传统广告媒介的组合策略、与网上促销的整合策略等。所谓网络广告定位，即网络广告宣传主题定位，就是确定诉求的重点，或者说是确定商品的卖点。就其实质而言，网络广告定位也就是网络广告所宣传的产品、劳务、企业形象的市场定位，是在消费者心目中为网络广告主的产品、劳务或企业形象确定一个独特的位置。网络广告表现策略是广告表现的方式、风格等的策略。网络广告离不开电子商务，与网上促销的结合是进行网络广告策划时需要考虑的重要内容，为网民提供信息服务、购买服务、售后服务、信息反馈等一站式服务也是网络广告营销传播的独特优势。

6. 网络广告的反馈策划

一则网络广告成功与否要看其实际对产品的销售起了多大的效果。评价其效果的指标是多样的，比如市场占有率、公众认知度、公众信任度、品牌忠诚度、年或季度销售量等指标。这些指标数的获得就依赖于网络广告反馈系统是否科学合理，一则成功的网络广告总有一套与之相匹配的反馈系统，有了这样一个系统才能把网络广告的效果检测出来。

网络广告反馈系统的另一个功能是传递商业环境的变化信息，商业环境的多变使得任何一则网络广告都会马上失效，甚至有起反作用的危险。网络广告反馈系统的传递功能及时把网络广告环境的变化因素传递给网络广告设计人员，以便及时对网络广告计划作出修正。这在网络广告环境中更显必要，网上的信息更新速度十分惊人，也能对商业环境的改变作出及时反应，如果网络广告不能适应这种特性，则会对商业活动带来负面影响。

9.3.2 网络广告预算策划

网络广告与传统广告一样，也要考虑广告的投入和产出，追求广告效果的最大化，这就要求对网络广告的投入和支出计划作出合理的安排。任何广告都有一定的投入成本，企业要在广告投入与广告效果之间力求最优化。在具体策划中，要依据企业的广告目的和广告整体方案，作出最低成本、最优效果的广告预算安排是广告投资预算策划的目的所在。

网络广告预算是由一系列调研、分析、预测、协调等工作组成的。这些工作应遵循一定的科学步骤进行，才能保证预算编制的合理性和有效性。其具体步骤为：

1. 调查研究影响网络广告预算的主要因素

企业在着手编制网络广告预算之前，必须对企业所处的市场环境、竞争环境、经济与社会环境进行全面且系统的调查；同时还要对企业自身的情况和竞争者的情况进行详细的比较和研究，这是制定网络广告预算的先决条件。

2. 分析企业上一年度的销售额

企业在制定下一年度网络广告活动预算时，应先对上一年度的销售额进行细致分析，以了解上一年度的实际销售数量和销售额是否符合上一年度的预测销售量和预测销售额。通过此项分析，可以预测下一年度的销售情况，从而安排适当的广告经费，以适应实际销售和推销活动的需要。

3. 分析历年来企业产品的销售周期性

产品销售跟随该产品的整个经济周期的变化也呈现出周期性变化的规律性，要充分研究计划期产品销售所处周期阶段,对网络广告经费作出合理的预算。大部分产品在一年的销售中,由于受季节、节假日等因素的影响,也呈现出一种周期性的变化,即在某些月份销售额上升,而在另外几个月中销售额又下降,通过对企业产品销售周期的分析,可以为网络广告的总预算提供依据,从而确定不同月份的广告费用的分配,做到因时而异。

4. 确定广告投资总额

通过上述对市场现状的调研和分析后,提出网络广告投资总额的计算方法和理由,从而确定投资总额的多少。

5. 网络广告预算的具体分配

根据前几项工作得出的结论,确定一个年度中广告经费的具体分配。企业可根据自身的实际情况及市场状况,将网络广告费用分配到合适的时间和地区,从而使总预算落实到每一个具体的活动细节上。

6. 制定控制与评价的标准

在网络广告预算的编制中,还应确定每笔广告支出所要达到的目的或效果,以及对每个时期每一项广告开支的记录方法。通过这些标准的制定,就可以结合广告效果对广告费的支出进行控制和评价。

9.4 网络广告的发布及效果监测

9.4.1 网络广告的发布

1. 网络广告的发布途径

广告主如何通过 Internet 发布企业的广告?网上发布广告的渠道和形式众多,各有长短,企业应根据自身情况及网络广告的目标,选择网络广告发布渠道及方式。可供选择的渠道和方式主要有:

(1) 主页形式

企业建立自己的主页宣传自己的产品。企业的主页地址也会像企业的地址、名称、电话一样,是独有的,是企业的标识,将成为企业的无形资产。

(2) 网络内容服务商 (ICP)

网络内容服务商如新浪等,它们提供大量的 Internet 用户感兴趣并需要的免费信息服务,包括新闻、评论、生活、财经等内容,而且这些网站的访问量非常大,是网上最引人注目的站点。目前,这样的网站是网络广告发布的主要阵地。

(3) 专业类销售网

这是一种专业类产品直接在 Internet 上进行销售的方式。进入这样的网站,消费者只要在一张表中填上自己所需商品的类型、型号、制造商、价位等信息,然后按一下搜索键,就可以得到所需要商品的各种细节资料。

(4) 免费的互联网服务

比如免费的 E-Mail 服务,利用这一优势,能够帮助企业将广告主动送至使用免费服务的用户手中。

（5）黄页形式

互联网上有一些专门用以查询检索服务的网站，如 www. yahoo. com 等。这些站点就如同电话黄页一样，按类别划分，便于用户进行站点的查询。

（6）企业名录

一些 Internet 服务商或政府机构将一部分企业信息融入他们的主页中，从而形成企业名录。如香港商业发展委员会的主页中就包括汽车代理商、汽车配件商的名录。

（7）网上报纸和杂志

国内外一些著名的报纸和杂志纷纷在互联网上建立了自己的主页，更有一些新兴的报纸和杂志，放弃了传统的"纸"的媒体，完完全全地成为一种"网络报纸"和"网络杂志"。

（8）虚拟社区和公告栏（BBS）以及新闻组（Newsgroup）

这是比较流行的交流沟通渠道，发表与企业产品相关的评论和建议，可以起到非常好的口碑宣传的作用。

2. 网络广告的发布技巧

网络广告的发布中有一些小的细节，广告主自己要了解一些网络广告的必要知识，掌握好发布网络广告的要诀。

（1）选择合适的发布媒体和媒体位置

即使 CPM（千人成本）价格一样，在不同访问量、不同受众层次的网站所做的广告效果完全不同。高访问量的网站使你获得所需效果的时间大大缩短，从而为你赢得时间。在选择好网站之后，发布的广告位置也极为重要，一般来说网页上方比下方效果好。统计表明，许多受众不愿意通过滚动条来获取内容，因而放在网页上方和网页下方的广告所能获得的点击率是不同的。同样，不要仅盯住首页广告，首页虽然可以更容易看到，但是想要吸引受众的点击，在其他页面的效果与首页相差不多，但是价格相差较多。

（2）通常靠近网站主要内容的广告受到的注意力要多一些

通常综合网站都会有发布最新新闻的位置，或者是滚动字幕，或是专题，这个位置通常是网民上网首先关注的热点，人气较旺，因此广告如果放在这个位置附近会吸引更多人的注意。同样，网络广告的发布面积越大越好，大尺寸的广告更容易吸引注意。

（3）网络广告发布后的问题

网络广告发布以后，并非就万事大吉了，应该经常更新广告内容，例如更换图片、动画等。统计表明动画图片的吸引力比静止画面高 3 倍，但太过花哨或文件太大会影响下载速度。当同一个图片放置一段时间以后，点击率开始下降，而当更换图片以后，点击率又会增加，所以保持新鲜感是吸引访客的一个好办法。

（4）不可忽视纯文字的作用

在电子邮件杂志中可以放置纯文字广告，由于纯文字广告通常可以表现 100 字左右的文字内容，而且几乎不影响下载速度，因此措辞得当的纯文字广告甚至可获得很高的点击率。采用合适的语句，吸引受众的注意力，能够引起访客的好奇和兴趣。例如采用不同寻常的语句，如"不是老板的不要进来"，也可以是时间性的如"最后机会"，还可以是"免费"的大旗，这种看起来落入俗套的词语却能够起到戏剧性的效果。

（5）链接页面

将广告链接到最终需要受众浏览的页面，而不是客户网站的首页。没有人喜欢七弯八拐才能获取自己所需的内容，因此广告应该链接到你最想宣传的那个页面。因此网络广告的链接应该是直截了当，节约受众的精力和时间。

9.4.2　网络广告效果评价

广告效果的测定不仅能对企业前期的广告作出客观的评价，而且对企业今后的广告活动能起到有效的指导作用。因此，它不仅能够直接提高企业的广告效益，而且可以通过广告效果反馈，获取消费者的需求动态，间接推动企业的生产发展。

所谓网络广告效果测定就是指运用一定的方法和技术，对基于网络载体上的广告所能达到的心理效果、经济效果、社会效果等进行综合测定的过程。它的基本思路是，将网络广告活动的各项目标转化成可以测度的指标来进行评价和审查，这些指标共同组成了网络广告效果测定的指标体系。

网络广告的效果评价关系到网络媒体和广告主的直接利益，也影响到整个行业的正常发展。广告主总希望了解自己投放广告后能获得什么回报，那么究竟怎样来全面衡量网络广告的效果呢？

1. 网络广告效果评价指标

（1）网络广告曝光次数（Web Advertising Impression）

网络广告曝光次数是指网络广告所在网页被访问的次数，这一数字通常用计数器来进行统计。假如网络广告刊登在网页的固定位置，那么在刊登期间获得的曝光次数越多，表示该网络广告被看到的次数越多，获得的注意力就越多。但是，在运用网络广告曝光次数这一指标时，应该注意以下问题：

首先，网络广告曝光次数并不等于实际浏览网络广告的人数。在网络广告刊登期间，同一个网民可能几次光顾刊登同一则网络广告的同一网站；或者网民偶尔打开某个刊登网络广告的网页后，也许根本没有看就将网页关闭了，此时的网络广告曝光次数与实际阅读次数是不相等的。

其次，网络广告刊登位置的不同，每个网络广告曝光次数的实际价值也不相同。首页比内页得到的曝光次数多，但不一定是针对目标群体的曝光，相反，内页的曝光次数虽然较少，但目标受众的针对性更强，实际意义更大。

再次，通常一个网页中很少只刊登一则网络广告，因而当网民浏览该网页时，他会将注意力分散到其他网络广告中，这样对于企业的网络广告曝光的实际价值到底有多大我们无从知道。只能说，网络广告曝光次数只可以从大体上反映广告受众的注意力。

（2）点击次数与点击率（Click & Click Through Rate）

网民点击网络广告的次数称为点击次数。点击次数可以客观准确地反映网络广告的效果，而点击次数除以网络广告曝光次数，就可得到点击率（CTR）。这项指标也可以用来评估网络广告的效果，是网络广告吸引力的一个指标。如果刊登这则网络广告的网页的曝光次数是 15 000 次，而网页上的网络广告的点击次数为 1 500 次，那么点击率是 10%。点击率是网络广告最基本的评价指标，也是反映网络广告最直接和最有说服力的量化指标，与曝光次数相比这个指标对企业的意义更大。不过，随着人们对网络广告的深入了解，点击率这个数字越来越低，因此，在某种程度上，单纯的点击率已经不能充分地反映网络广告的真正效果了。

（3）网页阅读次数（Page View）

浏览者在对广告中的产品产生了一定的兴趣之后进入企业的网站，在了解产品的详细信息后，他可能会产生购买的欲望。当浏览者点击网络广告之后即进入了介绍产品信息的主页或企业的网站，浏览者对该页面的一次浏览阅读称为一次网页阅读。而所有浏览者对这一页面的总的阅读次数就称为网页阅读次数。这个指标也可以用来衡量网络广告的效果，它从侧面反映了网络广告的吸引力。

（4）转化次数与转化率（Conversion & Conversion Rate）

网络广告的最终目的是促进产品的销售，而点击次数与点击率指标并不能真正地反映网络广告对产品销售情况的影响，于是，引入转化次数与转化率的指标。"转化"是受网络广告影响而形成的购买、注册或索取信息需求；转化次数是由于受网络广告的影响而产生的购买、注册或索取信息需求行为的次数；转化次数除以广告曝光次数，即得到转化率。网络广告的转化次数包括两部分，一部分是浏览并且点击了网络广告所产生的转化行为的次数，另一部分是仅仅浏览而没有点击网络广告所产生的转化行为的次数。由此可见，转化次数和转化率可以反映那些浏览而没有点击广告所产生的效果，同时，点击率与转化率不存在明显的线性关系，所以出现转化率高于点击率的情况也不足为奇。但是，目前转化次数与转化率如何来监测，在实际操作中还有一定的难度。在通常情况下，将受网络广告的影响所产生的购买行为的次数看作转化次数。

（5）网络广告成本

①千人印象成本 CPM（Cost Per Mille）。通常每个发布广告的网站都会使用程序来统计含有广告的页面被浏览的次数，千人印象成本定价一般以广告网页被 1 000 次浏览为基准计价单位，它源于传统媒体广告定价：广告定价＝CPM×媒体接触人数（收视率或发行量）/1 000。它意味着网页被浏览的次数越多，网络广告的效果越好。CPM 指标比较符合业内人士的惯性思维模式——按照传统媒体测量广告效果的方式来衡量网络广告的效果，操作便捷，广告主不需要太多的网络广告知识就可以知道所投放的网络广告的触及范围和人数。它的原理与传统媒体的广告效果评价体系有相似之处，注重广告的显示效果。

②每点击成本（CPC，Cost Per Click Through）。因为 CPM 无法体现网络消费者是否对广告感兴趣，所以广告主更偏爱每点击成本——利用网络广告被点击并链接到相关网址或详细内容页面的次数来衡量网络广告的效果。网络访客能主动点击广告主的网络广告，表

明其对该广告感兴趣，也表明广告引起了目标受众的关注，找到了合适的目标受众，同时由于这种方法加上点击率限制可以增加作弊的难度。从这些方面来看，CPC 指标衡量网络广告的效果更加准确、有效，广告主可以很清楚地了解自己投放的网络广告到底带来了多少宣传效果，大大满足了广告主对广告效果测定的需求。

但这种效果评价标准也存在问题。首先，随着网络广告的日益增多，弹出式和游动式广告经常给网络用户造成视觉障碍，所以点击率比初期呈逐渐下降的趋势。其次，网络访客点击广告可能源于对广告的内容感兴趣，也有可能源于对广告的制作水平和创意感兴趣。假如访客点击广告仅仅因为广告的制作和创意做得好，而不是因为访客对广告的内容感兴趣，那么就说明广告没有达到预期的效果。最后，此类方法有不少经营广告的网站觉得不公平。比如，虽然浏览者没有点击，但是他已经看到了广告，作为广告的实质作用也就算发生了。

③每广告位时间成本（CPT，Cost Per Time）。CPT 是指每广告位时间成本，例如包天、包时等，是目前国内网络广告计费形式的主导。CPT 是传统媒体广告购买模式的延续，它使得网络广告的计费模式更趋近于和传统媒体的购买模式一致。广告主可以根据自身需求在特定时间段选取特定广告位进行有针对性的宣传。由于各大媒体尚未能实时地公布其每天的不同页面的日访问量（Daily Pageview）和日不重复访客数（Daily Unique User），因此，广告主在衡量广告投放效果时只能根据媒体公布的数据进行估算，这种评估方法难以体现互联网广告所应有的精确性和实时性，而只是根据经验估算出广告所能传达到的用户数量及相应所需付出的费用。同时，一个越来越明显的趋势是，随着媒体页面访问量的不断提高，媒体缺乏有力的第三方数据向广告主证明这种页面访问量增长的准确性和可靠性，只能被动地每半年或每一年调整一次价格，以提高自己的收入。

④每行动成本（CPA，Cost Per Action）。所谓每行动成本就是企业为每个行动所付出的成本，它是指按广告投放实际效果，即按回应的有效问卷或订单等来计费，而不限广告投放量。这是一种基于互联网互动性特征的广告计费形式，在确定了广告主所需要获得的广告效果的基础上，以效果的实现来衡量广告价值。

CPM、CPC、CPT 和 CPA 在衡量网络广告价值上都各有利弊，每一种计费方式从单独来看都不能很准确地体现网络广告投放的真正价值，所以衡量网络广告价值应该从广告主的宣传目的出发，而非使用单一的计费标准去衡量。

2. 网络广告效果评价方法

网络广告的效果评价关系到网络媒体和广告主的直接利益，也影响到整个行业的正常发展，企业希望了解自己投放广告后能获得什么回报，于是需要全面衡量网络广告的效果，从定性和定量两种不同角度有不同的评价方法。

（1）对比分析法

对比分析法也称比较分析法，是按照特定的指标将客观事物加以比较，以达到认识事物的本质和规律并作出正确判断或评价的一种方法。对比分析法通常是把两个（或更多）相互联系的指标数据进行比较，从数量上展示和说明研究对象规模的大小、水平的高低、速度的快慢以及各种关系是否协调。在对比分析中，选择合适的对比标准是十分关键的步骤，选择合适才能作出客观的评价，选择不合适，评价可能得出错误的结论。

网络广告对比分析法就是对比网络广告发布前后的各种指标进行对比分析，以此来判断网络广告的效果。其主要有以下几种方式：

①对比发布网络广告前后企业收到的电子邮件数量；

②对比发布网络广告前后企业收到的咨询产品或服务的信函数量；

③对比网络广告发布前后企业的销售额和利润。

无论是旗帜广告，还是邮件广告，由于都涉及点击率或者回应率以外的效果，因此，除了可以准确跟踪统计的技术指标外，利用比较传统的对比分析法仍然具有现实意义。当然，不同的网络广告形式，对比的内容和方法也不一样。对于标牌广告或者按钮广告，除了直接点击以外，广告的效果通常表现在品牌形象方面，这是许多企业不顾点击率低的现实而仍然选择标牌广告的主要原因。品牌形象的提升很难随时获得可以量化的指标，不过同样可以利用传统的对比分析法，对网络广告投放前后的品牌形象进行调查对比。

（2）加权计算法

所谓加权计算法就是在投放网络广告后的一定时间内，对网络广告产生效果的不同层面赋予权重，以判别不同广告所产生的效果之间的差异的一种方法。这种方法实际上是对不同广告形式、不同投放媒体或者不同投放周期等情况下的网络广告效果进行的比较，而不仅仅是反映某广告投放所产生的效果。

假设企业产品销售量为 x，点击次数为 y，实际购买的权重为 m，每次点击的权重为 n，那么企业获得的总价值：

$$S = mx + ny$$

其中权重的设定对加权计算法的计算结果影响较大。权重的设定，需要在大量统计资料分析的前提下，对用户浏览数量与实际购买数量之间的比例有一个相对准确的统计结果。

加权计算法是建立在对广告效果具有监测统计手段的基础之上的。例如：假定某企业在 A 网站投放的 Banner 广告（旗帜广告）在一个月内获得的效果为：产品销售 150 件，点击数量 6 000 次；同时，假定某企业在 B 网站投放的 Banner 广告在一个月内获得的效果为：产品销售 180 件，点击数量 3 000 次。判断这两次广告投放效果的区别，可以为产品销售和获得的点击分别赋予权重。如果每 100 次点击可形成 2 次实际购买，那么可以将实际购买的权重设为 1.00，每次点击的权重为 0.02，依次计算上述两种情况下企业获得的总价值。

在第一种情况下，总价值为：$150 \times 1.00 + 6\ 000 \times 0.02 = 270$

而在第二种情况下，总价值为：$180 \times 1.00 + 3\ 000 \times 0.02 = 240$

由此可见，第二种情况获得的直接销售比第一种情况要多，但从长期来看，第一种情况更有价值。网络广告的效果除了反映在直接购买之外，对品牌形象及用户的认知同样重要。

3. 效果成本指标

互联网是一个互动的媒体，具有点对点传播的特征，这种传播特征使互联网的推广不仅留在广告印象（用户被动看到广告）或者广告点击（用户主动点击广告）上，而且可以渗透到企业的营销全过程。通过调查消费者在哪里、消费者的习惯是什么、消费者关心产品和服务的哪些部分、消费者为什么没有购买、消费者参与品牌活动的目的是什么等，了解消费者在从认知到购买的整个思维过程和行为特征，了解在整个营销过程中消费者的反应特征，了解用户点击网络广告后的行为，通过这些分析可以指导营销体系的如何进行完善。网络广告监测系统可以详细记录用户点击网络广告后的一系列网络行为，可以方便地了解目标消费群的主要网络媒体浏览习惯、转化成顾客的概率，从而在目标消费群经常浏览的网站有的放矢地进行广告投放，会起到事半功倍的效果。

9.4.3　网络广告的监管

伴随着互联网的飞速发展，网络广告凭借其发布便捷、覆盖面广、互动性强、自由度高等优势而迅速发展壮大，在广告中的地位越来越重要。然而，在网络广告发展壮大的过程中，网络广告的特殊性所带来的种种缺陷和问题开始慢慢暴露出来。这些缺陷严重影响了交易当事人的合法权益，破坏了正常的竞争秩序，产生了不小的负面影响。但与此同时，传统广告监督管理体系面对这一新生事物监管乏力，更缺乏强有力的法律准绳。"没有规矩，不成方圆"，制定完善的网络广告法律法规，加强对网络广告的监管，已成为网络广告发展的当务之急。良好的环境才能促使网络广告的健康发展，为我国市场经济增添活力。

1. 网络广告监管的必要性

根据近期《中国互联网络发展状况统计报告》显示：选择经常浏览和有时浏览网络广告的有68%，在被问询是否愿意收到网络广告邮件后作为选购商品或服务的参考方面，表示不排斥的占72%。这表明网络广告这种新兴、时髦的宣传方式已日渐渗透到人们的生活之中。但是在被问到对目前网络广告最不满意的方面时，选择"网络广告的真实性无法保证"的占了第一位。由此可见，各种违法网络广告已严重影响了网络广告的形象，对网络广告实施强有力的监管势在必行。具体来说，对网络广告进行监管的必要性主要体现在以下几个方面：

（1）维护消费者的合法权益

消费者在购买、使用产品的过程中，拥有知情权、公平交易权、自主选择权、人身安全、财产安全等合法权利。但随着社会经济的发展与市场的繁荣，市场上的产品越来越丰富，这必然导致生产经营者与消费者之间对产品质量的信息不对称问题日益突出。由于各种违法网络广告向广大消费者传递欺骗性信息，反而人为地扩大了广告主和消费者之间的信息不对称问题，致使消费者受骗上当，购买了假冒伪劣产品，造成消费者人身和财产损害，严重损害了消费者的合法权益。

（2）维护同类产品生产经营者的合法权益

在一定时期、一定市场范围内，某类（或某种）产品的需求量是相对稳定的。许多消费者受各种违法网络广告的欺骗或误导，选择并购买了违法网络广告所宣传的产品，对其他同类产品的需求量必然减少。这就使违法网络广告所宣传的产品挤占了其他同类产品的市场份额，损害了正常生产经营者的合法权益。同时，由于违法网络广告所宣传的产品大多是假冒伪劣产品，消费者使用产品后发现受骗上当，就会对其他同类产品的质量产生怀疑。

（3）维持正常的市场竞争机制

市场竞争机制的基本作用是优胜劣汰，产生优质产品驱逐劣质产品的积极效果。但其前提条件是要求这种竞争是正当的、公平的竞争。而各种违法网络广告被一些生产经营者用作不正当竞争的手段，致使许多消费者真伪难辨，反而购买违法网络广告所宣传的假冒伪劣产品，其结果造成劣质产品挤占优质产品的不正常现象，市场竞争机制难以发挥正常作用。同时，违法网络广告还会造成社会资源的巨大浪费。首先，制作、发布违法网络广告必然要投入一定的社会资源，但违法网络广告所产生的是负经济效益，这就决定了这种投资纯粹是一种社会资源的浪费；其次，违法网络广告所宣传的大多是假冒伪劣产品，不能为消费者提供正常的使用价值，因此，生产经营这些假冒伪劣产品所耗费的资源也是一种浪费；再次，无论是政府有关部门打击查处违法网络广告，还是消费者为了维护其合法权益，都需要消耗大量的社会资源，而这些社会资源的不必要消耗，完全是由各种违法网络广告造成的。

综上所述，无论是从消费者角度，还是从竞争者角度、整个市场角度，都需要政府实施强有力的宏观调控手段，加强对网络广告的监管。由于目前网络行业还没有形成良好的行业自律，社会监管的体系也不健全，就需要政府目前做好两方面工作：一方面加快制定针对网络广告的专门法律法规，使网络广告市场能够有章可循；另一方面，加强对网络广告的行政监管，加大查处违法网络广告的力度，为网络广告的发展营造良好的发展氛围。

2. 网络广告的监管原则

网络广告作为一种新的广告形式，在我国虽呈现出蓬勃发展之势，但仍处于初期和不断探索阶段，如何进行正确有效的监管才能保证其健康发展，不仅要考虑到网络广告这一新生事物的特点，而且要遵循一定的监管原则。这些原则是我国广告监管机构及有权对部分种类的网络广告进行监管的机构在实施网络广告的监管过程中应当遵循的最高原则，其既是有关网络广告监管的法律、法规中应当体现的基本准则，也是现在和以后在有关网络广告监管的立法、执法时应遵循的指导思想。一般认为对于我国网络广告的监管应当主要遵循如下 5 项原则：

（1）媒体中立

媒体中立原则是指监管对于不论是采用纸质、电波媒介进行的交易还是采用电子运行形式进行的交易都应采取一视同仁的态度，即不应该因采用的媒介不同而厚此薄彼。媒体中立原则是监管的最基本的原则，同样也可适用于我们对网络广告的规制。

不同的媒体可能分属于不同的产业部门，如无线通信、有线通信、电视、广播、网络等，然而它们在实质上具有同等的功能，因此监管应以中立的原则来对待这些媒体，允许各种媒体根据技术和市场的发展规律而相互融合，相互促进。就广告功能来说，网络广告与传统的报纸或电视广告并没有太大的区别，网络广告不应仅因其形式而否定我国《广告法》对其管辖，当然也不应因此而享受法律上的某种特权，对于网络广告在本质上应与传统广告一样适用同样的法律。

（2）开放发展原则

开放发展原则是从监管效率的角度上来讲的，就是说我们在对网络广告进行监督管理时，要考虑到网络广告的一些技术因素，考虑到网络广告发展的迅速性，我们的监管工作要有预见性、具有一定广度，能够符合网络广告的一些新的发展要求。对网络广告的监管要有一定的灵活性，既不能管得太松，导致网络广告的混乱局面，也不能管得太死，扼杀了网络广告作为新生事物的活力，阻碍了网络广告的发展。

（3）政府监管与行业自律相结合原则

由于互联网的飞速发展，网络广告也随之充斥着几乎所有的网络页面，由政府制定强有力的管理制度来规范网络广告，已经显得非常重要，各国已经将网络广告的管理监督提到了管理部门的议事日程。但是，单靠政府监管，一方面由于法律本身的缺陷，往往会存在监管的滞后性，会使网络广告新出现的问题游离于规则之外；另一方面，由于网络广告的技术性较强，法律不可能预先穷尽所有的规则，政府职能部门的管理技术往往无法将触角深入每一个角落。而且，单纯的政府监管容易滋生腐败，造成权力受阻，进而导致执法不公。所以，只依靠政府的监管很难从根本上解决问题，应在加强政府监管的同时，还要加强行业的自律，特别是 ISP（互联网服务提供商）和 ICP（网络内容服务商）的自律。ISP 和 ICP 是网络运营和管理的最重要环节之一，离开了 ISP 和 ICP 的自律，政府监管只是空谈。对于 ISP 和 ICP 而言，一是要遵循《广告法》和有关广告法律法规，抵制不正当竞争和虚假、欺骗广告；二是他们应当在经营范围内，规制所托管的主页，一旦发现恶意广告行为，应追究管理人的法律责任。

（4）政府监管与社会监督相结合原则

作为网络广告监管机关的各级工商管理部门在监管传统形式的广告时已经是应接不暇，即使扩大行政机构的规模，增加人员，也难以满足大量的网络广告监管需要，这就需要有效的社会监督支持。一方面，鼓励广大消费者以及消费者权益组织，抵制和检举违法网络广告，补充行政执法力量的不足；另一方面，发挥新闻媒体的监督作用，曝光重大违法广告，特别是虚假广告，及时警示广大消费者。

（5）国内管理与国际管理相结合原则

随着互联网在世界各地不断普及和全球信息化进程的飞速发展，互联网的高度开放性、超链接和"无疆界"模糊了国界的限制，网络广告的管理问题不再是一个国家内部的问题，而是需要全世界共同关注的问题。只有加强国际协作、互相协商，制定全球性的规则，网络广告的法律冲突问题才有可能从根本上得以解决。

因此，在互联网环境下，强调国际协作更有非比寻常的意义。在进行网络广告管理时，要注重与其他国家的交流与合作，做到互通互助，当遇到网络广告适用法律出现国际冲突问题时，争取在对一些共同的、基本的问题上达成共识后，通过签订国际公约的方式予以解决。

3. 网络广告监管的措施

对于传统媒体广告，我们已经形成了一套相对完整的管理体制和法律法规，面对网络广告这一蓬勃发展的新生事物，我国相应的监管尚处于探索的初级阶段，体现了试验性、无序性的特点。从目前情况来看，无论从理论上还是技术上，要解决这些问题都还存在一定的难度。但是，由于网络广告传播速度快，影响范围广，决不能过分强调困难而放松管理，或者对这些问题视而不见，放任自流；同时又不宜像在计划经济体制下那样，用简单的行政手段来进行管制。否则，网络和网络广告的快速成长性与管理的滞后性的矛盾必然会对网络广告的持续、长足发展形成制约。由此看来，作为市场调节主体的政府部门，应规范网络广告，保护消费者、经营者的合法权益，使网络广告逐步走上规范化、法制化的轨道。要采取相应措施，加强对网络广告监管，应该做好以下几个方面的工作。

（1）补充、完善网络广告法

网络广告监管的根本措施是法律手段。因为在法治社会中，只有明确具体的法律条文才能限制各种投机分子的违法行为。《广告法》《反不正当竞争法》等法律法规虽然也适用于网络广告，但是由于网络广告宣传范围广，方便快捷，价格低，发布形式灵活，不受时间、地域、国界限制等，现有的法律法规已很难满足网络广告发展的需求。事实也表明，很多网络广告依照现有的广告法律规定很难得到有效的调整。长此以往，最终会损害消费者的合法权益，破坏市场经济正常的竞争秩序，因此通过制定新的网络广告法律来规范网络广告是当务之急。制定新的针对网络广告的专门法律应该考虑以下问题：

首先，明确执法主体。由于网络广告自身的特点，在其监管过程中往往会涉及不止一个监管部门。这就需要明确各个监管的主体及其职责，避免工作中出现相互推诿、相互牵制的被动局面。

其次，明确广告审查和违法行为。由于网络广告具有灵活多变的特点，给网络广告的监管造成很大的难度。因此对网站发布网络广告申请域名，必须规定对网络广告公司和从事域名代理的公司进行资格审查，保证这些公司自身的素质，争取能够从源头上加强控制，从而加强对网络广告的监管。

最后，明确检查手段和强制措施。要保证执法行为到位，执法机关必须具备相应的执法手段，应当赋予执法机关检查权、复印权、暂扣权、冻结权，当然也要规定行使权力的相应责任，从而保证执法到位、执法有效。

（2）建立网站登记、备案制度，设立全国统一的网络广告监管中心

网站的名称、IP地址已经成为一种新型的知识产权，能够作为权利人的一笔无形资产给企业带来利润。因此，有必要对网站的名称和IP地址进行登记、备案。实施对网站的登记和备案制度，对我国规范网络广告运营也能起到相当大的作用。对于网络违法广告，可以责令网络服务商（ISP）承担相应的责任。

我国对于传统广告，国家工商总局广告监管司是全国广告主管机关，各地工商局负责对其管辖范围内的广告进行监管。但是，由于互联网较之传统广告具有较强的超地域性，运用分辖区对其管理显然是难以到位的。所以，广告监管部门要改变传统的监管模式，建立适合网络经济特点的监管模式和机制，可以考虑构建一个垂直领导、内外结合的监管机制和架构，做到上下成网、分级管理、区域协同、统一执行。这可以避免由于各地标准不

一而使网络广告经营者规避广告监管，致使网络广告的监管成为虚设制度。垂直是指可考虑将广告监管网络向上延伸至国家工商总局；内外结合是指广告监管机关的控制协调与广告行业组织、网络信息服务提供者（ICP、ISP）的自律相结合；上下成网是指进一步完善现有的广告监管体系，使其成为整体；分级管理就是相对集中与分别监管相结合，把主要发布地方性信息的地方网站，划由省及其授权的市广告监管机关监管；跨区协同和统一执行，指对涉及外地的网络广告案件，实施国家工商总局统一领导下的行政干预。

（3）提高网络广告监管技术和监管人员素质

对网络上种种行为的规范很多还需要借助于技术手段，因为仅仅有法律的禁止并不能完全解决问题。因为网络广告中的不正当竞争都离不开对网络通信技术的运用，受技术因素的限制，用传统的方法对其进行监管难度很大。譬如制止垃圾邮件广告，一方面要有相关的法律，另一方面还要提高和改进技术，采取包括过滤软件的各种技术去阻击垃圾邮件广告。同时针对匿名邮件等要解决相关问题还需要查明邮件发送方，这也需要相关技术。网络广告纠纷中的取证也离不开技术的帮助。因此，只有不断提高网络监管技术，才能及时地发现并有效地制止网络上更多的和更隐秘的不正当竞争行为。

（4）政府管理和行业自律相结合

网络广告在前期的发展可谓处于"无政府状态"。因此，对网络广告进行政府监管，依靠国家来制定法律法规，是保障网络广告健康运行的必经之路。但是，倘若仅仅依靠政府来监管网络广告，由于技术和财政原因，不可能深入网络广告的每一个环节。为了有效地规范网络广告，不仅要加强行政监管，而且要加强行业自律，特别是 ISP 和 ICP 自律。离开 ISP 和 ICP 自律，政府监管只是空谈。政府可以通过赋予 ISP、ICP 一定的职权，要求其负担起网络广告的监管责任。这样做，一方面弥补了政府监管可能造成的技术上的不足；另一方面，节约了政府的财政支出。此外，ISP、ICP 应该针对不同形式的网络广告制定一系列的自律规范，例如各个网站公开自己的网络广告政策、要求特殊行业的网络广告主提供相应的资格证明。

（5）国内监管与国际监管相结合

网络的全球性、无地域性给法律的适用带来了很大的难题，无论从立案管辖还是从法律的执行上而言均是如此。传统广告由于受国界的限制，一般由国内法管辖，即使发布跨国广告，也是由本国或者由他国法律管辖，一般不会发生法律适用上的冲突。而网络广告则不同，基于其超国界、无地域性，它的受众已扩展为全世界所有能直接或者间接接触到网络的人。从客观上看，由于一条网络广告可能涉及多个国家，却又无法将其分割为几个部分，也就无法确定哪个国家与该网络广告联系更为密切。因此一旦各国存在立法差异，法律管辖与适用的国际性冲突也就不可避免了。即使一国依靠自己国家的管辖权规则和法律规则作出判决，能否得到别的国家的承认和执行也是个问题。这就使得各国在对网络广告进行法律规制时，都束手无策。而从主观上看，有的广告经营者、广告发布者就是故意利用各国的差异、网络的超地域性，规避一国的法律，想尽办法发布某些网络广告，哪国法律对其有利，就利用哪国法律，以规避不利于他们的法律。故而，网络广告的问题已不再是一个国家内部的问题，需要世界各国来共同关注，更需要世界各国通力合作。在一些共同的、基本的问题上达成共识后，通过制定统一实体法以及签订国际公约等方式予以解决。

【案例 9-1】

武汉发布网络广告违法典型案例 全年查处案件 228 件

武汉市市场监管局公布 2017 年网络市场监管情况：全年共查处网络违法违规案件 228 件，执行罚没款 2 271.22 万元。上年共抽查网店（站）14 000 余家次，依法处理问题网店（站）554 家次。维护"周黑鸭""巴厘龙""靓靓蒸"等知名商标品牌，督促电商平台配合整改侵权网店 28 家，屏蔽、下线网店 82 家，删除侵权信息 100 余条。

宣称"获取中长期的绝对回报"：武汉天禄财富投资公司被罚 15 万元

【案情】 2017 年 12 月，洪山区工商质监局执法人员发现：武汉天禄财富投资有限公司利用其自建网站发布"引领高端理财，收益高且稳健，30 倍银行活期存款利息""以阶段性超额收益为手段获取中长期的绝对回报，系列产品平均收益率达到 84%"等广告内容。

该网站系当事人委托第三方公司设计建立，费用为 1 万元。同时，当事人还委托百度对网站内容进行推广，费用为 3 万元。《广告法》明确规定："有投资回报预期的商品或者服务广告，不得含有以下内容：对未来效果、收益或者与其相关的情况作出保证性承诺，明示或者暗示保本、无风险或者保收益等。"

【处理】 洪山区工商质监局依据《广告法》的相关规定，责令当事人停止发布违法广告，在相应范围内消除影响，并处以罚款 15 万元。

广告违规使用绝对化用语：湖北视佳医眼镜光学公司被罚 3 万元

【案情】 2017 年 2 月，黄陂区市场监督管理局执法人员对湖北视佳医眼镜光学有限公司自建网站进行检查，发现该公司为凸显美国博士伦 Technolas217z 准分子激光设备功能特点，宣称该设备是"目前国际准分子激光设备治疗近视眼最昂贵的顶尖技术产品，具有最高的激光发射频率，最大限度地减小了术中角膜基质暴露的时间，有最先进的红外线主动式眼球跟踪技术等特有的专利技术"。

当事人在广告宣传中使用了"最昂贵""最高""最先进"等用语，其行为违反《广告法》的有关规定。

【处理】 黄陂区市场监督管理局依据《广告法》及相关规定，责令当事人立即停止发布违法广告，并处以罚款 3 万元。

医疗广告使用明星作证明：武汉五洲莱美整形美容医院有限公司被罚 3 万元

【案情】 2017 年 3 月，洪山区工商质监局执法人员发现武汉五洲莱美整形美容医院有限公司涉嫌发布违法医疗广告。

经查，当事人利用其官方网站、微信公众号等互联网媒介对外宣称"五洲整形强势引进华中首台超皮秒，就算有 100 种皮肤问题也能秒清，五洲整形明星首选，再续青春不老传奇"，并使用了黄日华、胡兵、麦家琪等明星形象发布了含有推荐、证明等内容的医疗广告信息。当事人以上宣传费用为 10 010 元，其行为违反《广告法》的有关规定。

【处理】 洪山区工商质监局依据《广告法》和《医疗广告管理办法》的相关规定，责令当事人停止发布广告，在相应范围内消除影响，并处以罚款 3 万元。

网上发布教育培训违法广告：武汉文都辅导学院被罚 5 万元

【案情】武汉文都辅导学院是民办教育机构。2017 年 1 月，武汉市工商局执法人员发现该机构在"湖北文都网站"通过图文、视频介绍的方式对其师资力量、学员成绩及获奖情况、名校录取通知书、考试押题命中等内容进行了突出的广告宣传。

该网站系武汉文都辅导学院委托第三方公司建设开发，费用为 2.5 万元，网站所示文章、资讯、广告等由当事人自行上传。

当事人的行为违反了《广告法》"教育、培训广告不得含有下列内容：（一）对升学、通过考试、获得学位学历或者合格证书，或者对教育、培训的效果作出明示或者暗示的保证性承诺；（二）利用科研单位、学术机构、教育机构、行业协会、专业人士、受益者的名义或者形象作推荐、证明"的规定。

【处理】武汉市工商局依据《广告法》的相关规定，责令当事人停止发布违法广告，在相应范围内消除影响，并处以广告费两倍的罚款，计 5 万元。

资料来源：https：//www.sohu.com/

本章小结

网络广告是基于网络的一种复合型的广告形式，它以互联网为传播媒介。网络广告的发展历史只有短短几十年，却经历了快速发展、下降调整、复苏上升和高速发展阶段。在此期间，网络广告的形式层出不穷，动感和互动性越来越强。精确定向投放广告和无线广告成为新趋势，手机广告、个性化定制广告、Widget 等广告形式成为网络广告的新宠。网络广告策划是整个网络广告活动的核心环节，对整个网络广告活动的成败有至关重要的影响。进行网络策划时，网络广告的主要内容有：网络广告目标策划、网络广告的目标受众策划、网络广告的主题策划、网络广告地区和时间策划、网络广告策略策划、网络广告的反馈策划、网络广告预算策划等。

为了提高广告的成功率，对网络营销效果有完全的把握，越来越多的广告主、广告代理公司希望对自己的网络广告的效果进行系统的统计分析，以便最大限度地了解网络广告投放的信息，节约广告成本，调整并增强广告投放效果，并为后续的广告投放提供决策依据。在信息化已是社会发展必然选择的形势下，发展网络广告已成为我国广告业的重要工作之一。而与此相对应，如何做好对网络广告的监管工作，尤其是法律制度的建设已是迫在眉睫的事情。网络广告的监管工作是保证网络广告健康发展的需要。我国网络广告的监管工作，要搞好相关法律法规的建设工作，做好行业自律，发挥社会的监督作用，同时加强国际合作。

网络顶级广告文案案例，第一眼就被惊艳了！

近些年总有些广告文案，让人在看到的瞬间就被打动，并深深地记住了它。本文盘点了部分知乎上高点赞的文案。

真正的对手是你最想赢的那个——安踏"林李大战"热点文案

酒，两个人分着喝就会觉得更暖——吉乃川《东京新潟物语》

喜欢就表白，不爱就拉黑——麦当劳

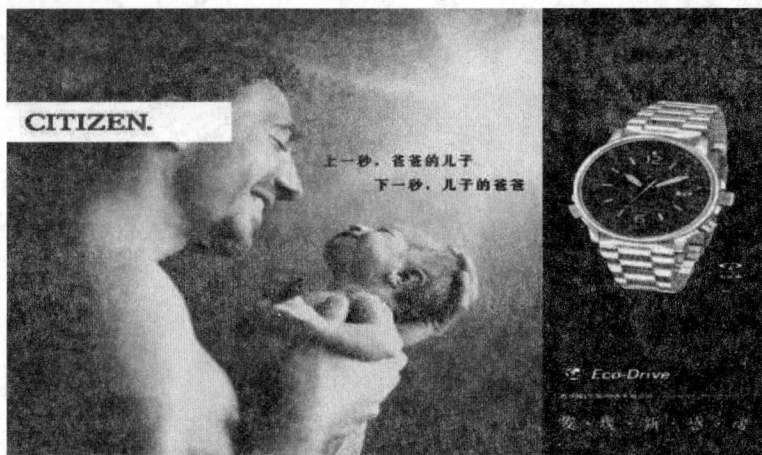

上一秒，你是父亲的儿子，这一秒，你是儿子的父亲——西铁城

学习与思考

1. 简述网络广告的基本概念和特点。
2. 简述网络广告的局限性。
3. 简述网络广告的发展趋势。
4. 网络广告的形式有哪些？
5. 网络广告策划内容有哪些？
6. 提高网络广告效果的方法有哪些？
7. 我国网络广告监管应当遵循哪几项原则？
8. 加强对网络广告监管应该做好哪几个方面的工作？

实践操作训练

1. 假如你是某知名品牌公司的网络营销主管，公司目前有意在网络上投放广告。公司的产品大致有两大类，一类是品牌产品，希望投放广告，提升品牌价值；对于另一类产品，公司开通了网上直销商城，想通过投放网络广告来提高销量。你将如何投放网络广告呢？

2. 假如你是某家企业的网络推广部经理，目前公司的产品主要是女性护肤品。你的上司让你拟定一个网络广告投放计划，请写出你的想法和实施步骤。

3. 利用网络查询几家较熟悉的企业，对其业务范围和目标顾客进行研究，然后选定一家目标企业，为其设计出合理的网络广告方案。

要求：划分小组，每组 5~8 人，小组协作完成。

实践步骤：

（1）选定目标企业作为实践对象；

（2）锁定该企业的目标受众；

（3）做好网络广告文案；

（4）选择适合的发布方式；

（5）实施效果监控。

实践成果：撰写网络广告策划文案，展示设计的网络广告方案。

第十章

软文营销

【知识目标】
- 理解软文营销的含义
- 掌握软文营销的特点
- 掌握软文营销的运营技巧

【能力目标】
- 能够运用软文营销开展网络营销
- 熟练掌握软文营销的技巧

📖 **案例导入**

青春小酒江小白如何靠软文营销狂赚几个亿

江小白是一家把产品本身变为自媒体渠道，把品牌本身拟为受众形象人，注重内容生产和用户参与感，深谙社群营销的互联网酒厂。瓶身设计的精美，简单朴素的文案，两者的完美融合，构成了江小白独特的魅力。这个走心催泪的表达瓶文案让这个重庆白酒品牌家喻户晓。然而当你深入了解之后会发现，原来江小白的成功不是仅凭着表达瓶一蹴而就的，而是在无数个平凡的日子里用创意一点一滴积累起来的。

特别是从微博的"简单生活"板块里，你会发现江小白就是这样一个深深热爱着生活的白酒品牌，用"细微之处见真情"来概括再恰当不过。

江小白写的不是文案，是情愫、是故事，字字句句都是想约你的理由。江小白的每一句文案，都是用户心底最想说的话，没有对用户足够深的了解，是写不出这样的文案的。

"我把所有的人都喝趴下，就为和你说句悄悄话！"

"最想说的话在眼睛里，草稿箱里，梦里和酒里。"

"我们总是发现以前的自己有点傻。"

"不要到处宣扬你的内心，因为不只你一个人有故事。"

"跟重要的人才谈人生。"

"低质量的社交，不如高质量的独处。"

"手机里的人已坐在对面，你怎么还盯着屏幕看！"

过去那些年里，我们对酒文化的塑造主要集中在两个字：高档。每瓶酒都在强调自己是古法酿造，都拥有深厚的历史文化根底，都地处粮食和泉水最优秀的地域，几乎每瓶酒祖上都是皇帝的亲戚，都价值不菲，几乎每瓶酒都在千方百计做一件不太理智的事情：远离老百姓。然而，"吃着火锅唱着歌，喝着小白划着拳，我是文艺小青年"，"青春不朽，喝杯小酒"。江小白却将目标锁定为城市中奋斗的 80 后、90 后一族，他们已经成为社会消费的中流砥柱，用物美价廉的小众消费抓住了他们的心，也就是抓住了整个市场。这便是软文营销的魅力所在。

资料来源：http：//mt. sohu. com/

10.1 软文及软文营销概述

日益激烈的网络营销竞争导致网络营销策略趋于多元化，软文营销作为一种新的营销模式，在为企业提升品牌、带来营销效果的同时，以其互动性强和高性价比等优势受到越来越多的企业的青睐。软文营销已成为当代企业宣传不可或缺的一种方式，并将其看作打造现代企业营销软实力的宝贵资源。

10.1.1 软文概述

软文是相对于硬性广告（简称"硬广"）而言的，由企业的市场策划人员或广告公司的文案人员来负责撰写的"文字广告"。在文案范围内，完整的一篇宣传性的文章就是软文。和广告语、广告图配字、广告脚本等零散的形式不同，软文是一篇完整的宣传性文章，针对品牌或产品的某一个主题详细展开，能让读者获得这个主题的详细信息。

相对于硬性广告来说，软文的精妙之处就在于一个"软"字，好似绵里藏针，收而不露，克敌于无形。通过软文，把一个品牌和一些事情联系在一起，消费者会记得更为深刻，而且其渗透力强，商业味道淡，可信程度高，广告投入成本低，渐进式叙述，追求"春风化雨、润物无声"的传播效果。因此，对比硬广，软文是隐形杀手，无形中吸引读者的阅读兴趣，使其能潜移默化地接受品牌，具有一定的可信度。它在不知不觉中就俘虏了读者的心，引导其去记住这个产品，或吸引其去购买。

从狭义上来讲，软文是指企业花钱在报纸或杂志等宣传载体上刊登的纯文字性的广告。而从广义上来说，是指企业通过策划在报纸、杂志或网络等宣传载体上刊登的可以提升企业品牌形象和知名度，或可以促进企业销售的一些宣传性、阐释性文章，包括特定的新闻报道、深度文章、付费短文广告、案例分析等。

软文不同于新闻，两者的形式和目的不同。软文是最近十几年才出现的概念，而新闻的概念出现已经很久。软文最初的时候就是文字广告，而目前软文的概念已经相当广泛，它包括与企业宣传相关的新闻报道、深度文章、付费短文广告、电视节目访谈、座谈等。新闻就是新近发生事实的报道。文章的作者和发布方是以宣传为目的的就是软文，已报道事实为目的的就是新闻。

10.1.2　软文营销概述

1. 软文营销的概念

软文营销，就是指通过特定的概念诉求、以摆事实讲道理的方式使消费者走进企业设定的"思维圈"，以强有力的针对性心理攻击迅速实现产品销售的文字模式和口头传播。软文营销是基于特定产品的概念诉求与问题分析，对消费者进行针对性心理引导的一种营销模式。

2. 软文营销的特点

（1）本质是广告

从本质上来说，它是企业软性渗透的商业策略在广告形式上的实现，通常借助文字表达与舆论传播使消费者认同某种概念、观点和分析思路，从而达到企业品牌宣传、产品销售的目的。其本质是一种隐蔽式（文字、图片）的广告。

（2）伪装形式多样

软文的表现形式是新闻资讯、企业文化、技术与技巧文档、评论、故事、包含文字元素的游戏等，通过这些形式展露的信息使受众"眼软"。因为只有眼光驻留了，徘徊了，才有更多的营销机会。

（3）宗旨是制造信任

主要通过文章的情感因素和渗透其中的产品关键词的影响，使目标消费者产生心理共鸣，产生信任，进而增强了解产品的兴趣。这属于情感营销的范畴。软文营销是网络推广中一种非常具有说服力的方法。真正有血有肉的信息，才能让更多受众了解和感受，让有兴趣的受众转变成忠实客户，从而形成口碑传承。

（4）关键是把产品的卖点说得明白透彻

通过恰当的宣传，可以使受众对产品有了印象，还要了解清楚。

（5）着力点是兴趣和利益

软文就是要让人在轻松愉快的气氛中了解产品和相关信息，随后增加进一步了解的欲望，它能使受众产生兴趣。

（6）效果是口碑传播

人们更愿意倾听和相信亲朋好友推荐的信息。成功的软文营销完全能产生口碑传播效果。在互联网时代，由于在传播载体上获得了空前的自由，网络软文的表现形式和传播方式更加丰富和广泛，软文设计更加精美，精美的彩色图片、文字、声音、Flash 动画、视频等各元素的有机组合，都可以构成一篇高质量的软文。如果软文的确有一些价值或很有趣，受众们往往会借助即时通信软件、邮件、论坛、博客等各种网络传播介质传播给更多的朋友，从而实现直接、及时的口碑宣传。

3. 软文营销的作用

（1）投入成本低，影响力持久

软文的投放费用相较于硬广告来说是很低的，甚至有些软文通过免费软件和平台投放可以做到零成本。而硬广告在广告轰炸过程中，不仅费用投入大，而且效果却不一定持久。广告轰炸过程中，知名度上升，广告一旦停止，知名度就开始下降甚至消退。而软文营销以"绵延不绝"为特点，往往在较长一段时间内，持续发布软文，其成本也决定了企业有能力承担长期的软文投放压力，所以软文营销的影响时间远远长于硬广告。

（2）加大有效外链的机会

在软文中添加合理而自然的网站、博客等链接，可以增加有效外链的机会。链接可以引导搜索引擎爬到你的网站上，增加被搜索引擎收录的概率和排名，大大提高网站的权重。

（3）迅速增加关注度

软文最大的作用就是引起关注。在大网站上建立宣传平台，在同一时间段发布大量的原创文章，可以很快使网站被人关注，可以吸引一批关注者或潜在消费者。

（4）流量导入

通过发布带上链接的软文，就会有人点击网站链接地址。这样的点击行为，能够为网站带来基础流量，这样的流量可能不是商业流量或者有意图的流量，但还是对网站的发展有所影响，而且从 SEO（搜索引擎优化）的角度看，如果网站有部分稳定的流量来源，加之网站结构和内容设置合理，排名就会慢慢提升。

10.2　软文的基本类型

软文的形式非常多，在实际操作中会根据不同的产品、目的等选择不同的形式。大体上可以将软文分成三大类型：新闻类软文、行业类软文、用户类软文。

10.2.1　新闻类软文

我国网民数量非常庞大，新闻类软文已经在不知不觉间引导了网民的消费习惯。新闻类软文的形态主要是以新闻报道为主的，比如常说的新闻通稿、媒体公关稿或者新闻公关稿等。当企业发生重大事件，有相关活动、新产品发布的时候，都可以通过新闻的形式进行预热或者曝光。在 VERTU（威图）手机的新闻软文宣传稿件中，以"商人在机场弄丢

68万元天价手机"作为标题。从软文的标题中我们就可以看出这是一篇很有宣传性的软文，"68万元天价手机"充满了悬疑点，让人们不由得想去了解什么样的手机要68万元，这么贵的手机是怎么弄丢的，有没有找回来等。而在正文中，作者以导语、背景、正文、结尾等新闻体的方式将怎样的手机、怎么丢的、丢了后失主做了什么事情、是怎么找回的等信息做了详细介绍，最后详细描述了该手机的特征，为何如何高价。该文成功引发受众对VERTU手机的关注。

一般情况下新闻软文包括以下几种主要类型：

1. 新闻通稿

这里所说的新闻通稿指的是企业在对外发布新闻的时候，为了统一宣传口径所组织的、提供给媒体的通用稿件。这种软文的技巧相对来说要简单很多，基本上只要是文字流畅、语言准确、层次清晰、逻辑性强，能把事情表述清楚，表达完整即可。新闻通稿的弊端就是宣传效果上并不能深入，只能起到一个广而告之的作用。

2. 新闻报道

为了进一步增强营销效果，比如想销售产品，就需要更复杂一些的新闻工具了，比如说新闻报道。这一类软文会以媒体的方式、新闻的手法对某一事件进行报道。有的企业为了增加可信度，甚至会聘请真正的记者"操刀"。由于这种新闻类软文是夹杂在正常的新闻之间的，完全用新闻体进行组织，所以会让很多的非专业人士防不胜防。

3. 媒体访谈

相对于新闻通稿的公式化语言以及新闻报道的说教式、单向灌输式的内容而言，媒体访谈这种形式更容易让人接受。它由一般新闻的单向灌输向渗透式、感召式、互动式转变。企业与媒体通过访谈聊天的形式表达出来的内容和理念更具有亲和力、吸引力和感染力，能够做到以理服人、以情动人。比如，媒体上采访刘强东的创业故事，肯定会对京东的销售有拉动作用。这就很容易理解为什么很多企业的老板，尤其是互联网企业的老板们很喜欢抛头露面了。不要认为那些采访都是记者主动的，很多都是付费的。

为了做好新闻类软文，必须善于挖掘新闻源。新闻源可以从以下几个途径挖掘：

（1）企业新闻源

企业新闻源包括企业的重大事件、行业性特色事件、商业联盟事件、危机公关事件、体育营销事件、娱乐营销事件、参加慈善活动等。比如说并购、上市、赞助体育赛事、赞助娱乐赛事等。

（2）产品新闻源

产品新闻源包括新产品上市、产品的测评和点评、编辑导购的新闻、买家体验新闻、产品联动新闻等。

（3）企业领导人新闻源

企业领导人新闻源包括企业领导人的创业故事访谈、发表的行业性观点、社会的热点评论、企业领导人的博客推广、企业领导人的微博推广、企业领导人的荣誉及社会责任等。

（4）文化新闻源

文化新闻源包括企业的价值理念、企业的文化观、企业的成长历程、品牌故事等。

火炬职院17名学生通过征兵初检

来源：中山日报 2017-07-06 第 8207 期 A4版　发布日期：2017年7月6日

　　"去年只有4名学生通过初检，今年已经有17名学生通过初检。"记者昨日从火炬职院征兵工作站获悉，该校高度重视征兵宣传工作，采用多种渠道积极宣传，把国家新的征兵政策宣传落到了实处。

图 10-1　新闻来源《中山日报》

10.2.2　行业类软文

　　行业类的软文是面向行业内人群的。这类软文的主要目的是为了扩大行业影响力，奠定行业的品牌地位。一家企业的行业地位将直接影响到其核心的竞争力，甚至会影响到最终用户的选择。行业类软文要想写好，要花费一定的时间和精力，因为这类软文对于行业内专业知识的要求是比较高的。行业类软文要在明确写作目的和写作要求的基础上，尽可能多地有针对性地搜集相关资料，并尽快了解，这样才能保证下笔的流畅性。

【案例 10-1】

出门不再愁，114 为你指路

　　为了方便大家出行在外时能实时了解浙江交通出行信息，浙江省交通运输厅与浙江电信号码百事通合作，利用交通厅提供的相关交通信息，通过 114 号码百事通为全省公众提供关于汽车班次班线票务信息以及高速公路里程与通行费、公路基础信息、公路建设、交通实时路况等方面信息的咨询。这项业务一经推出，受到人们的广泛欢迎，为他们解决了很多出行烦恼，许多客户都对这项业务表达了衷心的感谢。

资料来源：网络资料汇编

　　一般的行业软文的写作可以从以下几点去切入，比较容易建立知名度与影响力：

1. 经验分享类

　　这类软文以传播知识与经验为主。人的心理当中有一种"互惠原理"，别人得到了你的好处，自然而然地就会想报答你。利用信息受众的这种心理，通过传播有价值的行业知识或者行业经验，建立企业在行业内的品牌地位。在帮助软文读者少走弯路、解决问题的同时，读者也可能会产生向身边的人推荐你的愿望，这时软文营销的目的就达到了。

2. 观点上的交流

　　与经验分享型软文的分享知识不同的是，观点上的交流主要是以思想取胜。经验分享型的软文要求作者具备比较强的行业知识，所以并不适合所有的人。而观点交流的软文相对来说就要容易一些，只需要有思想，善于思考就可以了。一般是通过让读者产生共鸣来建立这种公信力和知名度。可以在很多的行业网站上看到各种专栏作家，实际上都可以理解为这一类的软文作者。

3. 权威的资料

无论对于哪一个行业的从业人员来讲，对行业的调查数据、分析报告、趋势研究等资料一定会有非常迫切的需求。如果能够对行业进行一些有针对性的调查和数据研究，并且将这些东西提供给行业从业人员，那么一定是非常受欢迎的。比如目前有一些电子商务咨询公司就会定期发布一些针对电子商务行业的研究资料，获得了很好的声誉品牌。

4. 人物访谈

如果能针对某一个行业内各个企业的领导人进行一系列的访谈，并将访谈内容发布，也会是一种非常不错的软文形式。做人物访谈的第一个好处是可以有写的资料，第二个好处是让你可以在访谈的过程中积累很多的优质人脉资源和媒体资源。当然，还有非常重要的一个作用就是在奠定行业品牌与影响力的同时，自己的品牌和知名度也得到了提升。

10.2.3 用户类软文

用户类软文是面向最终的消费者或者产品用户的，也就是大家经常提到的产品软文。其主要作用是增加产品在用户中的知名度与影响力，赢得用户的好感与信任，甚至可以引导用户产生消费行为。用户类软文的表现形式因为产品的多样性而种类繁多，但是不管哪一种表现形式，最基本的原则只有一个：以用户需求为主，能够为用户提供价值。根据表现形式和具体的手法不同，可以对此类软文进行如下总结：

1. 科普型软文

科普型软文也叫科普式软文。科普式软文相比于新闻类的软文，更具趣味性或者情节性，也正因为如此，科普式的软文更受到读者的欢迎，也更容易在当今泛娱乐化的社会中得到传播，争夺流量先声。科普性软文的好处就是可以引导企业去尝试用更伟大的创意来创造"四两拨千斤"的新媒体传播大法，但是要避免没有完成营销力量和营销数据的转化。

【案例10-2】

局部气候调查组为百雀羚制作的一镜到底广告《一九三一》，通过讲述一个神转折的民国悬疑故事来推广百雀羚的母亲节定制礼盒"月光宝盒"，民国的怀旧情怀加之神反转的结局造成现象级刷屏。爆款阅读量和霸屏朋友圈背后，是营销数据的惨淡，《一九三一》3 000万+的阅读量，转化率却不到0.000 08，"月光宝盒"的天猫月销量只有两千多。

这时候出现了两种声音，一个是认为这则广告是失败的。认为广告的价值应该是消费者看完广告之后，赞美的应该是产品本身，而不是广告。这种想法针对的是广告带给产品的影响，从产品行销的结果看，极高的阅读量和百雀羚极低的转化率是形成鲜明对比的，广告并没有给百雀羚的销量带来明显的增长。另一种声音是认为百雀羚的广告是有效的，这种声音是从广告的传播来说的。单看传播效果而言，这则广告实际上是成功的。品牌展示的力量不可小视，在如今消费注意难以集中的时代，一则广告为品牌带来这么多的展示，把消费者的注意力全部吸引过来，实则是一则成功的广告。

造成百雀羚《一九三一》转化率低的原因是因为传播受众和目标受众不一样，阅读、点赞、刷屏的用户不是百雀羚的消费用户，3 000万+阅读量基本上是广告人自己贡献的。百雀羚本着吸引年轻用户的营销目的，但是产品本身不能够吸引消费力高度分散的年轻人，而百雀羚自己的忠实用户普遍是年龄偏大的女性，她们只在传统媒介上关注产品，或者可以说是百雀羚没有用她们喜欢的方式来卖产品。百雀羚一直在用年轻人喜欢的方式去做营销，却忽略了忠实用户的需求，单单只是营销上的改变很难真正吸引年轻人，只有产品本身改变了，年轻用户才会被吸引。

《一九三一》利用消费者的民国怀旧情怀，讲述民国发生的故事，这样就自然而然吸引了读者的注意力。《一九三一》"杀死"时间的概念实为新颖少见，把一个在民国时期的暗杀故事放在一张长图文中就表现出来了，在整体设计风格上致敬了电影《色·戒》。

资料来源：http://www.duanmu.net/

2. 娱乐型软文

很多人上网的目的都是为了找一点娱乐元素，如果你能用一篇具备娱乐精神的文章博得大家会心的一笑，相信也能够取得很不错的软文营销效果的。比如非常经典的一个小例子：《一只狮子引发的离婚案》，就是通过一种娱乐搞笑的方式将瑞星的广告做了一种软性的植入。

【延伸阅读10-1】

一只狮子引发的离婚案

话说有一个男的出差在外，突然回家，在门口听到有男人打呼噜的声音。男的默默走开了，发了条短信给老婆："离婚吧！"之后扔掉手机，远走他乡……三年后他们在一个城市偶遇。妻子问："为何不辞而别？"男的说了当时的情况。妻子转身离去，淡淡地说："那是瑞星的小狮子。"

这则笑话怎么样？是不是特别"狗血"？作为笑话来讲确实大跌眼镜，但是作为软文呢？没错，这就是一篇瑞星的经典软文。

除此之外，"教你如何吃垮必胜客"这个话题，是发表在论坛的一篇经典软文。当时必胜客正在推行免费沙拉，只有一个原则：每人装一次，一次装一碗，不管你能装多少。这个原则就解放了很多人的思想，也解放了很多人的肚皮——文章教大家以各种形式去像叠积木一样堆沙拉。大家为了显示自己的机智，纷纷上网晒出自己的方法。我们去必胜客的口号是："给我一个小碗，还你一个奇迹！"我们叠沙拉的宗旨是："没有最高，只有更高！"这篇帖子发出以后很多网民参与实践，纷纷写出自己的方法，引起了广大网民涌入必胜客，极大地提升了必胜客的品牌影响力，也被营销界评为病毒式营销的经典案例。这种论坛发帖的形式成本几乎为零，但其收到的效果却不可思议，这就是软文营销的魅力。

资料来源：http://blog.sina.com.cn/

3. 爆料类软文

从心理学上来讲，人都是有偷窥欲的，都希望能知道别人的隐私或者了解一些别人不知道的东西，所以如果能以揭秘为主题发布一些文章，点击率一定会很高的，能够吸引众多好奇者的眼球。

4. 悬念型软文

这类软文会围绕着一个主题，采取自问自答的形式，全文围绕这个问题来进行分析和解答，很多保健品和化妆品都非常擅长利用这种类型的软文。例如"人类可以长生不老？""什么使她重获新生？"等，通过设问引起话题和关注是这种方式的优势。但是必须掌握火候，首先提出的问题要有吸引力，答案要符合常识，不能作茧自缚或漏洞百出。

悬念式的软文传播效果丝毫不亚于新闻式的营销软文，只要拿捏得当，一样可以吸引大批流量。在脑白金的早期宣传软文中，一篇名为《南京睡得香，沈阳咋办?》，以及《美国睡得香，中国咋办?》的文章席卷中国大地，为脑白金的"洗脑"之路吸引了巨大的关注度，打开了脑白金"洗脑"广告的流量切口。在这篇文章的一开头，作者先是利用极具噱头性的话语"去年，美国人疯了！今年开始，日本人疯了！"作为开场白。紧接着开始解释为什么这些人会如此疯狂，是因为他们在抢购一种叫做脑白金的产品，接下来理所当然地解释脑白金有助睡眠。文章末尾作者还表达了对中国的"睡眠忧虑"，深切表达了对中国众多失眠患者的担忧，从而有效引导有失眠症状的读者对脑白金产品进行关注。

5. 故事型软文

听故事是人的天性，不管是小孩子，还是大人，这也是最古老的一种传授知识的方式。可以围绕着产品编一些引人入胜的小故事。当然了，前提是你一定要看你的目标受众喜欢什么样的故事。长久看来，故事性的软文不可以作为一种长久的软文营销套路，因为故事在一篇软文里讲完了，下一次同样的故事套路就不可以用了，这也是故事性软文的最大缺点。

> 一对情侣驾车在澳洲腹地游览，天忽然下起了大雨。他们发现一只受伤的袋鼠卧在路旁，两人下车走近查看，小伙子还满怀爱心地脱下自己的雨衣给袋鼠披上。不一会儿，袋鼠蹦跳着跑开了。两个年轻人正要继续赶路时才发现车钥匙放在袋鼠穿走的雨衣口袋里。当两人正在为被困在荒野中而发愁时，穿雨衣的袋鼠回来了，傍边还跟着一名当地土著。土著拿出车钥匙并指着姑娘要求做个交换，小伙子竟然点头应允。这可气坏了姑娘，她愤怒地看着恋人。不一会儿却真相大白：那个土著要的只是姑娘身上所穿的雨衣。(雨衣广告)

图 10-2　故事型软文

6. 恐吓型软文

人的内心都有恐惧的一面，先抛出一个直击用户内心"软肋"的结论，当用户意识到问题的严重性的时候给他一个解决的方案。通过恐吓形成的效果，要比其他的方式形成的记忆会更加深刻。恐吓式软文属于反情感式诉求，情感诉说美好，恐吓直击软肋。"高血脂，瘫痪的前兆！""天啊，骨质增生害死人！"实际上恐吓形成的效果要比赞美和爱更具备记忆力，但是也往往会遭人诟病，所以一定要把握好度，不要过火。

7. 情感型软文

人都是感情动物，如果文章能够触动用户内心的情感，唤起共鸣，就能够达到不错的营销效果。软文创作走情感路线似乎是一招"软上加软"的招数，但其实是最适用的招数。打感情牌，最容易打动消费者，走进消费者的内心。温情营销、怀旧营销都是情感营销的方式。

德芙的《青春不终场，我们的故事未完待续》讲述作者与一位男生从初中到大学、相互扶持的情感故事，文艺的基调上配以恰到好处的煽情文字。情感类软文注重的是代入感，这样普通的故事就是最有代入感的文章，极具感染力和可读性。

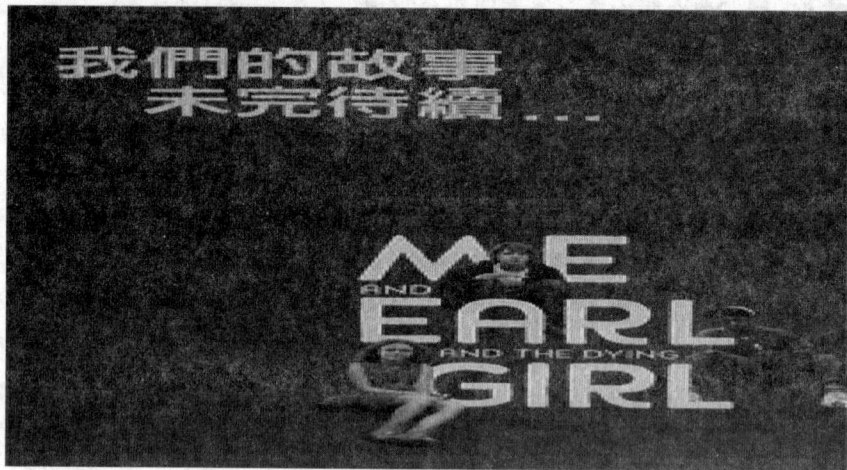

图 10-3　青春不终场，我们的故事未完待续

8. 资源型软文

好的资源对于相关人员来讲是人人需要的，如果能将用户迫切需要的资源进行汇总并进行传播，对于品牌的提升也是有好处的。比如，一个做 SEO 的人员，如果能得到一份非常完整的能够发外链的论坛地址汇总，他一定会非常感激这份资料的收集者的。

10.3　营销软文的撰写

营销软文通常是由企业的市场策划人员或广告公司的文案人员负责撰写，他们通常有"广告易做，软文难写"的感慨。因为营销软文不是文学创作，它是在更多地关注、把握消费者的理解方式后进行撰写，因此要求执行者具有高超的写作技巧。

10.3.1　营销软文要素

在广告传播中有个五要素原则，你的广告对谁说（Whom）、说什么（What）、如何说（Who）、何时说（When）、何地说（Where），即 5W。作为广告的另一种表现形式，撰写软文同样适用广告传播五要素原则，而且五项要素缺一不可。

1. 对谁说

软文的目的就是要把你要表达的信息传达给目标受众，因此对谁说就是锁定要传达的对象。

2. 说什么

说什么就是把你要表达的概念、核心思想或信息在软文里准确地说出来。

3. 如何说

如何说就是你准备通过何种表达方式将你的思想有效地传递给目标受众，让其在潜移默化中接受你的引导。如何说是软文写作五要素中最重要的一个环节，直接关系到软文质量的优劣。

4. 何地说

何地说就是选择在什么样的媒体上投放。每一种媒体都有自己的定位，有自己的特定阅读群体。

5. 何时说

何时说即选择什么时候投放软文。虽然投放软文是一项长期不断的宣传策略，但事实上在投放时段上还是有一定的技巧的。

10.3.2　营销软文写作思路

1. 明确目的和用途

现在很多报纸、杂志软文广告都按字数收费，要在有限的篇幅里面，把一个问题说到点子上，你必须惜墨如金，把你的笔墨集中、尖锐地体现在一个主题上，因此撰写广告软文必须有非常强的针对性，明确所撰写的广告软文的目的和用途，明确所撰写的软文是用于品牌推广还是促销宣传。用于品牌推广的软文（也叫公关软文、动态文章），要把品牌的核心理念加以体现，如果是促销软文，必须与促销主题密切配合。

2. 明确推广主题

了解消费者对软文的接受过程，明确推广概念主题。只有主题明确，才能有的放矢，达到预期的广告效应。

3. 确定软文标题

大卫·奥格威认为，标题是大多数广告最重要的部分，它是读者决定读不读正文的关键所在。好的文章首先取决于题目的好坏，题目是否新颖、有无创新、具不具备穿透力，这对能否引起读者的兴趣，达到心灵的共鸣非常重要。如果一篇广告软文的标题就让人打不起精神，其广告效果就根本无从谈起。

一个好的软文标题应具备以下几个要素：

①震撼力——顾名思义，也就是说具有能在瞬间使读者产生心灵震撼的词或短语。如《怪！服务也有007》，题目开头用个"怪"字，在刹那间无意中就引起消费者目光的注意。其类似的词还有很多，如绝了、神了、妙、当心、警惕等等，这些词很多人也都知道，但真正要用起来的时候却冥思苦想，关键还是要靠平时生活当中多留心、多观察、多积累。

②诱惑力——在创作标题的时候，可抓住消费者的好奇心，采用一种反问的语气，直接提出问题，制造悬念。如《1块钱电池也能领100元?》《1角钱在五星可以买什么?》这样的标题就充分利用了这一点，吸引顾客继续看下去。

③神秘感——据对人类的心理测试中可以看出，人们往往对一些披上神秘色彩的事物容易产生兴趣，特别是一些被忽视或被遗忘的，甚至是一些闻所未闻的消息产生冲动。但

有一点要引起大家注意，这种所谓的神秘感的软文策略在开拓市场初期，甚至在相当长的一段时间里，可以起到倍增的效果，但随着产品的普及，神秘感也在慢慢地消退。

④数字化——前面所提到的一些文字上的技巧，实际上是一种定性分析，而数字的引用则让这种定性分析得到了升华，量变最终影响质变，如《空调满800送200》《12月要为消费者省1000万》等等。

拟定营销软文标题主要有3种形式：

①开门见山式。这种标题形式是指直截了当地提出软文主题。如果你的标题不能明确传达给你的产品目标消费群所需要的利益，最好不采用这种标题形式。

②惊雷细雨式。这种标题形式是设计一个主标题和一个副标题，主标题通常是雷声阵阵，副标题通常是细雨绵绵，使主标题与副标题有机结合。

③避实就虚式。这种标题形式是指用提出问题、隐喻、夸张、拟人等形式隐蔽地标注标题，诱发消费者的兴趣，从而接受你的广告内容，因为这种标题形式与软文广告本身的功能与性质更加贴切。

因此，一个能吸引人的标题需要花时间认真琢磨。如果一时间找不到有穿透力的标题，在主题明确的情况下，也可以边写正文边考虑标题，或正文全部写完后再冠上满意的标题。总而言之，要拟一个吸引人的标题必须多花心思。

4. 选择与文案相匹配的体裁和内容

体裁主要有故事式、散文式，也有拟人式。写文章时尽量真实，不要让读者感觉是在编故事。不需要太华丽的语言，好的文章不单是感动客户，还会感动其他人。

要让读者更多地吸纳软文信息，真正达到提升企业形象或促销的目的，软文的内容结构至关重要。正文一般要表达3个方面的内容：诉求重点，即软文的核心内容；对诉求重点的深入分析；让潜在的消费者行动起来。

在软文内容的写作过程中，要善于运用新闻惯用的一些词语，来增强正文的"新闻性"。比如"近日""昨天""正当××的时候""×月×日"和"在我市""××商场""家住××街的××"等等，这些时间以及地点的概念可以引导读者产生与该时间、该地点的相关联想，加深印象，淡化广告信息。比如"据调查""据了解""笔者还了解到""在采访中了解到""据××说""笔者亲眼看到"等等，这些词语让读者更能感到信息的真实与有据可查。

5. 确定软文关键词

关键词密度的多少要与文章字数大致对应。有的人往往为了增加被搜索的机会，就在软文中加上许多关键词，致使搜索引擎认为这是恶意行为。一篇500字左右的软文中设定4~5个关键词比较合适，在表达观点的同时，把关键词很自然地融合进来，读者就不会产生在推销产品的感觉。

10.3.3 营销软文撰写注意事项

1. 具有吸引力的标题是软文营销成功的基础

软文内容再丰富，如果没有一个具有足够吸引力的标题也是徒劳的。文章的标题犹如企业的 LOGO，代表着文章的核心内容，其好坏甚至直接影响了软文营销的成败。所以在创作软文的第一步，就要赋予文章一个富有诱惑、震撼、神秘感的标题。如《还没开始用手工皂？你太 OUT 了》，通过反问和热门词 "OUT" 字的组合，给爱美的女士一个充满神秘新鲜的标题，获得了大量的转载。这里提醒一下大家，标题虽然要有诱惑力，但是切忌变成了标题党，导致给用户货不对板、挂羊头卖狗肉的感觉。

2. 抓住时事热点，利用热门事件和流行词作为话题

时事热点，顾名思义就是那些具有时效性、最新鲜、最热门的新闻。如 "小悦悦事件" 和 "中国校车" 事件，都可以拿来作为软文的题材，"小悦悦事件" 可以拿来谈谈人性，"中国校车" 事件可以引出 "中国制造问题" 等。流行词也一样，如许多人使用的 "给力" "有木有" "浮云" "鸭梨" "OUT" 等，都能够捕捉到用户的心理，引起用户的关注。

3. 文章排版清晰，巧妙分布小标题突出重点

高质量的软文排版应该是严谨、清晰的。试想一下，一篇连排版都比较凌乱的文章，不但会令读者阅读困难、思路混乱，而且会给人一种不权威的感觉。所以为了达到软文营销的目的，文章的排版不可马虎，需要做到最基本的上下连贯，最好在每一段话题上标注小标题，从而突出文章的重点，让人看起来一目了然。在语言措辞方面，如果是需要说服他人的，最好加上 "据专家称" "某某教授认为" 等，能够提高文章的分量。

4. 广告内容自然融入，切勿令用户反感

为什么笔者要把这点放在最后呢，因为要把广告内容自然地融入文章是笔者认为最难操作的一部分。因为一篇高境界的软文是要让读者读起来一点都没有广告的味道，就是要够 "软"，读完之后读者还能够获益匪浅，认为你的文章为他提供了不少帮助，那么你的文章就成功了。这一个要点虽然是写在最后，但是并不代表融入广告是最后操作的步骤，相反要在写软文之前就要想好广告的内容、广告的目的，而且如果软文的写作能力不是很强的话，最好把软文广告的内容放在开头第二段，让读者被第一段吸引之后能够带进软文的 "陷阱" ——广告。如果你没有高超的写作技巧，软文的广告切勿放在最后，因为文章内容如果不够吸引，读者可能没有读到最后就已经关闭了网页。

10.4　软文营销策划及其实施

软文营销策划是软文营销的第一个重要阶段，是指企业的市场营销人员根据企业的产品或服务特征，结合企业经营管理过程中各个阶段的具体情况，当前及未来一段时间内的市场需求变化趋势来制定软文营销计划。

软文营销策划是软文营销体系中至关重要的一环。它与所有的策划一样，是一项考验创意能力的工作，它统领着软文营销的全局，居于中枢地位。一个没有经过策划的软文营销活动是不成熟的。软文营销策划具有至关重要的作用，随机产生的软文推广需求和随意的渠道发布只是劳民伤财。

10.4.1 软文营销策划的内容

1. 制定一定时期内的软文整体营销战略

通常，注重软文营销的企业往往也是对媒体运作比较熟悉的，因此系统性的软文营销战略往往围绕着一个主题展开，结合当前的社会热点，促发新闻事件，引来媒体的广泛关注。这是软文营销的最极致表现，当然软文营销策划往往与企业的事件营销等战略结合在一起，才能发挥出"1+1>2"的效果。

2. 品牌建设

软文的基础是文字，而文字则是文化传承的最佳载体。在企业的品牌建设中，企业文化是相比 VI（视觉识别系统）更具生命力的组成因素，所以，企业文化通过软文营销来传播，可以说是品牌建设的最佳载体。当然，一些软文形式本身也能进行图文并茂式的品牌建设，对于企业的 VI 元素也能够进行有效的传播。

在软文营销策划过程中考虑企业品牌的建设需要考虑多方面的内容，特别值得一提的是软文写手的选择。由于高水平的软文写手往往在网络又同时具有较大的影响力或传播力，因此他们往往也不自觉地成为企业品牌元素中的一分子。如何选择一个契合企业品牌形象的软文写手，也是软文营销策划所要考虑的内容。

3. 软文营销的预算与效果评估

软文营销策划与其他所有市场营销策划一样，必须考虑投入与产出比例。软文营销一个突出的特点是，效果相对难以评估，因为软文的结果往往难以预料。比如软文营销策划中，最可能产生爆发力量的当属新闻软文，如果这个阶段没有一个很好地符合企业产品或服务特征的新闻点，那么这个阶段的软文营销往往就是相对平淡的。同时，一篇好的软文经过各种网站的广泛转载，也难以统计其浏览量。不过从长远来看，软文营销的效果是有目共睹的。

4. 软文营销策划需要注意的问题

（1）企业市场营销整体战略

软文营销只有很好地与企业的整体市场营销战略融合起来，才能相互借力，实现目标最大化。

（2）新闻媒体眼光和意识

营销的本质是传播。新闻类软文往往容易实现新闻的病毒式传播效果，进入搜索引擎的新闻源系统，进而带来意想不到的转载效果。所以，软文营销策划往往由具有新闻工作背景的人来操作是最合适的。不过也存在一定的局限，即新闻工作背景的人往往容易局限在纸媒新闻的桎梏里，对于网络传播往往缺乏第一线的实战经验，需要具有网络营销背景的人来协助工作。

（3）品牌意识

软文是企业品牌建设的最佳载体，因此，软文营销策划人必须具有品牌意识，在软文营销的每一个环节，都要考虑到企业品牌元素的巧妙植入，否则，将会白白浪费软文营销本来应该发挥的作用。

（4）熟悉尽可能多的网络媒体特征

无论是综合门户网站、地方行业门户网站，还是个人媒体，软文营销策划人必须了解每一种网络媒体的特点，才能制定出具有针对性的软文写作形式和软文发布方案，把合适的东西放在适合的地方，这是软文营销策划人应具备的最基本的能力。

10.4.2　软文营销策划的实施

1. 软文发布

（1）选好平台

选择平台时要根据产品特性和软文营销目标来进行，同时要注意网络平台的权重，尽量选择权重高、有新闻源的网站。

（2）做好软文发布前的检查

软文发布前要进行全面审核。要审核文字图片是否正确，这些是最基本的。另外还要重点审核广告目标是否植入，标题是否有足够的吸引力，关键词植入的数量位置是否合理，软文的文字图片是否有法律风险等。

（3）明确软文发布的时间

同样的软文在不同的时间发布收到的效果大不相同。软文的发布时间要结合受众的浏览习惯来确定，尽量选择在用户活跃度高的时段投放。

2. 软文投放技巧

（1）软文的投放地点

软文的投放地点也是该软文能否成功的关键。软文投放在合适的地方就会大大促进软文的效果，否则再好的软文也没人来看。

首先，软文的投放要选择人气旺、针对性精准性强的平台，要有明确的受众和目标。比如，将一则有关减肥产品的软文投放在旅游类的网站或论坛中，自然就不会引起用户的兴趣了。

其次，软文应该尽可能地投放到搜索引擎的新闻种子站上。以百度为例，百度新闻是一个定向收录的系统，它只会收录自己信任的新闻种子站点的内容。这样相对来说，权威性和信任度也就高些，而且带来的外链质量也会不错，这对宣传会起到很大的作用。

除此之外，软文还要多平台同时进行投放。投放的时候要注意一下，尽量针对不同平台的人群去修改一下文章的标题及内容来满足人们的需要。

（2）软文的投放频率

软文投放的频率也是要进行合理规划的，过高或过低的频率都不会起到良好的作用。一般而言软文投放应该是隔一天一篇，特别是在一些流量非常大的论坛或者门户上面更应如此。一般情况下，软文只能够在首页待上一天，隔天之后若没有相关软文出现的话，很可能用户对你的品牌就不会有很深的印象，所以这时就要再一次推出相关软文。软文之所以不可天天投放，一方面这么做成本太高，另一方面你的软文天天占据着相关频道的首页，也会令用户反感的。

10.4.3 软文营销效果评估

1. 软文营销效果评估的意义

在企业中我们对很多事项都立了一个标准，就像我们网络营销绩效考评一样，对于员工来讲是一种鞭策，更重要的是对提升企业经营业绩具有重要的作用。软文营销的效果评估作用同样如此。无论是中小企业将软文营销外包了，还是企业内部组建团队实施的软文营销，客观地对软文营销的效果进行评估有两个方面的现实意义。

①对软文营销本身来讲能够通过效果评估，去鞭策我们进一步思考软文营销下一个流程的循环应该重点放到哪里。也能够及时总结好的经验，为下一步提高软文营销的水平奠定基础。

②对实施软文营销的团队来讲，也是一种学习和进步的机会。软文营销涉及的环节比较多，影响因素比较复杂，软文营销效果评估能够客观上使软文营销团队注意调研、思考，有利于软文营销团队与企业的市场部、营销部及其他部门的团结合作。

因此我们坚持认为软文营销必须评估，尤其是那些长期实施软文营销的企业，更应该如此。唯有如此，软文营销的创新能力才会持续提高，才会让企业最终切身感受到软文的力量。

2. 软文营销效果评估的方法

软文营销在提升企业认知度、品牌知名度，促进产品线下的销售等方面的作用，是不容忽视的，即使不能进行数据统计，但效果客观存在，也能够通过一些客观的指标做一个相对客观的效果评估。对软文营销的评估有以下方法：

①成本评价法：主要针对以营销为导向的企业。这种方法将实施软文营销时期内的销售业绩与往年同一时期进行对比，如果业绩增长额远远超出软文营销投入的费用，那么软文营销的效果就毋庸置疑了。这种方法适合评价平面软文和网络软文。

②搜索引擎收录评价法：主要针对网络门户软文。在实施网络软文营销之前，分别在百度网页和百度新闻栏目下面检索相应关键词，记录检索到的数字结果。软文营销实施后，将检索结果进行对比。还可以增加搜索引擎的检索对比，能够客观评价网络软文的收录效果。

③转载率评价法：也可以简单理解为二次传播量评价法。无论是平面软文还是网络软文全部适用。平面媒体软文引起网民主动引用或者评价了，即可认为是二次传播。网络软文主要看网站、论坛的帖子转载量了。

④流量分析评价法：主要针对推广网站的网络软文，为网站带来了多少点击量，这个通过站长工具可以非常精确地统计出来。这个评价方法最客观。

⑤置顶率评价法：主要针对网络论坛中的帖子形式软文，简单来说就是多少次被置顶了。

软文营销的效果评估不能绝对化，因为在个别情况下，软文营销的目标不一定是销售，有可能是危机公关，有可能是信息反馈。因此，应当把软文目标和软文营销的效果评估结合以上几种方式有效地来考核。

📖 **本章小结**

　　本章主要介绍了软文营销的含义、特点、优势，软文的基本类型，分析了软文营销的经典策略，介绍了软文营销的撰写技巧以及注意事项。

　　通过本章的学习，主要掌握软文的基本类型、软文的优势以及软文撰写的步骤与方法、注意事项等。了解软文撰写的流程，并能根据营销推广的需要策划软文营销。

📒 **典型案例**

看软文对企业销售带来的巨大价值！

　　无论是传统的纸质媒体还是现在流行的新媒体，国外和国内都有大量的企业通过软文营销获取了低成本的成功，比如：

案例一：迪拜七星级酒店的软文营销

　　迪拜有个七星级（目前是八星级）酒店，这个酒店建在一个人工岛上，外形酷似帆船，一共有56层，321米高。这个酒店在重点拓展中国市场之时，没有投入一分钱广告费，只是在国内的几家报纸媒体做了几篇系列软文。其中比较典型的是以下两篇：

　　《长江商报》报道的"全球唯一七星酒店：24吨黄金装饰"和《北京青年报》报道的"迪拜七星级酒店六成中国客，消费能力让人吃惊"。

　　这两篇文章的核心内容被新华网、人民网、搜狐、腾讯等各大门户网站争先转载，被其他平面媒体报道引用。结果帆船酒店成了国内富商、明星等争相参观的景点，以及入住的首选。据统计，帆船酒店的客人至少超过10%来自中国。

案例二：脑白金软文赢天下

当年，史玉柱准备用脑白金东山再起之时，手里仅有借来的50万元，而背后负债是3个多亿。如何用有限的资金让脑白金迅速打开销路，是史玉柱团队面临的严峻挑战。压力就是动力，史玉柱带着他的团队决定用软文来打开市场。他们创作了几百篇软文，从中精挑细选了十几篇软文进行平面媒体投放。

他们的具体做法就是，首先在一些权威的报纸上刊登一些新闻软文，最早的文章有《人类可以长生不老吗？》《两颗生物原子弹》。这两篇文章表面上是普通的科普新闻，却抓住了用户渴望长寿和健康的普通心理。《两颗生物原子弹》这篇文章，其实就是在给客户包装脑白金这个概念，同时利用权威数据消除客户的质疑心理。

第二轮的软文有《一天不大便等于抽三包烟》《人体内有只"钟"》《夏天贪睡的张学良》《宇航员如何睡觉》《人不睡只能活五天》《女子四十，是花还是豆腐渣》，还是继续向客户传递健康科普知识。这一轮力度更大，给客户营造迫切解决问题的心理，最后刊登启事、留咨询电话，从而达到客户主动找产品的目的。

通过这些手段，脑白金迅速打开了销路，并取得傲人的销量。

学习与思考

1. 简述软文的基本概念和特点。
2. 简述软文营销的基本概念和特点。
3. 常见的软文种类有哪些？
4. 软文撰写技巧有哪些？应该如何撰写？
5. 软文的作用是什么？
6. 软文撰写时应注意哪些事项？
7. 从软文营销的角度，为华为最新款手机写一则软文。

8. 为学校元旦策划一则活动，针对该活动进行软文营销策划。

实践操作训练

1. 写一篇关于学校的软文，并选择合适的媒介。
2. 为下面的新闻重新撰写一个标题，完成后在班上讨论选出最好的一个。

CCTV com 新闻   国内 | 国际 | 图片 | 视频 | ?

他们岗位不同责任相当，这张A4纸看哭了多少人！

社会新闻 来源：新华社 2019年07月14日 16:18   A- A+   我要分享

原标题：他们岗位不同责任相当，这张A4纸看哭了多少人！

这两天，

一张A4纸在朋友圈火了！

近日，湖南衡山县遭遇强降雨。7月10日，湘江衡山站汛情危急。当天，武警某部200多名官兵赶赴衡山县抗洪抢险，计划临时驻扎在衡山县城西完小。

虽然放暑假已有几日，但一听说武警官兵要驻扎学校，学校的老师们立刻进入工作状态，在微信群里热烈地讨论起来："我们办公室有六七张沙发椅可以躺""需要我就来开门""听说官兵们自备气垫床打地铺，听了好心疼""等待勇士们平安归来"……

3. 根据要求撰写软文。

选择篮球、矿泉水、黑板、护肤品等产品，按照以下要求撰写相应软文。

形式	例子	撰写软文标题（至少选择两个产品）
悬念式	"人类可以长生不老？""什么使她重获新生？""牛皮癣，真的可以治愈吗？"	
故事式	"1.2亿买不走的秘方""神奇的植物胰岛素""印第安人的秘密"等	
情感式	"老公，烟戒不了，洗洗肺吧""女人，你的名字是天使""写给那些战'痘'的青春"等	
恐吓式	"高血脂，瘫痪的前兆！""天啊，骨质增生害死人！""洗血洗出一桶油"等	
促销式	"北京人抢购×××""×××，在香港卖疯了""一天断货三次，西单某厂家告急""企通互联推广免费制作网站了"等	

第十一章

社会化媒体营销

【知识目标】
- 理解并掌握社会化媒体营销的相关概念、特征和体系
- 了解社会化媒体营销常用的工具
- 掌握博客和微博营销的相关知识和内容
- 掌握微信营销的相关知识和内容

【能力目标】
- 能够灵活运用社会化媒体营销工具开展网络营销

案例导入

支付宝微博营销——中国锦鲤

博客和微博营销在当今企业的网络营销中占据了越来越重要的地位，不管是传统企业，还是新兴企业，都开始重视微博这个重要的品牌缔造平台。在信息化时代，谁能最先抓住机遇，谁就能抓住用户，有用户的地方也就有了利益。

支付宝 V

9月29日 14:00 来自 iPhone 7 Plus

【祝你成为中国锦鲤！】十一出境游的盆友，请留意支付宝付款页面，可能一不小心就会被免单。这是我们感谢大家把支付宝带向全球的一点小心意。没出去浪的朋友更要注意了！！转发本条微博，我会在10月7日抽出1位集全球独宠于一身的中国锦鲤，怎么宠你？请看评论区↓↓↓

✿ 转发好运锦鲤，沾染…

☆ 收藏　　　☑ 1780801　　　🗨 852320　　　👍 366851

2018 年国庆黄金周，支付宝微博发出这样一条信息："十一出境游的盆友（朋友），请留意支付宝付款页面，可能一不小心就会被免单。这是我们感谢大家把支付宝带向全球的一点小心意。没出去浪（游玩）的朋友更要注意了！转发本条微博，我会在 10 月 7 日抽出 1 位集全球独宠于一身的中国锦鲤，怎么宠你？请看评论区。"转发这条微博将抽取一位 2018 年支付宝中国锦鲤，获得一份免单大礼包，整个礼品单根本拉不到底。活动上线 6 小时，这条微博的转发就突破了百万，成为微博史上转发量最快破百万的企业微博账号。最终，这条微博收获了 400 多万次转发和点赞。而公布结果后，"锦鲤活动"相关话题一直霸占着微博热搜榜，而中奖用户"信小呆"的微博粉丝量一夜之间就涨到 71 万。

实际上，这并不是一次支付宝的创新活动，但为什么这一次会如此火爆呢？

首先，这一切都是策划好的，并非支付宝单枪匹马的启动。支付宝的运营团队联合了各大品牌合作方，要求各大品牌在规定的时间内完成评论和转发。微博蓝 V 的集中式评论和转发，不仅扩大了影响力，更营造了整个活动的声势。

其次，"锦鲤"这个词本身自带传播性。支付宝这次活动的微博文案的第一句就是：祝你成为中国锦鲤！因为微博本身就堪称"锦鲤之乡"，所以文案不需要多余的解释，用户见到这个词后，就可以直接明了、参与并转发，不需要再转述或者发明新的概念，减少了传播的阻力。

最后，超出预期是引爆传播的前提。抽奖转发在微博上是一个很老的营销方式，大大小小的抽奖每天都在进行，关键在于奖品是不是足够多，足够丰富，足够刺激。此次支付宝的奖品清单，阅读完需要大概 3 分钟，真正是集万千宠爱于一身，任谁看了都会心动，都想转发。这无疑是一次企业微博营销的典范。

资料来源：https：//www.sohu.com/

11.1 社会化媒体营销概述

11.1.1 认识社会化媒体

1. 社会化媒体的概念

社会化媒体（Social Media），也称为社交媒体、社会性媒体，指允许人们撰写、分享、评价、讨论、相互沟通的网站和技术。社会化媒体是通过大批网民自发贡献、提取、创造新闻资讯，然后传播来运作的。

现阶段社交媒体主要包括社交网站、微博、微信、博客、论坛、播客等。社交媒体在互联网的沃土上蓬勃发展，爆发出令人炫目的能量，其传播的信息已成为人们浏览互联网的重要内容，不仅制造了人们社交生活中争相讨论的一个又一个热门话题，更是吸引传统媒体争相跟进。社交媒体有两点需要强调，一是人数众多，一是自发传播，如果缺乏这两点因素中的任何一点都不能构成社交媒体的范畴。

从文字分享的博客（Blog），到图片分享的相册网站（如 Flickr.com），到视频分享的视频网站（如 Youtube.com），到社会性网络服务（SNS，如估值高达百亿美元的 Facebook.com），再到微博（MiniBlog）（如美国热门的网站 Twitter.com），社交媒体自 2003 年以来，就一直是互联网上的热点。社交媒体对用户的黏着度是传统的网络媒体很难比拟的。而那种多对多形式的"对话"所造成的 N 级传播，也是传统媒体的一级或者两级传播所相形见绌的。一个不争的事实是，有些事情在社交媒体的推波助澜下，传播的速度令人惊讶——几乎达到了一夜之间传遍天下的地步。

随着互联网的一轮又一轮火热发展，中国的网络平台不仅是产品与服务的平台，更成为社会话题承载与讨论的平台，很多社区类网站正朝着社会化媒体的方向发展。

事实上，论坛、博客、社交网络、视频分享网站、微博、即时通信工具等形式之间相互组合，使得消费者不仅仅是信息接收者的角色，更成了信息的生产者和传播者，从而使消费者第一次在媒体环境里变成了主人，这是一次历史性的转变。与此同时，随着 Web 2.0 的广泛运用，互联网不再仅仅停留在"传递信息的媒体"这样一个角色上，而是使它在成为一种新型"社会形态"的方向上走得更远。这个社会不再是一种"拟态社会"，而是成为与现实生活相互交融的一部分。

2. 社会化媒体对消费者行为的影响

传统消费者行为模式 AIDMA 理论认为，消费者从接触商品信息到最终达成购买，会经历 Attention（引起关注）、Interest（产生兴趣）、Desire（培养欲望）、Memory（形成记忆）、Action（促成行动）5 个阶段。然而，随着社会化媒体的快速崛起，消费者拥有了更广泛的话语权，其行为模式已经发生了巨大改变。

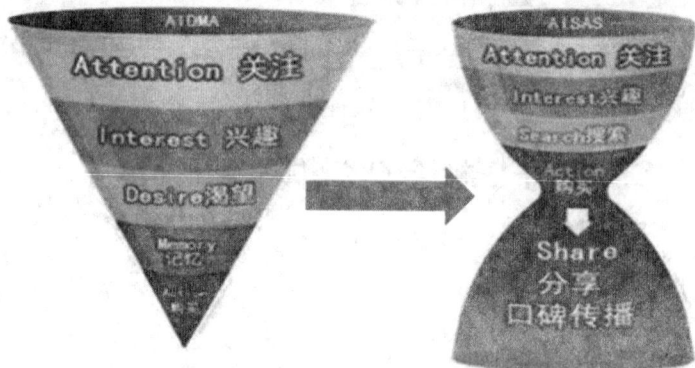

图 11-1　消费者行为模式的转变

以一个上网的女孩为例，如果她关注到了一款看上去不错的化妆品，一般会带着兴趣在搜索引擎或自己常逛的消费类网上社群搜一搜，如果觉得化妆品介绍以及社区内网友评价都不错的话，可能就会选择购买。一段时间后，她可能会在社群上写出她的消费体验，与其他网民进行意见分享，从而成为下个或下下个消费者购买该化妆品的参考信息源。因此，在社会化媒体时代，消费者行为应该是 AISAS 模式：伟大的创意吸引了受众的关注或注意（Attention）；创意的互动性激发受众产生参与的兴趣（Interest）；然后受众开始搜索（Search）与诉求相关的品牌信息；在对品牌或者诉求有了足够了解之后，产生互动参与行动或者购买行动（Action）；最后，分享（Share）产品的消费体验，形成口碑传播。

社会化媒体时代消费者行为流程如图11-2所示。

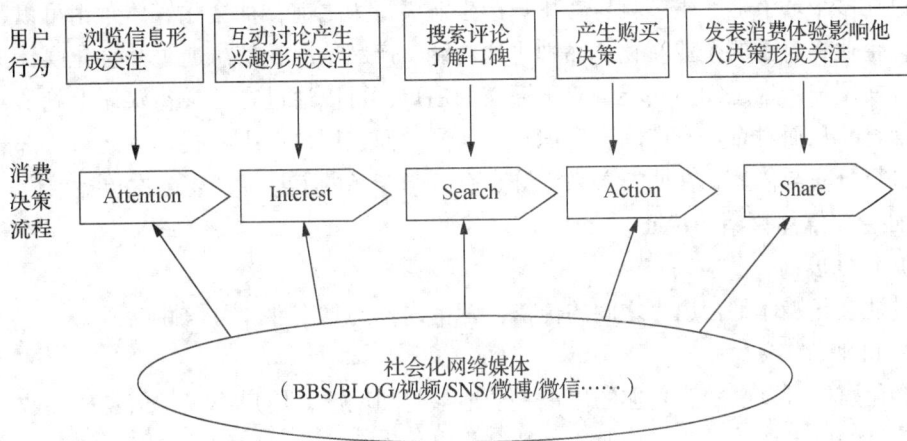

图11-2 社交网络时代消费者行为

AISAS中的Search（搜索）可看作是使用站内或者通用搜索引擎进行搜索，而Share（分享）在很大意义上是利用了社会化媒体网站。由于自主搜索与分享的出现，消费者的消费决策正被社会化媒体之中的各种互动、讨论式信息传播所左右，所有的信息正以社会化媒体为中心进行聚合，并产生成倍的扩散传播效果，从而使得传统单向决策流程转变为互动式消费体验信息搜索与分享一体化的循环流程。

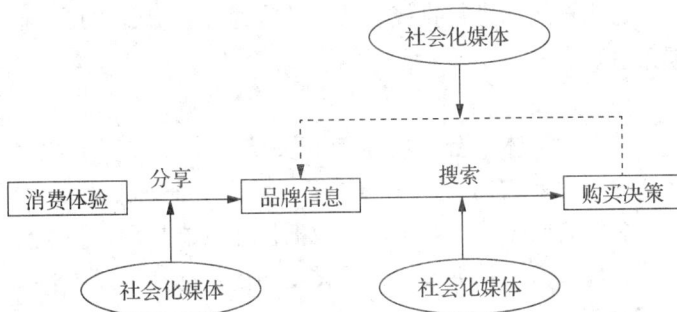

图11-3 互动式消费体验信息搜索分享循环流程

新的消费者行为模式（AISAS）决定了新的消费者接触点——社交媒体。企业接下来需要做的就是：积极主动地把自己的营销触点渗透到社交媒体，在充分挖掘各种社交媒体营销价值的基础上，通过社交媒体营销以获取新的营销竞争力。

11.1.2 社会化媒体营销

1. 社会化媒体营销的概念

社会化媒体营销是指依赖或者基于社会化媒体用户形成的相互连接的人际关系，来进行品牌或者商品的营销。

通过社会化媒体营销，企业和消费者之间的沟通更加实时、双向和直接。社会化媒体营销可以在多个环节上产生影响：在用户产生购买行为之前，社会化媒体营销可以起到告知作用。企业将自己的企业文化、品牌价值内涵、产品情况等信息通过社会化媒体进行宣传，可以使用户产生感知与共鸣。对于潜在的用户，可以通过在社会化媒体上确认对自己有用的信息，从而对企业及产品产生识别与认同。而在用户产生购买行为之后，部分用户会主动进行分享与传播，在朋友关系中分享企业与产品的信息，产生二次传播效应。

2. 社会化媒体营销的特征

（1）信任度高

通过社会化媒体平台用户之间的传播，营销内容的真实性和可信性更高。

（2）口碑营销

社会化媒体可以激发感兴趣的用户主动地参与和反馈，用户不仅是信息的接收者，同时也是信息的发出者。因此，企业通过社会化媒体进行社会化媒体营销时，能获得来自用户的口碑，使得用户自发地成为企业宣传的一部分。

（3）多级传播

在社会化媒体中，人们可以很快地形成一个社区，并以某种共同话题为连接基础，进行充分的交流。因此，在社会化媒体上的传播是多级传播，营销内容可以通过社会化媒体平台获得多次扩散，使信息扩散速度大大提高，从而更加高效，获得更大的传播范围。

（4）门槛低

大部分的社会化媒体都可以免费参与其中，且参与和利用社会化媒体中的内容几乎没有任何障碍。企业可与用户之间进行直接、透明的沟通和交流，也可以监测到目标受众的属性、偏好及反馈信息。

（5）监控难

一方面，企业对社会化媒体平台中的企业相关信息掌控难度加大，一旦出现负面信息，就很难人为地把控其发展方向、速度和结果，可能给企业带来重大损失。另一方面，通过社会化媒体平台能够获取的营销效果监测数据往往只能是用户覆盖量、转载量、评论量、搜索量等，但其质量如何、效果如何、美誉度如何，都是难以监测和评价的。

3. 建立社会化媒体营销体系

（1）确定营销目标

开展营销工作之前，要明确营销目标，目标的明确有助于后期营销活动的开展和效果监测。结合当前社会化媒体的发展现状，企业通过社会化媒体能实现的主要有品牌提升、客户经营、流量转化三大目标。

（2）选择适合的平台

企业在选择社会化媒体平台时需要着重考虑这样几个问题：①是使用所有主流的社会化媒体营销平台，还是仅选择其中一部分？②选择标准是什么？③如何整合各个社会化媒体营销平台来实现活动对接？

平台选择的核心策略是以用户和企业营销目标为导向的。每个社会化媒体平台都具有自身的特点和核心优势。例如，微博类媒体的优势在于便捷的双向沟通和传播，博客类媒体的优势在于官方的权威性和正式性，SNS 类媒体的优势在于人际传播等。

　　平台的选择不能盲目跟风，需要根据企业的最终营销目标选择最佳组合。对于有足够资源的企业来说，可以多个平台同时进行，但需要注意不同平台使用的营销方式和营销内容是有区别的。而对于资源有限的企业，需要选择一个最符合本次营销目的的平台，以最少的投入得到最高的营销产出。

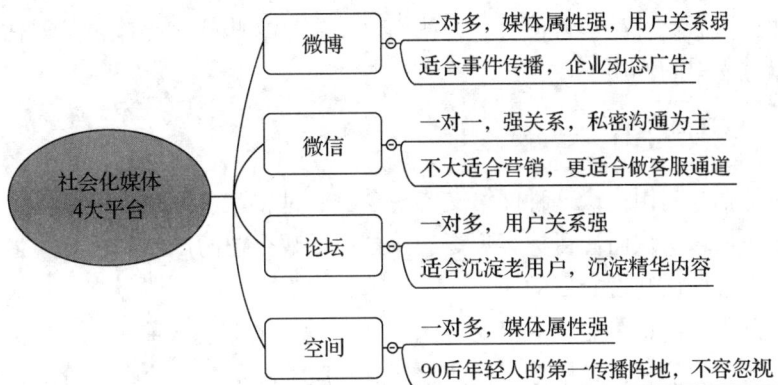

图 11-4　社会化媒体 4 大平台

　　选择平台的核心原则有两个：一是选择目标客户最集中的平台，二是选择综合人气和关系网络最成熟的平台。如化妆品企业要做社会化媒体营销，其最佳的营销平台并不是综合型平台，而是女性垂直社区；如果是针对大学生群体的营销品牌可选择人人网等。

　　（3）社会化媒体的运营

　　社会化媒体营销分为两大类：

　　一是社会化媒体基础运营，主要是指企业进驻社会化媒体平台，制造优秀的社会化媒体内容，建立社会化媒体的全网监控等方面；

　　二是社会化媒体广告投资，主要是指大规模的营销策划推广活动，其核心表现是通过购买社会化媒体，以大范围的活动投放来进行社会化媒体营销活动。

　　（4）社会化媒体的核心是用户创造内容

　　社会化媒体与传统媒体不同的是，传统媒体（如报纸、杂志、广播、电视）提供内容，但因技术限制不允许或鼓励读者、听众、观众参与内容的创建。社会化媒体是一种给予用户极大参与空间的新型在线媒体。用户创造内容是社会化媒体与传统媒体的本质区别。没有用户，媒体这一信息沟通传播的工具，无论是传统媒体还是社会化媒体都失去了存在的价值和意义；没有主动创造内容的用户，社会化媒体就失去了存在的意义；所以社会化媒体的核心是用户创造内容；核心竞争力是用户在其媒体上停留的时长和参与度；社会化媒体本身的主要工作，就是创造条件鼓励用户愿意主动、积极地创造内容。

11.2 社交媒体营销利器

在信息和网络高度发达的今天，社交媒体完全可以作为品牌创建的重要方式。在美国，已经差不多有2/3的营销人员在利用社会化媒体来进行市场营销活动，而国内类似的趋势也在上演，越来越多的品牌开始通过博客、社区、视频等社会化媒体营销手段来增加与用户的互动，从而提升品牌价值。下面我们逐一介绍这些社交媒体，并评估它们在网络营销品牌塑造过程中的作用。

11.2.1 论坛营销

论坛营销是企业利用论坛这种网络交流平台，通过文字、图片、视频等方式发布企业的产品和服务的信息，从而让目标客户更加深刻地了解企业的产品和服务，最终达到宣传企业品牌、提高市场认知度的目的。

在论坛进行营销信息传播，一定要有"软文营销"的观念，简单地说不能机械地介绍企业的产品、服务的信息，如果你直接介绍产品和服务的信息，论坛的管理员就会毫不留情地把你的帖子删掉，情节严重的话会封了你的账号，因为论坛管理员不允许随便乱发广告。中小企业发布的帖子一定要根据企业产品和服务的特点发布在相应主题的论坛上。举个简单的例子，如果企业是生产化妆品的，就应该将信息发布在"搜狐女人"这类论坛的相应板块。

论坛营销的特点：

①成本低。论坛营销多数时候属于论坛灌水，其操作成本比较低，考量的是操作者对话题的把握能力与创意能力，而不是资金的投入量。

②信息传播精准度高。不同的论坛都属于不同的兴趣相同者的聚合，所以企业选择某个特定论坛进行营销，其锁定的目标客户群应高度精准，以此来达到营销效果最大化的目的。

③可信度高。与网络新闻传播一样，因为论坛营销往往是企业以真实身份发布信息，所以对于网友来说，其发布的信息要比单纯的网络广告可信度高。

11.2.2 博客营销

博客营销是利用博客这种网络应用形式开展的网络营销。企业或者个人利用博客这种网络交互性平台，发布并更新企业或个人的相关概况及信息，并且密切关注并及时回复平台上客户对于企业或个人的相关疑问，通过博客平台帮助企业零成本获得搜索引擎的较前排位，以达到宣传的目的。

博客营销的特点：

①细分程度高、定向准确；

②互动传播性强，信任程度高，口碑效应好；

③影响力大，引导网络舆论潮流；

④与搜索引擎营销无缝对接，整合效果好；

⑤有利于企业长远发展和培育忠实用户。

徐静蕾的博客曾经被誉为中文第一博，拥有极高的阅读率与关注度，她的观点与意见影响了无数的网民。2006 年 AMD 签约徐静蕾，正式赞助其博客，将 AMD 的品牌信息嵌入徐静蕾博客上，成为博客营销第一范例。

11.2.3　微博营销

微博营销以微博作为营销平台，每一个粉丝都是潜在营销对象，企业利用更新自己的微博向网友传播企业信息、产品信息，树立良好的企业形象和产品形象。每天更新内容就可以跟大家交流互动，或者发布大家感兴趣的话题，以此来达到营销的目的，这样的方式就是微博营销。该营销方式注重价值的传递、内容的互动、系统的布局、准确的定位，微博的火热发展也使得其营销效果尤为显著。微博营销涉及的范围包括认证、有效粉丝、话题、名博、开放平台、整体运营等。

微博是社会化营销的第一工具、第一平台，它的目标是扩大和客户互动的范围。这种营销方式增加了企业品牌直接接触消费者的机会，有利于维护品牌认知度和顾客忠诚度。如果企业自身有博客、定期出版物或者新闻发布做基础，这种营销方式是非常有效的。

许多参与微博营销的企业，多数停留在用有奖活动聚集粉丝的初级阶段，应该看到用这样的方法聚集起来的粉丝不能算精准受众。更好的方法是发布产品知识、搜索关键词、开展话题讨论，找到对一些特定关键词和话题有兴趣的受众，还有就是要花大力气积极与用户互动。一些企业微博营销的通病是只发布信息，不与跟随者交流，这样就会使热情起来的粉丝失去激情。

11.2.4　IM 营销

IM（即时通信工具）营销，是企业通过即时通信工具（如 QQ 或 MSN）帮助企业推广产品和品牌的一种手段。一般有两种应用方式：第一种是网络在线交流，中小企业在建立网店或者企业网站时一般会有即时通信在线，这样潜在的客户如果对产品或者服务感兴趣自然会主动和在线的商家联系。第二种是企业通过 IM 营销通信工具发布一些产品信息和促销信息，或者可以通过图片发布一些网友喜闻乐见的表情，同时加上企业要宣传的标志。

最新调查显示，IM 已经成为人们工作上沟通业务的主要方式，有 50%的受调查者认为每天使用 IM 工具的目的是方便工作交流，49%的受调查者在业务往来中经常使用 IM 工具，包括更便捷地交换文件和沟通信息。IM 营销的特点有如下几点：

①精准化传播，可以精确锁定目标客户群；

②形式新颖，更吸引年轻一族关注；

③与一般性的网络广告相比，IM 营销成本低廉。

按照即时通信属性不同，即时通信工具可以分为个人即时通信、商务即时通信、企业即时通信和行业即时通信 4 种类型。

①个人即时通信。个人即时通信是指用户以个人为单位，不以营利为目的，便于用户间的聊天、交友和各种娱乐的通信工具。个人即时通信工具以软件为主、网站为辅。目前，主要的个人即时通信软件有微信、移动飞信、QQ、陌陌、网易 POPO、新浪 UC 等。

②商务即时通信。商务即时通信以中小企业或个人为单位，主要以企业间的交流和交易盈利为主。通过此类通信工具企业可以寻找客户资源、便于商务联系，降低交流成本。典型的商务即时通信工具主要有阿里旺旺、京东网页客服通信工具等。

③企业即时通信。企业即时通信以企业为单位，可以是企业和企业间的交流，也可以是企业内部各个部门间的交流，其目的在于加强沟通，便于协作，提高工作效率和质量。

④行业即时通信。行业即时通信范围较大，主要局限在行业或领域中所使用的即时通信工具。例如，一些网络游戏配套的交流软件等。

即时通信营销是企业开展网络营销活动的重要手段，也是企业挖掘市场商机、开展在线客户服务、进行病毒式传播的有效方法。

11.2.5　SNS 营销

SNS（social network services），意思是社交网络服务，旨在帮助人们建立社交网络的互联网应用服务。1967 年，哈佛大学的心理学教授斯坦雷·米尔格兰姆（Stanley Milgram）创立了六度分隔理论，简单地说："你和任何一个陌生人之间所间隔的人不会超过六个，也就是说，最多通过六个人你就能够认识任何一个陌生人。"按照六度分隔理论，每个个体的社交圈都不断放大，最后成为一个大型网络，这是对社会性网络的早期理解。后来有人根据这种理论，创立了面向社交网络的互联网服务，通过"熟人的熟人"来进行网络社交拓展，这就是所谓的 SNS 网络。

风靡美国的 Facebook 就是最典型的成功的 SNS 网站，而 2008 年中国最火爆的互联网现象就是 SNS 网站的遍地开发，其中大多数都拷贝自 Facebook。借助 SNS 网站对用户资源进行开发，进而可以进行广告投放、群组赞助、整合营销、互动体验营销、口碑营销、虚拟物品的买卖，形成了一个可以产生多种应用的营销平台。SNS 网络营销的特点有如下几点：

①用户资源广，传播速度快。SNS 用户遍布全国各地，分布在各行各业。由于 SNS 网络特殊的人际、网际传播方式，使其具有传播速度快、爆发性强的特点，能短时间聚集很高的人气和关注值，并且得以大范围的传播。

②依赖性强，体验性好。由于 SNS 网站积累了较多的资源，所以 SNS 用户可以更容易地在网站上找到自己想要的各种信息，从而拥有较高的用户黏度。同时，因其具有很强的互动性和参与性，能充分起到以点带面的作用。比如，朋友在圈子里发了某类消息，圈子里的人会第一时间收到动态信息，并发散式地传播出去，以达到宣传效果，这正是企业营销的根本所在。

③互动对话性强。在 SNS 网站人们可以就自己喜欢的当下热点话题进行讨论、分享，也可以通过投票和提问，引起受众的自发关注和主动传播，从而很好地实现品牌传播目标。同时，SNS 双向传播使得企业和用户之间可以形成对话，让目标客户认识并深入了解

品牌，提高品牌知名度和忠诚度，加强企业和用户、用户与用户之间的互动和反馈。

④信息真实，影响力大，效果出众。SNS 强调实名制，用户信息真实有效，并且作为广大网民言论传播的有效平台，聚集了大量的人气。对于企业来说，这些标识可以让它找到自己的目标用户群体，发现他们的基础特征，便于有针对性地进行精准营销。同时，真实的人际关系，使群内成员相互信任，成员间不仅分享数字信息，还交流各自的体验感受。有了这些社会关系，这里不仅是用户与用户，而且是企业与用户交流沟通的场所，这为企业和用户之间的沟通建立了一个桥梁。

11.2.6　视频营销

网络视频营销指的是通过数码技术将产品营销现场实时视频图像信号和企业形象视频信号传输至互联网上，企业将各种视频短片以各种形式放到互联网上，以达到一定的宣传目的。网络视频广告的形式类似于电视视频短片，平台却在互联网上。"视频"与"互联网"的结合，让这种创新营销方式具备了两者的优点。在第十二章我们会详细介绍视频营销，故在这里不再赘述。

11.2.7　问答百科营销

问答营销属于新兴互动营销方式。问答营销既可以深入了解网民的疑问且与之进行互动，又可以做产品广告的植入，是做口碑营销和互动营销的不错选择。主流的问答平台有：百度知道、新浪爱问、搜搜问问、天涯问答等。

目前国内网络百科平台很多，分为综合性的和行业性的，其中最大的当属百度百科。百度百科的口号是：全球最大的中文百科全书，旨在创造一个涵盖各领域知识的中文信息收集平台。百度百科已经成为人们查询资料必不可少的参考工具。创建企业品牌和产品词条可以显示企业的权威性，通过知识植入的方式也更能让用户接受。

百科和问答已经成为网民寻找资料、解决问题的主要渠道，所以百科和问答平台作为网络营销基础信息的铺设非常重要。正确做法是遵守问答站点（百度、天涯等）的发问或回答规则，然后巧妙地运用软文把自己的产品口碑、服务口碑植入问答里面，达到第三方口碑效应。问答百科类平台营销的主要特点如下：

①互动性：问答类的互动效果可以充分弥补我们网站内容的不足，也能让读者拓宽知识面，这样的互动效果不仅具有针对性，还有广泛性。

②针对性：问答可以针对某个目标群体，根据群体的特点选择关注的焦点，充分调动这个群众的力量，达到具有针对性的效果；也可以针对话题进行讨论，让更多的人来参与，达到人群融合的效果。

③广泛性：问答营销的特点本身就决定了问答营销的广泛性，一个问题可以引来不同人群的讨论，一个时间可以引来不同人群的评论，从问答中往往能得到对品牌的建议。

④媒介性：我们可以通过文章或者问题的形式在各大平台或者媒体投稿，只要稿件通过或者是问题通过，那么借助媒介可以达到更好的效果。例如，你是做发电机的，可以把发电机的技术指标发布到相关的论坛，那里会有很多高级的工程师，他们的评论和回答都

可以从中借鉴。

⑤可控制性：如果你是做平台或者媒介的，评论可以通过审核的方式来控制，去除重复的、不符合规定的评论，从而达到让读者受益、让内容健康的效果。

11.3 博客与微博营销

11.3.1 认识博客和博客营销

要了解什么是博客营销，首先要知道什么是博客。博客最初的名称是 Weblog，由 web 和 log 两个单词组成，英文单词为 BLOG（WEB LOG 的缩写），按字面意思就是网络日记，后来喜欢新名词的人把这个词的发音故意改了一下，读成 we blog。由此，blog 这个词被创造出来。

博客这种网络日记的内容通常是公开的，自己可以发表自己的网络日记，也可以阅读别人的网络日记，因此博客可以理解为一种个人思想、观点、知识等在互联网上的共享。由此可见，博客具有知识性、自主性、共享性等基本特征。正是博客这种性质决定了博客营销是一种基于包括思想、体验等表现形式的个人知识资源，它通过网络形式传递信息。博客营销是利用博客这种网络应用形式开展网络营销的工具。

不同行业、不同规模的企业博客营销采用的模式不尽相同，事实上博客营销可以有多种不同的模式。从企业博客的应用状况来看，博客营销主要有下列 6 种常见形式：

①企业网站博客频道模式：其形式主要为在企业网站上开通博客频道，鼓励企业内部有写作能力的人员发布博客文章，其优势主要体现在对企业内外部均可产生多方面的效果。

对企业外部，增加企业网站的访问量，获得更多的潜在用户，对企业品牌推广、增进顾客认知、听取用户意见等方面均可以发挥积极作用。对企业内部，提高员工对企业品牌和市场活动的参与意识，可以增进员工之间以及员工与领导之间的相互交流，丰富企业的知识资源。

②第三方 BSP 公共平台模式：第三方 BSP 公共平台模式是最简单的博客营销方式之一，在体验博客营销的初期常被采用。其形式主要为利用博客托管服务商（BSP）提供的第三方博客平台发表相关文章，如网易、腾讯、搜狐等提供的博客频道。

③建立在第三方企业博客平台的博客营销模式：它与第三方 BSP 公共平台模式类似，这种形式的博客营销是建立在第三方企业博客平台上，主要区别在于这种企业博客平台不同于公共博客以个人用户为主，而是专门针对企业博客需求特点提供的专业化的博客托管服务。每个企业可以拥有自己独立的管理权限，可以管理企业员工的博客。

④个人独立博客网站模式：个人独立博客网站模式有独立维护博客网站的员工，个人博客网站可成为企业博客营销的组成部分。其形式主要为以个人名义用独立博客网站（免费个人博客程序）的方式发布博客文章。它对个人博客以及企业博客都有一定的推广作用。

⑤博客营销外包模式：它是一种由第三方专业机构或人员提供的服务，即将博客营销外包给其他机构来操作，与传统市场中的公关外包类似，也可以认为是网络公关的一种方式。它具有明显的阶段性，即在涉及具有新闻效益的热点事件，如企业庆典、重要产品发布等特殊阶段，具有一定效果。并且通常只能被知名企业所采用，可见这种模式在实际应用中具有一定的限制。

第三方的博客文章难以全面反映优秀的企业文化和经营思想，不利于通过博客与顾客实现深入地沟通。同时企业员工对博客的关注程度也会降低，并且难免出现明显的公关特征，长期下来在用户心中的可信度等方面会产生一定的影响。

⑥博客广告模式：博客广告模式是一种付费的网络广告形式，即将博客网站作为网络广告媒体在博客网站上投放广告，利用博客内容互动性的特性获得用户的关注。技术含量高、用户需要获取多方面信息才能作出购买决策的行业，在博客广告方面已经做了成功尝试，如 IT 产品、汽车、房地产等。

【案例 11-1】

德纳口味用多种博客来推广产品

德纳口味是美国最成功的冰激淋，它拥有 6 个品种 572 种冰激淋和 30 多个其他口味的食品。公司还拥有特许权协议，其冰激淋店和便利店遍布全国。

德纳口味虽然品牌出众，但是毕竟还有许多人没有尝过。德纳口味有这样的信心，只要你尝过德纳口味，你就一定会喜欢上它。因此，德纳口味的网络营销目标就是吸引更多的人来尝试德纳口味。

德纳口味推广的方法是这样的：首先确定用博客的方式来吸引陌生客户，因为这是最省钱的方法。鉴于公司需要在比较短的时间里扩大市场份额，他们决定同时建立 4 个博客。

第一个博客是娱乐性博客，目的是加强产品的欢乐特质；第二个博客是个人理财博客，是美国一个热门博客，德纳口味是赞助商，在里面有大量广告；第三个博客是为孤儿院募捐的慈善性质博客，目的是提高德纳口味的知名度；第四个博客是企业博客，帮助客户了解企业，并且鼓励客户提出各种问题。

资料来源：http：//www.bokee.net/

11.3.2 微博营销

1. 微博的起源

最早也是最著名的微博是美国 Twitter。2006 年 3 月，博客技术先驱及 Blogger 创始人埃文·威廉姆斯（Evan Williams）创建的新兴公司Obvious（明白公司）推出了微博服务。在最初阶段，这项服务只是用于向好友的手机发送文本信息。随后出现的Twitter建立了"微博王国"。

从2007年中国第一家带有微博色彩的社交网络饭否网开张，到2009年，微博这个全新的名词，以摧枯拉朽的姿态扫荡世界，打败奥巴马、甲流等名词，成为全世界最流行的词语。伴随而来的，是一场微博世界人气的争夺战，大批量的名人被各大网站招揽，各路名人也以微博为平台，在网络世界里聚集人气。同样，新的传播工具也造就了无数的草根英雄，从默默无闻到新的话语传播者，往往只在一夜之间、寥寥数语。

2. 微博的类型

（1）个人微博

个人微博不仅是个人用户日常表达自己思想的场所，也是个人或团队营销的主要阵地。一般来说，个人的微博营销基于个人本身的知名度，通过发布有价值的信息来吸引关注和粉丝，扩大个人的影响，从而达成营销效果。其中，部分企业高管、名人的个人微博通常还会配合企业或团队微博形成影响链条，扩大企业和品牌的影响力。

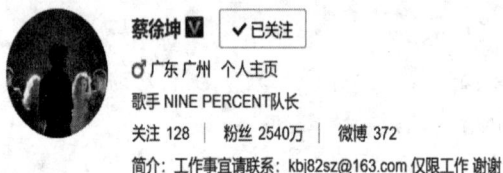

蔡徐坤 V ✓已关注
♂ 广东广州 个人主页
歌手 NINE PERCENT队长
关注 128 ｜ 粉丝 2540万 ｜ 微博 372
简介：工作事宜请联系：kbj82sz@163.com 仅限工作 谢谢

图11-5　个人微博界面

（2）企业微博

企业微博一般以盈利为目的，企业的微博运营人员或团队会通过微博来增强企业的知名度，为最终的产品销售服务。

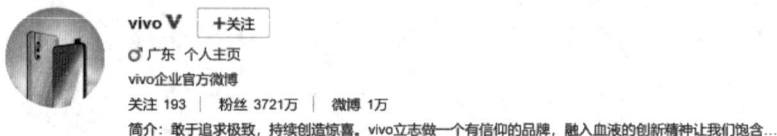

vivo V ＋关注
♂ 广东 个人主页
vivo企业官方微博
关注 193 ｜ 粉丝 3721万 ｜ 微博 1万
简介：敢于追求极致，持续创造惊喜。vivo立志做一个有信仰的品牌，融入血液的创新精神让我们饱含…

图11-6　企业微博

（3）政务微博

政务微博是指政府部门为工作之便开设的微博。政府部门通过微博可以调和公民言论自由、政府信息透明、国家安全和个人隐私之间的矛盾，还可以作为群众对政务机关和公职人员的工作进行监督的途径。

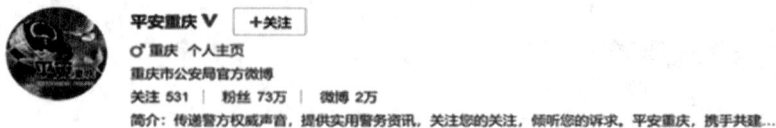

平安重庆 V ＋关注
♂ 重庆 个人主页
重庆市公安局官方微博
关注 531 ｜ 粉丝 73万 ｜ 微博 2万
简介：传递警方权威声音，提供实用警务资讯，关注您的关注，倾听您的诉求。平安重庆，携手共建…

图11-7　政务微博界面

（4）组织机构微博

微博快速传递信息的特点使其不仅深受个人和企业的青睐，也逐渐受到了很多组织机构的欢迎，很多学校、机构、组织纷纷开设了自己的官方微博，用于传播信息、促进沟通，在教育教学、危机公关等方面发挥着重要作用。

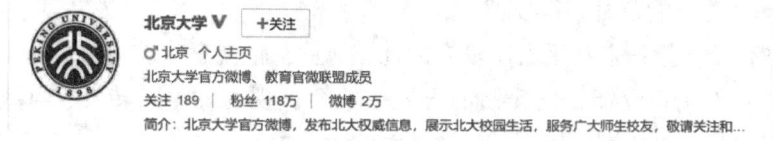

图 11-8　组织机构微博

（5）其他微博

除了类型比较明显的微博外，还有一些具有特定用途和实效性的微博，比如为了某个重要活动、重要事件、电影宣传等特意开设的微博。这类微博通常不会持续运营，只发挥阶段性作用，但带来的宣传效果也不容小觑。

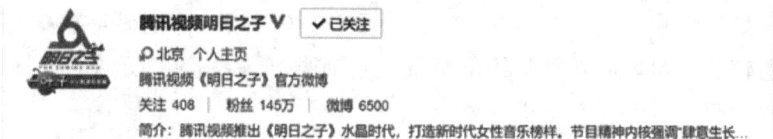

图 11-9　其他微博

3. 微博营销的特点

（1）低成本低门槛，效果好

首先微博营销的发布门槛比较低，140 个字的内容，远比长篇大论的博客要容易许多。其次，相较于广告来说，微博营销的成本比较低，比起同样效果的广告来说，更具经济性。

（2）传播速度快，覆盖范围广

从覆盖面上来讲，微博与传统的大众媒体（报纸、广播、电视等）相比，受众同样广泛。微博支持包括手机、电脑、移动端等在内的多种平台，随着移动互联网的发展，可以说随时随地就能从微博获取信息。此外，由于微博的名人效应和其特定的传播方式，往往能使信息传播达到速度和效果呈几何式的放大。一条微博在触发微博引爆点后，短时间内互动性转发就可以抵达微博世界的每一个角落，达到短时间内提升话题热度的效果。

（3）展现形式多样，更具人性化

从微博营销的使用手段上来说，虽然文字框仅限于 140 个字，但还可以利用图片、视频、音乐等多种展现形式，而这些先进的多媒体技术手段，能够从多方面将企业品牌或者产品以更多样的形式呈现给受众，能够使消费者更加想去了解品牌或产品。从另外一个方面来说，微博的拟人化和接地气的亲和力，也能够吸引更多的粉丝。

（4）微博更具亲民化，拉近距离

微博比起其他营销模式非常重要的一点就在于，它对话题是没有限制性的，像政界人士、明星名人，甚至包括一些外国友好人士，都会通过微博拉近和普通民众的距离，而企业通过微博营销，也是同样的道理。

（5）操作简单，高效便捷

作为社交工具，它的操作十分简单，几乎所有人都能上手，节省了大量的时间和成本，十分方便。

（6）互动性强，能及时获得反馈

微博具备传统传播渠道和平台所没有的社交属性，也就意味着通过微博能够及时与粉丝进行沟通，获得用户反馈，而反馈的方式一般会表现为评论、转发、点赞。尤其是转发，转发可以说是二次传播，扩大了微博营销的影响力。

（7）针对性强，短期效果显著

微博是即时性的社交工具，也就是说，它的营销是短期的，有时效性的；而从另一个方面来看，同时也意味着它投资少，见效快，在短期内可以获得可观利益。

4. 微博营销常用的方法手段

（1）有奖转发

有奖转发是目前采用最多的活动形式，只要粉丝们转发+评论或@好友就有机会中奖。这种转发门槛较低，粉丝们几乎不用动脑筋，也有些转发提高了门槛的设计，比如转发+评论或@好友，而且对@的数量也有要求。

图 11-10　有奖转发微博界面

（2）有奖征集

有奖征集是指通过某一问题的解决方法来吸引用户，调动用户参与。常见的有奖征集主题有广告语、祝福语、创意点子等。

图 11-11　有奖征集微博

（3）有奖调查

有奖调查一般不直接以宣传或销售为目的，主要用于搜集用户的反馈意见，要求粉丝回答问题，并转发和回复微博后可参与抽奖。

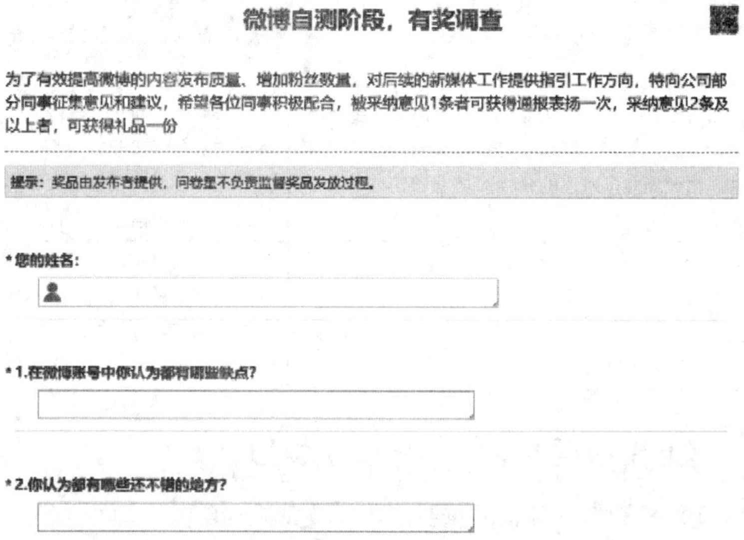

图 11-12　有奖调查微博

（4）有奖竞猜

有奖竞猜是通过揭晓谜底或答案，最后抽奖。常见的有猜图、猜文字、猜结果、猜价格等方式。环节设计得越有趣味性越能促进自动转发。

图 11-13 有奖竞猜微博

11.3.3 博客营销与微博营销的区别

表 11-1 博客营销与微博营销的区别

区别点	博客营销	微博营销
信息源表现形式	以博客文章（信息源）的价值为基础，并且以个人观点表述为主要模式，每篇博文表现为独立的一个网页，因此对内容的数量和质量有一定的要求。	内容短小精悍，重点在于表达发布微博时发生了什么有趣（有价值）的事情，而不是系统的、严谨的企业新闻或产品介绍。
信息传播模式	用户可以直接进入网站或通过订阅浏览，或通过搜索引擎搜索获得持续的浏览。博客对时效性要求不高的特点决定了博客可以获得多个渠道用户的长期关注，因此建立多渠道的传播对博客营销是非常有价值的。	注重时效性，3天前发布的信息可能很少会有人再去问津。同时，微博的传播渠道除了相互关注的好友（粉丝）直接浏览之外，还可以通过好友的转发向更多的人群传播，因此是一个快速传播简短信息的方式。
核心价值体现	以信息源的内容为核心，主要体现信息本身的价值。	以信息源的发布者为核心，体现了人的核心地位，但某个具体的人在社会网络中的地位又取决于他的朋友圈子对他的言论的关注程度，以及朋友圈子的影响力（即群体网络资源）。

11.3.4 官方微博运营规划——以联想为例

微博运营是企业整合营销传播的重要一环，微博具有自媒体特性，消费者在与品牌对话时具有更强的话语权，基于二者互动的增强，品牌开通官方微博已成为普遍现象。大型企业因产品系列较多，各系列产品特性与目标人群各不相同，通常就特定品牌或系列产品开通专属微博。以"联想 YOGA 笔记本"官方微博为例，它是联想集团子品牌 YOGA 旗下笔记本系列的官方微博。从 2012 年 11 月开通运营至今，其关注粉丝量已稳健增长达 57万。从定位、内容到与微博矩阵互动机制都具有代表性。

图 11-14 联想官方微博

1. 定位：统一的形象形成泛用户阵地

联想 YOGA 是联想集团旗下系列产品，2015 年 11 月独立为联想子品牌，扩展除笔记本外的平板系列的多条产品线。"联想 YOGA 笔记本"微博于 2012 年 11 月 27 日开通之初为联想旗下 YOGA 系列产品官方微博。因产品与品牌都处于初创阶段，官方微博运营并未进行系统规划。从 2015 年 3 月起，联想 YOGA 笔记本不再发布 YOGA 旗下平板等其他系列产品信息，成为专属于 YOGA 笔记本的微博平台，自此完善微博运营机制，开启系统化运营。

根据艾·里斯与杰克·特劳特提出的定位理论，品牌在进行信息传播时应坚持"先定位，后传播"的原则，在定位阶段便展现出与同类产品的差异，从而围绕品牌定位进行资源配置和信息输出。品牌官方微博是基于品牌的泛用户阵地，其目标是为了吸引潜在用户，形成线上聚合、沟通和互动，从而提升泛用户的品牌归属感、存在感，扩大品牌知名度。

官方微博定位必须与品牌所推广的产品定位、目标受众定位相一致，以保障品牌及产品形象风格的统一输出，维护目标用户的关注热度，吸引潜在用户。联想 YOGA 品牌定位为品质高端路线，希望树立和强化其科技新潮流的形象。作为官方微博，定位同样是体现高品质的生活与时尚，目标受众定位为 30 岁左右的时尚精英，两者定位高度契合。"联想YOGA 笔记本"官方微博昵称为：YOGA 君，拟人化更利于品牌与用户的良好沟通，从细微处唤起消费者对于品牌的愉悦情感，进而唤起消费者的参与。

2. 内容：任务导向与社会需求相结合

发布契合官方微博定位的高质量内容，是官方微博运营的基础。官方微博发布的内容：

一方面为任务导向型。需选择与官方微博调性相符合的实时热点，包括品牌的产品资讯方面，如行业热点、产品动态、产品故事、评测体验、相关促销信息等内容；用户经营方面，包括开展转发、评论和点赞数量的统计、粉丝福利赠送、技术问答和用户高质量UGC（用户原创内容）内容转发等，以保持较高的微博关注度、曝光度和互动热度。

根据任务导向规划，主要有两部分亮点。一部分是原创标签：以产品为核心，"联想YOGA笔记本"官方微博原创标签"#YOGA极科技#"，分享YOGA产品故事，介绍产品科技点；以用户为核心，"联想YOGA笔记本"官方微博原创标签"#YOGA的朋友说#"，发表KOL（关键意见领袖）用户证言。另一部分为互动活动：活动分为每周有奖活动和大型合作活动两类。一类结合实时热点或产品动态，每周定期推出有奖活动，保持关注热度。另一类根据品牌年度或季度推广计划，与其他品牌合作，开展线上线下联动的大型活动。

麦克卢汉论断："媒介即讯息"。媒介在移动互联网时代具有强大的能动作用。线上利用微博平台强传播，提高用户活跃度；线下集结用户通过有质感的活动深入体验产品与品牌文化，与用户面对面接触。这种线上线下联动有利于深化品牌与用户之间的联系，培养用户对品牌的好感。

另一方面为社会需求型。传统方式影响着人们的眼睛和耳朵，微博营销则走进消费者的头脑与心灵。为满足受众心理上的需要，生活话题和内容分享上也需占一定比重，结合定位表现品质生活，例如摄影、电影、旅行、职场、艺术等。除此之外内容还需包含与粉丝和泛用户之间的互动。例如"联想YOGA笔记本"的官方微博会进行早安互动，发布早安问候，文案及配图尽量与前一天的热点相关。

根据社会需求导向进行官方微博的维护主要有3部分机制。

一是日常维护：包括微博开放平台管理Web端分享配合支持，粉丝服务平台日常维护、更新，日常数据监测，平台应用优化更新，KOL维护及管理，开放平台与站内联动对接，微博内容发布规划实时更新和热点话题制造，微博原创栏目内容更新及制作。

二是活动策划管理：包括活动维护及后续执行管理（信息统计、收集、礼品配送等）、特色原创内容更新、平台内KOL管理。

三是舆情监测与危机公关：包括进行评论、转发、私信等互动及微博平台上的舆情监测，对负面评论即时处理反馈，对行业内竞品动态进行监测。

无论是任务导向型内容还是社会需求型内容，发布前均需有完整的规划，确保内容调性与品牌官方微博定位稳定契合，以沉淀用户，提升用户对品牌的认知度与好感度。

同样以"联想YOGA笔记本"官方微博为例，日常规划中涉及YOGA或联想品牌大事件、相关促销信息的内容发布，通常需要与联想认证大官方微博、联想认证区域官方微博、合作品牌官方微博、联想集团领导与高层所在的联想官方矩阵联动。联动前需规划内容联动链路、时间节点、每个互动账号的转发语，以把控传播节奏。机动规划主要为时事热点和节日两方面内容。时事热点主要为互联网时事热点话题、热映电影或与名人相关的话题，避免涉及政治与社会纠纷。节日可根据节日由来、各地不同庆祝习俗来策划内容，由节日习俗联系产品卖点。

3. 互动：倾听与共同创造是最好的黏合剂

企业营销渠道主要包含销售、服务和传播 3 种。微博平台恰好同时具备这 3 种特性。品牌通过官方微博平台进行传播；通过微博引流至电商平台实现销售；通过产出粉丝喜爱的内容，与粉丝直接互动而提供服务。以微博为代表的新媒体平台，正如腾讯首席执行官马化腾所言，让"人与服务通过互联网产生连接"。要实现官方微博平台运营效益的最大化，需重视服务、增强互动性。

微博的互动性为品牌提供了一个倾听消费者诉求的平台。社交媒体互动可以通过消费者的社区感、评论行为、知识共享等间接影响品牌信任。网上平台的在线客服与消费者之间的互动能够让消费者感受到品牌的重视。

消费者的反馈能否得到迅速回应，是提升消费者忠诚度的关键。为迅速对粉丝诉求作出反应，"联想 YOGA 笔记本"官方微博将粉丝回应和问题分类处理。粉丝的日常反应，即对官方微博内容的转发、评论、点赞和私信，将由官方微博运营人员随时处理回应。关于粉丝对与产品相关的售前售后服务诉求，首先由官方微博运营人员第一时间询问清楚具体情况，运营团队技术人员给予处理建议后回复粉丝；同时，将向粉丝提供联想服务官网、联想服务官方微博和微信账号，转至联想服务处理，与联想服务人员一同跟进处理进度。

社交媒体同样是受众个性化展示自我的平台。互动中应包含与粉丝的共同创造，即品牌可以邀请粉丝转发、评论特定主题的微博信息。或添加一个与品牌定位相符的"话题"，这样的话题尽量可以使粉丝体现出个人的价值观、生活方式和情感，激发消费共鸣和对品牌的认同感，在粉丝发言或对产品作出评价后再由官方微博转发。这些真实的口碑信息形成自发的关注和讨论，进而形成口碑营销。

11.4 微信营销

11.4.1 微信营销概述

1. 微信营销的概念

微信（WeChat）是腾讯公司于 2011 年 1 月 21 日推出的一个为智能终端提供即时通讯服务的免费应用程序。微信支持跨通信运营商、跨操作系统平台、通过网络快速发送免费（需消耗少量网络流量）语音短信、视频、图片和文字。同时，也可以使用通过共享流媒体内容的资料和基于位置的社交插件"摇一摇""漂流瓶""朋友圈""公众平台""语音记事本"等服务插件。截至 2019 年第一季度，微信月活跃用户达到 11.12 亿，用户覆盖 200 多个国家、超过 20 种语言。此外，各品牌的微信公众账号总数已经超过 800 万个，移动应用对接数量超过 85 000 个，广告收入增至 36.79 亿元，微信支付用户则达到了 4 亿。

微信一对一的互动交流方式具有良好的互动性，精准推送信息的同时更能形成一种朋友关系。基于微信的种种优势，借助微信平台开展客户服务营销也成为继微博之后的又一新兴营销渠道。微信营销就是指企业利用微信平台，通过向用户传递有价值的信息而最终实现企业品牌力强化或产品、服务销量增长的一种营销策略。

微博的天然特性更适合品牌传播，作为一个自媒体平台，微博的传播广度和速度惊人，但是传播深度及互动深度不及微信。把微博试想成一个人下面有几万人听众的演讲场合，而把微信想成两个好友冬日下午在茶楼泡上一壶普洱相对而坐，哪个更有深度，哪个更有广度，可想而知了。

2. 微信营销的特点

（1）受众广泛，成本低廉

微信从面世至今短短几年就已经成为手机应用软件市场的霸主，拥有庞大的用户群，产生了大规模的数据。这些数据可以成为企业竞争取胜的砝码，成为改变行业结构的扳手。相较于传统营销方式，微信营销的成本极为低廉，各项功能都可供用户免费使用，使用过程中仅仅产生少量的流量费。

（2）营销精准，形式灵活

基于微信的庞大用户数据，通过移动终端，结合地理位置、社交网络等功能，可以实时推送信息，帮助商家进行点对点的精确营销。比起微博的140个字和九宫格的图片，微信营销可以图文并茂，还可以插入视频和音乐，这样的形式在营销推广的过程中显然更能吸引用户的关注。

（3）平台开放，互动及时

目前有很多网站和第三方应用平台中的分享功能，都添加了微信这一项，如果品牌想通过网络进行宣传的话，可以直接将网页内容分享到微信朋友圈，这无疑是很好的选择。微信营销和普通营销推广手段的不同就在于互动。智能手机是微信的载体，只要用户有手机，就能随时收到企业的推送信息，也能及时反馈自己的需求，突破了时间和空间的限制。这种及时有效的互动更容易提升用户对品牌的信任度。

3. 微信营销的五大模式

通过对微信相关功能的分析，我们发现微信营销渠道主要包括以下5种：

（1）草根广告式的"查看附近的人"

签名栏是腾讯产品的一大特色，用户可以随时在签名栏更新自己的状态，自然也可以打入强制性广告，但只有用户的联系人或者好友才能看到。而微信中基于LBS（基于位置的服务）的功能插件"查看附近的人"便可以使更多陌生人看到这种强制性广告。

其方式主要是在签名栏上放广告或者促销的消息，用户查找附近的人的时候或者摇一摇的时候会看见，它的优点是能很有效地拉拢附近用户，方式得当的话转化率比较高；缺点是覆盖人群可能不够大，其主要适用产品为类似肯德基这种位置决定生意的店铺。

（2）O2O折扣式的"二维码扫描"

"参考"自国外社交工具"LINE"的"扫描QRCode"功能，原本是用来扫描识别另一位用户的二维码身份，从而添加朋友的。但是二维码发展至今，其商业用途越来越多，所以微信也就顺应潮流结合O2O展开商业活动。

其主要方式为用户扫描二维码，添加好友，并进行互动，从而获得成员折扣和商家优惠。其优点是用户主动扫描的，至少证明用户对你的产品最起码还是感兴趣的，所以，可以有针对性地诱导用户产生消费行为，其不足是必须用户主动扫描。主要适用产品为与用户关联比较紧密的产品

（3）品牌活动式的漂流瓶

漂流瓶是移植 QQ 邮箱的一款应用，该应用在电脑上广受好评，许多用户喜欢这种和陌生人的简单互动方式。移植到微信上后，漂流瓶基本保留了原始简单易上手的风格和功能。"扔一个"用户发布的语音或者文字漂流瓶投入大海中，其他用户可以捞起大海中无数个用户投放的漂流瓶来展开对话，但每个用户每天只有 20 次机会。其主要方式是把信息放进瓶子里，用户主动捞起来得到信息并传播出去。实际营销时，微信官方可以对漂流瓶的参数进行更改，使得合作商家推广的活动在某一时间段内抛出的漂流瓶数量大增，普通用户捞到的概率也会增加。如果营销得当，也能产生不错的营销效果。其优点为简单、易用，不足为针对性不强。又因为用户使用漂流瓶的目的是为了排遣无聊，所以在这里做营销的话如果方式不正确极容易产生反作用，使得用户对品牌或者产品产生厌恶之情。此外，每个用户每天只有 20 次捡漂流瓶的机会，捡到瓶子的机会是比较小的。

【案例 11-2】

招商银行的爱心漂流瓶用户互动活动

活动期间，微信用户用"漂流瓶"或者"摇一摇"功能找朋友，就会看到"招商银行点亮蓝灯"，只要参与或关注，招商银行便会通过"小积分，微慈善"平台为自闭症儿童捐赠积分。和招商银行进行简单的互动就可以贡献自己的一份爱心，这种简单却又可以做善事的活动，颇为吸引人。

根据此前行业营销人员的观察，在招行展开活动期间，每捡 10 次漂流瓶便基本上有 1 次会捡到招行的爱心漂流瓶。虽然漂流瓶可能存在过于频繁且缺乏一定活性的不足，容易让用户产生参与疲劳。但是，如果用户每一次捡到爱心漂流瓶都会产生不同的活动或者能有一些小小的语音游戏，或许会提高用户参与互动的积极性。

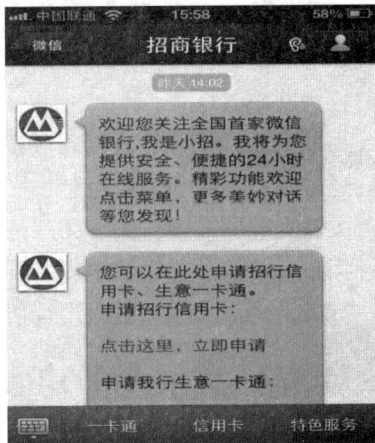

资料来源：http: //blog. sina. com. cn/

（4）社交分享式的"开放平台"+"朋友圈"

①微信开放平台。微信开放平台是微信 4.0 版本推出的新功能，应用开发者可通过微信开放接口接入第三方应用。还可以将应用的 LOGO 放入微信附件栏中，让微信用户方便地在会话中调用第三方应用进行内容选择与分享。

从这点看，微信除了异步通信的功能，4.0 版本中的新功能"朋友圈"分享功能的开放，为分享式的口碑营销提供了最好的渠道。微信用户可以将手机应用、PC 客户端、网站中的精彩内容快速分享到朋友圈中，并支持网页链接方式打开。其优点主要体现在由于微信用户彼此间具有某种更加亲密的关系，所以当产品被某个用户分享给其他好友后，相当于完成了一个有效到达的口碑营销；不足之处为产品扩散比较困难。它的适用产品为适合做口碑营销的产品。

【案例 11-3】

美丽说登陆微信开放平台

用户愿意与朋友分享自己看到的有价值的东西，所以，当产品有价值的时候，用户便愿意去分享。在移动互联网上，以之前腾讯公布的合作伙伴美丽说为例，用户通过微信把一件美丽说上面的商品传播开去，达到社会化媒体上最直接的口碑营销。

②朋友圈。朋友圈的主要方式为可以将手机应用、PC 客户端、网站中的精彩内容快速分享到朋友圈中，支持网页链接方式打开。其主要优点为交流比较封闭，口碑营销会更加具备效果；其不足为开展营销活动比较困难。它的适用产品为口碑类产品，或者私密性小众产品。

（5）互动营销式的微信公众平台

对于大众化媒体、明星以及企业而言，如果微信开放平台+朋友圈的社交分享功能的开放已经使得微信作为一种移动互联网上不可忽视的营销渠道，那么微信公众平台的上线，则使这种营销渠道更加细化和直接。其主要方式为通过一对一的关注和推送，公众平台方可以向粉丝推送包括新闻资讯、产品消息、最新活动等消息，甚至能够完成包括咨询、客服等功能，形成自己的客户数据库，使微信成为一个称职的 CRM（客户关系管理）系统。可以说，微信公众平台的上线，直指微博的认证账号，提供了一个基于过亿微信用户的移动网站。

目前商家和媒体等可以通过发布公众号二维码，让微信用户随手订阅公众平台账号，然后通过用户分组和地域控制，平台方可以实现精准的消息推送，直指目标用户，再借助个人关注页和朋友圈，实现品牌的病毒式传播。不过，腾讯天生有重隐私的血统，微信也允许用户对关注品牌轻松实现公开和不显示。它的优点为针对性强、传播速度快、覆盖面广，其不足为对文案、版面设计要求较高。它的适用产品为口碑类产品、小众物品。

11.4.2 微信营销的策略及实施效果评估

1. 常见微信营销策略

利用微信开展营销活动，具有曝光力强、接受率高、传播范围广的特点，能够实现与客户的实时互动、线上交流，所以企业在开展微信营销的过程当中，需要采用相应的策略来进一步提升企业微信营销的效果。

（1）精准营销

本质上来看，精准营销意味着以更精准的方式来将相关的产品信息推送给目标消费者。这是一种既省时又省力的营销方式。而微信的定位功能，则能够使得这种营销方式成为可能。企业可以通过建立专门的微信公众号或者营销号，来实现对于周边商户的精准营销，准确地找到目标市场当中所存在的潜在用户。对于这类用户进行营销能够进一步地提升销售成功的概率。

比如聚美优品的微信公众号，就是针对女性客户，及时推送女性客户所关注的信息，满足女性客户的实际需求。比如教授给女性客户一些专门的美容护肤方法，让她们看起来更加美丽，更加时尚等等。

（2）关系营销

关系营销能够最大限度地提升客户的忠诚度，也能够增强客户的黏性。关系营销的最终目的是创造顾客与品牌之间强大的情感纽带，从而能够让客户产生忠诚，并且能够为客户带来连续性的服务。而客户的免费口碑效应，也能够最大限度地帮助企业进行宣传，进而产生更多的潜在客户。

微信的客户关系管理系统就像是一块磁铁，能够很好地满足企业与客户之间长期稳定的关系，实现与客户之间一对一的对话。通过这样的方式来最大限度地提升客户的信任感，不断地增加与客户的联系，让客户产生连续的购买行为。久而久之，对于产品就会更加忠诚。

（3）口碑营销

口碑营销指的是企业在进行品牌建设的过程当中，通过与客户之间的沟通交流来促使品牌的传播。口碑营销方式是属于病毒式营销的一种。通过消费者口口相传的方式来开展营销，能够最大限度地帮助消费者获取更多更加全面的产品信息，也能够帮助企业节省营销成本。微信空前强大的信息传播功能，为企业开展病毒式营销提供了可能。微信的传播渠道广，速度快，覆盖面极其广泛，这在很大程度上能够促使中小企业以相对比较低廉的成本来打造相对较好的营销口碑。

2. 微信营销的效果评估标准

通过微信开展营销后，其营销效果如何也是需要进行评估的。这有助于我们在开展微信营销过程中及时调整营销策略，提高营销效果。微信营销效果的评估包含互动频率、功能使用、粉丝数、粉丝评价、企业转换率等几个要素。

（1）互动频率

微信的互动频率是指粉丝对于企业微信公众账号的使用频率。这就是为什么说企业的公众平台都是一个 App 的原因，这里包含内容方面的访问以及功能的使用。

（2）功能受欢迎程度

微信公众平台的功能有基于内容的一部分功能、营销设计功能、实用功能。内容的功能就是基于粉丝需求和企业之间对应的命令端口和内容页面的功能，比如粉丝输入企业介绍能看到企业的介绍；营销设计功能是指企业基于自身营销需求而设计的营销功能，比如一些外语培训学校用听力测试这个功能和所有有外语培训需求的粉丝进行直接的互动等；实用功能就是一些类似天气预报查询、股票查询等的功能和企业自身个性化开发的功能。功能受欢迎程度决定了粉丝对于企业的依赖程度。

（3）粉丝数

微博营销领域有一句话："一切以粉丝数量为指标的行为都是臭流氓。"这句话在微信营销上同样适用，原因很简单，如果单纯追求粉丝数字就会失去微信营销的价值。对粉丝数的评估要基于企业对于微信营销的要求，还有功能的使用情况、企业品牌的传播力度等。

（4）粉丝评价

这是所有企业最能直观看到的微信营销效果的方式之一。企业微信公众平台上的内容和功能，粉丝是如何评价的，是不是可以产生依赖，是不是让他们大部分人都喜欢，看一下粉丝的评价以及时不时进行粉丝调研就知道了。

（5）企业转换率

这是企业进行一切营销的唯一现象级（超级优秀）标准，因为微信的闭环体系，在企业转换率方面，有企业品牌知晓度的转换，有企业相关类似 Wap 页访问量的转换，有企业在基于微信的产品销售情况的转换，有企业产品咨询量的转换等。随着微信营销的不断成型，企业转换率的要求也会不一样。

11.4.3 微信公众号的设置

1. 认识微信公众号

企业通过申请公众微信服务号展示商家微官网、微会员、微推送、微支付、微活动、微报名、微分享、微名片等，已经形成了一种主流的线上线下微信互动营销方式。目前微信公众号有 3 种类型，具体情况如下：

①服务号：公众平台服务号，是公众平台的一种账号类型，旨在为用户提供服务。

Ⅰ. 1 个月（自然月）内仅可以发送 4 条群发消息。

Ⅱ. 发给订阅用户（粉丝）的消息，会显示在对方的聊天列表中相对应微信的首页。

Ⅲ. 服务号会在订阅用户（粉丝）的通信录中。通信录中有一个公众号的文件夹，点开可以查看所有服务号。

Ⅳ. 服务号可申请自定义菜单。

②订阅号：公众平台订阅号，是公众平台的一种账号类型，旨在为用户提供信息。

Ⅰ. 每天（24 小时内）可以发送 1 条群发消息。

Ⅱ. 发给订阅用户（粉丝）的消息，将会显示在对方的"订阅号"文件夹中。点击两次才可以打开。

Ⅲ. 在订阅用户（粉丝）的通信录中，订阅号将被放入"订阅号"文件夹中。需要注意的是，在微信 4.5 版本之前申请的订阅号可以有一次机会升级到服务号。新注册的微信公众平台账号在注册到第四步的时候有一个选择类型让你选择订阅号或者服务号，这个一旦选择就不可以改变了，一定要确定好。作为企业推荐选择服务号，因为后期对服务号腾讯会有一些高级接口开放，企业可以更好地利用公众平台服务你的客户。个人申请，只能申请订阅号。

③企业号（企业微信）：公众平台企业号，是公众平台的一种账号类型，旨在帮助企业、政府机关、学校、医院等事业单位和非政府组织建立与员工、上下游合作伙伴及内部IT 系统间的连接，并能有效地简化管理流程、提高信息的沟通和协同效率、提升对一线员工的服务及管理能力。

2. 微信公众号的基本操作

（1）微信公众号的注册

①登录 http：//mp. weixin. qq. com/（注：不支持 IE6 及以下浏览器）点击右上角"立即注册"，如图 11-15 所示。填写基本信息，基本信息填写完成之后，选中"同意并遵守"，然后点击"注册"，如图 11-16 所示。

图 11-15 微信公众号注册网址

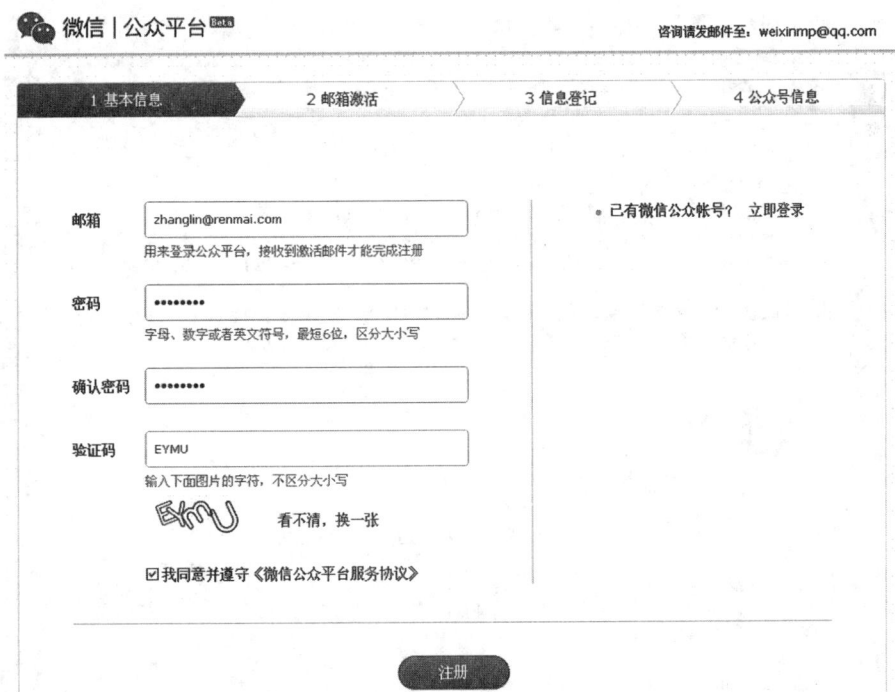

图 11-16 微信公众号注册界面

②点击"注册"后，进行邮箱激活。登录你的邮箱，激活申请账号，如图 11-17 所示。点击"注册"之后，微信平台会发一个链接到你的邮箱里，打开邮件，点击链接，如图 11-18 所示。

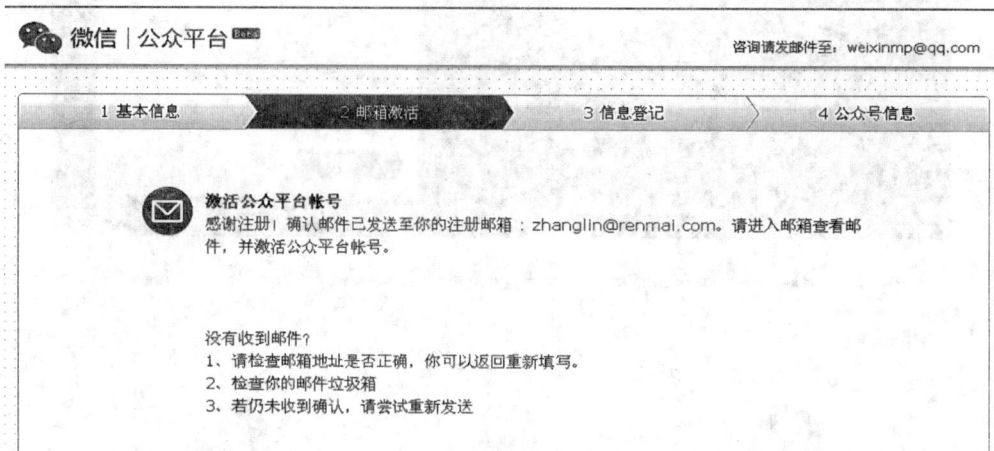

图 11-17　微信公众号激活

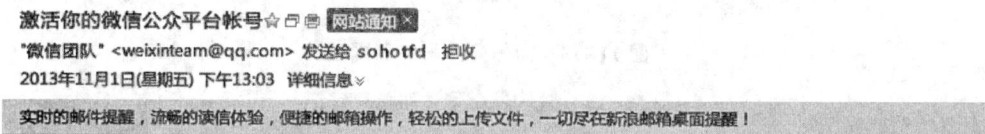

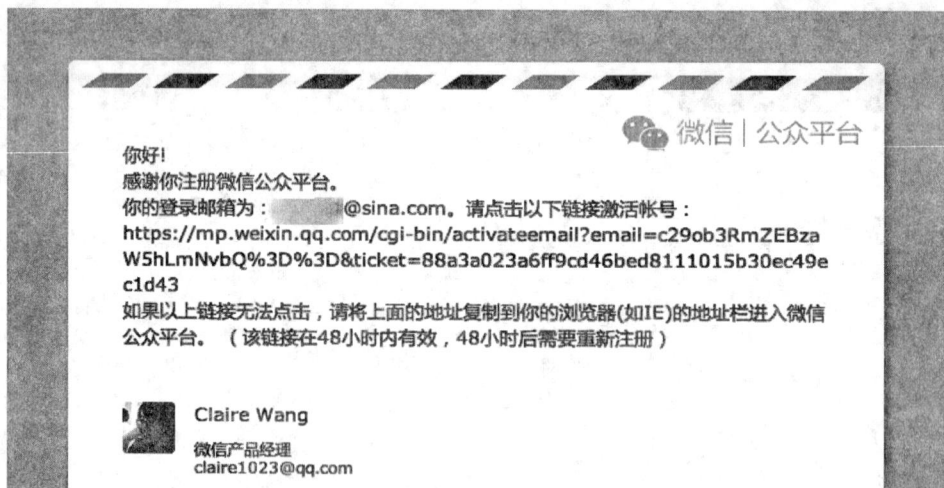

图 11-18　微信公众号注册激活链接

③打开界面，如实填写相关信息，并提交身份证电子照，填写完其他必填信息后提交，如图 11-19 所示。

图 11-19　微信公众号注册信息登记

④填写公众号信息。"账号名称"一经填写不能修改，"功能介绍"说是可以修改，但是我们目前没看见在哪修改，也许要审核之后才可以吧。其他信息填写完成后，点击完成。到此，公众号的注册就算完成了，如图 11-20 所示。

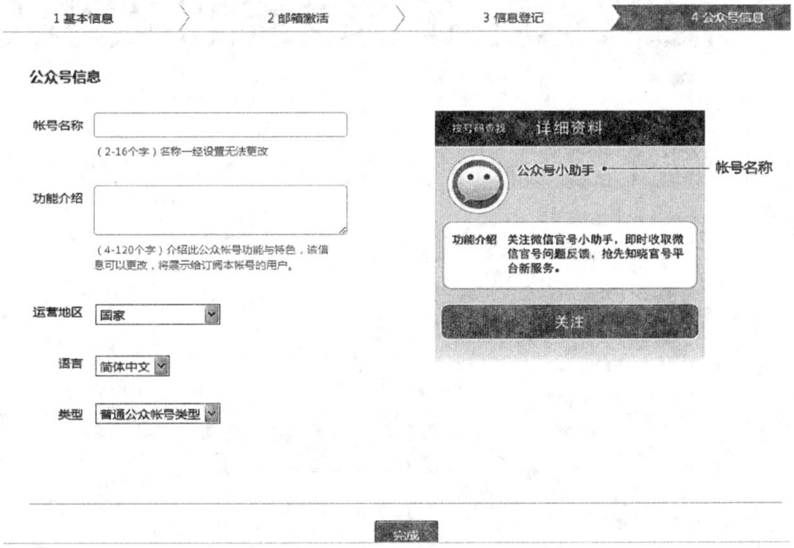

图 11-20　微信公众号注册账号信息

（2）微信公众平台的常用功能

微信公众平台是腾讯公司在微信基础平台上新增的功能模块，通过微信平台上实现和特定群体的文字、图片、语言的全方位沟通、互动。以下是对微信公众平台的几大常用功能如素材管理、用户管理、消息管理、安全中心、群发功能的使用操作说明：

①登录公众平台后台（https：//mp. weixin. qq. com/），如图 11-21 所示。由绑定公众平台的管理员扫描二维码登录（腾讯升级，数据安全性考虑），登录界面如图 11-22 所示。

图 11-21　微信公众平台登录界面

图 11-22　微信公众平台管理员登录

②素材管理，新建图文消息，如图 11-23 所示。编辑要群发的图文内容，如图 11-24 所示。

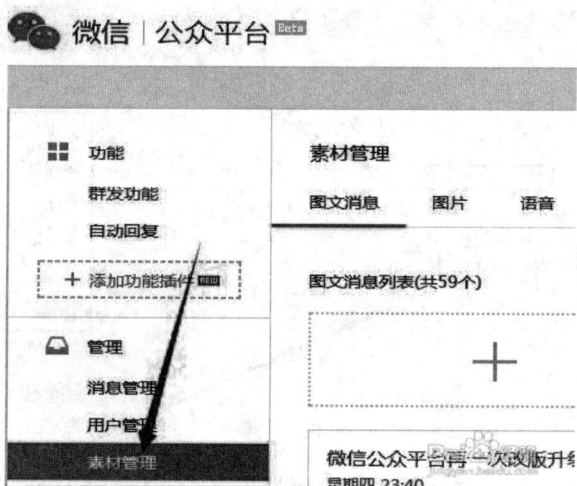

图 11-23　微信公众平台素材管理

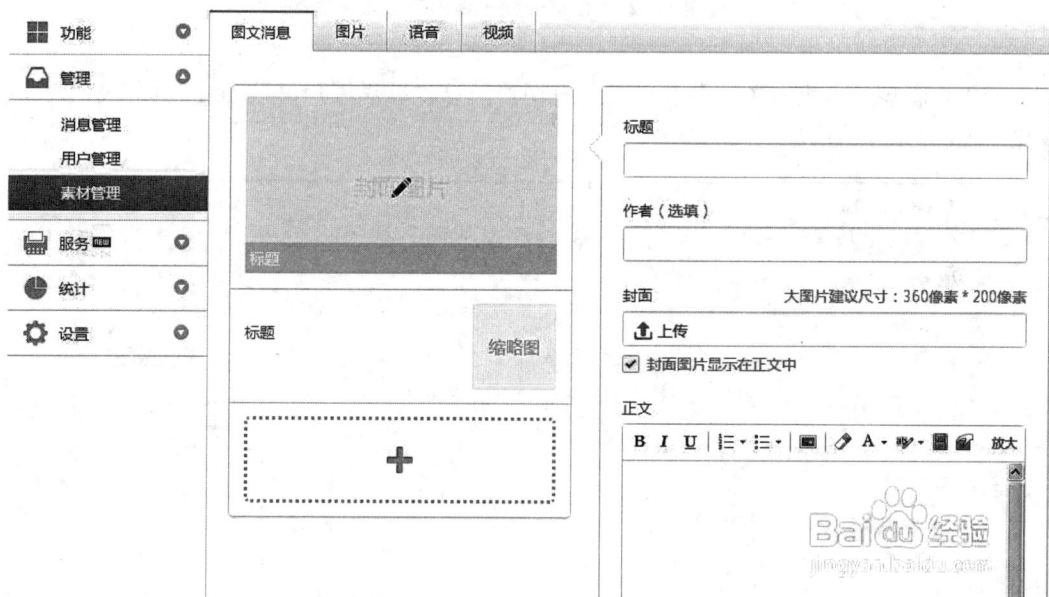

图 11-24　微信公众平台编辑图文内容

③确认内容无误，点击保存并群发，如图 11-25 所示。

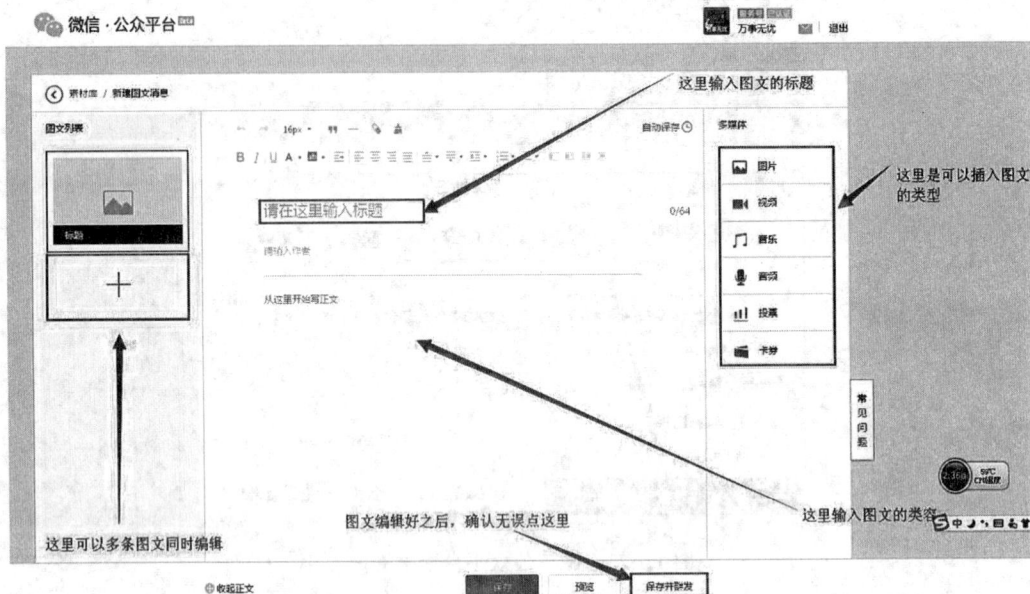

图 11-25　微信公众平台内容发布

④用户管理。可查看关注公众号的所有用户信息，可对用户修改备注、标注、拉黑等操作，如图 11-26 所示。

图 11-26　微信公众平台用户管理

⑤消息管理。可查看关注公众号用户与平台互动的详细消息，也可点击用户头像回复该用户消息。并且可以对关注公众号的所有用户或指定用户进行群发消息（注：订阅号一天只能群发一条消息，服务号每月最多4条群发消息，每天0点或每月1日0点更新，次数不会累加），如图11-27所示。

图 11-27　微信公众平台消息管理

⑥安全中心。显示公众号管理员部分信息，可对管理员进行修改绑定等。若要修改密码或最高级别管理员，需要当前管理员进行微信扫码，则才能完成修改。如图 11-28所示。

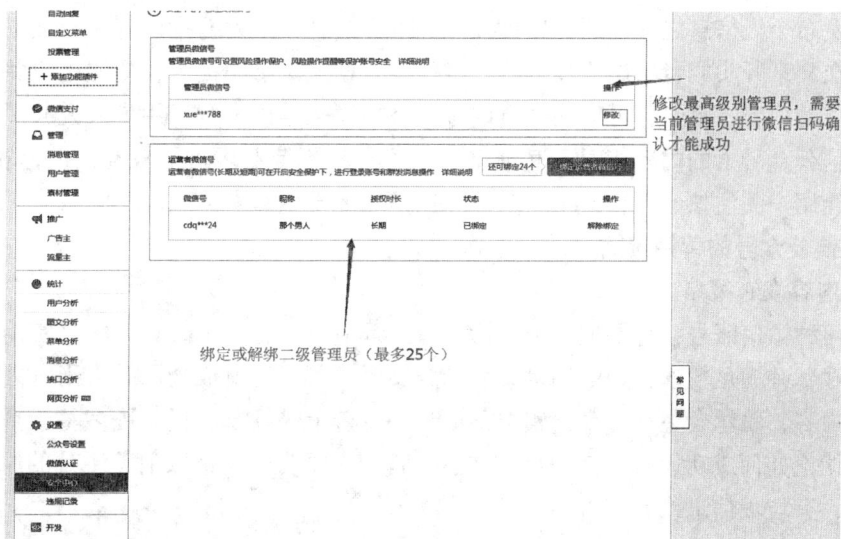

图 11-28　微信公众平台安全中心

11.4.4 微信公众号的运营规划

与微信个人号相比，微信公众号则正好具备营销工具的特点，因此一经发布很快就成为企业及个人应用最为广泛的移动营销工具，微信也成为移动网络营销的最典型方法之一。微信为媒体和个人提供了一种新的信息传播方式，构建了与读者之间更好的沟通与管理模式。

1. 微信公众号的内容设计

（1）美观的封面

每一期好的微信公众号文章要想获得更多的阅读量，就要有美观的封面，这能给读者留下第一印象，对阅读量有着直接作用。

（2）吸引人的文章标题

每一篇文章都要有醒目的标题，一个标题是对整篇文章的总结，是文章重要信息所在。其中，文章的标题对文章还起着推广作用。所以，对于每一篇文章的标题，都应该进行合理谨慎的设计。

（3）突出重点的内容

正文是微信公众号文章的主体，同时也是获得文章分享量和互动量的一个重要依据。但是需要注意的是，微信公众号的文章内容与其他网页相似，即每一篇文章相当于一个独立的"网页"，这一点与电子邮件的内容正好相反。

（4）发布个人信息

对我们阅读过的文章来说，许多文章标题的下方通常会有一个可以点击的蓝色字体，显示的是文章发布者的信息，这一点是不需要操作的，如"秀友百科词条（http：//www.wwiki.cn/wiki.htm）"。点击进入页面，就可以看到有关网络营销介绍以及其他内容。

（5）巧妙的推广方式

除了发布个人信息之外，还可以添加一些推广信息。此处的推广有两方面的内涵：第一，可以在文章开头或者结尾添加一些二维码或者相关文字的提示，提醒用户关注我们想让他们关注的内容。第二，可以在文章内容上添加原文链接，对于用户来说起了一个引导作用。微信公众号上的内容相对于其他平台来说编辑规范要求可能较高，但是相对来说，这样可以让用户关注核心内容，不受其他无用信息的干扰。

2. 微信公众号的营销策略

（1）内容发布策略

无论何种微信账号，想要成功地存活下去，都应以内容为王。当内容有实用性、贴近性、趣味性，并满足粉丝分享的满足感、炫耀感时，可以说就成功了一大半。因为具有上述特征的内容，粉丝会主动分享，辐射到用户关系链上的好友，促发更多基于真实关系的传播。在谈论如何成功运营微信公众号之前，我们先要明确"被取消关注"的原因：

第一，有垃圾信息或者广告；

第二，提供的信息不实用；

第三，没有新意；

第四，提供的信息不足或者没有分量；

第五，消息提醒不够人性化；

第六，信息不准确；

第七，内容篇幅过长；

第八，信息时效性不强。

为避免以上问题，微信营销应从以下几个方面展开：

①内容定位。内容个性就是我们所要总结出来的内容定位。在后面的内容筛选中，要结合内容个性进行有效选取。不同微信公众号所体现的内容个性可以有所不同，根据自身微信号的定位，选取符合定位的发布文章内容。

②内容筛选。结合所设定位，接下来就要进行内容的筛选，制定范围和标准。通常，发布文章是为了吸引用户的注意以增加用户的黏性和适当体现公众号的价值。不同的文章可以有不同的特性，可以根据文章的性质来筛选合适的内容。就微信内容而言，可以从下列 8 个方面对其进行筛选。

关联性：内容要与定位受众生活或者兴趣相关，并结合平台内容定位撰写编辑。

趣味性：内容要创新，不庸俗但足够吸引人，符合大家的审美趣味。

实用性：内容要能够向用户提供一定的帮助，比如信息服务、生活常识或者折扣信息等。

独特性：需要根据自己的公众号特点打造有个性的内容，向粉丝展示公众号的价值。

多元性：内容的形式需要多元化，可以用图片、视频或者语音等形式发布。

一致性：内容需要连贯一致，尽量用单条图文把想要传递的信息完整表达。

互动性：经常和粉丝沟通交流可以形成长久的用户黏性，哪怕是一句简单的问候或者寒暄。

热点话题：我们知道了解当前的热点话题是非常重要的，拥有一定量粉丝的平台可以利用热点话题带动粉丝主动分享。

内容只有体现价值，才能引来更多粉丝的关注和热爱。所以，内容的筛选对微信的互动起着重要的作用。例如在服装搭配方面做得非常成功的个人公众号：黎贝卡的异想世界。

【案例 11-4】

从开号第一天到现在，黎贝卡的公众号现在已经有接近 45 万粉丝。刚开号半年，黎贝卡接到某品牌的包包推广，一夜之间，这个品牌接到了 1 000 多份订单，几乎每个订单都有两到三个包包，几个小时内好多包包直接卖断货。那家设计师店的评论里有数百条评论开头都是这个统一的架势："看了黎贝卡的推荐来的……"

不但如此，好几个跟黎贝卡合作推广的电商网站，推广当晚就已被黎贝卡的读者"冲击"到系统崩溃。

虽然黎贝卡自己没有开店，但依然有很多店家会在产品标题标注"黎贝卡推荐"，这无非是因为这 5 个字的关键字不但是搜索高频词，还代表着精明的"花钱明灯"。后台留言除了来咨询搭配诀窍、护理方法的，还有很多读者来热情反馈跟着黎贝卡买到的好物。

黎贝卡的异想世界
Becky's Fantasy

今日热文 ---

黎贝卡×MINI 车与生活下午茶

你们还记得7月份时，我和MINI合作推出了100量限量款加勒比蓝，结果开售4分钟就被火速抢光的事吗？当时我说会在广州举办一场"黎贝卡专属交车仪式"，并挑选两位读者，亲手把新车交到她们手里，就在今天，我来兑现退货啦~9月24日下午，我们举办了这场交车仪式，并邀请20位读者参加了很温馨的"车与生活下午茶"。这也是我们Fantasy Club的第...

Fantasy Club　2017-09-30

黎贝卡 X 欧乐B 一起爱牙升级变美

9月23日，我们在广州万菱汇举办了"黎贝卡 X 欧乐B 一起爱牙升级变美"的线下活动，这也是Fantasy Club的活动首次在我的大本营广州举办。不出所料，她们都是爱美又热情的好姑娘，而且都跟我一样是爱牙小天使哦！来看看我们的大合影吧~▼因为场地限制，我们只能选择25位读者参与活动，但后台的报名表有近千份，我和助理小妞们逐一看完她们的爱...

Fantasy Club　2017-09-30

不想撞香？简单！试试这些骨骼清奇的味道

经常有同学在后台叫我推荐香水，虽然我一年四季基本都香水不离身，但我一直不太敢随便推荐香水，总觉得它太私人了。每个人喜好的味道都不一样，甲之蜜糖乙之砒霜。像上次我写川久保玲时就混过她家的香水有一款是透明胶味道的，后来有同学跟我说她买了，感觉还挺特别的。我也很好奇想闻闻看，哈哈。▼既然这样，今天不妨来点轻松好玩的，看...

微信热文　2017-06-01

有一次，黎贝卡在自己的推送里推荐了一款小众品牌的万元级包包，这个品牌国内只有重庆有店。过了两天，该品牌的国内代理商负责市场推广的人在后台找到了黎贝卡说："最近重庆店里突然多了很多咨询和购买的人，店员忍不住问两位成交的客人为什么到店，结果客人告诉她是'看了黎贝卡的推荐'。有心的店员赶紧把公众号名称记下来了。"品牌公关特地对她说："我们都不认识你，你就推荐了我们的包，所以我觉得必须专门来谢谢你。"

为什么没有推广费，她也要推荐？黎贝卡觉得，本来开号的目的就是要分享自己觉得美和好的东西，所以只要她觉得好用好看的她都会推荐。但她不只是"种草"，她还定期帮大家"除草"，告诉大家哪些东西再火也不要买。比如《大牌包包缺点》的吐槽文，就很受读者欢迎。

这些事例足以证明，在"黎贝卡的异想世界"里，表面是黎贝卡强大的号召力，实质是黎贝卡用优质内容累积出来惊人的用户黏度。

她的每篇推送都轻松过 10 万+，《李健，你抬高的不止是理工男的行情，还有衣品》更是达到 3 百万的阅读量。

资料来源：http：//www.beckysfantasy.com/

③内容编制。做好微信内容定位，确立了内容筛选的范围后，接下来就需要对内容进行编制和管理了。系统化的内容管理机制有助于运营专员快速地对微信的内容作出判断、筛选和发布，同时也能大大地减少因层层上报这种烦琐流程而浪费的时间。

按照内容来源方式分类，我们可将微信内容分为专业知识型、幽默搞笑型、促销活动型、文艺小资型、信息播报型、关怀互动型 6 种类型。

图 11-29　微信内容类型

④内容推送。微信公众账号的后台可以获取订阅户的全部信息，并提供了强大的订阅户分组功能，可以按地域、性别、喜好、需求等不同的指标分组。这为新闻信息的分组精准推送提供了实现渠道。

例如涉及北京市的公共政策新闻，其他地区的用户可能不太关注，媒体就可以单独向北京市的微信订户推送。分组推送一旦实现，能够避免用户的信息过载，让媒体的各类信息资源发挥相应的最大价值。

（2）内容文字优化

①标题优化。在确定内容丰富有趣之后，在如此快销的时代下，还要有人愿意点进去看，也就是说需要一扇门，打开公众号与粉丝之间的接触。这也是如今"标题党"横行的原因。但要做到标题吸引人且内容与之相契合才是微信公众号长期发展的前提。

Ⅰ.加一些修饰词。修饰词有两个作用，一是让定义更明确、独特，二是增加读者的情感强度。

例如：SocialBeta（环球资讯）公众号发表过一篇《【案例】这么有趣的航空安全须知视频，你看过吗?》，你会不会想赶快去验证下，这个视频自己看过吗？真的有趣吗？用"最好""你还没尝试过的""最新推出的""不可以不知道的"等一些吸引人的修饰词，会加大读者对文章阅读的好奇心，促使读者点开去阅读文章。

万能模式：动词+所得利益。像姜茶茶有篇文章标题《学会这些英文单词，你就可以在广告圈混了!》。

Ⅱ.赋予珍贵资源被读者独家抢占到的感觉。例如："FaceBook 内部员工工作指南""Google 程序员薪资探秘"。看到这样的标题，读者觉得你给的信息，他能得到，别人得不到。获取这个独有的信息后，读者会更愿意作为传播源，向别人传播知识（不得不承认：

好为人师是人的本性……）。

Ⅲ. 嵌入专业性词语。专业性词语能展现文章的专业价值，还能吸引到精准的受众。

例如：SocialBeta 公众号发布过一篇《【资源】HTML5 工具篇：10 个营销人也能轻松使用的在线编辑平台》，微信平台上粉丝量暴增。

有人担心，如果专业性词语太冷太偏，或者过于晦涩难懂，连点击量都没有，后期效果还会有吗？别担心，有些人并不是你的目标人群，新锐或高精尖的概念吸引到 1 个专业优质受众，也比 2 000 个无关阅读量的收益大。

Ⅳ. 善用双关语和俏皮话，增加趣味性。双关语＋网络热词是种很好的搭配，它们互相弥补新颖创意与过度流行间的不平衡。

例如：像《当〈权力的游戏〉遭遇〈蠢蠢的死法〉，连最悲摧的〈领便当〉也变得萌萌哒》这种，虽然很隐喻，但巧妙趣味足以让人消除消耗脑力的不快。

还有种方法是善用转折，让标题更有故事情节和悬念丛生感。例如：《Instagram（照片墙）上 50 位 KOL 晒同款女裙照片，裙子迅速售罄，但 FTC（美国联邦贸易委员会）说违规了》。

②推送样式、内容排版的优化。

Ⅰ. 单图文和多图文的选择：在推送形式上，是选用单图文还是多图文，单图文的好处是每天可以让目标用户集中精力读一篇最高质量的文章。但这个还是得因平台不同而灵活变化，对于资讯类的公众号，单图文的推送难免会显得单薄。单图文和多图文的选择依赖平台特性与目标用户。

Ⅱ. 使用 PS（一款图像处理软件）、AI（一种人工智能处理软件）等软件做长图文。在这种表现方式上，安妮的长图就很有代表性了，这种形式最大的优点就是有故事带入感，图片冲击为主，配合适量的文字。但值得注意的是，在微信平台上由于打开速度的原因，长图不宜过长。

📖 本章小结

本章主要介绍了社会化媒体和社会化媒体营销的基本概念和特征，阐述了开展社会化媒体营销的多种工具（论坛、博客、微博、即时通信、SNS 网络、视频、问答百科）。其中尤为详细介绍了博客和微博营销的概念、传播特征、种类及策略，对博客和微博营销进行了比较区别，以此引导读者全面认识博客和微博营销；主要介绍了微博营销的基本概念、特点、功能，并通过具体事例了解微信营销的步骤和方法。

通过本章的学习，同学们应全面了解社会化媒体营销的相关知识；重点掌握博客和微博营销的准则、手段、策略，掌握企业微博的运营策略，区分博客和微博营销；掌握微信营销的功能，能够运用微信开展营销活动。

典型案例

小米手机微信平台成功营销案例深入分析

北京小米有限公司是一家专注于智能手机自主研发的移动互联网公司，定位于中低端市场。小米公司首创了用互联网模式开发手机操作系统、发烧友参与开发改进的模式。小米公司旗下有三大核心业务，分别有小米手机、MIUI、米聊。小米手机坚持"为发烧而生"的设计理念，将全球最顶尖的移动终端技术与元器件运用到每款新品，小米手机超高的性价比也使其每款产品成为当年最值得期待的智能手机。

创办仅4年的小米正展现出越来越丰富的想象力。"未来小米要做消费电子的宜家或优衣库。"一位小米高层日前向腾讯科技表示。可以这么理解：小米以后不仅仅代表手机，而是要在消费电子领域做大品类，用互联网的思维来重新演绎一些好玩的商品，成为一个消费电子的"生活家"。比如，未来你甚至可以买到小米智能插座。

【公众账号】xmsj816

【营销特点】

小米粉丝已经过了105万。下面具体总结小米微信营销的几点策略。

策略一：小米官方渠道拉粉指数50%，很给力。

通过官方渠道把自有用户转化为微信粉丝，这其实是拉粉王道。小米官网拉粉分为两个阶段：第一个阶段，就是直接广告拉粉。小米官网每周有开放购买，在"点击预约"键下面，会有个直接的二维码广告"关注小米手机微信"。一天涨3万粉丝，从2月份开始，每个月大概4次，一共做了12次。后来就进入了疲惫期，每天涨几千粉丝，4月份就取消了这种直接广告。第二个阶段，就是活动拉粉。

策略二：第三方合作拉粉指数：40%，挺给力。

105万中，40%来自第三方合作。第三方合作可以理解为大号互推，比较给力的第三方其实是腾讯、微信。比如，小米曾经和QQ会员联手搞过一次活动：微信搜索『小米手机』+QQ会员生活特权 并关注，送出10台小米手机2。

策略三：小米微博拉粉指数：10%，一般给力。

小米微信的105万粉丝，有10%来自新浪、腾讯微博。小米在新浪微博有两个大号，共300万粉丝，早期一度认为，光靠着300万给微信拉来50万粉丝应该属于"小意思"，现实很残酷。究其原因，微博粉丝是一种浅度关注，而微信粉丝则是一种深度关注。

策略四：两个重量级的大活动。

第一个是小米手机"非常6+1"。从3月27日15：00—3月29日24：00，活动开始前粉丝量：41万，活动结束后粉丝量：47.2万，新增粉丝：6.1万，参与人数21万，总接收消息量403万。活动规则其实很简单，但很有效，趣味+大奖：每天送出50个#小米手机2#F码，30张手机充值卡，中奖概率极高！最终排名TOP 10的粉丝，还将获得小米手机2、小米盒子及移动电源等大奖。

第二个是4月9日米粉节微信抢答活动。这个活动算不上成功。当天14：00，由于信息量瞬间爆发，直接导致微信后台崩溃，粉丝没能成功参与抢答活动。但效果也很惊人，活动开始前粉丝量 51 万，活动结束后粉丝量 65 万，新增粉丝 14 万，总接收消息量 280 万。

如果说小米微信营销的上述 4 个拉粉的策略是其重要渠道的话，那么我们下面可以总结一下小米微信营销为何会有如此大的成效。

1. 小米微信营销的方法总结"三段击"。

活动拉粉是一个很给力的方式，激活老用户，拉进新用户。不过，小米有不可复制的因素，就是强悍的米粉效应。也有可以复制的方法论，我们可以称之为"三段击"方法：

A. 预热，提前两天微博、微信来预热。

B. 当天强力推，发动一切自身可以利用的渠道。

C. 活动结束接力推。

2. 微信营销的准确定位：不是营销，是客服。

对于微信的定位，小米早期也有迷茫期，后来明确定位为客服。这也跟微信的产品形态有关系，微信的关键词回复机制，很适合打造自助服务的客服平台。微信营销给小米带来的最大直接好处是什么？据小米微信负责人透露是省下了短信费，一年下来也有几百万元。小米微信每天接收的信息量是 30 000，每天后台自动回复量 28 000，每天人工处理消息量 2 000。专门开发了一个技术后台，普通问题就是关键词的模糊、精准匹配，一些重要的关键词，比如死机、重启，会找到相应的人工客服。

总结性分析

微信营销仍处在战略探索期。在探索期，不要相信逻辑，要相信案例。

资料来源：http：//www.duoziwang.com/

学习与思考

1. 什么是社会化媒体？社会化媒体对消费者行为的影响是什么？

2. 社会化媒体营销的概念是什么？

3. 社会化媒体营销体系应如何构建？

4. 简述博客营销的基本概念和常见形式。

5. 简述微博营销的特点和常用方法。

6. 以 Vivo 为例，谈谈它是如何运营企业官方微博的，以及运用了哪些手段。

7. 简述微信营销的基本概念和特点。

8. 微信公众号该如何运营？

9. 试分析微信营销的未来走向，谈谈你的个人见解。

实践操作训练

1. 关注你所在学校的官方微博，结合课文内容，给出合理的改进建议。

2. 把你所关注的微博进行一下分类，并把典型代表分别填入下表：

个人微博	
企业微博	
政务微博	
组织机构微博	
其他微博	

3. 登录企博网（www.bokee.net），单击"企业博客"导航图标，了解如何创建企业博客；单击"博客营销"导航图标，了解如何开展博客营销。

4. 登录比特网（www.chinabyte.com），单击"博客"导航图标，继续单击"企业博客"导航图标，继续单击"排行榜"导航图标，浏览最新更新文章TOP100，分析博客营销文章的类型，以及不同类型博客文章的营销效果。

5. 注册申请一个属于自己的个人微信公众号。并请结合时下热点新闻，借用软文营销技巧，制作一期微信公众号并发布。

第十二章

视频营销

【知识目标】
- 理解视频营销的含义
- 理解视频营销的特点
- 掌握视频营销的运营技巧

【能力目标】
- 掌握视频营销的运营技巧并能够灵活开展视频营销

案例导入

苹果催泪春运大片《三分钟》，竟是陈可辛用 iPhone X 拍的

2018 年春运第一天，苹果手机上线了一部由真实故事改编的新年大片《三分钟》。陈可辛导演，全程 iPhone X 摄制，讲述了一个只有三分钟的团圆故事，看得人揪心又感动。

一名年轻的列车员妈妈已经好几年没有和儿子小丁一起过年了。每年春节，她都在火车上迎来送往无数回家过年的乘客，却不能和自己的儿子相聚。今年，小姨妈提议，在列车停靠家乡凯里的时候，带小丁去见妈妈。虽然，见面时间只有三分钟。广告片上线几个小时后，Apple 公众号专门为此发出的首篇推送《春节只有三分钟怎么过？让 Apple 和陈可辛拍给你看》就达到了 10w+；截至发稿前优酷的播放量已近 1 000 万。朋友圈和微博中也呈现了击破圈层之势，"走心""感动"成为出现最多的评论字眼。

"用 iPhone X 拍摄"，无疑成为这个广告最引人注目的一点。纵观整个视频，只有在视频的开头和结尾有露出苹果，因为一切尽在不言中……只要这部具有春节、春运元素的作

品受到大家的认可，就说明用拍摄功能是值得肯定的。苹果就这样不经意地展示了一波手机拍摄功能，更给你一种错觉，"只要自己买了 iPhone X，就能拍出这样大片级别的短片"。同时，还在官网上线了专题页面，由陈可辛导演带来的 iPhone X 拍摄技巧小教程。甚至还打出了这样的广告语："拿起你的 iPhone X，跟陈可辛学着拍下你家的春节故事，把浓浓的年味儿留在你的镜头里，给家里送上一份特别的团圆礼。"

这无疑是视频营销的一次创新性尝试，不再是传统广告的平铺直叙，而是用"润物细无声"的方式将产品信息融入视频创作中，引起了广大用户的共鸣。

资料来源：https：//baijiahao. baidu. com/

12.1　视频与网络视频

过去 20 多年，从文字、图片到视频，互联网内容不断更新迭代并形成错综复杂的组合，信息量越来越大，可视性越来越强，表现形式越来越丰富，互动性、实时性的趋势越来越明显。随着视频门槛的多维度降低，短视频行业引来爆发，移动直播也在 2015 年年底到 2016 年迅速爆发。短视频及直播已成为新时代的互联网社交平台和入口之一。

文字：从以门户网站为代表的 1.0 版本到以论坛、社区为代表的 2.0 版本，再到最新的微博、微信等 3.0 版本，不断迭代、演进。

图片：随着网络带宽的不断增长，天涯、贴吧等开始糅合图片、文字和表情等，可视性信息越来越强；到移动互联网时代，以 in 和 nice 为代表的新一代图片社交 App 出现，进一步增强了互联网内容行业的社交属性。

点播：从长视频到短视频，内容产生门槛逐步降低；从 PC 到移动，便捷性进一步提升。在 2015 年年底时，在线视频移动端使用时长占比就已超过 PC 端的 2 倍。

直播：相对于录播，视频直播更加真实和生动，现场感更强。直播平台提供的点赞、评论、打赏、红包等功能，使得企业营收类型更加多样化。

虚拟现实技术（VR）：VR 让用户置身于一个模拟真实的世界，其优势体现在临场感、沉浸感上。未来随着 VR 软硬件的成熟，基于 VR 的内容将迎来一轮新的发展。

12.1.1　视频

关于人们的记忆力，如图 12-1 所示。

视频（Video）泛指将一系列静态影像以电信号的方式加以捕捉、记录、处理、储存、传送与重现的各种技术。连续的图像变化每秒超过 24 帧画面以上时，根据视觉暂留原理，人眼无法辨别单幅的静态画面，看上去是平滑连续的视觉效果，这样连续的画面称为视频。视频技术最早是为了电视系统而发展的，但现在已经发展为各种不同的格式以利于消费者将视频记录下来。

当前中国的营销市场，电视广告的龙头地位已经逐渐被互联网和移动互联网组成的数字广告所取代。虽然电视还占据了广告市场 32.4% 的份额，但电视广告作为视频媒体却有

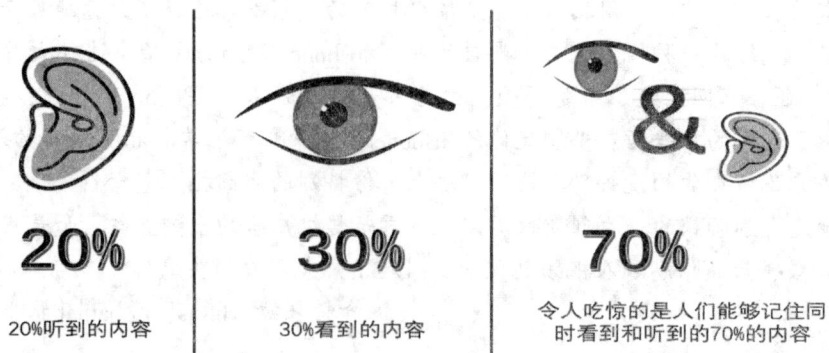

20%

30%

70%

20%听到的内容

30%看到的内容

令人吃惊的是人们能够记住同
时看到和听到的70%的内容

图 12-1 人们的记忆力与听、看的关系

两大难以消除的局限性：

第一，受众只能是单向接受电视信息，很难深度参与；

第二，电视都有着一定的严肃性和品位，受众很难按照自己的偏好来创造内容，因此电视的广告价值大，但是互动营销价值小。

而网络视频却可以突破这些局限，从而带来互动营销的新平台，而随着互联网的发展和视频网站的兴起，视频营销也越来越被很多品牌企业所重视，成为网络营销中常用的利器。

12.1.2 网络视频

互联网的出现使人类的信息传播进入了一个新阶段，网络已经成为人们信息交流的新载体。它既是当今社会各种政治、经济、文化活动的信息平台，也是人际交流的重要工具。网络视频的传播拓展了信息传播的原有功能，从而使网络信息传播的社会功能更加丰富。

所谓网络视频，是指由网络视频服务商提供的、以流媒体为播放格式的、可以在线直播或点播的声像文件。网络视频一般需要独立的播放器，以 WMV、RM、RMVB、FLV 以及 MOV 等文件格式进行传播，包括各类影视节目、新闻、广告、FLASH 动画、自拍 DV、聊天视频、游戏视频、监控视频等。

根据 QuestMobile 的数据，截至 2019 年 6 月，中国在线视频月活跃用户 9.64 亿，短视频月活跃用户 8.21 亿，月活跃用户规模显著高于手游、在线音乐、在线阅读等其他互联网泛娱乐行业。根据 CNNIC 数据，截至 2019 年 6 月，网络视频（含短视频）在网民中渗透率达 88.8%，相对 2018 年底增长 1.3 个百分点，渗透率高于其他互联网泛娱乐行业，仅次于即时通信的 96.5%。

网络视频具有如下特点：

①双向性。在互联网的信息传播中，网络视频的比重逐渐增大。网络视频不同于传统电视节目，它打破了传统意义上传播者与受众之间的界限，使得双向、多点、多媒体信息传播成为可能。网络用户不仅可以对网络视频评论、留言，还可以在特定的情况下上传或

下载视频文件。

②碎片化。网络视频在实际的传播过程中呈现着碎片化、同类视频自动推荐、视频利用率高、信息反馈及时等特点。

所谓碎片化，原意为完整的东西破碎成诸多零块。像凤凰网、新浪网等几个国内比较大的网站中，网站编辑把众多的新闻采访视频"切开"，最常见的是短则几十秒长到几十分钟"碎片化"的新闻视频，增加其可视性。因为决定这些视频在网站首页排序及网站推荐顺序的主要因素是网民对视频新闻的点击量。

③传播快、覆盖面广。网络视频覆盖面广、传播迅速、影响力大，而且造成的影响往往是全球性的。在这样的传播过程中，受众可以根据自己对事物的深刻理解和认识，发表评论，反映网民对事件的态度和看法。

在很多重大突发事件的报道中，网络视频也以其反应迅速、覆盖面广等特点突出了其在网络媒体中的作用。

④跨文化性。网络视频信息的传播扩大了人际交往，模糊了地域和空间的概念，进而带来了不同国家、不同社会文化的全方位融合。网络环境包容了传统文化环境下所产生的多种文化因素，形成了各种文化元素并存的格局。

12.1.3 短视频

1. 短视频的概念

短视频是指在各种新媒体平台上播放的、适合在移动状态和短时休闲状态下观看的、高频推送的视频内容，几秒到几分钟不等。内容融合了技能分享、幽默搞怪、时尚潮流、社会热点、街头采访、公益教育、广告创意、商业定制等主题。由于内容较短，可以单独成片，也可以成为系列栏目。

不同于微电影和直播，短视频制作没有像微电影一样具有特定的表达形式和团队配置要求，具有生产流程简单、制作门槛低、参与性强等特点。又比直播更具有传播价值，超短的制作周期和趣味化的内容对短视频制作团队的文案以及策划功底有着一定的挑战，优秀的短视频制作团队通常依托于成熟运营的自媒体或 IP，除了高频稳定的内容输出外，也有强大的粉丝渠道；短视频的出现丰富了新媒体原生广告的形式。

秒拍 小咖秀 一直播 晃咖 头条 快视频 花椒 奶糖

西瓜视频 火山小视频 抖音 Musical.ly

图 12-2 国内几大短视频阵营

2. 短视频的特点

①短视频的最大特点就在于"短"。首先，短视频长度一般控制在 5 分钟以内，这种短小精悍的视频模式使得即拍即传成为一种可能。其次，随着移动互联网的发展，移动客户端成为视频传播的主要途径。用户只需几分钟的时间，就可以拍摄一段短视频并发布。最后，即时观看，使短视频的播放更加便捷，也为其快速传播提供了有利条件。

②相较于专业化的长视频制作，短视屏简化了内容生产流程，制作门槛相对较低。依托智能终端设备就能实现拍摄、制作与编辑。此外，目前多数主流短视频制作 App 中，添加现成的滤镜、特效功能，使内容更加专业化。

③短视频不是视频网站的缩小版，而是社交的延续，成为信息传递的一种方式。一方面，用户通过参与短视频话题，突破了时间、空间、人群的限制，参与线上活动变得简单有趣，使用户更有参与感；另一方面，社交媒体为用户的创意和分享提供了一个便捷的传播渠道。表面上看，短视频 App 的竞争是点击量的竞争，但是实际上较量的是各自社交方式带给用户的体验，以及用户背后社交圈的重划。

3. 短视频的类型

（1）短纪录片

一条、二更是国内较早出现的短视频制作团队，其内容形式多数以纪录片的形式呈现，内容制作精良。其成功的渠道运营优先开启了短视频变现的商业模式，被各大资本争相追逐。

（2）网红 IP 型

papi 酱、回忆专用小马甲、艾克里里等网红形象在互联网上具有较高的认知度，其内容制作贴近生活。庞大的粉丝基数和用户黏性背后潜藏着巨大的商业价值。

（3）草根恶搞型

以快手为代表，大量草根借助短视频风口在新媒体上输出搞笑内容。这类短视频虽然存在一定争议性，但是在碎片化传播的今天也为网民提供了不少娱乐谈资。

（4）情景短剧

套路砖家、陈翔六点半、报告老板、万万没想到等团队制作内容大多偏向此类表现形式。该类视频短剧多以搞笑创意为主，在互联网上有非常广泛的传播。

（5）技能分享

随着短视频热度不断提高，技能分享类短视频也在网络上有非常广泛的传播。

（6）街头采访型

街头采访也是目前短视频的热门表现形式之一，其制作流程简单，话题性强，深受都市年轻群体的喜爱。

（7）创意剪辑

利用剪辑技巧和创意，或制作精美震撼，或搞笑鬼畜（鬼畜通常指喜欢施虐并看到对方反抗），有的加入解说、评论等元素。这也是不少广告主利用新媒体短视频热潮植入新媒体原生广告的一种方式选择。

12.1.4 网络视频平台

在中国网络视频平台中，优酷土豆、爱奇艺、腾讯视频、搜狐视频等凭借多年耕耘，在内容储备、用户口碑、产品技术方面都有明显优势，在市场中保持领先地位。

图 12-3 中国网络视频平台

（1）优酷土豆

优酷土豆在 PC 网页网络视频平台活跃用户规模排名首位，移动端活跃用户规模排名第二；在用户满意度方面，平台影响力、视频上传下载的方便程度受到更多用户好评；在用户分布方面，24 岁以下年轻用户、学生用户、高学历用户、高线级城市用户分布特征显著。

（2）爱奇艺

爱奇艺在 PC 网页网络视频平台活跃用户规模排名第二，移动端活跃用户规模排名首位；在用户满意度方面，平台相应速度满意度较高；在用户分布方面，35 岁以下用户、学生用户分布特征显著。

（3）腾讯视频

腾讯视频在 PC 网页网络视频平台活跃用户规模排名第五，移动端活跃用户规模排名第三；在平台影响力方面用户认可度较高；在用户分布方面，36 岁以上用户、初中学历以下用户分布特征显著。

（4）搜狐视频

搜狐视频在 PC 网页网络视频平台活跃用户规模排名第三，移动端活跃用户规模排名第四；在平台方便、易用方面用户认可程度高；在 24 岁以下年轻用户、本科以上学历用户、学生用户中分布特征显著。

12.2　网络视频营销

12.2.1　网络视频营销概述

1. 网络视频营销的概念

网络视频营销指的是通过数码技术将产品营销现场实时视频图像信号和企业形象视频信号传输至互联网上，是企业将各种视频短片以各种形式放到互联网上，达到一定宣传目的的营销手段。网络视频广告的形式类似于电视视频短片，平台却在互联网上。"视频"与"互联网"的结合，让这种创新营销形式具备了两者的优点。其以内容为核心、创意为导向，利用精细策划的视频内容实现产品营销与品牌传播的目的；是"视频"和"互联网"的结合，既具有电视短片的优点如感染力强、形式内容多样、创意新颖等，又有互联网营销的优势如互动性好、主动传播性强、传播速度快、成本低廉等特点。

网络视频营销不仅关心消费者是否看到这个广告，而且更强调他们理解并愿意讨论它，同时分享自己的观点。这种基于视频的口碑传播具备了受众精准和高信任度传播的特点，在提升企业品牌的同时，也更易于激发销售行为。

2. 网络视频营销的典型特征

（1）广告成本低，传播效果好

网络视频营销投入的成本与传统广告相比，非常低廉。一个电视广告，投入几十万元、上百万元是很正常的事情，而制作一个网络视频短片只需花费几千元。据 eMarketer（易马克特尔）公司估算，网络视频广告的 CPM（广告每千人成本）在 10~15 美元，远小于电视广告。甚至，网络视频的制作费用可以忽略不计。根据 BurstMedia（爆发传媒）公司完成的研究表明，56.3% 的在线视频观众可以记起视频里的广告内容。利用网络视频较低的投入，借助于网友的主动传播，能实现电视媒体无法达成的用户覆盖和传播效果。

优酷为中国移动"动感地带"打造的全国街舞大赛视频报道就是一例。该报道活动与CCTV 5同步开展，CCTV 5仅每周录播一场街舞比赛，而优酷则全程、全时跟踪报道，同时充分利用与网民、拍客之间的互动，征集用户的评论和自拍作品。根据优酷提供的数据显示，该活动最终取得了网络视频播放量超 4 000 万次、征集的视频作品超 2 000 部的效果。

（2）用户特征明显，助力精准营销

电视节目对年轻观众越来越没有吸引力，他们往往会通过网络搜索并收看感兴趣的视频。为了与电视台进行差异化竞争，国内的视频网站走上了年轻化、时尚化、流行化的路线。

（3）用户参与营销活动广泛活跃、互动性强

用户持续访问宣传页面、播放喜欢的视频，并将视频分享给朋友，这样的网络视频营销活动因为用户的广泛参与而精彩。同时，用户的积极参与使得他们对于营销活动承载的品牌或产品的认知度大为增强。

同时，网络视频的观众可以播放视频，也可以利用文字对视频进行评论，其他观众也可以针对某个评论进行辩论。而观众的回复也是在为该节目造势，有较高争议率的节目点击率也往往高调飙升，造成异常火爆的曝光率。与此同时，网友还会把他们认为有趣的节目转载到微信、微博等，让网络视频大范围传播出去。

（4）借助"病原体"，实现主动传播

好的视频自己会长"脚"，靠魅力俘获大量网友作为免费传播的中转站，以"病毒扩散"的方式蔓延。在这里，用户既是受众群体也是传播渠道，很好地把媒体传播和人际传播有机结合起来，并通过网状联系传播出去，放大传播效应。

12.2.2 网络视频营销实施及推广策略

1. 视频营销实施的步骤

（1）策划

①设定企业视频营销的目标。制作视频的创意可以从产品层面、消费者层面、市场层面（也可以称为竞争环境层面）等3个层面思考和入手。

②分析用户的使用习惯。分析用户的自然特征、喜好、上网习惯、喜欢的视频平台，获取信息的渠道等。通过用户分析，企业可以知道重点推广和传播的渠道，根据用户的问题和困惑组织视频的内容。

③分析用户喜欢网络视频的原因。用户喜欢网络视频的一个主要原因就在于享受"主宰"自由的感受，网络视频的互动性正好能使用户接收信息的方式更具有个性化和自主化的特征。

（2）拍摄

①视频拍摄前的准备。视频脚本、背景音乐、布景方案、演员、演员造型、道具、服装、拍摄地点等有关视频拍摄的所有细节部分都要进行全面的准备。

②视频拍摄。手机、相机、DV（数码摄像机）等设备均可用来拍摄视频，可以手持拍摄也可以利用三脚架等辅助工具。

③视频剪辑。目前的视频剪辑软件众多，主要的剪辑软件有会声会影、爱剪辑等。视频剪辑则是通过视频剪辑软件，对加入的图片、背景音乐、特效、场景等素材与视频进行重新混合，对视频源进行切割、合并，通过二次编码，生成具有不同表现力的新视频。

（3）推广

可以采用网民自创策略、病毒营销策略、事件营销策略、整合传播策略来进行视频推广。

2. 网络视频营销推广策略

（1）网民自创策略

中国网民的创造性是无穷的，而且在视频网站，网民们不再被动接收各类信息，而是能自制短片，且喜欢上传并和别人分享。除浏览和上传之外，网民还可以通过回帖就某个视频发表意见，并给它评分。因此，企业完全可以把广告片以及一些有关品牌的元素、新产品信息等放到视频平台上来吸引网民的参与。例如向网友征集视频广告短片，对一些新产品进行评价等。这样不仅可以让网友有获得收入的机会，同时也是非常好的宣传机会。

（2）病毒营销策略

视频营销的厉害之处在于"传播即精准"。关注者首先会产生兴趣，关注视频，再由关注者变为传播分享者，而被传播对象势必是和他一样对此感兴趣的人。网民看到一些经典的、有趣的、轻松的视频总是愿意主动去传播，通过受众主动自发地传播企业品牌信息，视频就会带着企业的信息像病毒一样在互联网上扩散。病毒营销的关键在于企业需要有好的、有价值的视频内容，然后寻找到一些"易感人群"或者意见领袖帮助传播。

（3）事件营销策略

事件营销一直是线下活动的热点，国内很多品牌都依靠事件营销取得了成功。其实，策划有影响力的事件，编制一个有意思的故事，将这个事件拍摄成视频，也是一种非常好的方式。而且，有事件内容的视频更容易被网民传播。将事件营销思路放到视频营销上将会开辟出新的营销路径。

（4）整合传播策略

由于每一个用户的媒介和互联网接触行为习惯不同，这使得单一的视频传播很难有好的效果。因此，视频营销首先需要在企业的网站上开辟专区，吸引目标客户的关注；其次，也应该跟主流的门户、视频网站合作，提升视频的影响力。对于互联网的用户来说，线下活动和线下参与也是重要的一部分，因此应通过互联网上的视频营销，整合线下的活动、线下的媒体等进行品牌传播。

12.2.3 网络视频营销常见模式

目前网络视频营销主要有 4 种模式：视频贴片广告、视频病毒营销、UGC 模式和视频互动模式。这些基础模式已经被企业多次运用，并且涌现出了大量成功案例。

1. 贴片广告

贴片广告指的是在视频片头片尾或插片播放的广告，以及背景广告等。作为最早的网络视频营销方式，贴片广告可以算是电视广告的延伸，其背后的运营逻辑是媒介的二次售卖原理。由于现在网友自主性更强，网友鼠标轻点就能快进快退，最可怕的是网友可以轻松复制粘贴，贴片广告直接翻版于电视营销模式，显然不符合用户体验至上的 Web 2.0 精神，乃至使之沦为鸡肋，被网友轻松跳过。

国外的一些先驱视频网站在此方面进行了一些有益的摸索。美国视频网站 VideoEgg（视频蛋网站）在视频末尾提供了一个名为"指示器"（Ticker）的可点击的透明广告选择模块，当用户点击它时，正在观看的视频会暂停，而一个新的屏幕会打开，用户可观看相应的广告片。如果用户不点击这个广告，视频就会显示下一个视频的预览片段。这种技术可以提升 5%~8% 的点击率，千人成本却仅仅是 10 美元。对比一下，传统贴片广告的千人成本要达到 20~50 美元。现在搜狐视频等网站都在用类似的技术或者方法。

2. 视频病毒营销

视频病毒营销是另一种重要的网络视频营销模式。借助好的视频广告进行无成本的互联网广泛传播，这方面的成功案例比比皆是。如何找到适合品牌诉求的"病毒"是企业和营销人员需要重点思考的问题。我们需要做的以及能够做到的是在进行视频创意时尽力使广告更加可口化、可乐化、软性化，以便更好地吸引消费者的眼球。

【案例 12-1】

"搅得烂吗"：个性创意与主题明确的诉求

最近，一个疯狂的白发中年人总是出现在视频网站 YouTube（油管网站）的最受关注排行榜上。这个叫作"汤姆"的家伙把所有能够想到的玩意儿都塞进了桌上的搅拌机里——扑克、火柴、灯泡，甚至还有手机。每段视频的开头，老头儿都会带着防护眼镜来上一句："搅得烂吗？这是一个问题。"（Will it blend? That is a question.）

"搅得烂吗"系列视频的最新牺牲品是一台苹果公司前些年出产的 iPod 随身听。汤姆把这个白色的古董款式往搅拌机里一扔，盖上盖子，20 秒的吱吱嘎嘎之后，随身听竟然变成了一堆冒着灰烟的金属粉末。自从 2006 年 12 月 13 日被上传到 YouTube 之后，这段惊人的视频在两个月内被观看了将近 270 万次。没有哪个观众不被那台无所不能的搅拌机所征服，纷纷点击节目说明中的网址去一探究竟。

这正中了汤姆先生的下怀——他的全名是汤姆·迪克森（Tom Dickson），他是生产家用食品搅拌机 Blendtec（柏兰德特克）公司的首席执行官。过去，他在公司里总是用各种各样奇怪的东西去测试自家生产的搅拌机。于是，市场总监乔治·赖特（George Wright）突发奇想，决定把这些古怪的测试过程录下来，再加上一些诸如大理石和高尔夫球杆之类等匪夷所思的实验品，统统贴到网上去。

他们总共制作了将近 30 段此类视频放到网上，而且会根据网友的反应不断推波助澜。"我们的目标就是提升品牌的市场认知度。"在接受美国《商业周刊》采访时，市场总监赖特说："很多人家里的搅拌机可能连冰块都没法弄碎，他们会牢牢记住这个可以搅拌大理石的机器。"

卖 Blendtec 牌搅拌机的汤姆·迪克森先生对此应该再赞同不过了。在"搅得烂吗"系列视频上线后的 1 个月中，他们的在线销售量比过去的月度纪录暴涨了 4 倍。

资料来源：http：//blog. sina. com. cn/

3. UGC 模式

UGC 即用户产生内容，简而言之，这种模式就是调动用户力量参与制作视频的积极性，主动产生作品。最简单的形式就是以征文的形式征集与企业相关的视频作品。UGC 模式超越了普通的单向度浏览模式，让用户与品牌高度互动，将品牌传递方式提升到用户参与创造的高度，增加了品牌黏性，强化了广告效果。

很多企业都采取过这种模式，例如 ViTrue（唯真网站）推出"品牌视频社区"的广告类型，为品牌建立广告社区，鼓励用户为他们喜欢的品牌制作视频广告。Holotof（哈勒吐夫网站）则推出"广告创意"网络平台，用户可以提交推销他们的创意，而客户可以从中选用最好的创意。

但是 UGC 这种网络视频还有其他潜在的"风险"。那些希望借力网络视频的企业必须放弃一些对于言论的控制。如果说一家企业可以在自家网站上删除那些未经审核的视频片段，那么想要控制这些视频在 YouTube 这样的视频网站上大肆传播则是个不可能完成的任务。"市场营销者必须习惯用户实话实说的情形了。"YouTube 的市场总监苏丝·赖德（Suzie Reider）曾经说过："如果他们想要投身用户制造内容的环境中，他们就必须倾听来自用户的声音。"

【案例 12-2】

百事我创·周杰伦广告创意征集

曾经，百事打造了"百事我创·周杰伦广告创意征集"活动。百事把下一个视频广告的创意权交到消费者手中，让用户自创广告内容，并由周杰伦担任主角进行拍摄。这不同于以往由品牌和专业广告公司决定广告创意的操作方式。

活动通过线上的富媒体广告等推广方式以及百事可乐线下的公关宣传，吸引消费者到该活动的官方网站，提交他们心目中理想的广告剧本。同时，消费者参与打分和点评，以此来决定哪个广告创意最为合适，甚至周杰伦也可以上来点评。

最终网友的参与程度非常高，最终入围的作品甚至由作者把平面的动画都描绘出来了。截至当年 7 月 10 日，已经收到接近 3 万个富有创意的广告剧本，共计 597 973 人参与对作品的评论，1 070 340 人次参与对作品打分，平均每分钟最高有 4 000 多人次在线浏览作品。最终《贸易起源篇》广告脚本以 335 447 票的最高得票数获胜。不仅如此，广告中的两名配角也由全体网民推荐并投票产生。

评选过后，中国第一支网友创造的视频广告开拍，百事不断将拍摄视频花絮上传网络，甚至安排剧本创作者亲自到达拍摄现场，见证广告的产生。通过前期的长期预热，加上"周杰伦百事我创"视频广告上线倒数活动的开展，可以想见，当这支广告一经发布，立刻引起互联网上广泛转载，影响巨大。

资料来源：http://blog.sina.com.cn/

4. 视频互动模式

这类似于早期的 FLASH 动画游戏。借助技术，企业可以让视频短片里的主角与网友真正互动起来。用鼠标或者键盘就能控制视频内容，这种好玩有趣的方式，往往能让一个简单的创意取得巨大的传播效果。随着手机、无线网络的加入，这种互动模式还在继续开发中。

【案例 12-3】

"听话的小鸡"：小动画大欢迎

汉堡王（Burger King）在美国是仅次于麦当劳的快餐连锁店，他们推出过一个首创的视频互动线上游戏——"听话的小鸡"，来推广新的鸡块快餐。"听话的小鸡"这个互动广告极为简单：一个视频窗口站立着一个人形小鸡，下面有一个输入栏，供参与者输入英文单词。当你输入一个单词时，视频窗口里的小鸡，会按照你输入单词的意思作出相对应的动作。比方说你输入"JUMP"，小鸡会马上挥动翅膀，原地跳起，然后恢复到初始画面。

又比如你输入 "RUN"，小鸡就会扬起翅膀，在屋子里疯跑一气。而当你输入的单词小鸡无法用肢体语言表达的时候，小鸡就会作出表示不解的动作。还有就是当你长时间没有动作的时候，小鸡就会作出擦汗的动作以示抗议。

这个可以完全按照网友命令做动作的小鸡，跟汉堡王的定位——"按你所想做的去做（Have it your way）"配合得天衣无缝，将企业理念通过一种互动游戏式的体验传递出来。此案起初也是让 20 多人把网址通知各自的朋友圈，接下来令人意想不到的奇迹发生了。网址启动后一周内达到了 2 000 万次点击，平均每次访问逗留时间长达 6 分钟。这次掀起的热潮连创作者也大感诧异，形容说："情况简直完全失控！"

而很多访问了这个网站的网民，也顺便会点击下面几个按钮，直接进入汉堡王的网站，浏览到最新的鸡块汉堡快餐促销信息。

资料来源：http：//blog. sina. com. cn/

12.3　网红和直播

12.3.1　网红

1. 网红的产生

网红，一般指网络红人，是指因为某个事件或者行为而被网民关注或者在网络上坚持输出专业知识而走红的人。在移动互联网时代，一般说的网红是指在微信、微博、快手、抖音等社交媒体上，拥有一定的社交资产（粉丝），而且资产具备快速变现能力的人或者账号。

2016 年网络红人 papi 酱获 1 200 万元投资，身价估值上亿元。这一事件让网红获得更多关注，备受资本市场青睐。《2016 中国网红经济白皮书》的数据显示，网红人数已超过100 万，标志着网红时代的来临。不同于传统明星，网红的互动性高，主动性强，并摆脱了时间、地域、身份、地位的限制，两者处于一个平等的地位。一部智能手机加一个自拍杆搭建起一个简易的直播场景，直播网红就诞生了。

与此同时，2016 年也被称为 "网络直播元年"。根据艾瑞咨询的《2017 年中国网红经济发展洞察报告》显示，2016 年，中国泛娱乐直播市场规模达208.3 亿元。网红经济是网络红人的伴生物，它是随着网络名人的走红而得以生成的。网红追求变现，变现的途径主要有打赏、代言、广告等。相比他们在社交平台拥有庞大粉丝数量的基础上，更需要一个商品销售的平台，很多网红在各大线上平台开设了自己的商店，而电商强大的变现能力，也促使网红经济的产生。

2. 网红经济发展现状

据《2018 年中国网红经济发展洞察报告》显示，截至 2018 年 5 月，中国网红粉丝总人数达到 5.88 亿人，同比增长 25%。网红粉丝中，53.9%的年龄集中在 25 岁以下。这种变化也与微博用户结构的年轻化紧密相关。目前微博上 61%的用户也集中在这一年龄段，成为网红粉丝的主力人群。在地域分布方面，31.1%的网红粉丝来自四线及以下城市，不过在一到三线城市，网红粉丝的分布则比较均匀，占比都在20%左右。粉丝规模的增长推动了网红数量快速提升。到2018年5月，粉丝规模在10万人以上的网络红人数量较上年增长51%，粉丝规模超过100万的头部网红增长达到了23%。同时，网红群体结构和综合实力均不断优化。一方面，网红的地域分布越来越广泛，来自三四线及以下城市和海外地区的网红，占比已经接近40%。与2017年相比，网红群体的学历水平持续提升。95%的网络红人接受过高等教育，14.6%的网络红人拥有硕士及以上学历。网红综合素质的提升，推动了内容质量不断提升。另一方面，规模和结构的变化，使网红覆盖的领域更加多样化。虽然时尚和泛娱乐行业依旧占据网红所在领域的主导位置，但知识科普、美食、健身、母婴等新兴领域的网红也不断涌现，这也反映出公众对生活消费领域网络红人的需求在不断增长。同时，网红的内容也更加多样化和专业化，涵盖了图文、短视频、直播、问答、知识付费等不同形式。

在微博平台上，视频已经成为头部网红的主要内容形式之一，其中竖屏视频内容已经占到发布量的40%。网红涉及领域增多及内容形式多样化，带来了更强的变现能力。2017年，网红电商、广告、直播打赏、付费服务以及演艺、代言、培训等变现手段都取得了可观的增长，尤其是广告收入增长迅猛，成为继电商之后网络红人重要的收入来源。数据显示，2017年中，开始与广告主签约的网络红人占比从23.1%增至57.53%。

12.3.2 网络直播

1. 网络直播的兴起与现状

据艾媒发布数据显示，2015年中国网络直播的市场规模约为90亿元，网络直播平台用户数量达到2亿人。而到了2017年，中国在线直播用户规模达到3.92亿人，较2016年增长26.5%。2019年用户规模达到4.95亿人。由此可见，全民直播时代已然来临。而因为直播的火爆，"无直播，不传播"的观念渐渐成为企业品牌建设者的共识。

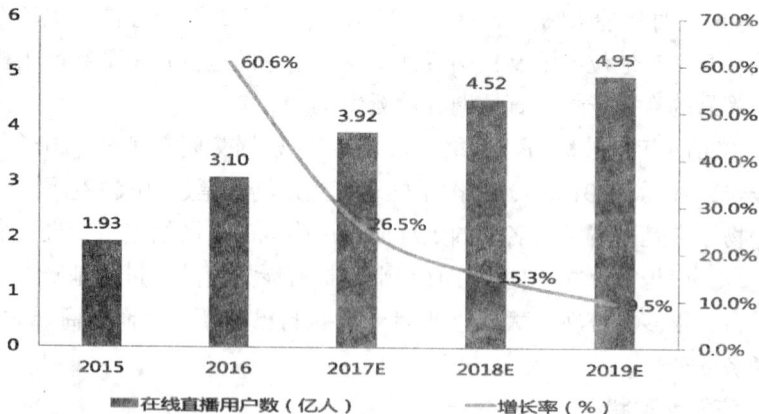

图12-4 2015—2019年中国在线直播市场用户规模及预测

网络直播平台兴起的时间不长，目前并没有官方的定义。从狭义角度来看，网络直播是新兴的高互动性视频娱乐方式。这种直播通常是主播通过视频录制工具，在互联网直播平台上，直播自己唱歌、玩游戏等活动，而受众可以通过弹幕与主播互动，也可以通过虚拟道具进行打赏。当前，网络直播行业正呈现三方分化的形态，包括最为知名的秀场类直播、人气最高的游戏直播以及新诞生并迅速崛起的泛生活类直播。传统秀场直播主要指的是 PC 端的秀场直播，也就是人们较为熟悉的以美女主播为核心的直播模式，主要代表平台是 YY、9158、六间房等。此领域在新的直播格局下，内容生产由 UGC 转化为 PUGC（专业用户生产内容），越来越趋于专业化、垂直化，用户黏性增强。

以斗鱼、虎牙等为代表的电竞游戏直播平台，由于其受众基础大、用户参与度高及其难以替代的赛事资源和人气主播，在直播领域具有很强的不可替代性。而真正宣布进入全民直播时代的是移动泛生活直播领域的开启。映客、花椒等一批新的直播平台在巨大的市场蛋糕吸引下异军突起，直播内容从游戏、比赛到吃饭、睡觉、聊天，似乎只要有个 App，人人都能成"网红"。

随着网络直播内容及形式不断丰富所带来的边际效益提高，人们越来越习惯运用直播跟人聊天、学化妆、与明星互动以及了解产品信息等，直播依靠直观的视频影像联结了不同于微信、微博等依靠文字图片的传播交际系统，人们可以通过直播更直观地接触真实的对方，是网络人际交流的新平台、新空间。但由于网络直播行业刚刚兴起，还没有形成系统的行业规范，部分直播平台存在乱象。国家相关部门于 2016 年 4 月发力监管，下一步，文化部拟出台加强网络表演管理的政策，在经营主体管理、事中事后监管方面对网络直播表演关键环节进行规范。同月，20 多家主要从事网络直播表演的企业负责人发布《北京网络直播行业自律公约》，承诺接下来对所有主播进行实名认证，对于播出涉政、涉枪、涉毒、涉暴、涉黄内容的主播，情节严重的将列入黑名单。从国家相关部门到央媒都在重点关注直播行业，这对直播行业的发展大有裨益，视频直播行业的市场会在监管和自律中回归理性发展，将吸引更多的人加入。

2. 网络直播的传播特点

从门户到论坛社区再到微博微信，文字直播不断迭代，后以 in/nice 为代表的图片社交平台开启了以纯图片直播热潮，紧接着喜马拉雅等音频直播平台崛起，最终网络视频直播平台到来。在这一过程中，直播内容的表现形式越来越丰富，网络视频直播改变了原有的媒介生态，可视性、交互性、实时性、沉浸性越来越强。综合来看，网络直播具有如下特点：

（1）从随时发布到现场实时发布

泛生活类的直播平台诞生，弱化了美色和竞技对主播的重要程度，能展现直播的核心价值：陪伴与分享，这也成了网络直播领域的大趋势。在这一过程中，较之于微博、微信的信息随时发布，现场实时发布应运而生。由于操作便利，各阶层的人们都能通过发布按钮把此时此刻正在经历的新鲜事情搬到网上并实时与观众互动，同时也可以让观众实时观看别人的分享。社会心理学家曾说过，窥视别人的生活是一种本能。这种直播行为在更高层次上满足了人们发布和分享信息及窥探别人生活的需要。以微博为例，微博以 140 字的字数限制与互联网无限表达背道而驰，最终以其简单明了的表达方式获得了使用者的推崇，用户得以随时发布信息，发布信息组成元素也多为文字、图片为主，但相较于网络直播的实时发布，微博信息发布相对较为滞后，且形式单一、效果欠佳。网络直播使用多种传播符号，例如图像、声音、文字等语言与非语言符号，观众受画面上特定现场和气氛的影响在情绪上也比其他形式更强烈。且时效的同步是观众对现场直播的第一感受，实时发布在空间上让发布主体同观众之间的距离缩减到最小，促使观众关注程度增加，对直播的各个环节都有新鲜感和身临其境感，进而产生强烈的参与意识。

（2）从及时交流到实时互动

微博、微信随时随地发布信息及评论功能带给人们及时交流的可能，但其无法做到实时互动，网络直播的出现真正能够实现实时互动。网络主播不同于电视主持人、录制视频主持人，其在展示自我的同时特别强调与受众的互动。当前，国内网络直播的主要收入是用户充值后购买虚拟道具，为了吸引受众关注和赠送礼物，主播与受众互动非常频繁。在直播中，观众会送给主播虚拟的"礼物"，这些"礼物"换算成人民币并不便宜。赠送礼物后，用户的名字会显示在直播间里。如果用户送的虚拟礼物比较昂贵，其名字会被放在弹幕上，且礼物送得频繁，还会呈现一种视觉特效，其他用户会留意这些"土豪"。最重要的是主播也会重点与送礼物的用户互动，受众在这一过程中得到"满足"。这样的互动强度是别的传播渠道所没有的，这也正是网络直播强大魅力所在之处。受众是有着特定"需求"的个人，他们的媒介接触活动是有特定需求和动机并得到"满足"的过程。"土豪"愿意花重金给主播，在这一过程中被其他粉丝围观和主播点名互动，满足其需要被重视的需求，他们也更愿意为这种满足"付费"，这在现实社会中很难实现。在泛生活全民网络直播的驱使下，人们参与直播，并与受众实时互动，除了追逐经济利益，越来越趋于表达自己，并通过互动及时得到反馈，从而达到一种有效沟通。

在大众传播中，其传播模式基本上是单向的，具有延迟性、间接性等特点。网络直播的出现，打破了时空的界限，使"一对多"的实时互动成为可能。随着交互体验升级，VR（虚拟现实）和AR（增强现实）等技术的介入，直播交互将更具沉浸感与参与感，其提供的是更具个性、更加平等的新的传播方式。

（3）从个性突出到个性十足

网络直播更加突出传播个体的个性，释放公众表达的欲望，个性十足的人迅速成为不同话题的"意见领袖"，带着自己的跟随者不断地设置新的"议题"，强化了"人人即媒体"的传播格局。之所以是强化了，是因为早先微博、微信等平台的出现已经在一定程度上释放了公众的个性，使人们有渠道更自由地表达。但随着新生代精神文化消费需求的升级以及互联网娱乐习惯的形成，网络直播带来了更直接、更有效果的传播方式，满足了人们个性化十足的表现需要和观看需求。马莱茨克的大众传播过程模式在对受众进行研究时强调，受众会受到来自"媒介的压力"，如报纸需要有一定的文化水准，电视需要相应的接收条件。在网络直播过程中，这份"压力"被减到了最小——直播文化作为大众文化的一类，其内容浅显易懂、贴近生活。进行直播和收看直播所需要的工具也越来越简单。只要有意愿，每个人都可以随时切换身份，成为"主播"，发出自己的声音，呈现自己的意见，释放自己的个性。

（4）保证最真实的用户体验

"多级传播"必然造成"信息损耗"。人们在接收信息传播时，其信任程度与传播层次成反比，即信息转述层次越多，信息损耗或变形越严重，可信性越差；反之传播层次越少，可信度也就越高。直播的直接性传播优势体现了信息在传播过程中无须转述，减少了"信息损耗"，增强了信息的可信度。对网络直播平台而言，当直播行为开始，云端会同步抓取、同步存储、同步传递，延迟不会超过 2 秒，平台也无法把握下一秒会发生什么。从传播的角度来看，文字、图片、视频都可以经过加工、剪辑、审核之后再公之于众。唯独直播，它可以让用户与现场进行实时连接，有着最真实最直接的用户体验。用户可以在直播中与平日接触不到的名人互动，看到名人生活中相对真实的一面；与陌生人互动，打破了网络隐匿性的特点，相较于文字、图片等形式，直播视频的修饰难度增强，公开性大幅提高，也更加真实。不过，也正是因为直播平台实时连接突出真实性特征，导致此领域"把关人"的缺失，增加了监管的难度。英国社会心理学家玛罗理·沃伯认为："越不用花脑筋、越刺激的内容，越容易为观众接受和欣赏。这几乎是收视行为的一项铁律。"为了得到高关注度，网络直播领域乱象丛生，如"直播造娃娃事件""直播飙车""操纵无人机偷拍女生宿舍"。有的主播为了吸引受众眼球，得到"礼物"，举止失范，被人们贴上了"色情""暴力"的标签，也使得网络直播这种传播方式饱受诟病。

3. 常见网络直播形式

（1）明星+直播

当直播营销时代来临，安迪·沃霍那句著名的预言——"每个人都可以成为 15 分钟的明星"真正成了现实。不过，虽然来自草根的网红来势汹汹，但至少在当下，明星仍然是直播间的流量保证。明星效应向来强大，特别是直播正进入平民化阶段，有大牌明星出现一下就能抓住眼球产生轰动效应，而且导流能力强，能为品牌带来真金白银的销量。

（2）发布会+直播

除了明星直播营销以外，品牌发布会营销也逐渐成为直播营销的热门事件。趁着新品上市召开直播发布会，在吸引众多媒体报道的同时，也可以更好地推广营销品牌形象。其兼具事件营销、网红营销、娱乐营销的优势，效果显著。

（3）深互动+直播

虽然业界对直播营销的探索还处于初级阶段，但有一点已经形成共识：直播最大的优势在于带给用户更直接更亲近的使用体验，甚至可以做到零距离互动，这是其他平台所无法企及的。而深互动形式的直播就将直播的实时互动性"榨取"得淋漓尽致——用户可参加到直播进程中，讨论或直接控制直播的步骤与结果。

12.3.3 直播营销

1. 直播营销的优势

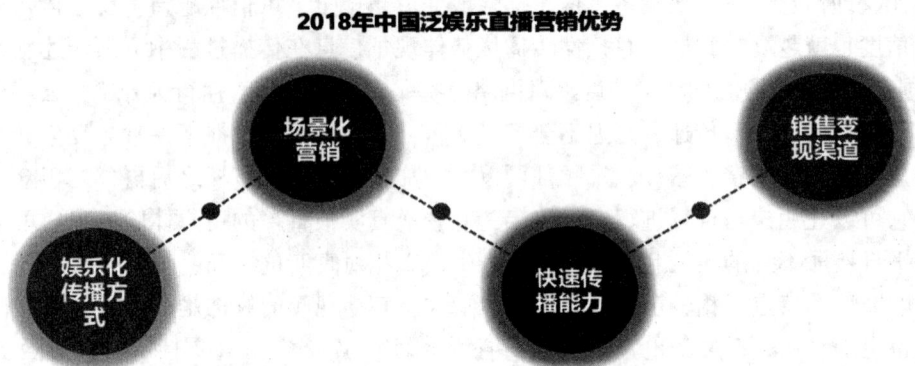

2018年中国泛娱乐直播营销优势

场景化营销　　销售变现渠道　　娱乐化传播方式　　快速传播能力

图 12-5 艾瑞 2018 年中国泛娱乐直播营销趋势解读

①娱乐化方式传播，通过趣味性的互动玩法，增强用户参与感，建立品牌情感。

②场景化营销，避开生硬的广告信息传达，将品牌信息传达给用户，增强用户对产品的依赖。

③快速传播，在用户碎片化娱乐时间里以直播形式，通过明星、网红、主播影响力达到快速传播效果，尤其是搭载明星、名人、事件，往往收获到意想不到的营销效果。另外，通过直播平台实施短视频战略及内容分发合作，形成二次传播，进一步扩大营销效果。

④销售变现渠道，与商家深度合作，打通变现渠道，通过"边看边买"等灵活的方式，实现销售转化。

【延伸阅读 12-1】

直播营销的其他优势

1. 直播营销的互动性强。在直播中，信息传播是双向、可交流、互动的，受众参与效果明显。用户在直播过程中可以跟主播即时互动，可以直接吸引大量粉丝且粉丝的忠诚度较高。

2. 直播营销过程中，商家可以即时为观众解决产品的顾虑，配合线上、线下的销售渠道，让即时成交成为可能。

3. 直播营销的时空适应性更强。现代快节奏的生活与工作方式使人们活动的区域不断扩大，主播可以根据粉丝需要来安排直播时间，从而使接收信息的时间、空间不受限制。

直播营销中具有情感交流。在这个碎片化的时代里，在这个去中心化的语境下，人们在日常生活中的交集越来越少，尤其是情感层面的交流越来越浅。直播能让一批具有相同志趣的人聚集在一起，聚焦在共同的爱好上，情绪相互感染，达成情感气氛上的高位时刻。如果品牌能在这种氛围下做到恰到好处的推波助澜，其营销效果自然会十分显著。

资料来源：网络资料汇编

2. 直播营销的方法步骤

直播集合了网络化、视觉化、可交互三大特点，是连接目标群体有效且流行的方式。营销的目的是挖掘直播的价值，从而实现自己的利益诉求。直播营销从准备到实施大致可细化为下述 9 个步骤。

（1）直播立项

直播需要一定的技术基础，需要人员、设备，这对于直播方都是前期的投入，因此，评估直播营销是否有可行性，完成立项准备是有必要的。

（2）明确直播定位

了解市场，确定直播的定位，需要了解自己的产品状况、直播平台的特点、消费者的信息需求等信息，找准直播的立足点。

（3）挑选直播平台

直播平台很多，流量大的有映客、花椒、斗鱼等，还有日新月异不断涌现的新平台，选择好的、适合自己产品的平台是很关键的一步。

（4）分析直播用户

锁定用户群，迎合用户的潜在需求，从用户的角度出发，为后续直播形式、内容的选择作理论支撑。

（5）设定直播场景

课堂、生产线、销售端等都可以作为直播的场景。由于直播有即时性，必须提前计划好直播的场景和拍摄方式，做好必要的准备工作。

（6）设计直播形式

是单一镜头直播、多机位直播还是多直播间联动？这些直播的形式要提前设计好，用到的人员、设备等提前准备，为直播开始保驾护航。

（7）填充直播内容

完成直播台本的写作，包括直播时用到的文稿、主播等人的运动轨迹、出镜各种事务的调度，都要提前准备好。注意要贴合直播的主题、产品特性、用户的需求。

（8）宣传推广

完成了以上直播的前期工作，另一个很重要的方面就是将直播的消息传播出去，推广、粉丝维护、活动策划都可以将直播的时间频道传达给用户。

（9）获取直播变现

无论是通过直播促成交易，还是获得客户完成引流，变现都是实现直播价值的关键一步，畅通变现通道、给用户积极暗示等，有利于变现的达成。

3. 直播营销的发展趋势

（1）整合营销

综合直播平台硬广、原生、服务类营销方式，以品牌需求为导向，以创意脚本内容为核心，配合硬广资源、网红/明星资源和创意互动营销方式，在平台技术支持下，提供综合性的营销方案。

（2）精准营销

基于大数据、云计算、LBS（基于位置的服务）等技术，通过用户标签体系的建立，最大化挖掘用户商业价值，带来更优质的营销效果。

（3）创新互动营销

将图像识别、语音识别等技术与 AR/VR 相结合，在直播场景中，通过优秀创意和用户强参与意愿，提供个性化营销服务。例如将红包、口令、优惠券等融合到直播营销现场，增强趣味性，刺激用户购买。

（4）"直播+"营销

除了直播+电商外，更多场景化的营销成为直播营销发展的必然趋势，网综、节目、赛事、明星等 IP 资源成为直播平台的争夺点，直播在多领域如泛娱乐、体育、教育等利于渗透的领域成为各平台的重要发展战略。

【案例 12-4】

巴黎欧莱雅戛纳国际电影节直播营销

在不久前的第 69 届戛纳国际电影节中，巴黎欧莱雅在美拍开启"零时差追戛纳"系列直播，全程记录下了包括巩俐、李冰冰、李宇春、井柏然等明星在戛纳现场的台前幕后，创下 311 万总观看数、1.639 亿总点赞数、72 万总评论数的各项数据纪录。而带来的直接市场效应是，直播 4 小时之后，李宇春同款色系 701 号 CC 轻唇膏在欧莱雅天猫旗舰店售罄。

5.17 淘宝饿货节百人直播

淘宝继月初手机 App 上线"淘宝直播"频道，引发"直播+销售""边看边买"商业模式的热烈讨论后，5.17 淘宝外卖饿货节，又找来 100 位饿货主播，直播吃外卖，并号称"百位饿货直播 96 小时不间断直播，陪你吃外卖"。

凯迪拉克 Vday 性能秀第五季

作为好莱坞的座上宾，代表美式文化象征的凯迪拉克从诞生之日起，便未曾缺席，在许多经典大片中的极速表现令人血脉偾张、过目难忘。而在凯迪拉克 Vday 现场数千观众面前，惊险火爆的大片场景从来没有 NG（失误）。凯迪拉克 Vday 性能秀第五季将再次挑战极限，现场演绎 180°调头、绕车漂移、水晶之恋（双车漂移）、漂移入库、飞车追逐、双轮侧开、保镖护卫、飞车火圈等一系列炫目刺激的惊险特技动作，为观众再次直播世界顶级的汽车特技性能秀。

美宝莲纽约新品发布会直播营销

4 月 14 日，美宝莲纽约举行新品发布会，除了在淘宝的微淘上对其新代言人 Angelababy（杨颖）进行现场直播，同时还邀请 50 位网红开启化妆间直播，直击后台化妆师为模特化妆的全过程。当天该活动使美宝莲整体无线访客比前一天增长了 50.52%，而配合互动，销售转化也成果斐然，仅仅直播当天就实现了 10 607 支的销量，刷新了天猫唇部彩妆的纪录。

王宝强《大闹天竺》发布会

王宝强新电影《大闹天竺》的发布会遍邀 20 家直播平台，随便打开一个主流移动视频 App 都可以看到他跪谢冯小刚、陈凯歌的画面，使其新片一下子在网络走红。

资料来源：https：//www.jianshu.com/p/8e69ed903008

12.4 电商企业的直播视频营销

12.4.1 "直播+"电商模式产生的背景

作为电商直播的元年，2016 年里直播与其他行业进行了恰到好处的结合，出现了所谓的"直播+"经济，尤其是直播与电商的结合，让国内各大著名的电商平台嗅到了商机，争先恐后地运用这一新的模式。

以 2016 年"双十一"为例，京东选择花椒、映客携手天猫纷纷亮相，这种战略合作的价值不仅在于短时间内带来的流量和成交量，更是一次直播资源和电商资源的整合。拿映客和天猫来说，映客直播有着坚实的年轻受众基础，通过一直以来与明星之间的直播合作，也广受明星青睐，出众的网红所带来的流量更是高黏性，购买转化极强，这也正是电商所梦寐以求的完美流量，无疑是天猫需要打开的一个流量入口。而映客同时也能从中获得许多自然流量，电商对于直播的商业反哺，资源置换势必也是二者继续深化合作的方向之一。

电商直播的应运而生是电商领域又一新的发展，其产生的背景如下：

1. 电商平台遭遇流量瓶颈

电商发展伊始至今，各电商平台总会想方设法引起消费者的注意，提起消费者购买商品的欲望与兴趣，于是新鲜的营销方式层出不穷。最常见的有商品打折、促销清仓、购物满减以及赠品活动。随着电商模式的不断更新，淘宝、京东等各大电商平台又推出了秒杀、预售、众筹、白条支付等新的方式促使消费者购买商品。

但随着电商平台越做越大进入发展平缓期之后，顾客对降价等促销方式已经习以为常。更令这些电商平台头疼的是，频繁的价格波动会让消费者认为商家存在价格欺诈的行为，消费者的用户体验度和用户黏性也随之下降。电商平台恰逢前所未有的流量困境。

这里所说的流量与实体店的人流量大同小异，也就是所谓的进店率，是吸引顾客关注的数量。电商只有寻求更多的流量导入，才会有更多的购买力。如今电商平台纷纷寻找流量，自然把目光投向可以迅速并大量拉动流量的直播。

2. 直播行业的欣欣向荣

随着网络技术的飞速发展，4G 网络逐渐普及，移动网络的资费也不断降低，直播行业的发展越来越快，尤其是全民直播的兴起，让素人（普通人）也可以成为众人关注追捧的对象。《中国互联网络发展状况统计报告》显示，截至 2016 年 6 月之前，网络直播用户规模是网民总数的 45.8%，高达 3.25 亿。直播行业的欣欣向荣让国内电商平台看到了前所未有的商机。

3. 科技的发展

首先，科技的巨大进步使移动互联网得以渐渐普及，逐步被人们接受。人们上网的机会不再局限于台式电脑与笔记本电脑，用手机可以更加方便快捷地上网，利用移动互联网渐渐成为日常习惯，消费者购买商品也逐渐由 PC 端转移到移动端。其次，科技的进步也使得软硬件技术得到了相应的发展。近些年来陆续出现的云存储和弹幕等技术，让直播与电商更加紧密结合。尤其是弹幕的开创，成为视频和直播的一大新兴亮点，大大增强了直播与消费者的互动性。另外，手机性能的不断提高加强了直播的普适性，使随时随地直播成为可能。

12.4.2　各大电商平台进入直播领域现状

在国内各个电商平台瞄准电商直播之前，内容电商和社区也曾风靡过一段时间。小红书通过记录购物体验的分享社区吸引了大量的消费者，很多上线的产品供不应求，这种极大的成功被其他电商积极借鉴。淘宝把"社区"放在了淘宝 App 醒目的位置，京东也新增了"发现"板块。但是 2016 年之后，这股热潮渐渐消退，电商直播逐渐登上时代的舞台。

首先是蘑菇街。在 2016 年 3 月就采用了电商直播的模式，但是刚开始时观众并不能在观看直播的时候购买商品。蘑菇街仅仅在短时间内便解决了购买与直播同时进行的问题，这也是在电商领域首次实现购买流程与直播的完全融合。

淘宝在 2016 年 5 月开启了淘宝直播。刚开始时经过了深思熟虑与充分的准备，试运营了一段时间。淘宝直播为淘宝聚集了更多的人气，也带来了更上一层楼的销量。网易考拉也认识到了当前竞争的局势，并决定把直播化运营当作企业目前发展的一大重要决策。在之后的"双 11"招商大会上，网易考拉提出继续深化这一策略，主打直播化运营并与全球采购紧密结合。电商京东在 App 计划之前上线京东直播，并在"发现"这一模块中把直播放在了首栏，表明京东也想在这股浪潮中占有自己的一席之地。除此之外，苏宁易购也发力追赶，在"6·18"购物狂欢节不仅请来网红直播，还邀请政府官员推荐商品。同时，唯品会、聚美优品、蜜芽宝贝、波罗蜜等其他电商平台也相继推出自己的直播战略，纷纷开启直播营销模式，大有"群雄并起"之势。

不仅电商平台如此重视直播，其他平台也相继推出了"直播+"电商的模式。早在 2016 年 4 月，优酷就开始公测直播，进行电商与直播的有机结合。2017 年 3 月，新浪微博开始了网红电商平台的运营。这是一个资源共享平台，汇集了网红和电商企业，将会逐渐向各个领域拓展。

12.4.3 直播对电商平台及消费者的意义

1. 直播对电商平台的意义

（1）大大降低了获取流量的成本

电商平台对流量的需求很大，电商获取流量的成本也非常之高，更何况国内很多电商平台之前陆续遭受流量困境，而电商加直播的营销模式恰到好处地解决了抢占更多流量的问题。有了电商直播，电商平台不需要花费大量力气寻找甚至购买流量，获取流量的成本大大降低。

（2）提高销售效率

直播的观看者都是潜在的消费者，导购通过直播中对商品的讲解以及对顾客疑惑的解答可以让所有观看者都一清二楚，消费者不必完全通过文字渠道向客服一一询问商品的具体信息和自己的疑问。这样一来售前人员的工作负担得以降低，也大大提高了商品的销售效率。

（3）提高商品真实性，获取顾客信任

直播可以全方位并且非常直观地展示产品，例如通过媒介能够向观看者清楚地直播商品的来源地、商品的运输状况，人们对一些农产品的生长环境和生长过程也能了如指掌。这样的模式极大地改进了传统的图文结合展示商品的方式，使购买商品的空间与时间的约束得以突破，也提高了人们对电商平台的信任程度。

（4）增强了线上购物的附加值

像传统的通过图文展示商品的界面，用户往往只是随意简单地浏览，在商品详情的界面停留的时间较短，往往只有几分钟甚至几秒钟，而通过视频直播的方式，用户会情不自禁地跟随直播的节奏，在直播的界面停留的时间相对较长，对商品以及其传达的理念也更加了解，这使得线上购物的附加值大大提升。

2. 直播对消费者的意义

（1）满足消费者对购物时社交体验的需求

与传统逛街购物不同的是，网上购物缺少相互交流相互分享的乐趣，也就是我们所说的社交体验。而直播恰恰具有社交媒体的互动性，不仅能使各个粉丝之间有效地分享互动，还可以使粉丝和主播"面对面"地交流。在这种有互动的电商直播中，消费者的社交需求被很好地满足了。

（2）促使消费者进行有效决策

直播能使消费者进行网上购物时身临其境。例如消费者观看购买衣服的直播，不仅可以知道衣服的材质面料，了解自己的体型适合的码数，还可以学习所需衣物的搭配，使信息流通更加顺畅，消费者的消费决策更加有效，更好地提升了用户体验。

12.4.4 电商直播遇到的问题与挑战

1. 直播的转化率较低

不可否认，直播给予了电商平台难以预估的流量，但是潜在消费者不一定就等同于购买者，高进店率也不能确保高转化率。在当前的局面下，改变高进店率、低转化率的局面已然刻不容缓。

2. 技术障碍

虽然电商直播这种模式在目前来看比较先进，可是仍然有很多技术障碍没有攻克。直播虽然会为消费者带来直观的购物感受与交流顺畅的体验，但是直播不能与真实的购物环境相提并论。3D 试衣间与 AR 购物等技术虽然已投入研究，但技术到达的高度与深度远远不够。

3. 直播者专业程度不够

从各大电商平台直播的经验来看，直播的主持者往往都是明星与网红。这毋庸置疑会带来极高的人气与流量，然而明星与网红制造的火爆的直播局面并不会成为积攒人气的定心丸。由于明星网红缺乏专业的导购背景与知识，长此以往，对顾客的吸引力会越来越小，电商直播面临的挑战与困难也就不言而喻。

4. 法律政策风险

目前的电商直播市场比较混乱，虽然政府部门也实时监管，但是力度缺乏，一些相关的法律也尚未出台。当然，政府不会对这一领域放任不管，将来出台的政策是否会影响电商直播市场的利益还是个未知数。另外，即使相关法律没有及时推行，缺乏规制的电商直播市场也会前景堪忧。

12.4.5　电商企业如何进行直播营销

1. 内容为王

电商直播的主体依旧是交易，直播展示商品只是一个辅助工具。电商直播的实质是拉近消费者与商家的距离，所以电商直播的内容应该真正为顾客提供产品信息，帮助顾客选购产品。而传统的网络直播下依靠用户打赏的盈利模式应该慢慢退出市场。

（1）淡化打赏，提高主播素质

对于商家来说，应该推出人员培养的方案来对主播进行培训。规范主播行为，加强主播能力，提供更优质的内容给关注直播的用户。只有拥有大量的群众基础，才能形成庞大的受众群体，并加强用户之间的交流沟通，更好地去销售产品。

（2）直播内容的创新

直播+电商带来的价值不应该仅停留在"主播教顾客如何使用产品，最终达成一笔交易"上。商家应该着手于长期的发展，优化、创新电商直播的内容，做好自己的品牌建设，管理、经营好顾客关系。

【案例 12-5】

HP 为了推广畅游人笔记本（电脑），邀请了杨洋、柏邦妮、伟大的安妮等知名艺人及网红拍摄广告。同时由于该系列笔记本定位于年轻人，目标受众是 18~28 岁初入职场的年轻用户，因此选择陌陌作为推广平台（陌陌的用户 19~33 岁的年轻人比例达 77%）。HP 邀请了陌陌上 4 位人气颇高的年轻人，为惠普畅游人笔记本证言，拍摄了 4 支风格不同的短视频。所拍摄的视频，讲述了 4 个年轻人的奋斗故事。他们通过短视频将自己真实的生活状态、坚信的理念展现出来，代表着年轻人勇敢追梦、执着不走寻常路的态度。短视频拍摄完毕后，惠普借助红人自身及平台的影响力向全陌陌用户进行投放，依托陌陌平台的社交属性及红人的粉丝影响力，引发了大量用户 UGC 参与品牌短视频营销，让曝光率实现了最大化。

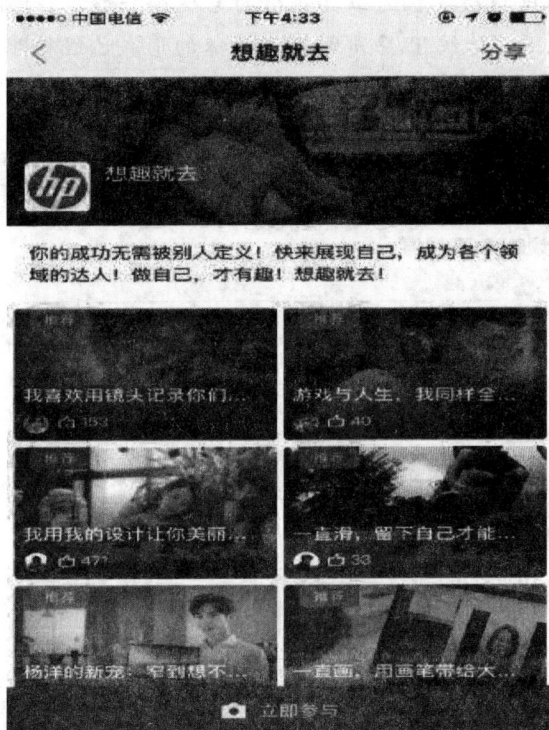

资料来源：https://www.digitaling.com/articles/40564.html

2. 在优质内容的基础上提高顾客的购买率

首先，主播的选取十分重要。主播的性别、背景、名气、拥有粉丝的数量以及粉丝的年龄分布都要与产品相匹配。让拥有产品特性的主播来进行推广才能打造出用户心仪的产品。

3. 变则通，通则达

（1）自媒体平台的辅助

随着互联网的发展和智能设备的普及，我们进入了一个自媒体时代。自媒体往往更能代表你的特性及"人格"，企业可通过自媒体发表文章、图片来提高关注度和粉丝量。

（2）加强购物技术的支持

现今，用户的购物体验将会影响客户的消费决策。技术是提高购买转化率的关键因素，因此增强技术，例如直播间优惠券的发放、与粉丝现场通话等技术，都能为直播注入新鲜的活力。

【案例 12-6】

优衣库在去年冬天针对其情侣羽绒服的上市，推出了 6 支魔性视频，每支视频 15 秒，视频中的主角分别用闽南话、广东话、东北话、山东话、上海话、四川话唱 RAP（说唱艺术。那个时候中国有嘻哈还没有诞生），表达他们对优衣库羽绒服轻薄、轻松的感受。优衣库的这个方言版系列视频，时尚有范与接地气的方言形成的趣味落差，引发了不少UGC。同时，优衣库在官方微博上发起投票，邀请用户投票选出最喜爱的方言版本，不少粉丝都是从自身出发，对自己家乡的方言无条件支持。对于大部分品牌来说，曾经新品上市拍一个TVC（特指以电视摄像机为工具拍摄的电视广告影片）在电视台投放是一种标配，但在社交媒体环境下，传统TVC那种空洞乏味的形式已经很难引发粉丝的共鸣，优衣库这种接地气、融入粉丝生活场景的系列短视频则容易引发共鸣。从时长来看，可能TVC并没有比短视频长多少，但短视频营销相对TVC来说内容上更social（社会化），也更病毒化，因此也更容易引发网友的主动分享。

资料来源：http：//bbs.paidai.com/

📖 本章小结

本章主要介绍了视频营销的含义、特点、运营技巧，更详细介绍了网红直播营销以及网红+电商直播营销的特点及优势。通过本章的学习，主要掌握视频营销的步骤与方法，了解直播营销的概念，掌握直播营销的发展过程及直播营销的分类。通过本章的学习，能够独自进行直播，能够实施视频营销的策划内容，能够熟练使用各种直播工具进行营销。

天猫《新鲜女子图鉴》

就像《东京女子图鉴》和《北京女子图鉴》一样，天猫借助女子图鉴的热度，发布了一支广告《新鲜女子图鉴》，讲述了女孩一个人在城市辛苦打拼的过程中是如何保持新鲜生活的故事。故事讲述了女孩只身一人来到大城市，打拼到忘记了和父母联系，错过了朋友人生的重要时刻，幸好在忙碌的日子里始终有一杯新鲜牛奶帮她保持住生活的"新鲜"。这支短片也讲述了女孩在大城市打拼的真实写照。"忙"是大城市的必修课，对于一个大城市的职场女性来说，上班、加班以及成为独当一面的女强人，都是她们在这个城市中的必经之路。

与其他情感类视频的"扎心"不同，天猫选择反其道而行之，通过淡淡又温暖人心的情节，鼓舞了那些在异乡打拼的女孩们，哪怕光影转瞬即逝，哪怕生活总有酸甜苦辣，即使我们无法改变生活，我们也能改变对生活的态度。记得用自己喜欢的方式好好犒劳自己，牛奶也好，包包也好，对生活充满仪式感的少女永不老去。大城市的高压生活，让我们忙到焦头烂额、榨干自己。"仿佛身体被掏空"有时候真的不是一句玩笑话，天猫"超级品类日"借势女子图鉴推出这则广告，给北上广深的励志职场女性一味暖心鸡汤。

我们总是把"新鲜感"挂在嘴边，却一直重复过着千篇一律的生活。毕竟生活在这个高速运转的城市，我们身上背负着太多压力了，天猫化身知心小姐姐，替年轻人发声，用"美"给残酷的生活一记漂亮的回旋踢。年轻人作为消费主力，天猫一直致力于开发年轻市场。今天天猫的这则广告，也是站在年轻人的角度，告诉我们，面对枯燥乏味、不再充满新鲜感的生活，我们要学会享受生活，让我们的生活慢下来。生活从来不乏新鲜感，只是我们忘记了感受和发现。你和你的理想生活，说到底不过是一杯新鲜牛奶的距离。从一开始妈妈告诉女孩"每天一杯新鲜的牛奶，会让一个女人保持新鲜"到女孩最后理解了"女人要保持新鲜，首先要有新鲜的生活"，这就是天猫想告诉各位年轻人的"理想生活，喝新鲜好奶"。

资料来源：https：//www.sohu.com/

学习与思考

1. 简述视频营销的基本概念和特点。
2. 简述直播营销的基本概念和特点。
3. 视频营销的类型主要有哪些？
4. 电商企业应如何进行视频营销？
5. 短视频营销的特点有哪些？
6. 常用直播营销手段有哪些？
7. 以淘宝直播为例，从视频营销的角度分析其特点。
8. 试分析视频营销的弊端及改进建议。

实践操作训练

1. 注册一个视频平台的账号，上传视频，内容与主题不限，目的是了解各视频网站的注册规则，以及上传视频规则；
2. 利用视频营销的手段，为本专业或者为学校拍摄一则视频。

参考文献

[1]季燕萍.互联网背景下居民消费行为变迁及其影响因素分析[D].杭州:浙江工商大学,2017.

[2]李文晶.浅谈网络环境下的消费特征与营销对策[J].科技创新导报,2016,13(31).

[3]赵凯.移动互联网营销模式下消费者行为及其促销策略[J].商业经济研究,2016(10).

[4]胡世良.移动互联网商业模式创新与变革[M].北京:人民邮电出版社,2013.

[5]陈水芬,等.网络营销[M].3版.重庆:重庆大学出版社,2017.

[6]张卫东.网络营销理论与实践[M].5版.北京:电子工业出版社,2018.

[7]刘宇涵,等.网络营销实务[M].北京:机械工业出版社,2015.

[8]商玮,等.网络营销[M].2版.北京:清华大学出版社,2015.

[9]付珍鸿.网络营销[M].北京:电子工业出版社,2017.

[10]高凤荣.网络营销实务[M].2版.北京:机械工业出版社,2015.

[11]周贺来.网络营销实用教程[M].北京:机械工业出版社,2010.

[12]王蓓,等.网络营销与策划[M].北京:机械工业出版社,2013.

[13]刘光磊.网络广告学[M].哈尔滨:东北林业大学出版社,2016.

[14]冯辉.网络广告实务[M].北京:中国水利水电出版社,2009.

[15]詹继兵.电子商务与物流[M].大连:大连海事大学出版社,2014.

[16]翁文娟,等.电子商务概论[M].重庆:重庆大学出版社,2018.

[17]张芹.公共关系学[M].武汉:华中科技大学出版社,2014.

[18]苏朝晖.客户关系管理(理念技术与策略)[M].3版.北京:机械工业出版社,2018.

主要参考网站

1.中国电子商务 http://www.chinaeb.com.cn

2.网上营销新观察 http://www.marketingman.net

3.人人都是产品经理 http://www.woshipm.com

4.什么值得买 http://www.smzdm.com

5.中国经济网 http://www.ce.cn/

6.前瞻经济学人 http://www.qianzhan.com

7.商梦网校 http://www.sumedu.com

8.中国营销研究中心 http://www.21cmc.net

9.艾瑞网 http://www.iresearch.com.cn

10.中国互联网络信息中心 http://www.cnnic.cn

11.易观 http://www.analysys.cn

12.百度文库 http://wenku.baidu.com